本书为国家社会科学基金教育学一般项目

"我国普通高等学校定位实证研究"（项目批准号：BIA110067）成果

社科文库

普通高等学校定位实证研究

赵庆年 向兴华 等著

中国社会科学出版社

图书在版编目(CIP)数据

普通高等学校定位实证研究/赵庆年等著.—北京:
中国社会科学出版社,2015.12
(华南理工大学社科文库)
ISBN 978 - 7 - 5161 - 7594 - 1

Ⅰ.①普⋯ Ⅱ.①赵⋯ Ⅲ.①高等学校—
教育建设—研究—中国 Ⅳ.①G649.2

中国版本图书馆 CIP 数据核字(2016)第025326号

出 版 人 赵剑英
责任编辑 田 文
特约编辑 周慧敏
责任校对 张爱华
责任印制 王 超

出 版 中国社会科学出版社
社 址 北京鼓楼西大街甲158号
邮 编 100720
网 址 http://www.csspw.cn
发 行 部 010 - 84083685
门 市 部 010 - 84029450
经 销 新华书店及其他书店

印刷装订 三河市君旺印务有限公司
版 次 2015年12月第1版
印 次 2015年12月第1次印刷

开 本 710×1000 1/16
印 张 30.25
插 页 2
字 数 496千字
定 价 108.00元

序

　　高水平大学建设离不开人文社会科学的发展。华南理工大学办学 60 多年来，坚持党的教育方针和社会主义办学方向，形成了学术立校、培育英才、服务社会、追求卓越的办学理念，取得了辉煌的发展成就。特别是 2003 年以来，学校紧紧抓住大学城建设的契机，大力发展人文社会科学学科，并在较短的时间内取得瞩目的成绩，在综合型、高水平大学的发展道理上迈出了坚实的步伐。

　　作为一种知识体系和价值体系的人文社会科学，对于大学承担起人才培养、科学研究、社会服务和文化传承创新的职能，具有不可替代的重要意义。从个人成长来看，当今时代发展所需要的创新型人才，不仅要有过硬的专业技能，更要有坚定的理想信念、高尚的道德情操和强烈的社会责任感。人文社会科学能够帮助大学生树立正确的世界观、人生观和价值观，促进人的全面发展。从学校发展来看，纵观世界一流大学的发展，无不具有理工结合、文理渗透、互为补充的特点，从这种意义上，人文社会科学是推动高校长远发展的持续动力。从国家建设来看，人文社会科学不仅直接解决国家经济社会发展中遇到的重大问题，更从宏观上满足着人类的精神需求，主导精神文明建设，从而促进社会全面进步、和谐发展。华南理工大学高度重视人文社会科学建设，始终将学校发展融入国家和地方经济发展的大局当中，培养了大批党、政、军和企业管理人才，为促进经济社会发展做出了重要贡献。

　　《华南理工大学社科文库》汇集了华南理工大学人文社会科学研究者主持国家社科基金项目结项的优秀学术成果，集中体现了学校在人文社会科学领域取得的学术成就。本套文库是展示优秀成果的窗口，旨在让国家社科基金项目结项成果"走出去"，让社会各界更好地了解和分享华南理工大学人文社会科学研究的发展。本套文库是思想交汇碰撞的平台，凝结了研究者对国家和区域发展重大理论和现实问题的思考，对学术前沿问题的关注，为相关领域专家学界和同行提供了很好的思想交流与对话平台。同时，在华南理工大学深厚理工科背景下发展起来的人文社会科学，对促进跨学科、跨领域的知识创造具有更为重要的参考意义。本套文库是服务社会发展的智库，在推进人文社会科学发展的进程当中，华南理工大学始终以国家和地方经济社会发展中的重大理论和现实问题为导向，致力于提供全方位、多方面、有力度的知识贡献和思想资源。文库正是深入探索国家发展、民族崛起和地方治理战略的思想宝库，从而能够对推动国家和地方科学决策提供智力支持。

在建设一流大学的征程上，华南理工大学将与时代同步伐、与祖国共命运、与人民齐奋斗，激昂奋进，勇攀高峰，进一步加强人文社会科学建设，打造人文社会科学优秀学术品牌，提升人文社会科学办学水平，创造出更加辉煌的成就。

是为序。

华南理工大学校长

目　录

第一章　绪论

中国今天的高等教育不同于以往任何一个时期，不仅经济社会发展处于特殊阶段，而且给高等教育发展提出了新的要求，高等教育由于自身规模的扩大也出现了诸多有别于过去的新问题。这些都需要我们对高等教育的发展重新进行慎思。

一　高等教育面临着处于转型升级时期的经济社会发展所提出的多样化需求

（一）我国的经济社会发展处于重要的转型升级时期

21 世纪初，在中国特殊国情、所处特殊发展阶段和当今世界经济社会发展总趋势的共同决定下，中国经济社会发展开始全面进入加速转型期。

经济发展方面，目前我国产业结构仍以工业为主导，资源环境压力加重等问题突出，产业结构急需调整。经济增长主要是靠大量资源的高消耗、靠大批廉价劳动力的使用、靠大量的物质资本投入与积累来实现的。虽然近年来这种粗放型的经济增长方式开始调整，但还没有得到根本转变。① 另外，中国经济发展不平衡性问题凸显，经济发展的地区差距和城乡差距扩大。② 除此之外，另一个现实是自主创新不足，技术创新拉动产业以及科技成果向现实生产力有效转化的创新驱动还没有成为我国经济社会发展的主要动力。在开放型经济发展背景下，由低成本优势的商品与劳动力输出向创新优势的技术输出的升级任重道远。

---

① 宋林飞：《我国经济社会发展呈现新的阶段性特征》，《南京社会科学》2011 年第 1 期。
② 戴为民、徐乔：《当前经济社会发展的主要问题及应对思路》，《特区经济》2011 年第 4 期。

社会发展方面，当前正处于我国城市化加速时期，但城市化水平滞后于工业化、经济发展水平的现象仍然存在。同时环境恶化、社会治安问题也伴随城市化进程加剧。社会成员间的收入差距拉大，未来社会分化继续加速，在利益关系和利益格局的深刻调整中，一些社会群体利益矛盾可能被激化。另外，生态环境的脆弱性对现代化进程的瓶颈制约和影响愈发突出。

文化观念发展方面，中国当代文化呈现出复杂的态势，各种文化因素尚未形成有机整合体，在开放的世界体系中，中国文化不可避免地要和其他文化相互交融、激荡。此外，优秀文化传统式微，工具理性张扬，人文精神衰落，形成了中国当代文化中的种种矛盾。[①]

正是由于上述阶段性现状及其问题的存在，加快中国经济社会转型升级，促成新型经济社会发展态势才愈发迫切。

关于我国经济社会转型，很多学者做了有益探索，普遍地认为当前中国经济社会转型在速度、广度、深度、难度等方面都是前所未有的，因此可以说，转型升级是多层面的，不能仅从经济或者产业结构升级方面讨论转型升级时期的总体特征。事实上，正是经济、社会、政治和文化观念上多方面、多维度、多领域、整体性的转型决定了新型经济社会发展的走向。

经济层面的转型。经济转型涉及三个层面：体制上，中国经济转型进入完善中国特色社会主义市场经济体制的新阶段，为了创造更利于可持续发展的市场环境，不断完善和发展社会主义市场经济制度，建立一种运行规范、具备较强国际竞争力的"成熟的市场经济"日臻重要；[②] 增长方式上，面对中国发展的阶段性新特征，当前和今后一段时期内，改变粗放型增长方式、加快经济发展方式转变将贯穿于中国经济社会发展的全过程和各领域；工业化路径上，追求低碳、节能和环保下的经济增长，走"科技含量高、经济效益好、资源消耗低、环境污染少、人力资源优势得到充分发挥"的新型工业化道路。经济层面的转型最突出的特点是以知识为基础的经济不断发展。在知识经济中，知识作为一种基本的也最重要的生产要素，其重要性远远超过传统的劳动和资本要素。所以，在转型目标

---

① 阎秀芝：《关于中国文化转型的探讨》，苏州大学，2004 年。
② 瞿商：《论中国经济转型的阶段性与目标转换》，《中国经济史研究》2012 年第 1 期。

上，表现为由投资驱动、硬件支撑向知识和科技创新驱动转变；在转型内容上，由劳动密集型工业经济向技术密集型知识经济转变；在转型动力上，除政府的主导因素外，企业的转型升级和创新主体作用更加明显，高校作为科技创新基地的功能更加突出。[①]

社会层面的转型。从社会学角度看，社会转型具体说是从传统型社会向现代型社会转变的过渡过程，它包含从农业社会向工业社会的转变、从封闭社会向开放社会的转变、从同质单一性社会向多样性社会的转变等。而无论何种形式的转型，都是通过人的自觉能动活动来实现的，人通过理性的分析、判断和计算等工具和手段来找出解决社会转型问题的方法和策略推动社会向前，社会转型是在理性社会主体的自觉主动推动下进行的。[②] 社会层面转型最突出的特点是现代化社会的形成。现代化理论认为，社会现代化与人的现代化是相互促进、相互创造的。社会现代化的关键是人的现代化，人的现代化本质上是人的素质的现代化，而高等教育作为教育的最高层次，更是实现人的现代化的真正源泉。因此，人的现代化转型必然要求高等教育做出相应调整和改革。

文化和观念层面的转型。当前，中国文化转型表现出多种文化形态并存、不同文化观念和价值理念相互对立的特征。我国当代文化转型主要表现在：从伦理至上性文化转向科学理性精神凸显的现代文化；从保守的自然经济文化转向开放的市场经济文化；从神圣性、批判性到世俗性、娱乐性的文化；从重集体轻个体的文化转向彰显个体的文化。[③] 为此，国家把文化建设摆在更加突出的位置，推进文化体制改革、发展文化事业和文化产业，为现代化建设提供有力的思想保证、精神动力和智力支持。文化转型迫使观念的转型，实现人的观念更新变革，应不断丰富和健全自我个性，培育健康、崇高的社会精神力量，实现人全面自由的发展。高等教育不仅发挥着传承、研究、融合和创新文化的重要功能，也是人们思想观念、心理因素、行为准则、价值取向更新和变革的促发器。

---

① 孙玉坤：《中国经济发展转型与高层次应用型人才培养》，《高等工程教育研究》2012 年第 2 期。

② 和学新：《社会转型与当代中国的教育转型》，《华中师范大学学报》（人文社会科学版），2006 年第 2 期。

③ 李燕菲：《当代文化转型期人的精神需要探析》，河北师范大学，2011 年。

（二）经济社会转型升级需要多样化的高等教育强力支持

经济社会转型对高等教育提出多样化需求，而之所以需要高等教育这样多样化的强力支持，归结起来是以下几个方面共同作用的结果。

首先，由于知识经济的深入发展，以知识为主要驱动力的经济和社会发展将主要依靠人类对知识的创造和利用。大学要回应不断分化和专门化的知识，给新兴学科尤其是应用学科以一席之地，同时由于理论知识的整合形态不断发展，大学对高深知识的探讨也显得永无止境。[①] 其次，人力资源利用转型下，劳动力市场多样化。随着社会生产力的发展，一些新兴行业蓬勃发展，使得高层次人才的需求多样化和经常变动性日渐突出，因此高校人才培养如何满足这种劳动力市场多样化和人力资源丰富性的问题日臻迫切。最后，经济社会等各方面同步转型引致国家发展多面化。正如上文所述，转型升级是整体性、多领域协调发展的过程。国家科技进步、经济发展、文化繁荣、社会和谐都是转型升级时期国家发展的重要命题，而这些多方面的发展要求需要多样化的高等教育通过培育大量适用人才，加快科学研究与技术开发，提供其他社会服务工作等来满足。

高等教育的多样化首先是人才培养的多样化。高等教育人才培养的多样化是针对经济、社会及文化转型中对人的发展提出的要求，是为发挥人力资源优势、带动知识经济发展、加快人的现代化和文化及观念变革更新等提供强力的人才支持。多样化的人才培养主要体现为人才类型要求的多样化。

学习型人才。在知识经济社会中，知识爆炸和知识加速更新，个人必须及时学习和掌握最新知识，运用新知识，并通过一定的外在表现满足人们需要，才能生存和发展。学习型人才有着浓厚的学习兴趣、具有强烈的求知欲望，并能不断创新。他们一般有较高的综合素质，并把学习看作自己的终身需求。学习型人才能掌握科学的学习方法，勤于思考，善于收集、筛选自己所需信息，并能消化、吸收其中有益的成分。[②] 随着目前以及未来社会中科学技术的发展和社会关系的日益复杂化，无论是从个人还是国家的角度，高校都应以学习型人才作为人才培养的一个标准。

创新型人才。在知识经济社会里，知识产品的创意、生产、传播等最

---

① 徐萍：《高等教育多样化的发展进程与推进策略》，《江苏高教》2009 年第 5 期。
② 梁虹、沙洪成：《实施终身教育　培养学习型人才》，《中国成人教育》2003 年第 3 期。

主要依赖的是人的知识和能力特别是人的创新能力，创新型人才应当具备积极进取的开拓精神、崇高的道德，还应当具有创新精神、创新能力和创新人格。培养创新型人才是衡量知识经济时代高校教育质量的重要内涵之一，也是知识经济时代大学从社会边缘进入中心的重要前提之一。[①] 尤其重要地是拔尖创新人才的培养。拔尖创新人才是各个领域具有创新精神和创新意识的优秀人才，既可以是复合型人才，也可以是学术型、技能型、应用型人才。因此拔尖创新人才是多种类型创新人才的总称，满足了经济和社会的发展对创新人才多样化、多层次的需求。[②]

复合型人才。科学技术和社会文化的发展日趋综合化和多元化，社会开始对具有多元性知识以及综合性能力的复合人才产生了需求。复合型的实质是打破学科或专业之间的壁垒，接触并把握不同专业领域的知识及思维方法。有学者提出，复合型人才具有以下三个特征：知识的集成性，即复合人才的形成有合理层次的整体性和综合性的知识体系；能力的复合性，复合型人才注重多种能力的复合，主要包括综合能力、探索能力和创新性能力等；素养的全面性，包括思想道德素养、文化素养、业务素养、身心素养等。这要求高等学校在一定条件下将有一定跨度的专业知识进行有机的交叉渗透，使受教育者的知识结构和能力结构达到优化组合，成为专业迁移能力较强的、一专多能型人才。[③]

其次，高等教育的多样化表现为功能和服务的多样化。在科技创新方面，科学技术突飞猛进，深刻地影响着整个社会的进程和人类的未来。科技创新在知识经济时代就是财富和实力，现代文化的发展也需要有更多的科技手段为载体。与其他创新主体相比，兼具培养创新人才的摇篮和知识创造、知识积累、知识传递和传播功能的高等院校（或高等教育系统），无论是在国家创新体系中的地位，还是在作用上均具有无法取代的独特性。高等学校要在创新理念、组织、设施、队伍、投融资等方面不断完善科技创新体系；在决策、研发、资源配置、分工协作、政策激励等方面不断完善科技创新的运行机制；坚持产学研一体化的发展道路，重视基础性

---

① 张辉、焦岚、李颖：《创新型人才的剖析和塑造》，《黑龙江高教研究》2012 年第 6 期。
② 徐晓媛、史代敏：《拔尖创新人才培养模式的调研与思考》，《国家教育行政学院学报》2011 年第 4 期。
③ 耿华萍：《复合型人才培养的理论依据和实践意义》，《扬州大学学报》（高教研究版），2003 年第 4 期。

原创性研究，加强高新科技和先进应用技术的研发，促进科技成果向现实生产力的转化。[①]

在文化进步方面，现代文化的转型发展需要高等教育的不断催化。高等教育对文化进步的催化作用主要表现在文化传承、创新。文化的传承主要是通过对传统文化的批判、选择实现的。高校通过制定培养目标、设置专业与课程、编写大纲与教材，以及教师群体和校园文化等将社会发展所需要的精神整理、继承、传播、发扬；而将落后、有碍于社会经济和人发展的精神摒弃。文化创新是高等教育具有的独特优势，因为科研是大学的主要职能之一，也是高等教育直接创造新文化的基点和特有途径。另外，大学具有与外来文化接触交流的优越条件且大学师生来自不同国家、地域，视野较为宽阔，高等教育在传统文化与外来文化的交流、冲突、重组、融合中进行着文化的创新。

在环境改善方面，高等教育环境改善功能在经济转型升级时期突出表现在其对和谐的社会环境和自然环境构建的作用上。具体来说，和谐社会建设主要是高等教育提供更为广泛的社会服务，为人们提供多种规格和多种形式的教育，从而培养民主法治社会的公民，促进知识共享，开发人才资源，增强国家竞争力等。高等教育对和谐自然环境构建的作用主要是指高等教育是提高人们解决环境与发展问题的能力的关键，也是培养人们的环境意识、生存伦理意识的重要场所。高等教育培养的具有较强环境意识，正确的环境价值观和环境质量观，全球环境理念和绿色消费理念的公民个体将成为构建和谐自然环境的重要力量，同时高校针对环境问题开展的科学研究以及产生的一系列研究成果将直接作用于各类环境问题防治上。

在终身教育方面，随着人民生活水平的提高以及知识变更速度加快、一次性的高等教育机会不能适应自身发展需要时，人们要求进行补偿教育和继续教育。而高等学校应适应这种需求，推动高等教育终身化的进一步发展。高等教育发挥终身学习和终身教育平台和提供者的作用，有利于人的发展和"人尽其才"，对加速实现产业结构调整和经济转型、促进建设人力资源强国都有极大的好处。为此，高等教育和成人教育之间衔接应更为灵活；在空间维度上，不再囿于传统意义的校园，借助现代化的网络和

---

① 陈德静：《基于科技创新的高等教育改革与创新研究》，河海大学，2005 年。

大众传媒系统，使高等教育从原来的学校教育逐步渗透到家庭教育和社会教育。①

再次，高等教育的多样化表现在自身发展的多样化和体系多样化。经济社会转型升级时期，人们对高等教育的选择不仅是多维的，而且是多层次的、开放的，多样化高等教育形式能保证人们更多的选择机会和发展途径。未来的高等教育除继续发展已有的学术性高等教育形式外，还应该大力发展非学术性的高等教育形式，比如，鼓励发展特色的高等职业教育、农村的社区学院教育形式、作为终身教育平台的开放大学形式。在体系内部高等教育多样化需要各种系统之间进行协调，实现相互的衔接。目前，高等教育各系统的衔接主要指普通高等教育与职业高等教育、正规高等教育与业余高等教育、公立高等教育与私立高等教育、普通高等教育与继续高等教育之间的衔接，当然还包括高等教育与其他类型的教育系统的衔接，如与各种中等教育机构的衔接等。②

学科门类的多样化是高等教育体系多样化的一个重要方面。随着科学技术分化和发展，科技门类不断增多，同时人们从事的职业岗位也会不断细化而愈趋专门化，高校应提供更多具有特色的学科和专业，以适应不断生长的各种门类学科、行业的不同服务面向的需要。中国高等教育体系的科类和专业要建立适应社会情况变动和学生要求变化的灵活机制，在这样的机制下，各高校有充分自主权来因地制宜地设置专业和学科，学生也可以根据自己的兴趣与特长进行选择，只有这样，才能保证高等教育培养人才的多样化和功能的多样化。

质量标准的多元化是高等教育体系多样化不可或缺的重要内容。社会需求是多样的，学校类型是多样的，学科门类是多样的，学生个性是多样的，这些都决定了教育质量标准是多样的。③《21世纪高等教育展望和行动宣言》指出：应"考虑多样性和避免由一个统一的尺度来衡量高等教育质量"。具体表现在：以学术型人才培养为导向的院校，如传统的研究型大学仍然要以发展科学为目标，保持其在高等教育领域内不可改变的学术独立性。其培养的人才质量应满足基础理论厚实，专业口径宽，文理渗

---

① 陈然：《融入终身教育、学习化社会的高等教育》，《中国高教研究》2006年第10期。

② 魏小琳：《我国高等教育多样化发展的价值和路径研究》，湖南师范大学，2008年。

③ 刘智运：《多样化：21世纪初叶中国高等教育的基本走向》，《高等教育研究》2003年第2期。

透，科研能力、综合能力强的要求。以应用型人才培养为导向的高校则应致力于满足多样化社会需求，培养出社会认可和高度评价的实用人才作为其质量的衡量标准。

（三）社会转型升级让高等教育面临新的挑战

在转型升级的新时期，国家站在战略发展的高度就高等教育及相关领域出台了诸多有重大影响的政策规定或纲领性文件，通过一些重大举措的实施促进了高等教育的新发展。

在高等教育人才培养方面，国家通过一些重大人才工程的实施对高等教育人才培养的质量、规格等方面提出了新的要求。《国家中长期人才发展规划纲要（2010—2020 年）》确定，今后十年，我国要实施 12 项重大人才工程。主要包括：创新 2020 人才推进计划；华夏青年英才开发计划；优秀企业家培养工程；高素质教育人才培养工程；文化艺术名家工程；海外高层次人才引进计划；专业技术人才知识更新工程；国家技能人才振兴计划；现代农业人才支撑计划；边远贫困地区和边疆民族地区人才支持计划；高校毕业生基层培养计划；人才信息化建设工程。[1] 这 12 项工程或计划是国家人才培养方面的顶层设计，充分考虑了人才发展的整体性和系统性。而教育部门在高等教育人才培养方面也针对性地提出了诸如"基础学科拔尖学生培养试验计划""卓越工程师、医师等人才教育培养计划""高校高层次创新人才计划""研究生教育创新计划"。

在高等学校实力提升方面，以科技创新能力、学科建设、人才培养质量为重要体现的高等教育整体实力的提升，离不开国家重大战略的驱动。从"211 工程"到"985 工程"，再到"2011 计划"，这三大工程和计划堪称中国高等教育近 20 年来的三大里程碑。[2] 为加快建设一流大学和一流学科，《国家中长期教育改革和发展规划纲要（2010—2020 年）》规定：以重点学科建设为基础，继续实施"985 工程"和优势学科创新平台建设，继续实施"211 工程"和启动特色重点学科项目。加快创建世界一流大学和高水平大学的步伐，培养一批拔尖创新人才，形成一批世界一流学科，产生一批国际领先的原创性成果，为提升我国综合国力

---

① 王通讯：《全面解读〈国家中长期人才发展规划纲要（2010—2020 年）〉》，《中国电力教育》2010 年第 20 期。

② 唐景莉：《从"211 工程"到"2011 计划"》，《中国教育报》2012 年 10 月 26 日。

贡献力量。而"2011 计划"以人才、学科、科研三位一体的创新能力提升为核心任务，以高校、科研机构、企业协同创新中心为载体，以创新发展方式转变为主线，推动深化高校机制体制改革，重在推动高校内部以及与外部创新力量之间创新要素的融合发展，建立协同创新模式。高等教育整体实力主要表现在高等教育质量上，在这一方面，国家部署实施了"质量工程"，如教育部、财政部联合下发了 2007 年"1 号文件"，决定实施"质量工程"，即"高等学校本科教学质量与教学改革工程"。同时，教育部下发了《教育部关于进一步深化本科教学改革全面提高教学质量的若干意见》，在抓好提高质量关键"点"的基础上，进一步在覆盖"面"上整体推进，[①] 目的就是确实把高等教育的重点放到提高质量上来。

在高等教育格局调整方面，为了促进区域布局结构调整，改变教育区域结构差距拉大的局面，国家高等教育政策向中西部倾斜，明确指出"实施中西部高等教育振兴计划"，加强中西部地方高校优势学科和师资队伍建设，"招生计划向中西部高等教育资源短缺地区倾斜，扩大东部高校在中西部地区招生规模，加大东部高校对西部高校对口支援力度"等。为了加强国外教育交流合作，从"单向交流"为主向"双向合作交流"转变，实施了"办好若干所示范性中外合作学校和一批中外合作办学项目""有计划引进海外高端人才和学术团队"，引进世界一流专家学者来华从事教学、科研和管理工作；"支持中外大学间的教师互派、学生互换、学分互认""接受美国 10 万人留学中国计划""提高孔子学院办学质量和水平""加强与国外高水平大学合作"等一系列重大举措，提高我国高等教育国际化水平，加快培养国际化人才步伐。[②]

尽管如此，面临着经济社会转型升级对高等教育所提出的新需要，高等教育也面临着许多亟待解决的不适应性问题，需要加快其更新变革以适应时代和发展需要。

第一，从适应计划经济条件下的高等教育模式转向适应市场经济条件下的高等教育模式。长时期政府高度集中管理体制下形成的观念、行为模

---

① 周济：《实施"质量工程"贯彻"2 号文件"全面提高高等教育质量》，《中国大学教学》2007 年第 3 期。

② 娄延常：《我国高等教育改革和发展的走势——学习〈国家中长期教育改革和发展规划纲要（2010—2020 年）〉的几点体会》，《武汉商业服务学院学报》2010 年第 6 期。

式仍然具有相当大的惯性，对现时政府部门处理高校与政府关系产生着影响。因此，在落实进一步扩大高校办学自主权的前提下，应该思考如何打破计划经济时期形成的计划性以使高等教育适应市场经济。适应市场突出表现在一种选择性，包括根据社会经济甚至市场发展要求高校自主选择发展路径，另外则是学生自主选择学习内容、学习方式等。现行的高校教学制度，无论在理念上、内容上，还是在管理上、形式上，都还不具备用选择性完全替代计划性的条件，但这种转变将是一种趋势，其影响将具有历史意义。①

第二，由单纯地强调培养人才和科学研究到全面服务社会的多功能机构方向转变。目前我们通常认为，高等教育承担着教学、科研与服务社会三项职能，以培养人才、发展科学和推动经济社会发展为己任。但是随着经济社会的转型升级，这样的简单职能定位已经不能完全胜任高等教育在新时期的任务，高校不能仅仅作为人才高地、学术高地、智力高地，还需要成为集人才荟萃、智力密集、知识创新、咨询服务于一体的智囊库，成为倡导公平、正义、民主、科学的社会立场，重建价值观念、道德体系引领社会精神文明发展的灯塔，分析和考虑解决当前国家的种种问题，关注民生、实践民主，成为促进经济社会健康和谐发展的高地和试验场所。②

第三，由选拔教育、应试教育向大众化、普及化教育、终身教育转变。当前我国的高等教育还存在将学校作为社会人才选拔的筛子，逐级地在教育的各个阶段进行优秀人才的筛选，这样的教育只是注重向高一级学校输送人才的功能，而忽略了培养劳动后备军的功能。我们应当寻求一种根本的、非歧视性的模式来满足经济社会发展对人才的需求，满足人们空前迫切的接受高等教育的愿望。这就要求高等教育参与社会生活，通过与政府、企业、大学外科研机构的合作，为社会提供领域广泛的知识产品，或者直接参与科研成果的转化，构建与社会协同发展的关系，获得普遍的社会影响力，并为人们接受"终身教育"提供充足资源。

---

① 胡建华：《论近年来的我国高等教育转型》，《南京师大学报》（社会科学版）2008 年第 6 期。

② 荀渊：《近 30 年来中国大学的转型与发展困境》，《江苏高教》2011 年第 1 期。

二　高等教育规模庞大、结构多样，但仍在建立稳固的、多样化的、功能强大的高等教育系统上面临艰巨任务

随着改革开放的深入，我国高等教育取得了举世瞩目的成就。截至2012年，全国共有普通高等学校和成人高等学校2790所，各类高等教育总规模达到3325万人，高等教育毛入学率达到30%，高等教育绝对规模继续居于世界第一位。规模的扩张也导致我国高等教育结构发生了一系列深刻变化。一是层次类型，形成了从专科到本科再到研究生的层次结构，其中研究生形成了硕士和博士两个层次，且分化出了学术学位与专业学位两种类型。二是教育类型，形成了普通高等教育体系，也形成了融学历教育与非学历教育于一体的成人高等教育体系，职业高等教育体系正在由专科层次向更高的本科层次拓展。三是高等教育的形式不断发展，既有普通高等教育，也有成人高等教育和自学考试，以及在原有的函授、夜大和广播电视大学基础上延伸出来的社区学院、网络学院、开放大学等新型办学机构；既有公立高等学校，也发展了相当数量的民办高等学校，而且公立高校是中央政府与各级地方政府多级举办，民办高等学校正在逐步地分化为公益性与营利性两种类型；既有为全国服务的高等学校，也有为地方、为行业乃至为社区服务的高校；既有以培养研究生为主的高校，也有以培养专科层次职业技术人才为主的高校，还有一大批应用型本科院校。

系统论理论告诉我们，高等教育结构的变化必然导致高等教育系统内部功能的分化。克拉克·克尔也指出，"现代高等教育系统的一个必不可少的原则是功能的分化……一个有效的高等教育系统必须以一种方式或另一种方式分化它的构成院校"。① 从我国高等教育体系内部的关系来看，目前就初步形成了由普通高等学校、职业高等学校、公立高校、民办高校、国际高校、社区学院、网络大学等各种类型的高等学校构成的不同的高等教育子系统。但从目前的高等教育结构来看，仍存在许多不合理的地方。从层次结构来看，专科层次偏少；从学校类型来看，民办高校与社区学院偏少；从教育体系来看，高等职业教育体系中的本科层次尚未形成规模，研究生层次尚未露端倪，等等。从高等教育功能来看，

---

① ［美］克拉克·克尔：《高等教育不能回避历史——21世纪的问题》，王承绪译，浙江教育出版社2001年版，第86页。

新举办的高等教育机构在学校的招生、办学经费、师资力量的配置、学生就业、教师发展等方面仍处于从属地位。而且新的高等教育形态为了改变自身发展所面临的不利地位和环境，不可避免地在具体办学的过程中模仿传统的研究型大学追求学术化的办学模式和目标定位，以非学术化的办学实践追求学术化发展的办学目的，其结果是走向趋同。这就背离了其办学的初衷和影响了这些新的高等教育形态在整个高等教育系统中功能的发挥。从整个社会发展的视角来讲，各种形态的高等教育机构办学定位的趋同化发展，也是对有限的高等教育资源的一种无效配置和浪费。这些与我们国家目前的经济社会发展水平不相适应，急需优化，以全面提升高等教育系统的功能，全面提升高等教育促进经济社会发展的能力，全面提升高等教育的质量。

我国高等教育发展的一个重要目标是实现规模、结构、质量、效益的协调发展，这就决定了高等教育系统功能的分化不能是杂乱无章的，即使是精英教育系统，整体上高等学校具有人才培养、科学研究和社会服务的职能，但具体到每一所高校，其职能并非完全一致，有的高校是三项职能兼备，有的可能只有人才培养职能。即使是三项职能兼备的高校，其各项职能也有所侧重，有的科研成分多一些，有的则少一些。同样是人才培养，有的以研究型人才培养为主，有的则以应用型人才培养为主。为了确保高等教育功能分化地有序进行，目前急需对各种类型高校的职能与职责进行划分，实施分工与合作发展战略，在确保相对公平的基础上实施不同的资源配置策略，采用不同的管理制度进行管理。这也是高等教育职能分化的一项重要标志，但这种职能分化很难依靠高等学校自身顺其自然地形成，有序的高等教育功能分化需要外部的规范与引导。实现高等教育结构科学优化的一个重要前提是对高等学校进行分类、定位、分类管理，进而实现科学规划，只有这样才能进一步强化高等教育系统的功能。当前功能和形态分化了的高等教育系统客观上需要科学的分类、定位以及分类管理体系与其相适应。不同类型高等教育子系统的分工与合作的发展趋势要求对高等教育进行分类、定位与分类管理。高校分类管理是我国高校管理和发展的必然趋势，是实现高校可持续发展的有效途径。分类管理的思想将成为高等教育管理体制改革，以及高校内部机制改革的一个基本指导思想。

三 在构建政府、社会、高校三者之间和谐关系为核心的高等教育管理体制上面临重重挑战

我国高等教育绝对规模已经十分巨大，原有计划时期的管理思想与方式已经无法适应现阶段高等教育发展的需要。当前，政府、社会和高等学校三者之间无论是在思想理念还是实践行动上，都出现了一些需要协调的现象。一方面，受计划经济体制和思想的影响，政府习惯将高等教育或高等学校等同于其他产业和部门，因此管的地方相对多一些，指导和服务的地方相对少一些，进而对高等学校管得比较具体，上至发展规划，下至课程教材；另一方面，社会的民主意识在强化，想更多地了解和参与高等学校的办学，但苦于渠道不畅，出现了信息不对称现象。再加之高等学校受到社会大背景尤其是市场经济负面的影响，在办学过程中也确实存在一些注重经济效益、忽视人才培养，注重社会声誉、不注重内涵提升等现象，因而出现了"弃考留学"和"弃考务工"等"信任危机"的信号，导致社会对高等学校的诟病较多；同时，高等学校也有许多不理解之处，抱怨缺少办学自主权，认为政府管得过多、过死，高等学校很难按照自己的思路办学，这样不利于高等学校办出特色。同时，办学者也抱怨社会对办学支持不力，认为培养人才是全社会的责任，社会没有尽到培养人才的责任与义务，没有形成有利于人才培养的环境，包括企业不愿接纳学生实习、产学研合作难深入、对学校办学经费不支持或支持得少、社会不良风气影响了学生等。

高等教育系统是一个结构松散的联结体系，高等教育系统内部各个层面（国家、区域、高校）以及各个子系统之间具有很大的自主性和独立性，教育事业是一项追求卓越的神圣而又崇高的事业，在教育管理实践中应该贯彻的是教育哲学的价值和理念；而我国现实中具体的高等教育管理实践贯彻的却是简单的管理哲学，是计划体制下的科层制管理体制的延伸，崇尚的是等级森严的层级关系。高等教育管理实践中往往实行的是许可制度，大多事情都需要得到主管部门的许可，但是许可制度只是一个确保最低标准实现的制度，无益于高等教育追求卓越——在各个层次和类型上培养出"全面发展的人"这一最高标准的实现。现实高等教育管理实践中由于管理理论的滞后和标准的整齐划一等不科学因素的存在，各高等院校为了追求表面形式上的达标，获得主管当局规定的最低许可标准，确

保能够低标准的存活下去，严重制约了高等教育系统各个层级和了系统自主性的发挥。随着高等教育系统规模的逐步扩大，国家对高等教育的管理再也不可能像从前那样事无巨细，一方面管理不可能到位，另一方面管理成本也无法承受。面对庞大的高等教育系统，必须（也只能）改变现有的管理方式，理顺高等教育管理体制。

政府、社会和高校三者之间的关系，一方面表现在三方作为高等教育管理的主体其作用的发挥上，另一方面表现在三方各自利益诉求的实现上，这二者均需要一个职责清晰、效力强大的制度做保障。高校分类管理正是建立在各方利益主体共同参与的一种协商机制，通过政府、社会和高校三方主体的反复博弈形成协商方案，并最终成为具有法律效力的制度共同遵守。通过分类管理，实现政府在高校分类管理中发挥立法保障、项目推动、政策导向的作用，社会发挥积极参与、监督指导的作用，高校发挥主动履职、交流合作、自主发展的作用。进一步而言，通过建立结构性的政策制度体系，为各类学校创造有利的发展条件和公平的政策空间，促进相同类型、相同层次间高校的公平有序竞争，鼓励和支持不同类型、不同层次高校间的交流与合作，最终形成"主体多元、政策导向、共同参与"的格局。只有这样，才能避免某一方主体对另一方主体利益的侵害。

改变目前这种高等教育管理的局面，需要我们对业已出现形态分化的高等教育机构进行科学的分类、定位和分类管理。通过制度性的构建，提倡和鼓励各级各类高等教育机构发挥积极性和自主性，在国家或是既定分类框架的指导下进行科学的定位，追求自身发展的卓越，然后通过科学的标准化的认证程序，给予科学的评价和认证，实现各级各类高等教育机构的高标准发展目标。从教育管理部门的角度来看，对高校进行分类管理有利于有针对性地对不同类型的高校实施不同的管理与服务政策、措施，分类管理、分类指导、分类服务，避免整齐划一的管理所带来的越位、缺位现象，提高行政效率，以促进各种类型高校健康发展；从社会的视角来看，高校分类管理有利于社会识别高校的类型特征，进而对高校做出评价、选择，以及进行办学监督等；从高校自身来看，实施高校分类管理有利于高校准确定位，有利于高校选择适合自己的发展空间，更加明确自己的发展方向，强化类型特征，避免盲目定位、盲目攀比、盲目扩张，引导高校在同类型高校内进行竞争发展，办出自己的特色；从高等教育发展的整体来看，高校分类管理有利于实现高等教育社会价值取向以及功能的分化，进而促进高等教育的多样化，强化高等教育的系统功能，满足经济社会发展对高等教育多样化的需求；从学生的角度来讲，明确自己在哪一类学校读书，就等于明确了自己的发展目标，进而对自己的发展做出科学合理的规划，包括知识、能力、素质以及就业取向等方面。

四 高等学校在发展进程中出现了盲目定位、雷同发展、不合理竞争的现象

高校定位问题是高等教育发展进程中的必然产物，是伴随着高等学校的大量增加以及多样化高等教育体系尚未形成背景下凸显出来的，在精英以及普及化高等教育阶段此问题并不明显。我国高等教育正值大众化发展时期，学校数量和类型不断增加，经济社会发展对人才需求也更加多元化，高等教育系统处于复杂多变之中，高校的分类与定位问题日益彰显。

在高等教育规模扩张、高等教育得到快速发展的同时，也让许多办学者的积极性格外"高涨"，进而导致一系列问题的出现。目前多数高校在组织目标、组织结构和组织行为方面存在高度的趋同性。在组织目标上，多数大学都朝着综合性、研究型、大规模的方向发展。在组织结构上，多数大学的机构设置科层化现象严重，权力配置行政化主导明显。在组织行为上，多数大学的人才培养模式类似、专业设置内容雷同等，因此导致大学个体缺少办学特色与个性，无法满足经济社会发展对高等学校多样化的需求[1]。通过对 350 所普通本科高校定位文本的考察，发现类型定位存在着将研究型大学作为类型定位终极目标的倾向。92.3% 的"985 工程"高校明确定位为研究型大学，56.8% 的"211 工程"高校明确定位为研究型，另有 12.7% 的"211 工程"高校定位为研究教学型或教学研究型。一般本科高校的类型定位存在四种现象值得关注：一是直接定位为教学研究型；二是目前定位为教学型，但明确若干年后成为教学研究型；三是目前定位为教学研究型，但明确若干年后建成研究教学型；四是目前定位为研究教学型，但今后的目标是研究型。这表明，"由教学型发展为教学研究型，进而建成研究教学型，直至成为研究型"已经成为我国高校发展的一条主要技术路线。通过科类定位的初步考察，由单一学科向多学科，

① 陈文娇：《我国大学组织趋同现象研究——基于组织社会学的视角》，华中师范大学，2009 年。

由多学科向综合学科，由综合学科向全科发展是我国高校发展的第二条主要技术路线。通过办学层次定位的初步考察，由专科升为一般本科，由一般本科到硕士学位授予权本科，再到博士学位授予权本科是我国高校发展的第三条主要技术路线。在服务面向定位上，一些研究型大学在面向国家的同时也明确了服务地方，地方高校大多定位为"立足地方，面向全国"，只面向行业和地方的高校越来越少。在人才培养目标定位上，大多使用了诸如"高素质人才"、"创新型人才"、"创造性人才"、"创业型人才"、"高级人才"、"复合型人才"、"实践能力强的人才"等内涵不是十分明晰的雷同词语。由此表明，目前我国高校定位存在严重趋同和不切合实际现象，不适应现阶段经济社会发展的需求。趋同现象掩饰的是大学理念的缺失，是高等教育理论的匮乏。如果不能得到有效遏制，适应经济社会发展需要的高等教育体系难以建成。

高校分类管理的目的之一就是促使高等学校多样化发展，提升高等教育促进经济社会发展的能力。由于定位缺少规范与协调，高等学校的定位都是各自凭借自己的认识理解与需求进行定位，因而高等教育系统内部各种类型高校之间职能边界不清，导致职能过度重复交叉现象与职能真空或不足现象并存。典型的职能交叉现象，如不管是学历还是非学历继续教育，一般本科高校在办，研究型大学也在办，一些本科院校也在举办专科。典型的职能不足现象，如目前我国的基础研究力量明显不足，研究型大学也大都以应用研究为主。典型的职能真空现象，如以社会核心价值体系和社会伦理道德标准为引领的社会文明进步服务职能尚没有在学校的定位中得到体现。这种定位的结果导致高校之间的不合理竞争，不仅办学特色丧失，更重要的是互相冲击，导致高等教育系统内耗。目前我国高等学校出现的这些现象，与20世纪50—60年代美国加州高等教育出现的现象如出一辙[①]，加州高等教育规划的实践证明，高校分类管理可以有效地引导和规范高等学校科学定位，避免盲目升格和趋同发展。

高等教育多样化表现为一系列质的渐变过程，其标志可以是培养目标、办学模式、人才培养模式、管理模式、课程体系、教学内容和教学手段等方面的多样化。核心应该是高等教育结构的多样化，以及高等教育人才培养质量的多样化。高等教育结构的多样化包括层次结构的多样化、类

---

① 《美国加利福尼亚州高等教育总体规划》，王道余译，人民教育出版社2005年版。

型结构的多样化和区域布局结构的多样化，高等教育质量的多样化包括高等教育质量观的多样化、评价标准的多样化、评价主体的多样化、评价内容的多样化、评价方式的多样化等。高等教育的多样化既是高等教育适应经济社会发展需要的必然结果，也是高等教育自身规模发展的必然结果，高等教育规模的扩大必然带来高等教育层次、类型、人才培养规格等方面的多样化；高等教育的多样化不仅可以最大限度地满足具有各种不同个性与需求的学生的要求，也可以最大限度地满足多样性的经济社会发展对高等教育的需求。高等教育的多样化是满足经济社会发展以及受教育者个人需要的有效途径。一流的高等教育体系是一个多样化的高等教育系统，它能够满足广大民众多样化的高等教育需求，能够为一个国家的经济社会发展提供多样化的人才和多样化的服务。

《国家中长期教育改革和发展规划纲要》中提出："建立高校分类体系，实行分类管理。发挥政策指导和资源配置的作用，引导高校合理定位，克服同质化倾向，形成各自的办学理念和风格，在不同层次、不同领域办出特色，争创一流。"在我们国家高等教育发展进入大众化并向普及化发展之际，高等教育处于重要的结构与功能优化时期，以高等学校定位为切入点并开展相应研究显得十分必要。第一，可以丰富和完善高等教育理论，澄清人们对大学定位认识的偏差，切实为高等教育政策制定及高校科学定位提供科学和理论依据；第二，国内目前比较注重分类研究，虽然二者密切相关，但仍属不同的范畴。分类是定位的前提，分类的目的之一是定位，但不能代替定位，定位研究可以促进分类研究的深入；第三，有助于从宏观和微观两个层面指导高校进行科学定位，避免"千校一面"，优化高等教育系统结构。促进我们国家高等学校功能的分化，实现各就其位、各司其职，保证高等学校的多元化发展，避免高校盲目升格、求全以及不合理竞争，进而建立完善的功能、强大的高等教育体系。

第二章　高校定位理论

　　辩证唯物主义认为，人类正确的理论思维有两条道路："在第一条道路上，完整的表象蒸发为抽象的规定；在第二条道路上，抽象的规定在思维行程中导致具体的再现。"① 这就为我们的理论思维提供了正确的方法。既然方法论要求如此，所以我们在思考大学定位理论问题时也必须遵循这两条道路。因而在探讨大学定位相关理论之先，必须要明确大学定位及与其相关的几个基本概念，这是进行大学定位理论研究的基础。

第一节　高校定位的内涵

一　大学的内涵

　　大学是一个内涵丰富、外延广泛的概念，古往今来，古今中外的许多高等教育思想家都试图予以界定和说明。"大学"一词最早出现在我国的古籍当中，如《学记》中就有"大学之教""大学之法"之说；又如，《大学》中亦有"大学之道，在明明德，在亲民，在止于至善"② 之说。只不过当时所说的"大学"并不是指特定的专门机构，而是指一种博大高深的学问和修养③。我国著名的学者涂又光先生认为"大学"不仅是指"大学问"，也指"大学校"，但归根结底是指"大学问"④。大学，作为一种教育、教学机构肇始于中世纪的欧洲。不过，当时的大学只是一种学术行会组织，是一个学者的团体。英文中"university"一词原拉丁语的含

---

① 中共中央马克思恩格斯列宁斯大林著作编译局：《马克思恩格斯选集》第 2 卷，人民出版社 1972 年版，第 103 页。

② 涂又光：《中国高等教育史论》，湖北教育出版社 1997 年版，第 23、352 页。

③ 施晓光：《美国大学思想论纲》，北京师范大学出版社 2001 年版，第 1 页。

④ 涂又光：《中国高等教育史论》，湖北教育出版社 1997 年版，第 23、352 页。

义是指"一群个人的联合体，社团"之意。后来，随着这种行会组织在宗教、教育领域内的发展，它逐渐演变成一种传授高深知识和文化的教学机构。如当时欧洲最早出现的近代大学——博罗尼亚大学、巴黎大学等就是这样一种教学机构。后来，随着"西学东渐"的影响，有关西方这种教学机构的介绍不断地见诸报端和各种文章之中而被国人慢慢接受，但当时在我国具有类似大学性质的大学并不称为"大学"，而是被称为"大学堂"，如天津西学堂，京师大学堂等。自从有了大学这种教育机构之后，自然而然就有了关于大学及其教育的看法和主张，这些看法和主张自然也反映了各国不同时代不同价值取向的教育家们的大学思想，例如，西蒙·施瓦兹万认为"大学是追求知识的学者的团体"，纽曼认为"大学是传授普遍知识的场所"，弗兰克斯纳认为"大学本质上是做学问的场所"，蔡元培先生认为"大学为纯粹研究学问之机关"，竺可桢先生认为"大学是社会之光"，等等。这些真知灼见无形之中又有助于加深世人对大学的认识和了解。

英国著名学者哈罗德·珀金（Harold·Perkin）教授在从历史角度考察大学的发展过程后，给我们提出过如下忠告，"大学的含义和目的可以说因时而异，因地而异……谁都在谈大学"，但是"一个人如果不理解过去不同时代和地点存在的不同的大学概念，他就不能真正理解大学"。因为"过去的希望、抱负和价值观与现代大学概念紧紧结合在一起"。① 从哈罗德·珀金的话中以及上面对大学产生和发展的简短回顾中可以得到一点重要启示，即"大学"是一个因时而变，动态发展的概念。变化和发展无疑是大学这一组织所具有的一般化特征，故此，如果持大学是变化和发展的概念这一观点来看"大学"，"大学"的定义就含有了人们对大学的价值取向。这恐怕也是历史上关于"大学应是什么"这一问题从来就没有固定答案的原因。但这也毫不奇怪，任何事物如果人们从不同的价值角度来认识它，由此而形成的概念就难于一致。也正如哈罗德·珀金所分析的那样，大学"也像其它社会机构一样，从不同的角度——政治的、经济的、组织的、社会结构的、文化的、科学的或政策的角度去看是很不

---

① ［美］伯顿·克拉克：《高等教育新论——多学科的研究》，王承绪等译，浙江教育出版社 2001 年版，第 22、44—45 页。

相同"。①"横看成岭侧成峰，远近高低各不同"，尽管人们试图去认识的"大学"是完全相同的机构，但由于人们所认识的角度或所持的价值取向不同，故在识别大学的本质特征、基本属性及其基本职能等方面就难于求同。

既然带有价值取向的"大学应是什么"这一问题难于形成一致性见解，那么不妨换一种视角，从价值中立的角度出发来探讨大学的本质属性，也即"大学是什么"。而只有"揭示了概念所反映的本质属性才是科学的概念"。② 所以，为了对"大学"有个最基本的认识，我们从纯理性的角度出发（逻辑学方法）试图获得"大学"概念。在这里，我们需要用到逻辑学中所普遍使用的"属加种差定义法"，也即"被定义项＝种差＋临近的属"概念。根据这一要求，我们对"大学"做如下界定：大学是实施高等教育（种差）的社会文化组织（属）。显然，仅仅这样界定是不够的，我们必须做更为精细的表述：大学是实施本科及本科以上学历教育的综合性或多科性普通高等学校。这里我们把"大学"的最临近的属由外延更小的"普通高等学校"取代外延过大的"社会文化组织"，把种差由内涵更广的"实施本科及本科以上的学历教育的综合性或多科性的"替代内涵较窄的"实施高等教育的"。这一定义有对大学进行科学分类的意义，以使大学区别于其他如专科性、单科性、非学历、非正规学历和非全日制的高等教育机构。

需要说明的是，世界上各国具体的大学设置标准不尽相同。在美国等发达国家被称为大学的高等学校一般须有一个文理学院和二个及二个以上更多的专业学院，并被认为在广泛的学科领域里有权授予学士以上学位。在原苏联，专指综合大学（УНИВЕРСИТЕТ），只设人文科学、自然科学和某些社会科学的系。在我国，据1986年国务院颁布、2002年重新修订的《普通高等学校设置暂行条例》规定，大学的设置须由国务院教育行政部门审批，其中称为大学的普通高等学校须符合：①主要培养本科及本科以上人才；②在社会科学、人文科学、理科、工科、农科、医科、商科（工商管理）等学科门类中以3个不同学科为主要学科；③具有较强的教

---

① ［美］伯顿·克拉克：《高等教育新论——多学科的研究》，王承绪等译，浙江教育出版社2001年版，第22、44—45页。

② 姜全吉：《逻辑学》，高等教育出版社1994年版，第44页。

学、科学研究力量和较高的教学、科学研究水平；④全日制本科以上在校生规模在 8000 人以上。

不过，必须加以指出的是，具有科学分类意义的大学并非单指冠名"大学"（university）的高等学校，一些满足上述种差之要求的，单独设立的学院（college、institute）也归类于"大学"，如美国的麻省理工学院（MIT）、加州理工学院、各类社区学院等。另外，巴黎理工学校、巴黎高等师范学校等世界著名学府也具有大学的性质，只不过称谓不同而已。就我国来说，随着我国高等教育体制改革的逐步深入，原有的大学设置标准已经变得越来越不适应时代发展的需求，需要重新加以框定，到底以一些什么指标作为标准，还需进一步的研究。本研究的对象是具有科学分类意义上的大学定位问题，但研究的结论对其他高等学校亦有借鉴意义。

二　定位的内涵

定位在《汉语大词典》中有 3 种解释：①确定事物的名位。《韩非子·杨权》"审名以定位，明分以辨类"，南朝梁刘勰《文心雕龙·明诗》"诗有恒裁，思无定位，随性适分，鲜能通圆"中之定位取其意。②一定的规矩或范围。南朝梁刘勰《文心雕龙·厚道》"仰观吐曜，俯察含章，高卑定位，故两仪既生矣"。③用仪器等对物体所在的位置进行测量，亦指经测量后确定的位置。机械学中常采用该定义。[①]《辞海》中的解释是"在加工测量工件或装配零部件时，把工件或零部件上已定的基准安放在机床、夹具或其他零部件相应的表面上，以保证工件或零部件获得准确的位置"[②]。美国著名的营销专家艾·里斯与杰克·特劳特首先将定位概念运用于营销领域，并在 20 世纪 70 年代创立了定位理论，他们认为定位应从产品开始，可以是一件商品、一项服务、一家公司、一个机构，甚至是一个人，但是定位不是围绕产品进行的，而是围绕潜在顾客的心智进行的。简而言之，定位就是如何让你在潜在客户的心智中与众不同。[③]

---

①　汉语大词典编辑委员会：《汉语大词典》，汉语大词典出版社 1990 年版，第 2315 页。

②　辞海编辑委员会：《辞海》，上海辞书出版社 1992 年版，第 1362 页。

③　［美］艾·里斯、杰克·特劳特：《定位》，谢伟山、范爱冬译，机械工业出版社 2013 年版，第 3、7—178 页。

三　高校定位的内涵

（一）现有高校定位"定义"之考察

定义是对于一种事物的本质特征或一个概念的内涵和外延所做的确切表述，主要包括三个组成部分，即定义项、被定义项和定义联项。那么，现有研究是如何对"高校定位"这个概念进行定义的呢？

截至 2013 年 2 月末，本研究从中国知网和相关专著中共收集到 56 个关于高校定位的概念界定。仔细分析这些"定义"，从高校定位的本质来考察，将高校定位视为是一种规划的有 4 个，占 7.1%。如娄俊颖认为，高等学校的发展定位就是高校对"建设一所什么样的大学"和"如何建设这样的大学"所进行的目标设定和蓝图设计。具体地说，就是指高校根据国家经济、社会发展的要求，通过对国内外高等教育发展的状况、趋势以及学校的自身状况的把握，确定在一定时期内发展目标的规划。[①]

视为是一种位置或地位选择的有 19 个，占 33.9%。如教育部高教司高等教育评估处有关资料显示，大学定位就是"根据社会的需要、自身的条件，找准自己的位置。明确在一定时期学校的目标定位、类型定位、层次定位、学科定位、服务面向定位"。[②]

视为是一种活动的有 11 个，占 19.6%。如陈厚丰认为，高等学校定位是指高等学校根据自身条件、职能、国家和社会需要以及学生需求，按照扬长避短的原则，参照高等学校类型和层次的划分标准，经过纵横向分析和比较，在清醒认识自己的基础、优势和不足的基础上，准确把握自身角色，并确定服务面向、发展目标及任务而进行的一系列的前瞻性战略思考和规划活动。[③]

视为是一种目标和方向的有 7 个，占 12.5%。如李海芬和唐安国认为："由高等院校所确定的，在一段时期内学校发展的奋斗目标和努力方向。"[④]

---

①　娄俊颖：《我国高等学校发展定位的策略研究》，东北师范大学，2006 年。

②　教育部高教司高等教育评估处（内部资料）：《普通高等学校本科教学工作水平评估指标体系》，2003 年普通高等学校本科教学工作水平评估研讨班培训资料，2003 年，第 48 页。

③　陈厚丰：《浅论高等学校分类与定位的若干理论问题》，《中国高教研究》2003 年第 11 期。

④　李海芬、唐安国：《关于高等院校办学目标定位基本问题的探讨》，《化工高等教育》2004 年第 2 期。

视为是一种思想、理念或概念的有 7 个，占 12.5%，如眭依凡认为高校定位是"高等学校的办学根据自身情况、社会需求和国家期望等希望把大学办成什么样子的一种教育理念，是他们持有的具有强烈主观色彩的关乎自己所在大学的方向选择、角色定位、特色所在的大学理想和价值追求"。①

其他类型的定义有 8 个，占 14.3%。如曾海涛认为，高等学校定位主要就是指大学在社会环境中的身份、地位和对外责任、使命或自身目标。② 王广谦认为，办学定位是指学校的办学指导思想、办学理念、办学规模、办学层次、办学类型做出方面性选择，对学校的发展具有统领、引导的作用。③

对于以上这些定义界定，我们从以下三个方面予以考察。

首先，从定义的方法来考察现有高校定位定义。众所周知，最有代表性的定义方法是"种差＋属"定义，即把某一概念包含在它的属概念中，并揭示它与同一个属概念下其他种概念之间的差别。属概念是反映事物中作为属的那类事物的概念，种差是指被定义概念与其属概念之下的其他种概念间在内涵上的差别。这种定义的关键是找出被定义项的属概念，即准确地揭示出被定义项的本质属性。从现有的高校定位定义来看，大多数是按照这种方式进行定义的，但其定义的结果却大相径庭，有的将高校定位视为一种目标，有的视为是一种规划，有的视为是一种理念，有的视为是一种活动，存在属概念不一的现象，表明目前学者们对高校定位的本质属性即属概念的认识存在较大差异。从"种差＋属"定义的原则来看，这种定义方法要求选择一个最接近种概念的属概念，也就是说，属概念只能是一个。因此，现有关于高校定位的"定义"要么只有一个（类）是正确的，要么都不正确。

其次，从定义的核心规则来考察高校定位定义。定义的一个主要规则就是其内涵与外延一致，其检验的方法是：定义既可以正序表述，也可以倒序表述。按照这一规则来审视以上高校定位定义，我们发现许多定义都无法倒序表述，如"高校定位是把大学办成什么样子的一种教育理念"，

①　眭依凡：《大学校长的办学定位理念与治校》，《高等教育研究》2001 年第 4 期。
②　曾海涛：《西部省部共建高校定位研究》，浙江大学，2007 年。
③　王广谦：《关于办学定位和办学特色的四点思考》，《中国高等教育》2009 年第 11 期。

这种正序表述无可厚非，但倒序表述即"把大学办成什么样子的一种教育理念就是高校定位"则显然不妥，因为把大学办成什么样子的理念有很多，有些不属于定位的范畴，而且从高校定位的现实中来看，高校定位不仅仅是一种理念，更是一项实践活动。再如，"高校定位是高等院校确定的在一段时期内学校发展的奋斗目标和努力方向"，这个定义的正序表述也没有什么问题，但倒序表述即"高等院校确定的在一段时期内学校发展的奋斗目标和努力方向就是高校定位"则不妥，因为学校的奋斗目标和努力方向会很多，有些并不是定位的内容。由此表明，目前一些关于高校定位概念的界定不能称为定义，只是高校定位内涵的解释，基本属于诠释的范畴。诠释不同于定义，诠释是对定义的具体解释，其特点是主语与宾语的内涵与外延往往不一致，只能正着讲，倒过来讲就不成立了。之所以出现这种情况，其原因是现有这些"定义"要么是高校定位的属概念没有找准，要么是定义缺少种差或种差不准确。

最后，从定义的结构进行考察。从现有高校定位定义的构成来看，大部分高校定位定义都是由三个部分构成的，即"高校定位依据或原则＋高校定位内容＋高校定位性质"，如唐昕的高校定位定义：高校定位是指高等学校根据自身条件、发展历史、社会需要，按照扬长避短的要求，参照高等学校类型和层次的划分标准，明确在一定时期内，对学校的目标、类型、层次、学科、服务面向等方面进行的一系列前瞻性战略思考和规划活动。[①] 其中"根据自身条件、发展历史、社会需要，按照扬长避短的要求，参照高等学校类型和层次的划分标准"是定位的依据或原则，"学校的目标、类型、层次、学科、服务面向等"是高校定位的内容，"前瞻性战略思考和规划活动"则是高校定位的性质。个别的概念由两个部分组成，要么是"高校定位内容＋高校定位性质"，要么是"高校定位依据或原则＋高校定位性质"，如袁怡琴认为，"高等学校办学定位是高等学校根据自身的基础和优势、高等教育和科技发展的趋势、国家和社会需要、高等学校职能以及学生成才需求等面向社会需要独立自主进行的规划活动"。[②] 王杨红认为，高校办学定位是高校在办学过程中，如何在办学类

---

①　唐昕：《我国高等学校发展定位研究》，南京农业大学，2008年。
②　袁怡琴：《现阶段中国民办高校的定位问题研究》，上海师范大学，2006年。

型、人才培养规格、学科特点、服务面向等方面来确定自身合理的位置。① 很少是直接的性质界定，如曹方认为，"办学目标定位，即办学目标的确定和相对稳定"。② 由此可以看出，就高校定位定义的形式而言，目前的大多定义存在将不属于高校定位定义的内容纳入了定义之中的现象。

（二）高校定位定义界定

通过以上分析，发现现有一些高校定位定义存在这样或那样一些问题，那么，高校定位的定义到底应该是什么呢？我们尝试着进行如下探讨。

"高校定位"是由"高校"与"定位"两个词组合而成，"高校"是一个名词，内涵清楚，无须解释。"定位"则有两种词性，一种是动词，意为"确定位置"，另一种是名词，意为"确定的位置"。因此，"高校定位"的语词定义就有两种，一种是基于名词"定位"的语词定义，即"高校定位是高校确定的自身在高校群体或高等教育系统中的位置"。另一种是基于动词"定位"的语词定义，即"高校定位是高校确定自身在高校群体或高等教育系统中的位置"。二者虽一字之差，含义截然不同。前者的落脚点是定位的结果，后者的落脚点是定位的过程。本书所收集的现有高校定位定义中，凡是将高校定位视为是一种位置或位置选择的定义，基本符合高校定位语词定义的特征。

高校定位的真实定义主要是基于名词"定位"的定义，我们采用"种差＋属"的定义方式对高校定位这个概念进行定义。这种定义必须先找出被定义项"高校定位"的属概念，然后再找出种差，进而形成定义项。从现有文献关于高校定位定义来看，有的将"规划"视为属概念，有的将"思想""观念"或"理念"视为属概念，有的将"目标"或"方向"视为属概念，有的将"活动"视为属概念，有的将"位置"视为属概念，有的将"标准"视为属概念。笔者将"规定""决策""决定""计划""战略"与以上这些词进行比较分析后认为，"规划"是最接近种概念的属概念，原因在于：第一，教育思想、理念和观念虽然指导高校定位工作，高校定位的结果要体现教育思想和理念，但"定位"不

① 王杨红：《辽宁省原行业院校划转地方后的办学定位研究》，沈阳师范大学，2012 年。
② 曹方：《高校办学目标定位必须考虑的几个问题》，《高教探索》1998 年第 1 期。

属于思想和理念的范畴，将高校定位视为一种教育思想或理念过于抽象，无法揭示出其内涵到底是什么，难免无所适从，因此"思想""观念"和"理念"不能作为"高校定位"的属概念。第二，从高校定位的内容来看，有些内容是属于目标的范畴，即做到什么程度的工作内容，如人才培养的质量、科研的整体水平等，而有些内容则不属于目标的范畴，即做什么的工作内容，如人才培养的类型、科研的性质与对象、学科专业的选择等，因此"目标""方向"和"标准"的内涵过小，无法涵盖被定义项的内涵，而"战略"的内涵过大，包含的内涵又远远大于被定义项的内涵，因此这个概念也不能成为"高校定位"的属概念。第三，"活动"一词强调的是过程，而高校定位其价值显然不在于过程而在于结果，将"活动"作为高校定位的属概念不能很好地反映高校定位的本质。"位置"具有层级的含义，而从高校定位的内容来看，有些内容具有层级的特征，如办学层次，而有些内容不具有这样的特征，如人才培养的类型。因此这两个词都不能成为"高校定位"的属概念。第四，"规定""决策""决定"这几个词均具有强制性执行的属性，这与高校定位的特性不符，不足以准确表达高校定位的内涵，因此也不能作为属概念。第五，"计划"是一种短期的目标设计和工作安排，而高校定位往往是中长期的，因此"计划"也不能作为高校定位的属概念。综合以上分析并结合高校定位的实际情况，本书选择"规划"作为高校定位的属概念，因为从高校定位的内容来看，既有学校整体发展目标、人才培养目标和学校发展规模这样的目标设计，也有学校职能选择以及学校发展特色要求，这些都属于学校规划的范畴。但学校规划不仅仅限于这些内容，还包括诸如学校工作的指导思想、具体目标、发展战略以及主要工作举措等，高校定位的内容只是学校规划的核心，对学校规划起到统领作用。因此，"纲领性"便成为高校定位的种差。由此，高校定位的真实定义便是："高校定位是高校的纲领性规划"。

作为一个定义，其有严格的要求，核心是要求完整，即定义的对象与所下定义的外延要相等，并且要从一个方面完整地揭示一个概念的全部内涵。定义的特点是主语与宾语的内涵与外延完全一致，可以颠倒。这也是检验一个定义是否准确的关键所在。笔者给"高校定位"所下的三个定义，均可以做到这一点，如基于名词"定位"的"高校定位"的语词定义可以倒过来表述为："高校确定的自身在高校群体或高等教育系统中的位置，即为高校定位"，基于动词"定位"的"高校定位"语词定义可以倒过来表述为："高校确定自身在高校群体或高等教育系统中的位置，即为高校定位"，真实定义可以倒过来表述为："高校的纲领性规划即为高校定位"。

至此，笔者从不同的维度给"高校定位"这个概念下了三个定义，尽管这三个定义都符合逻辑要求，但由于三个定义的内涵不同，如果我们没有一个统一的界定，不同的人在实践和理论上各自表达不同的含义，那么我们就无法进行有效的沟通与交流。那么，我们到底应该采用哪个定义呢？选择这个定义的依据又是什么呢？

通过前面的分析可知，词语定义是一种字面解释，真实定义是对概念本质属性的揭示。二者的区别在于，当概念的内涵没有发生迁移的时候，无论是语词定义还是真实定义都可以较好地揭示其本质，这种情况通常发生在"原产地"，例如"定位"这个概念，最早出现在商品生产和流通领域，是确立商品在整个市场中的位置，此时无论是词语定义还是真实定义都可以很好地揭示这一本质。但是，当概念被借用到其他学科或领域的时候，其内涵往往发生迁移，再用字面解释就有可能无法准确表达其内涵了，而这种情况相当普遍，例如，"定位"这个概念就被引用到高等教育领域。由于商品在市场上可以简单地定位为高端或低端，而高校由于是一种复杂的组织机构，有的高校还是巨型组织机构，其与商品的性质完全不同，简单地将高校定位视为高等教育系统中的位置其只反映出高校的一些表面现象，没有很好地反映出高校办学的一些本质特征，对于实践活动来讲是不利的。而定义的目的就是揭示事物的本质，以有利于实践活动的开展。因此，当"定位"这个概念被引入高等教育领域时，同时也被赋予了新的内涵。再加之，"高校定位"不是一个学理性很强的词汇，其主要指向是实践性，故从这两点来讲，高校定位应该选择真实定义更有利。为了便于理解高校定位的内涵，可以就定义做进一步的诠释，如，高校定位是学校在办学水平和办学特征等方面的战略设计，是学校选择的在高等教育系统或高校群体中的位置，等等。

目前，除了"高校定位"定义的内涵不一致外，大家所采用的概念也不一致，有的是"高校办学目标定位"，有的是"高校定位"，有的是"高校办学定位"，有的是"学校发展目标定位"，还有的是"高校目标定位"。尽管称谓不同，但我们认为大家所要揭示的问题是相同的。由于高校定位核心在于办学定位，办学定位的核心在于办学目标定位，"高校定位"是一个外延最大的概念，而"高校办学目标定位"则是一个外延最小的概念，因此本书用"高校定位"。称谓是一个外在的东西，关键还在于其内涵的界定。

（三）高校定位与高等教育定位之关系

在现有研究中，我们还经常看到"高等教育定位"这个概念，那么，高等学校定位与高等教育定位又是什么关系呢？如果说"高校定位""高校目标定位""高校办学定位"等这些概念的内涵没有实质性区别的话，那么"高等学校定位"与"高等教育定位"则完全是不同的两码事。高等学校是实施高等教育的机构，高等学校定位的本质是规划，其核心目的在于对学校的中长期发展做出纲领性规划，而高等教育定位则不同。高等教育定位其目的不在于高等教育发展规划，在于高等教育性质、任务和功能及发展战略的选择，即在经济社会发展过程中扮演怎样的角色、承担怎样的责任、履行怎样的功能，以及将高等教育置于经济社会发展的何种位置来发展等，进而实现经济社会又好又快地发展。例如，20世纪中期国家提出"科教兴国"战略，以及今天提出的"优先发展教育"战略，都是基于对教育功能的认识后而确立的教育定位。《中华人民共和国高等教育法》第四条"高等教育必须贯彻国家的教育方针，为社会主义现代化建设服务，与生产劳动相结合，使受教育者成为德、智、体等方面全面发展的社会主义事业的建设者和接班人"和第五条"高等教育的任务是培养具有创新精神和实践能力的高级专门人才，发展科学技术文化，促进社会主义现代化建设"均是我国的高等教育定位；就某一类型高等教育而言，其定位就是解决这种类型高等教育在国家经济社会和高等教育系统中所承担的责任和任务以及所采取的发展战略问题，如《国家中长期教育改革和发展规划纲要（2010—2020 年)》中提出的"发展职业教育是推动经济发展、促进就业、改善民生、解决'三农'问题的重要途径，是缓解劳动力供求结构矛盾的关键环节，必须摆在更加突出的位置。职业教育要面向人人、面向社会，着力培养学生的职业道德、职业技能和就业创业能力"就是对职业教育的定位；就某一区域高等教育来讲，其定位主要是解决区域高等教育在区域经济社会发展中以及区域高等教育在整个国家高等教育体系中所承担的责任和任务等，如《福建省中长期教育改革和发展规划纲要（2010—2020）年》提出的"强省必先强教，兴业必先兴教""为福建发展、海峡西岸经济区建设提供坚强的人才支撑和智力保障"等即是福建省对教育的定位。由此可见，高等教育定位高于高等教育规划，是制定高等教育规划的依据和遵循，其属于国家或地方经济社会发展战略的一个部分，具有强制性执行的特性，其本质是规定。由此，按照"种差＋属"定义方法，本书认为高等教育定位是国家或地方政府关于高等教育性质、功能、任务以及发展战略的规定。可以进一步诠释为：高等教育定位是经济社会发展战略在高等教育领域的体现，或者说，高等教育定位是经济社会发展战略的一个组成部分。

前面已经提及，高校定位与高等教育定位其目的是不同的，目的不同导致定位的内容不同，这是二者的核心区别所在。但二者的区别不仅仅如此，还在于其定位的主体不同，高校定位的主体主要是高等学校自身，而高等教育定位的主体是国家或地方政府。除了二者的区别之外，二者之间还存在着必然的联系，这种联系表现在：高等教育定位影响着高等学校定位，是高等学校定位的依据之一，高等学校的定位只能在高等教育定位框架下进行；通常情况下，先有高等教育定位，后有高等学校定位，高等学校定位是高等教育定位的具体体现。二者之间的区别与联系，构成了二者之间的关系。

第二节　高校定位的内容

随着我国高等教育规模的逐步扩大以及教育资源的相对紧张，进入新千年以来，高等学校出现了模仿、攀比、不合理竞争等现象，导致高等学校的趋同发展，进而导致高等教育适应经济社会发展需要的能力没有随着高等教育规模的提升而同步提升。面对这样一种情况，许多理论工作者在借鉴国外研究成果和实践经验的基础上，开始对我国高等学校定位进行研究，黑龙江省等个别地方的教育行政管理部门还专门组织本行政区域内的高等学校开展了定位工作。考察十多年来我国高等学校的定位实践，我们发现仍存在许多不尽如人意的地方，这些问题有的源于实践工作本身，有的源于理论研究的不足，其中高校定位的内容就是一个非常值得探讨的理论问题。

关于高校定位的内容，目前学者之间存在分歧，有的分歧还较大。方友军认为，一般高校办学目标定位内容包括：办学方向定位、办学思想定位、办学目标和层次定位、人才培养目标定位、办学特色定位五个方面。① 曹方认为高校办学目标定位包含五个方面的内涵，一是办学水平定位，即在高教系统内部的位置；二是办学层次定位；三是学科性质定位；四是人才培养定位；五是办学特色定位。② 周婧认为，"办学目标定位应该是由人才培养、办学水平、办学特色、办学规模、学校类型、服务面向、办学层次、预期时间八个子目标构成的一个总体目标体系"。③ 董泽芳和刘桂生认为，高校发展目标定位的具体内容包括："（1）办学性质定位，是综合性、多科性还是单科性；（2）学校类型定位，是研究型、教学研究型还是教学型；（3）办学层次定位，是以研究生教育为主，还是以本科教育为主，或是以专科教育为主；（4）服务面向定位，是面向全国、面向区域，还是面向本部门、本行业；（5）办学水平定位，是国际知名、国内知名、省内知名，还是一般本科或高职高专；（6）办学特色定位，包括办学理念特色、学科专业特色、人才培养模式特色与校园文化特色的定位，等等。"④ 从上面列举的例子中，我们发现，不仅定位内容的表述差异较大，而且关于定位的称谓也不同，有的是"办学定位"，有的是"办学目标定位"，有的是"目标定位"，有的是"发展目标定位"，甚至有人认为办学目标定位包括办学目标定位，这说明大家对高校定位的理解还存在较大差异。

在实践层面，高校定位的内容主要是依据国家教育主管部门有关资料所提出的发展目标定位、类型定位、人才培养目标定位、层次定位、学科定位、服务面向定位和特色定位⑤进行的。可以说，到目前为止，无论是学者提出的高校定位内容，还是国家教育主管部门有关评估资料中所提出的高校定位内容，都是直接给出了高校定位的内容，并没有对确立这些内容的依据进行论述或说明，因此现有的高校定位内容有缺乏论证和整体设计之嫌。考察高校定位实践，我们也感受到现有高校定位内容尚没有构成

---

① 方友军：《一般高等院校办学目标定位思考》，《佳木斯大学社会科学学报》2005 年第 2 期。

② 曹方：《试论高等学校办学目标定位》，《中国高教研究》1997 年第 4 期。

③ 周婧：《我国高校办学目标定位趋同问题研究》，中南大学，2008 年。

④ 董泽芳、刘桂生：《地方高校办学水平定位刍议》，《湖北教育学院学报》2005 年第 1 期。

⑤ 教育部高等教育评估处（内部资料）：《普通高等学校本科教学工作水平评估指标体系》，2003 年普通高等学校本科教学工作水平评估研讨班培训资料，2003 年，第 48 页。

一个较为完整的能够很好地为定位目的服务的内容体系，现有高校定位内容基本是针对高校个体定位目的的，缺少为宏观高校定位目的服务的内容，一些本应属于高校定位的重要内容没有纳入其中，个别价值不大的内容又被独立设立。然而，大家知道，高校定位内容是高校定位的遵循，是搞好定位工作的前提和基础，没有一个科学合理规范的定位内容，即使定位工作开展得再好，最终也会失去定位的意义。因此，科学合理设计高校定位的内容十分必要。

一　高校定位内容设计的依据

设计和规划高校定位内容，首先要明确高校定位内容选择的依据，其将直接决定着高校定位的内容。那么，什么是高校定位内容选择的依据呢？本书认为，高等学校定位的目的和高等学校的职能是高校定位内容选择必须遵循的两个依据。

高等学校定位的目的是高校定位内容选择的核心依据。高等学校开展定位是有目的的，不存在毫无目的的高校定位。高等学校定位的目的是通过高等学校定位的内容来实现的，也就是说高等学校定位的内容是为高等学校定位目的服务的，有什么样的高校定位目的，就会有什么样的高校定位内容，因此，高校定位目的是高校定位内容选择的核心依据。就高等学校定位的目的，有学者总结归纳出以下四点：一是为了明确自身的基础、优势和不足，创新办学理念，扬长避短，打造品牌。二是为了全面了解国内外高等学校，特别是所在区域高等学校的发展状况，找准自己在同行中的位置，确定发展的重点和突破口，提高核心竞争力。三是为了更好地适应外部环境的变化，用足用活国家的办学资源，实现跨越式发展。四是为了在学校内部形成不同类型、不同层次的院（系）合理分工、共同发展的良好格局，防止恶性竞争。[①] 借鉴以上四点，结合我们的理解，我们认为，高等学校定位的目的核心在于两点：首先，从微观层面即从高等学校的视角考虑，高校定位主要是为了高等学校自身的可持续发展。高等学校通过定位，明确自身的职能与发展方向，确立某一个时期个性化的核心发展目标，并以此来配置资源、凝聚力量，促进学校又快又好地发展；其

[①]　陈厚丰：《中国高等学校分类与定位问题研究》，湖南大学出版社 2004 年版，第 199—200 页。

次，从宏观层面即从国家高等教育体系考虑，高校定位是为了提高高等教育系统的整体功能。因为，国家举办高等教育的目的是促进社会的进步，依据教育的经济原理，这其中就存在一个教育效益的问题，即如何在高等教育投入一定的情况下提高高等教育功能的问题。高等学校是构成高等教育体系的细胞，通过高校定位实现高等学校的合理分工，避免高等学校之间的恶性竞争、趋同以及职能缺位现象，实现高等学校的多样化，建立高等教育的良好秩序，进而提升高等教育系统适应经济社会和自身发展需要的功能，这是由教育的经济原理决定的。之前，无论是理论工作者还是实践工作者，基本上忽略了宏观的高校定位目的。也许有读者会提出，这两个目的不是一致的吗？有了高校的合理定位自然不就有了高等教育的合理定位了吗？其实不然。因为协同学理论告诉我们，局部协同整体未必协同，局部不协同整体未必不协同。当然，理想的状态是局部与整体均协同，但这是很难实现的，通常情况下往往追求的是整体的协同。由此，对于高等学校定位而言，必然存在着个体目的与整体目的之别。在现实当中，我们的目标是尽量协调这两个主体或是两个方面利益的平衡，解决两个目的之间的一致性问题，因此满足各自目的需要的高校定位内容显得十分重要，以此建立二者之间的联系是一个十分必要的选择。

高等学校的职能是高等学校定位内容选择的基本依据。高等学校职能是决定高等学校类型的核心要素，高等学校职能的变化必将引起高等学校类型的变化。职能规定着高等学校所从事的业务范围，高等学校定位的内容只能在高等学校职能之内进行，不能超出高等学校的职能。而且，就目前世界公认的教学、科学研究和社会服务三项职能而言，其是基于高等学校普适性而言的，并不意味着所有的高等学校都必须具有这三项职能，有的高校只开展教学工作，有的高校既开展教学又进行科学研究，有的高校三项职能均具备。进一步而言，就某一所高等学校而言，通常情况下，即使是教学职能，或科研职能，或社会服务职能，各个学校在具体的职责选择上也会不同。尽管今天的巨型大学随处可见，但要想成为全能的大学仍然是很难的，且是不必要的。正因如此，才给高等学校定位留下了充分的空间，并进而形成高等学校的多样化。由此，高等学校要想实现可持续发展，必须依据各自的特点明确某一个时期内的职能与具体职责，并以某种方式固化下来，否则今天做这个，明天干那个，势必影响学校的健康发展。因此，高等学校的职能是高等学校定位内容选择的基本依据。

二　高校定位内容体系构建

依据我们对高校定位定义的界定，高校定位是高校的纲领性规划来看，高校定位的本质是学校的一种发展规划，只不过不是发展规划的全部，是发展规划的纲领性部分，这一部分对整个学校发展规划起到统领作用，是学校发展规划的核心。学校发展规划的价值在于明确学校在规划期内做什么、做到什么程度以及怎么做的问题，那么作为纲领性规划其之所以是纲领性，就在于其着重明确做什么和做到什么程度的问题，怎么做则是技术层面的问题可不必在定位中回答。

高校定位的内容取决于高校定位的目的和高校的职能，高校定位的目的无论是微观层面还是宏观层面，其焦点均在于高校职能与职责的选择上。由于对教学、科研和社会服务三项职能的不同选择，构成了高等学校的不同类型，而不同类型的高等学校正是实现高等学校多样化的前提。因此，高等学校职能的选择是高等学校定位的重要内容。高校职能的选择主要体现在两个方面，一方面是关于教学、科研和社会服务三项职能关系的选择，即：是单一的教学职能，还是以教学为主、以科研为辅，或者以教学为主、以社会服务为辅，或是以教学为主、以科研和社会服务为辅。另一方面是关于教学、科研和社会服务职能具体职责的选择上，因为即使是人才培养这个职能，不同的高校面对社会多样化的需求也会有不同的选择。如在人才培养的类型上，有的以培养研究型人才为主，有的以培养应用型人才为主，有的以培养技能型人才为主；在人才培养的层次上，有的以培养专科人才为主，有的以培养本科人才为主，有的以培养硕士研究生为主，有的可能以培养博士研究生为主；在人才培养的服务面向上，有的以地方为主，有的以国家为主，有的以某一行业为主。作为高等学校不可能也不应该培养那种"万金油"，只有面向社会某一方面的需要有针对性地培养人才，其知识、能力、素质等才能得到用人部门的满意，其高等教育质量才能得到体现，才能确实提高高等教育效率。为此，这一点对于高等学校而言是非常重要的，必须在定位中予以明确。不同的高校在科研职能的选择上也会有所不同，如在科研的性质上，有的高校以基础研究为主，有的高校以应用研究为主，有的高校以发展试验为主；在科学研究的目的上，有的高校以创造新知识新技术为主要目的，有的高校以培养学生为核心目的，有的高校以培养教师为主旨；在科研的领域方面，不同类型高校的选择也会有所侧重，进而形成学校的重点学科、优势学科、特色学科和新的学科增长点等。不同类型的高校在社会服务职能定位上也同样存在差异，有的以科技服务为主，有的以文化服务为主，有的以社区服务为主。高等学校在各项职能上所做出的具体规划是高校定位的核心内容所在。

高校在职能上所做出的规划是关于高校做什么问题的内容，前面已经说过，高校定位的内容还包括做到什么程度的问题。做到什么程度的问题核心就是学校的办学水平和办学特色。办学水平可以从两个方面来体现。一方面是学校的整体办学水平，即学校的教学、科研和社会服务的整体水平与实力，以及学校在社会上的综合影响力；另一方面是具体的某些方面的水平，如人才培养的水平，或者是科学研究的水平、社会服务的能力与水平等。办学特色是学校在长期的办学过程中形成的较为稳固的有别于其他高校的个性化的特征，办学特色对于高校核心竞争力的形成具有十分重要的作用，尤其是在高等教育竞争越来越激烈的背景下，办学特色显得尤为重要，也越来越受到高校和社会各个方面的重视。由此可见，学校职能、办学水平和办学特色是高校办学的核心内容，也是反映高校办学的主要信息，因此其应是高校定位不可或缺的内容。

三　高校定位内容的表述

确定了高校定位内容之后，接下来就要选择一些简明的概念来表述高校定位的内容。之前用于表述高校职能定位的概念主要是教学型、研究型、教学研究型、研究教学型这样的学校类型划分标准，由于这样的以科研多少为划分学校类型的标准具有不良的导向性，同时本研究认为所有的高校都是以教学为主的，教学是核心职能，因此本研究提出另一种依据学校职能进行的学校类型划分方案，即教学型高校、教学科研型高校、教学服务型高校和教学综合型高校。所谓教学型高校即为单一的教学职能高校，所谓教学科研型高校即为以教学为主、以科研为辅的高校，所谓教学服务型高校即为以教学为主、以社会服务为辅的高校，所谓教学综合型高校即为以教学为主、以科研和社会服务为辅的高校。

之前没有用于表述高校职责定位的概念，为此本书依据人才培养类型对高校进行类型划分的方案对高校教学职责进行定位，即研究型、应用型和技能型高校。所谓研究型高校是指以培养研究型人才为主的高校；所谓应用型高校是指以培养应用型人才为主的高校；所谓技能型高校是指以培养技能型人才为主的高校①。之前同样没有表述高校科研职责定位和社会服务职责定位的概念，为此本书提出依据科研的类型对高校进行类型划分方案，即基础研究型高校、应用研究型高校和试验发展型高校。所谓基础研究型高校是指以基础研究为主的高校，所谓应用研究型高校是指以应用研究为主的高校，所谓试验发展型高校是指以试验发展为主的高校。同样依据社会服务的类型对高校进行类型划分，即技术服务型高校、文化服务型高校、社区服务型高校和综合服务型高校。所谓技术服务型高校是指以提供自然科学技术为主要社会服务内容的高校，所谓文化服务型高校是指以向社会提供道德伦理标准、先进思想观念和核心价值观等为主要社会服务内容的高校，所谓社区服务型高校是指以开放校园资源、一般的知识讲座、志愿者活动等为主要社会服务内容的高校，所谓综合服务型是指具有以上两种或以上且没有哪一种具有明显优势的为社会服务内容的高校。

　　学校办学水平定位是指对学校在某一个时期内其办学水平所要达到的一个程度的规划，之前主要从学校发展目标定位（即整体办学水平）、人才培养目标定位等几个方面来考虑。关于学校发展目标定位的描述，目前基本都是用世界一流（知名）、国内一流（知名）、省内一流（知名）等概念进行描述。从我们国家几年来高校定位实践来看，这一内涵表述不宜过于具体，尤其是不宜用高校具体的教学科研等指标来衡量，越具体越容易导致价值观的扭曲。例如，若用横向比较的结果作为学校发展目标定位的主要内容，则会出现两种情况：一种是强化了大学排名，而事实上大学排名不仅受到了大学校长们的广泛诟病，也受到社会各界的质疑；另一种情况是，作为在省内、国内乃至国际上具有一定竞争力的学校可以并喜欢采用这样的表述方式，而对于没有竞争力的学校，此项表述只能是空白，因此这种发展目标定位表述方式存在较大缺陷。考虑到学校发展目标定位是学校综合办学实力与水平、对经济社会发展贡献以及学校社会声誉的集中体现，因此本研究提出一种新的学校整体办学水平定位表述方式，即采用社会知名度这一概念进行表述。所谓社会知名度是指社会对学校认可的程度，是高校各个方面情况的综合反映。社会知名度可以进一步划分为国际知名度、国内知名度和省内知名度三个类别，每个类别下可以依据社会

---

① 赵庆年：《高校类型分类标准的重构与定位》，《高等工程教育研究》2012 年第 6 期。

知名度的大小划分为四个等级，即著名高校、闻名高校、知名高校和一般高校。学校在进行定位表述时，既可以表述为"国际（国内、省内）著名高校""国际（国内、省内）闻名高校"或"国际（国内、省内）知名高校"，也可以是社会知名度绝对值的表述，还可以是未来几年社会知名度提高值的表述。

人才培养目标定位主要指对学校所培养人才的总要求，以及层次、服务面向与规模所做出的规划，这是一个开放的、个性化的指标，无须利用某一个概念来表述。但在我国高校定位实践中却没有做到这一点，大家在人才培养目标定位的表述上都是从人才的规格（能力、素质、知识结构等）等方面进行表述，进而出现了"高素质""实践能力强""创新能力强"等雷同词语。这一点，我们应该向西方一些世界一流大学学习，例如，美国麻省理工学院（MIT）的人才培养目标是"增进知识，在科学、技术及其他学术领域把学生培养成在 21 世纪服务于国家和世界的最优秀的人才。"[1] 由于科研水平是学科建设水平的标志，因此高校在进行科研水平定位时，可以围绕重点学科、特色学科、新的学科增长点是什么来进行，这样的定位其意义会远远大于具体的科研排名。由于社会服务并非是所有高校都必须具有的职能，故本研究认为其能力与水平不必一定纳入定位的范畴，各个高校可依据各自的实际情况做出各自的选择。

学校办学特色定位是指学校对未来所能够形成的与其他高校不同的且相对稳定的独到办学之处所进行的规划。学校的办学特色可以体现在方方面面，如治学方略、办学观念、办学思路、教学管理制度、运行机制、教育模式、人才特点、课程体系、教学方法等，但办学模式以及人才培养方面特色是核心。目前关于办学特色方面的研究成果已经十分丰富，在此不予赘述。由于办学特色具有显著的个性化特征，因此本研究认为也无须用专门的概念进行描述。

在以往的研究中，有学者将层次定位、服务面向定位和科类定位视为高校定位的主要内容并单独列出来，本书认为层次定位体现在学校人才培养定位之中，服务面向定位体现在人才培养、科学研究和社会服务定位之中，故无需再单独进行定位。目前的科类定位主要是基于单科性、多科性

---

① The Mission of MIT, http：//web. mit. edu/facts/mission. html, 2010 - 11 - 24.

和综合性的定位，笔者认为其意义已经不大，因为科类定位的关键不在于学科的多少，而在于重点学科是什么、优势学科是什么、特色学科是什么、新的学科增长点是什么，而这一点本书已经将其纳入了科研定位范畴。而且，随着高等教育规模的进一步扩大，由单科性走向综合性是一种必然，故无须再单独进行科类定位。由于在人才培养定位中已经包含了学生规模的定位，而学生规模决定了诸如师资队伍、校园占地、校园建筑面积、图书资料及办学投入等办学条件，因此有了学生规模定位便无须再搞其他办学条件方面的定位。

综上所述，高校定位的内容和表述用语归纳如表 2 - 1 所示。

表 2 - 1　　　　　　　　高校定位内容及其表述用语汇总

定位项目	定位内容	表述用语
高校定位		
办学职能定位	教学职能	研究型、应用型、技能型；专科、本科、硕士研究生、博士研究生；面向行业与领域
	科研职能	基础研究型、应用研究型、发展试验型；创造新知识新技术、培养学生、培养教师；重点学科、优势学科、特色学科、新的学科增长点
	社会服务职能	技术服务型、文化服务型、社区服务型、综合服务型；面向行业与领域
办学水平定位	发展目标	（国际、国内、省内）著名高校、闻名高校、知名高校、一般高校
	人才培养目标	（个性化描述）；规模
	科研水平	重点学科；特色学科；新的学科增长点
	社会服务能力	（选择性项目）
办学特色定位	办学特色	（个性化描述）

在具体的定位实践中，既可以将办学职能定位和办学水平定位分别进行表述，也可以将二者的部分项目融合到一起进行表述，如将教学职能定位与人才培养目标定位合并到一起进行表述，将科研职能定位与科研水平定位融合到一起进行表述，将社会服务职能定位与社会服务能力定位融合到一起进行表述，但学校发展目标定位与办学特色定位需独立进行表述。

第三节　高校定位的依据和原则

一　大学定位的依据

布鲁贝克在其《高等教育哲学》中指出："在 20 世纪，大学确立它的地位的主要途径有两种，即存在着两种主要的高等教育哲学，一种哲学主要是以认识论为基础的，另一种则以政治论为基础。"① 那么，作为 21 世纪的大学是怎样来确立它的地位呢？众所周知，现代大学具备培养人才、发展科学、服务社会和传承创新文化的四大职能。但具体到每一所大学，是四者兼顾，还是着重突出一点，则是见仁见智。不置可否的是定位于文化之中的大学本身具有双重属性——外在的社会性和内在的学术性。从外在的社会性出发，主要强调的是大学的开放性和其所承担的社会责任。美国加州大学伯克莱分校校长克拉克·科尔曾经指出，"现代美国多元化大学为什么能够存在？历史可以给我们一个答案，与周围环境的和谐共处则是另一个答案……纵观整个高等院校史，它在服务于文明社会众多领域方面所做的贡献也是无与伦比的"。② P. 德鲁克则进一步指出，"大学不仅是美国教育的中心，而且是美国生活的中心。它仅次于政府成为生活的主要服务者和社会变革的工具，……它是思想的源泉，倡导者、推动者和交流中心"。③ 类似的论述还很多，如"大学应该引导社会向前发展"（哈罗德·珀金），"大学是社会道德的灵魂"（威廉·洪堡）等。由此可见，一方面，大学作为一种社会文化组织，它不可避免地要与构成其环境的其他社会组织之间进行人、财、物和各种信息的交换，因而，所有的大学都是开放的系统，它们与其环境之间都是"开放"的；另一方面，为社会服务是大学不可推卸的责任，大学通过创造新知识和培养高素质的创新人才来为社会服务，进而促进社会的发展。从内在的学术性出发，则突出大学的超越性以及探索真理、发展知识的责任。大学是探索和传播高深学问的场所，这是大学区别于其他任何机构的本质所在。"大学乃是一切

---

① ［美］约翰·S. 布鲁贝克：《高等教育哲学》，王承绪等译，浙江教育出版社 2001 年版，第 12、29 页。

② ［美］克拉克·科尔：《大学的功用》，陈学飞等译，江西教育出版社 1993 年版，第 3、21、23、44—45 页。

③ P. Drucker, *Politics and Knowledge*, Chicago University Press, 1969：353.

知识和科学，事实和原理，探索和发现，试验和思索的高级保护力量，他描绘出理智的疆域，并表明……在那里对任何一边既不侵犯，也不屈服。"① "探求真理和学问是大学的核心价值。"② "大学是学者和学生追求真理的社区。"③ 由上可见，发展学术、追求真理对大学来说具有本体上的意义。而发展学术、追求真理需要宽松的环境，即经常所说的"学术自由"。因此，极大限度地保持大学的学术自由具有不证自明的合"理"性。

从上面的分析中可知：大学外在的社会性要求大学走出象牙塔，积极入世，为社会服务；而内在的学术性则要求大学成为"探究高深学问的场所"，要求它摆脱外界的各种束缚，放弃各种眼前利益，成为"保护人们进行知识探索的自律场所"。也就是我们通常所说的"学术至上""为学术而学术"。大学的这种双重属性要求大学带着"象牙塔"精神走入现代社会，大学走入社会的同时也意味着社会力量将会进入大学，特别是随着大学日益成为社会的"轴心"机构，社会对大学的控制或干预力则会更明显，但是，大学作为社会的"良心"，它依然保持着"象牙塔"精神，高扬学术旗帜，为人类文明进步做出应有贡献。由此观之，现代大学之所以存在，抑或说大学确立它自身地位的途经是——政治论和认识论基础，两者兼而有之。其实，更准确地应称之为大学理念，即大学理念是大学定位的依据，大学定位必须受大学理念的指导。这是因为大学理念无非也就是"研究大学在自身发展和社会发展中的角色定位问题，涉及大学的性质和目的、职能与使命等相关的概念，从根本上回答大学是什么的问题，它揭示大学的性质，反映人们对大学的追求。它属于观念性、精神性的范畴，与操作性、行为性的实践活动既相区别又相联系，后者受前者所指导"。④ 关于大学理念的探讨由来已久，威廉·洪堡、弗莱克斯纳、雅斯贝尔斯、赫钦斯等人对此都有过相当精辟的论述。刘保存对大学理念的有关观点进行了较为系统的归纳和总结，主要有：大学是学者的社团、大

---

① ［美］克拉克·科尔：《大学的功用》，陈学飞等译，江西教育出版社1993年版，第3、21、23、44—45页。

② ［美］克拉克·科尔：《高等教育不能回避历史》，王承绪译，浙江教育出版社2001年版，第225页。

③ Karl Jaspers, *The Idea of the University*, London：Peter Owen Ltd., 1965：19.

④ 肖海涛：《大学的理念》，华中科技大学出版社2001年版，第4页。

学是探索和传播高深学问的场所、大学是探索和传播普遍学问的场所、大学是社会发展的动力站、大学是独立思想和批判的中心、大学是一个统一的有机体。[①] 与大学的外在社会性和内在学术性是统一的。

当前，关于大学定位问题的认识越来越引起各国政府的重视，并且通过立法或出台政策来加以保证。这在我国相关的教育法律和政策中都有相应的表征。如《教育改革发展纲要》中明确规定了"高等教育的发展，要坚持走以内涵发展为主的道路，努力提高办学效益。要区别不同地区、科类和学校，确立发展的目标和重点，制定高等学校分类标准和相应的政策措施，使各种类型学校合理分工，在各自的层次上办出特色"。《中华人民共和国高等教育法》第二十五条明确规定："大学或者独立设置的学校还应具有较强的教学、科学研究力量，较高的教学、科学研究水平和相应的规模。"同时，在第四章中明确提出："高等学校应面向社会，依法自主办学""高校有在招生、专业设置、机构设置、人员配备等方面的自主权力"。2010 年颁布实施的《国家中长期教育改革与发展规划纲要（2010—2020 年）》明确指出："要促进高校办出特色。建立高校分类体系，实行分类管理。发挥政策指导和资源配置的作用，引导高校合理定位，克服同质化倾向，形成各自的办学理念和风格，在不同层次、不同领域办出特色，争创一流。"2012 年《教育部关于全面提高高等教育质量的若干意见》再一次强调指出："要强化特色，促进高校合理定位，各展所长，在不同层次不同领域办学特色、争创一流。""要探索建立高校分类体系，制定分类管理办法、克服同质化倾向。根据办学历史、区位优势和资源条件等，确定特色鲜明的办学定位、发展规划、人才培养规格和学科专业设置。"不仅为大学定位提供了政策依据，而且为大学合理定位指明了方向。

由上可见，大学定位的理论依据是大学理念，政策依据是国家出台的相关法律和政策。但这只是一般意义上探讨大学定位的依据，具体对每所大学来说，在进行定位时必须要充分考虑外部经济社会发展、高等教育发展以及高等学校自身发展的实际情况，要结合国家特别是所在区域经济和科教发展水平、产业和人口结构、资本和就业市场、世界高等教育发展趋势、国内高等教育发展态势、大学自身办学基础、大学自身发展水平等来

---

① 刘保存：《大学的真谛》，《天津市教科院学报》2004 年第 5 期。

确定大学在国内外高等教育体系和区域经济社会发展中的位置。那么到底大学定位如何进行呢？这就需要广大办学治校者正确处理大学和社会、政府的关系，遵循一系列的科学定位原则来为大学定位。

二　大学定位的原则

"原则"是人们对客观规律的认识和反映，是指导人们观察和处理问题的基本要求和准则。而规律本身是客观的，是不以人的意志为转移的。因此，人们不能任意杜撰原则，原则必须以客观规律为基础。恩格斯曾经说过："原则不是研究的出发点，而是它的最终结果；这些原则不是被应用于自然界和人类历史，而是从它们中抽象出来的，不是自然界和人类去适应原则，而是原则只有在适合于自然界和历史的情况下才是正确的。"① 从这个意义上说，原则具有客观性，但是规律本身不是原则，人们对规律的主观认识存在着正确和错误之分，基于对客观规律正确的认识和反映之上的原则是正确的原则。反之，是错误的原则。这证明原则亦具有主观性。原则虽然来源于实践活动，但原则本身不是实践活动，因而也不能替代实践活动。原则需要从实践活动中总结和提取有益的经验加以升华而成，并且进而能够指导新的实践活动。根据以上分析，一方面原则与规律相联系，另一方面原则又与实践活动密切相关，原则是联系规律与实践活动的桥梁和纽带。

根据以上对原则的理解可以给大学定位原则做如下界定：大学定位原则是指办学治校者在遵循高等教育规律的前提下，进行大学定位实践活动所必须遵循的基本要求和准则。同样地，大学定位原则一方面与高等教育规律相联系，另一方面又与大学定位实践活动密切相关，它是联系两者之间的桥梁和纽带。大学定位原则的形成应当建立在深入研究并科学地把握高等教育发展客观规律的基础之上。但是，我们还必须认识到：仅仅从规律中衍生原则是远远不够的，还必须从丰富的实践活动经验中总结具有规律性的东西升华出切实的行动准则。从根本上说，这是由高等教育理论发展的特点所决定的。特别是在目前人们普遍对大学定位理论认识不够而实践活动已走在理论发展进程前面的前提下，与大学定位相关的实践活动的

---

① 中共中央马克思恩格斯列宁斯大林著作编译局：《马克思恩格斯选集》第3卷，人民出版社1972年版，第74页。

经验总结与提升就显得更为重要了。这一点，广大办学治校者必须引起高度重视。

定位理论之父艾·里斯与杰克·特劳特认为，企业或产品准确定位要做到如下五点：一是让企业和产品与众不同，成为第一，建立领导地位，把焦点集中于潜在顾客上，让品牌在消费者的心智中抢先占据最有利的位置，成为某个类别或某种特性的代表品牌；二是保持定位的稳定性，要选择基本的定位并坚持下去，切忌频繁变更，定位需要积累和年复一年地坚持，而盲目的品牌延伸实际上会削弱品牌的基本定位；三是追求简单，借助持续、简化的信息在消费者心中占据一个位置，留下长久的印象，其最佳的效果是让自己的产品、服务和概念同潜在顾客心智中已有的认知相联系，就像 IBM 代表"计算机"，施乐代表"复印机"；四是善于操控心智中已经存在的认知，重组已存在的关联认知，消费者心智工作模式是定位的关键，具体是：心智容量有限，拒绝不能"运算"的信息；心智备受骚扰，喜欢简单化；心智缺乏安全感，容易产生跟风反应；心智有阶梯，位于上方的品牌地位牢固；盲目性的品牌延伸会使心智失去焦点，让顾客无所适从；五是要避开那些人人都在谈论的领域，善于寻找规模、价格等方面的空位，然后迅速补上去，占据潜在消费者心智中的空位，要避免陷入技术陷阱和试图满足所有人需求陷阱。[①] 在具体的运用上，他们指出要遵循四部工作法：第一步分析整个外部环境，确定竞争对手及其价值；第二步避开竞争对手在顾客心中的强势或是利用其强势中蕴含的弱点，确立品牌的优势位置（定位）；第三步为定位寻找可靠的证明；第四步将定位整合进企业内部运营的方方面面，特别投入足够的资源进行传播，将定位植入顾客的心智中。[②] 艾·里斯与杰克·特劳特上述观点对于大学定位亦具有重要的指导和借鉴意义，我们认为在大学定位过程中要注重突出焦点和特色，稳中求变，追求卓越，遵循务实性原则、整体优化原则、民主性原则、学术主导性原则、有所为有所不为原则等基本原则。

（一）务实性原则

务实就是实事求是，一切从实际出发，"不惟上，不惟书，只惟实"。

---

① ［美］艾·里斯、杰克·特劳特：《定位》，谢伟山、范爱冬译，机械工业出版社2013年版，第3、7—178页。

② 同上。

大学的办学治校者只有从学校发展的实际情况出发，立足已有基础和条件，科学研判和积极应对外部环境的变化，才能走出大学准确定位的第一步，真正找到大学发展的基点和支点，避免"错位"、"越位"和"不安其位"等现象的产生。大学的办学治校者只有从学校的校情出发，突出务实性，才不会盲目地拔高其办学层次，才能切实找准自己办学层次的定位。否则，如果脱离或忽视大学自身的实力与条件，盲目拔高办学层次，势必难以办出特色，办出水平；大学的办学治校者只有从学校的实际情况出发，强调务实性，才能明智地确定学校的办学类型定位和学科专业定位，也才有可能办成学科特色鲜明的大学，促进大学多样化发展；大学的办学治校者只有从学校实际出发，突出务实性，才会注重面向社会、面向地方、面向行业办学的紧密结合，不至于"眼高手低"、"舍本逐末"。"万丈高楼平地起"，大学定位也只有遵循务实性，才有可能最终实现大学"乘风破浪"似的发展。

（二）民主性原则

大学定位是一所大学整体工作中的一项重大决策，不是学校决策者少数几人拍拍脑袋就能够做好的，必须经过反复的调查论证。因此，广大办学治校者必须提高思想认识，慎重对待。这就需要充分调动全校教职工的积极性，高涨其主人翁意识，充分发挥民主，广泛吸收他们进行调查、研究、参与讨论，征求他们的意见和建议，集中众人的智慧，进而提出科学的大学定位构想，最终达到 $1+1>2$ 的效果。假若没有广大教职工的参与，就难于形成被大多数人认同的、合理的大学定位，更谈不上将之转化为全体教职工的自觉行动，所以大学决策者在大学定位时必须谨记冯·托马斯"革新的成败最终取决于全体教师的态度"这一至理名言。[①] 要充分发挥民主治校和民主管理精神，要时时"朝下看"，广泛听取广大教职员工的意见和建议，避免当"传声筒"或"拍脑袋"的领导，让大学定位过程成为集思广益、凝心聚力、达成共识、推动学校科学发展的过程。否则，大学定位将变成少数办学治校者的主观愿望，发挥不了应有的功能。成功的大学定位要求办学治校者长期投入，每一个教职员工都必须对发展目标有个统一的认识。

---

① ［伊朗］S. 拉塞克、［罗马尼亚］G. 维迪努：《从现在到 2000 年教育内容发展的全球展望》，马胜利等译，教育科学出版社 1996 年版，第 107 页。

（三）整体优化原则

按照系统论的观点，系统整体由各部分构成，整体不等于各部分的简单相加，整体有可能大于各个部分之和，也有可能小于各个部分之和。所以，要想使整体大于各个部分之和，必须对整个系统从整体上进行优化。在大学定位系统中，诸要素是有机联系、相互作用而又相互依赖的。如果把其中的诸要素按照逻辑统一性的要求加以组建成一个新的整体，即使每个要素并不都很完善，也能够加以综合，统一为具有良好功能的系统。反之，如果每一个要素都很完善，其序列和比例不甚合理，仍不能够成为具有良好功能的系统。所以，在进行大学定位时，要科学论证、合理确定内部各要素的定位，切不可一味去贪大求全，一所学校是不可能发展好所有的学科专业、培养社会所需的各种人才以及解决所有的重大需求和关键共性技术的，必须有所侧重，从整体和全局出发，根据各自的实际科学定位，以其实现整体优化。

（四）学术主导原则

大学是一个学术性组织，大学追求学术自由。"大学乃是一切知识和科学，事实和原理，探索和发现，试验和思索的高级保护力量，他描绘出理智的疆域，并表明……在那里对任何一边既不侵犯，也不屈服。"[1] 大学强烈的学术性特征已经渗透到学校管理的各个方面，成为大学的一种自觉行动力量。而大学定位作为大学管理的主要内容，无疑具有很强的学术性。大学定位涉及教育思想、教育理念、办学指导思想、办学理念、办学规模、学科建设、科学研究、人才培养等一系列基本问题，而这些无疑都涉及学术问题，并且这些基本问题贯穿于大学定位及其实现预期的始终。再者，大学定位是一项重要的决策活动，它的形成离不开全面而又科学的信息采集、处理和广大专家的积极参与、咨询和论证。几个人"拍拍脑袋"做决策的时代已经一去不返了，大学定位必须要有校内外专家的广泛参与，不仅包括某些技术方面的专家，而且应该包括社会学、管理学和教育学等方面的专家，唯此之大学定位才有可能是科学、合理的定位。

（五）有所为有所不为原则

有所为有所不为原则是指大学应该从自己的实际出发，有针对性地

---

① ［美］克拉克·科尔：《大学的功用》，陈学飞等译，江西教育出版社1993年版，第3页。

选择发展的重点和非重点。剑桥大学一位名誉校长就此曾经说过一句富含哲理的话，"一所名副其实的大学应以它选择不去做某些事情和它要做某些事情同样知名"。[①] 拿学科建设来说，不要在所有学科上平均用力，而是要有所为，有所不为。正如加州大学伯克利分校的原校长田长霖先生所说，"办大学一定要有重点，哪几个学科要重点发展，不行的要慢慢淘汰掉，要把主要的精力和资金集中在几个最重点"。[②] 他是这样说的，也确实是这样做的，他对那些在全美学科评比第五名以下且又是不可救药的学科，每年减 10% 的经费，这样让这个学科专业的教授渐渐离去，学生也慢慢减少，最后达到取消该系的目的。纵观世界上一些著名大学，也并不是所有的学科都是世界一流水平的，往往具有若干一流的学科，就足以使之称为一流大学。众所周知，一方面，高等教育的资源是有限的，而另一方面，高等教育又是十分昂贵的事业。据霍华德·R.鲍恩的研究结果显示：大学为追求卓越的教学、名望与影响这些看来富有成果的教育目标，大学所需要的费用实际上是永无止境的，每所大学都尽其所能地筹措资金，但每所大学都全部用掉其所筹措的资金。[③] 学科的发展也同样如此，所以，明智的大学及其校长在设法"扩大增量"和"盘活存量"的努力中，同时并非在资源的分配上平均用力，而是把更多的资源投放到最有实力、最具发展潜力、最能体现学术优势的方面。因此，我们不难理解为什么加州理工学院自建立以来一直只办理、工科，而不设人文其他学科；牛津大学至今在工科方面仍无所作为；斯坦福大学过去曾有过建筑系，后来取消了……一所优秀的大学不一定拥有所有的学科，而必须学会放弃一些东西。其实，对一所学校来说，最重要的特色是比较优势——人无我有，人有我优，不一定要大而全。由此，大学的办学治校者在为大学定位时，必须坚持有所为，有所不为的原则。如果明知可为而不为，则是浪费参与竞争和促进发展的良机；明知不可为而为之，则是勉为其难，浪费资源。

---

　　① Franke·H·Poders：《美国大学使命变化的原因和结果》，史宗恺译，《清华大学教育研究》1993 年第 2 期。

　　② 田长霖：《畅谈知识经济、高等教育与科学技术》，《高等教育研究简报》2000 年第 13 期。

　　③ ［美］菲利浦·库姆：《世界教育危机——八十年代观点》，赵宝恒等译，人民教育出版社 1982 年版，第 169—170 页。

三　高校定位需处理好的几个关系

目前，我国正处于人力资源大国向人力资源强国转变的关键时期，我国高等教育已进入以质量提升为核心的内涵式发展阶段，全面提高高等教育质量，努力办好人民满意的大学是新时期我国大学必须肩负的时代使命。各大学必须以科学发展观为指导，从自身的办学历史、办学特色和优势出发，结合时代发展的要求进行准确定位，在这一过程中必须正确处理好以下几个关系：

（一）办学指导思想与大学定位的关系

办学指导思想指的是大学的决策机构根据国家的教育方针、政策，从学校的实际现状和可能发展的趋势出发对学校的办学宗旨、学校定位、培养目标、工作重心和发展战略等予以明确，使之成为指导学校办学必须遵循的大方向和总要求，成为学校改革、建设和发展的总纲。办学指导思想对学校各方面的工作都起到一个提纲挈领的作用。办学指导思想是否明确，是否科学，直接影响着一所学校的办学效果和发展的速度。从世界一流大学和高水平大学发展的经验来看，它们都有着非常明确、差异化和特色化的办学指导思想（国外常称为发展战略规划，英文是 Strategic Plan），并且围绕着规划制定了一系列的辅助措施。最难能可贵的是，这些学校大都能使之一直延续下来。如美国杜克大学 2001 年制定的中长期战略发展规划目标是："沿着杜克大学过去 20 年的良性发展轨道，我们立志于在未来 20 年追求卓越。作为一所优秀的私立研究型大学，我们力求在可比较的广度和深度上，在教学、研究和为社会服务上获得更好的名声。"[①]"为了实现这些目标，杜克大学的使命是：为在校大学生提供上好的自由教育，这些教育不仅要有利于发展他们的智力，而且有益于他们形成成熟的道德观和提高他们自主参与社区生活的能力；通过学校提供的优良学位和专业教育，为他们将来成为有学问的成员做好准备；扩展知识的前沿边界和为国际间的学术交流做出应有的贡献；在满足公众对自由和公开咨询的承诺基础之上促进智力环境的建设；帮助那些遭受不幸的人治疗疾病，而且通过复杂的医学研究和悉心的照料来促进健康；在校园内外，通过使用先进的科学技术来为那些传统的学生，活跃的专业人士和终身学习者扩

---

① http：//www.planning.duke.edu.

大受教育的机会；促进人们更好地理解人类个性之间的差异，更好地理解公民的权利和义务以及实现自由学习和追求真理的承诺。"① 经过 5 年的建设和发展，2006 年杜克大学制定了差异化发展战略规划，将学科交叉作为首要的战略主题，指出"要克服跨学院聘任、教学的障碍，改进资源配置机制，以利于学科交叉和跨学院的学术活动"。② 康奈尔大学在其2010—2015 年战略规划中明确提出，将聚焦战略作为追求学术卓越的总体战略，对人文社科、生命科学、农学、物理学等领域选择优势方向和潜在优势方向实施聚焦战略，争取或保持每个领域在世界上的学术领导地位。③ 卡内基梅隆大学在其 2008 年战略规划中明确提出，用对社会做出的贡献来衡量卓越，并将通过建设创新、解决问题的能力和多学科交叉的传统来为社会不断变化的需求服务作为学校的使命。④ 正是这些大学有着科学、连贯且独特的发展战略规划使得它们取得了一个又一个成功。由此可见，办学指导思想对大学发展的重要性不言而喻，那么它与大学定位到底是什么关系呢？我们从以上对大学办学指导思想概念的界定中就可以发现：两者既存在一致性，又存在差异性。大学办学指导思想包含着大学定位的有关内容，指导大学定位的全过程，大学定位则体现了大学办学指导思想的有关要求；但大学办学指导思想不等于大学定位，两者的侧重点不同。大学定位较具体，操作性较强，而办学指导思想较抽象，突出其指导性。另外，办学指导思想本身也有一个定位问题。总之，两者是相互联系，相互制约的，共同影响着大学的发展。办学治校者在进行大学定位时，必须正确处理两者的关系，切不可混淆或者等同视之。

（二）大学定位与大学分类的关系

大学分类是指人们依据一定的标准，对具有不同特点和性质的大学划分为不同类型的过程。从逻辑上讲，分类者根据不同的需要可以用不同的标准对大学进行分类。目前，可以参考的大学分类主要有美国的卡内基高等教育机构分类、《国际教育标准分类法》关于高等教育的分类、广东管

---

① http：//www. planning. duke. edu/index.

② Making a Difference：The Strategic Plan for Duke University，http：//stratplan. duke. edu/pdf/plan. pdf.

③ Cornell University at its Sesquicentennial A Strategic Plan 2010—2015，http：//www. cornell. edu/strategicplan/docs/060410-strategic-plan-final. pdf.

④ Carnegie Mellon 2008 Strategic Plan，http：//www. cmu. edu/ strategic-plan /2008 – strategic-plan/2008 – strategic-plan. pdf.

理科学研究院武书连课题组关于大学的分类等。此外，潘懋元、陈厚丰、戚业国、刘念才等学者也分别从不同的角度对我国高等学校提出了分类构想。[①] 大学分类不是越复杂、越多越好，关键在于找到一种具有相对科学、有较高公信力的分类标准，能够引导大学健康发展，避免办学的趋同化或同质化倾向。大学分类与大学定位是两个既相互联系，又相互区别的概念，它们之间的界限有时非常模糊，事实上也有相互重叠的内容。有的研究者认为合理恰当的大学分类是科学大学定位的前提[②]，而有的研究者则认为大学分类不能指导大学定位。[③] 大学分类不同于大学定位，大学分类主要基于现存事实进行描述，并不是要评价一所大学优劣好坏，而是尽可能地提供大学全面、准确、清晰的发展状态信息，为大学办学治校者判断大学自身的发展状态以及发展方向服务，绝不是为了分类而分类，它是人们进一步研究大学、帮助大学更好地定位和发展的一种手段。[④] 大学定位是基于大学分类进行的，其根据大学分类提供的事实描述进行自我判断，从而找出和确定自己在高等教育体系中所处的位置，大学定位的一个重要内容就是办学类型和办学层次定位。可以说，大学分类的科学性和合理性直接关系到学校的定位和发展方向，也影响到政府管理政策和高等教育评估标准的制定。我国有数千所大学，每所大学均需要确定自己在整个高等教育系统的相对位置，找准自己的发展定位，这一方面依赖政府制定一套科学的、指导性强的分类体系。另一方面政府部门要着眼全局和长远，科学谋划高等教育的整体发展，合理规划不同类型大学的发展，引导各类大学准确定位，使其在各自的类型中办出水平，形成特色，提高质量，促进我国高等教育的多样化。

（三）大学定位的稳定性与变化性的关系

大学定位作为学校发展的一种战略性规划，一经确定下来就应当在一个相当长的时间（若干年）内保持相对稳定，全体教职员工应当为实现既定的各项具体的指标而不懈努力，这样才有利于定位目标的实现，也才

① 陈厚丰：《中国高等学校分类与定位问题研究》，湖南大学出版社 2004 年版，第 114—152 页。

② 潘懋元、董立平：《关于高等学校分类、定位、特色发展的探讨》，《教育研究》2009 年第 2 期。

③ 邓耀彩：《高校定位：自生秩序还是管制》，《高等教育研究》2006 年第 2 期。

④ 曹赛先：《大学分类中的几对矛盾》，《中国高等教育》2004 年第 2 期。

可能促进大学的迅速发展，否则方向不明，"当一天和尚，撞一天钟""踩着西瓜皮滑到哪里算哪里"，大学怎能健康、有序发展？世界高等教育发展史上就有许多以"小而精"作为发展定位的著名大学，如美国麻省理工学院、加州理工学院，法国巴黎高等师范学院等，其定位长期保持稳定，校名也长期保持不变，并没有随波逐流，将学院改成大学，反而因其持之以恒的定位而取得的成就赢得世界声誉。此外，美国的哈佛大学、耶鲁大学，英国的牛津大学、剑桥大学也是以"高、精、尖"和培养社会精英或"绅士"为己任的长期稳定的定位屹立于世界高等学校之林。①当然，大学定位的这种稳定性也只是相对的，随着时代的变迁，社会的不断向前发展，社会对人才的要求也会不断地发生变化，这种变化反映到学校中来，大学必须做出相应的调整，以适应社会经济政治文化科技发展的需求，也即大学必须对已有的定位进行调整，无疑大学定位也就会发生相应的变化。但一般来说，在社会稳定时期，这种变化不是那么明显，但变化总是在不经意间发生，如果不加以注意的话，不能正视大学定位的稳定性与变化性的关系，该动而不动，就会错过大学发展的良好机遇；该不动而盲动就会浪费有限的资源，进而给发展带来损害。两者都不利于大学的健康、有序和科学发展。

（四）整体定位与局部定位的关系

大学定位是一所大学整体工作中的一项重大决策，关系到大学发展的全局，影响着大学人才培养、科学研究、社会服务和文化传承创新智能的发挥，规定了大学发展目标、办学层次、办学类型、办学特色、学科专业设置、人才培养和服务面向等共性内容，但具体到大学每一个分校区，下设各学院、系（所）、教研室的人才培养、科学研究等方面的内容，不可能在大学定位中都能得到充分体现。因此，必须正确处理好整体定位和局部定位的关系，在整体定位上，应该着重考虑优势特色学科和实力较强学科的发展方向，以及它们在社会经济科技发展中的地位和作用，定位可略高一点，以拓宽发展的空间，以点促面，从而确定大学的整体地位和形象。对于那些学科实力较弱，并在短期内很难有所作为的系和院的定位则应该靠船下篙，等夯实基础、集聚能量之后，在时

---

　　① 刘一彬：《里斯与特劳特定位理论对我国高校定位的启示》，《现代大学教育》2009 年第 5 期。

机成熟时将其定位提高。其实这也并不矛盾，从学校的全局来看，一旦局部特色和水平能够体现或者代表全校的特色和优势，局部的特色和优势就可能成为全校的发展重点和方向，局部性的内容就上升为全局性、共性的内容，进而在大学定位中有所体现。而且，只有各局部的优势凸显出来，才可能形成全局优势，这完全符合辩证唯物主义的全局发展观。

（五）大学与政府的关系

大学办学治校者在为大学定位时，应充分认识到大学自身和政府在大学定位中所起作用的不同性，要正确处理好两者的关系。大学要发挥其主观能动性，克服计划经济时期"等、靠、要"的思想，从国情和学校实际情况出发，结合当今时代特征，遵循科学定位的原则，自主地进行定位。但调动和发挥各级各类大学的积极性进行自主定位并不意味着大学就能完全定好位，我国绝大多数高校都是由政府拨款资助的，必须统筹兼顾，两手都要抓，两手都要硬。"高等教育越卷入社会的事务中就越有必要用政治的观点来看待它。就像战争的意义太重大，不能充分交给将军们决定一样，高等教育也相当重要，不能完全留给教授们决定。"① 各级各类大学必须接受政府的宏观调控，各级政府及教育主管部门应从大局出发，对全国或区域内整个高等教育的发展进行全盘考虑，建立与高等学校分类定位、分类指导、分类发展、分类评估相适应的体制机制，发挥政策指导和资源配置的作用，引导和促进高等学校科学定位。同时，要创造开放、公平、有序竞争的发展环境，促进高等学校在本类型本层次的办学领域上争创一流，办出特色，形成优势。其实，从另一个角度来说，这正好印证了大学内在学术性和外在社会性双重属性的统一。大学内在学术性要求大学在学校内部事务上充分发挥其主动权，也就是通常所说的"学术自由"；而外在的社会性则意味着社会必然对大学进行适当干预，以使整个高等教育的层次结构、学科与专业结构日趋合理，所培养的人才能够满足社会主义现代化建设的需求，进而促进整个高等教育的健康、有序、多元化发展。

---

① 刘一彬：《里斯与特劳特定位理论对我国高校定位的启示》，《现代大学教育》2009 年第 5 期。

第四节 高校定位的主要功能

高校定位关系到大学发展的战略目标、发展格局以及发展态势，关系到大学发展什么，怎样发展等一系列全局性问题。一所大学如果不能清楚自己在整个社会系统中的位置，特别是在高等教育系统中所处的位置，不能根据实际情况（国情、校情）做出准确定位，势必难有所作为。正确定位是学校制定发展规划、优化资源配置、发扬优势和办出特色的前提，其重要性不言而喻。那么，大学定位到底在大学建设和发展中发挥什么样的作用、能力和功效呢？换句话说大学定位到底具备哪些功能呢？一般来说，高校定位具有如下一些功能。

一 导向功能

大学定位的导向功能是指大学定位能够引导大学朝着既定的、科学的、合理的发展战略目标前进的功能。大学定位的内容涉及大学发展的多个方面，是大学发展目标的集中体现，对大学进行定位实质上就是对大学进行目标管理。科学的大学定位为大学指明了大学今后朝哪走（发展方向），应该从哪些方面去努力（发展举措），让大学发展做到"有的放矢"，事半功倍；反之，如果一所大学不进行定位或者定位不准确，它就不知道走向哪，应该从哪些方面去着手，草率盲动，往往事倍功半。现实中这样的例子是很多的。为什么有些学校教育资源一方面严重闲置，可另一方面又严重不足？为什么一些学校花巨额资金引进高层次人才，却又留不住人才？为什么一些学校教职工的积极性就是调动不起来？为什么一些学校培养的毕业生一次就业率不到50%……相反，一些大学却能如鱼得水，朝着既定的目标前进，发展蒸蒸日上。如美国耶鲁大学，它之所以能够多年来雄踞美国大学排名榜首，这与它办学之初就提出要把耶鲁大学办成世界一流顶尖大学的定位是分不开的；约翰·霍普金斯大学之所以能够在短期内名声鹊起，这亦与从成立霍普金斯大学建校起就将自己定位于从事研究生教育为主的研究型大学分不开。准确的大学定位犹如大学发展之光，引领大学前进的方向，能够为那些误入迷途、深陷困境的大学照亮前行的路，而为那些迈开步伐、发展蒸蒸日上的大学提供源源不断的能量，从而引导它们不断从一个成功走向另一个成功，实现大学发展目标，建成社会所需和公众所想的大学。

二　促进功能

大学定位的促进功能是指大学定位能够促进大学和整个高等教育的健康、有序、向前发展的功能。大学定位在宏观层面涉及大学在整个社会系统中的定位；中观层面涉及大学在整个高等教育系统中的定位；微观层面涉及每一所大学自身的定位和特色问题。因此，任何一所大学在进行定位时，都要同时考虑上述三个层面的因素，既要适应和引领社会发展，又要谋划大学自身当前和长远的发展，合理地选择自己的发展方向、发展空间和发展特色。科学的大学定位，有助于彰显大学自身特色，为大学发展提供一个自我超越的努力方向；科学的大学定位，有助于凝心聚力，引导全体师生员工朝着一个共同的目标奋进；科学的大学定位，有助于凝练大学精神，提升大学品位，使其学会坚守和舍弃，在风雨中砥砺前行。[1] 然而，我们国家诸多大学的办学治校者是否能够科学准确地为大学定位呢？部分高校的决策者由于缺乏对社会发展大局的研判，以及高等教育和学校自身发展规律的研究，在定位时经常会出现如下一些问题：地方大学想像部委属院校那样发展，一般大学想办成重点大学，抑或有些学校举全校之力盲目争上硕士点、博士点或言必称大课题、培养大人才、出大成果。甚至有一些大学一方面定位于研究型大学，另一方面却又不顾一切过度扩大办学规模。在这些学校，把管理者和教师的一切精力放在解决学生问题上恐怕还不够，如何来保证教学与科研的质量？提示教学科研质量就更不用谈了。如果他们能够体会拥有 6 万名学生的德国慕尼黑路德维西·马斯米兰大学前校长 A. 赫尔德里奇发自内心的感受——"无论如何不减少学生的数目，要想达到优秀的研究和教学几乎是不可能"[2]，那又当何想？目前，我国高等教育多元化发展态势日趋明显，已进入以质量为核心的内涵式发展阶段，大学最迫切、最重要的任务是准确定位，科学发展，各自在不同的层次和类型上办出特色和水平，不断提升我国高等教育的质量和水平，促进我国由高等教育大国向高等教育强国转变。

---

[1]　肖海涛：《大学定位与制度创新》，《深圳大学学报》（人文社会科学版）2006 年第 6 期。

[2]　魏新学：《21 世纪的大学》，北京大学出版社 1999 年版，第 155 页。

三　激励功能

大学定位的激励功能是指大学定位作为大学发展的一种内在驱动力，能够不断砥砺广大教职员工调动情感和意志等因素，发挥他们的积极性和主动性，克服各种困难，朝着既定的发展目标而努力前进的功能。大学定位不是为迎接本科教学评估而采取的"权宜之计"，也不是决策者或者管理者等少数人的事，而是要由一定群体（教职员工）参与的多数人的事，要反映全校师生员工的愿望。大学定位是一所大学上上下下统一思想的过程，它只有在广大教职员工中获得认同后才能上升为一种统一意志，也才可能在实际的办学治校过程中发挥作用，激励全校师生员工朝着共同的目标奋斗，也只有在此基础上的定位才更能调动广大教职工的积极性，为着一个共同的目标而不懈努力，推动大学又好又快发展。由此可见，大学定位不仅关系着大学发展的全局，而且与广大教职工息息相关，大学定位体现了广大教职工的共同诉求，科学的大学定位必然有利于调动他们的积极性，而教师的积极性一旦被调动起来，其无疑可以转化为大学发展源源不断的动力，从而促进大学朝着正确的方向发展，提升教育质量和水平。

四　预警功能

大学定位的预警功能是指大学定位能够创造性地运用其前瞻意识和批判意识对大学发展的趋势及存在的诸多问题进行科学性的预见、警示和预防，从而引导大学正确地向前健康发展。准确的大学定位是在知根知底，切实掌握学校实情的基础上，根据社会的需求，遵循高等教育发展规律，按照一组定位特征合理确定的大学在整个社会和高等教育系统的位置，因而能够较好地起到预警作用。比如说，南京大学之所以能够在 1984 年提出它在 1984—1990 年期间要实现从文理科向综合性大学转变，把南京大学建设成为人文学科、社会学科、自然学科、生物科学、技术科学、管理科学等多学科协调发展，有自己特色和国际影响的大学发展规划，就得益于当时刚接任校长职位的曲钦岳院士的两个月调查研究，用他自己的话说做了两件事："一是摸清家底，包括系科结构、师资队伍、图书资料、设备情况等；二是搞清各学科在国内的地位"[①]。南京大学能有今日之学术

[①]　曲钦岳：《怎样办高水平的大学》，《高等教育研究》2000 年第 4 期。

地位，实是曲钦岳校长在摸清家底基础上的科学定位发挥预警功能的明证。大学定位的预警功能正所谓是为大学建设和发展所做的"运筹帷幄"和"未雨绸缪"，如此大学方能"决胜于千里之外"。也正如《大学》中所云："知止而后有定，定而后能静，静而后能安，安而后能虑，虑而后能得。"如果学校不定位或定位不准确，那么只能是要么与机会痛失交臂，要么是"望机"兴叹，错过学校发展的良好机遇，在竞争中必然处于劣势，以后发展起来更是举步维艰，我们是有过这方面的历史教训的。

五　制约功能

大学定位的制约功能是指大学定位能够对大学各方面的发展起到一定的影响和约束的功能。科学的大学定位是在准确把握外部经济社会发展形势和高等教育发展趋势，以及科学分析大学自身发展阶段性特征的基础上，对大学当下和未来一段时期的发展方向、发展战略、发展路径和发展特色等所形成的一致性认识，是全校师生员工的共同愿景和努力目标，作为一种非正式的约束规则，在一定程度上决定了一所大学应该干什么，不应该干什么，能干什么，不能干什么，使大学在发展过程中不盲从、不盲动，保证学校各项工作按照一定的路向有条不紊地进行。大学定位的制约功能最直接的表现是大学在发展的关键阶段采取有所不为有所为的战略举措，立足大学自身特点，办出大学自身特色。世界上任何一所大学都不可能办成超级大学，在各个领域都做到一流，只要若干个特色领域达到一流那就是世界著名了。众所周知，美国不仅拥有世界上最好的大学，而且拥有世界上最有特色的大学。有的大学从创建起就明确了自己的定位选择并持之以恒，如 芝加哥大学建校之初就希望成为"让知识不断地增长，从而丰富人类的生活"的大学，这一大学定位使得芝加哥大学即便身处工农业发达的芝加哥地区却至今仍坚持不设工学院和农学院，并且从创校起就坚持强调纯知识、纯理论的研究。再如，加州理工学院从 1891 年创办起至今始终坚持只办理、工两科，并且办学规模多年来都维持在在校生 2000 人左右。而学科单一，规模偏小并没有阻碍加州理工学院成为世界一流大学……①美国大学的魅力就在于它们的多样性，而这种多样性无疑来自各个学校坚持不同的定位，办出各自特色，正如哈佛大学哲学家威

---

① 眭依凡：《大学校长的办学定位理念与治校》，《高等教育研究》2001 年第 4 期。

廉·詹姆斯在评论美国大学时所说，在哈佛大学只有思想，没有学派，在耶鲁大学只有学派没有思想，而在芝加哥大学既有学派又有思想。

在我国，那些办得有特色、成功的大学亦得益于其适合学校校情的准确定位并一以贯之，真正发挥了大学定位的功能。例如，南京大学在1984年仅有16个系，而且大都是文理科，工科、农科、医科和社会科学一直被分离，这种理科与工程技术学科脱离，基础学科与应用学科脱离的模式对基础研究与人才培养不利，对分离出去后的单科性大学发展亦不利。曲钦岳在接任校长之后整整花了两个月的时间搞调查研究，查阅资料，与广大中层管理人员一起探讨，在切实把握校情的基础上确定了南京大学1984—1990年的发展目标：实现从文理科向综合性大学的转变，把南京大学建设成为人文科学、社会科学、自然科学、生物科学、技术科学、管理科学等多科协调发展，有学校自己特色和国际影响的大学，到1990年该校基本实现规划目标时，南京大学成为拥有10个学院，36个系的综合性大学。南京大学非常重视基础学科建设，特别是中国大学论文被SCI收录以后，南京大学更是狠抓SCI，从1992—1999年南京大学被SCI收录论文的数量连续8年居全国第一，被SCI引用的数量从1994—1999年连续6年位居全国第一。又如，华中工学院（今华中科技大学）在1953年院校调整之后成为单一的工科性院校，时任华中工学院院长的朱九思针对全国大学进行这种院校调整的得与失进行了一系列的思考，并以一个改革家的勇气和胆识亲自给邓小平写信，指出理工分家给工科院校发展所带来的限制和困难，尤其指出理工分家将会导致我国科学技术与赶超世界先进水平的要求严重不适应的问题。此后，他在高教界还十分保守的情况下提出了"大学的学科结构要综合化"的主张，并且不顾上下各方面的反对，排除各种阻力，在华中工学院积极创办理科、文科和管理学科，从而为华中工学院向理工文管多学科结合的综合性大学发展，成为国内最有影响和吸引力的大学奠定了基础。[①] 特色就是"人无我有，人有我优"，学校特色是学校在长期的办学实践和目标追求过程中形成的。假如学校没有准确的定位，不知道学校重点发展什么，怎样发展，那就是"丈二和尚"，失了水准，今日朝东，明日朝西，不但学校的办学特色无法形成，而且学校的办学效益和办学质量也无法提高。

---

① 眭依凡：《大学校长的办学定位理念与治校》，《高等教育研究》2001年第4期。

第三章 发达国家高校定位与借鉴

第一节 美国高校定位及其借鉴

众所周知，虽然美国高等教育的历史远不及几个老牌的欧洲国家，但美国的高等教育已经成为今天世界的霸主。这得益于美国具有一个功能强大的高等教育系统，而这一系统的形成得益于美国高等学校的分类与定位。美国高校的定位是与其分类融为一体的，因此，研究美国高校的定位，首先应了解美国高校是如何分类以及是在什么样的背景下进行分类的，这对于学习和借鉴美国高校的定位具有十分重要的意义。

一 美国高校的两种基本分类法及其背景

加州高等教育规划和卡内基分类法是美国两种最基本的高校分类方法，也是影响最大和最为深远的美国高校分类方法，为美国高校的定位与发展提供了重要的参考。

（一）美国高校的分类

1. 加州高等教育规划

为了解决美国高等学校的趋同问题与多元的市场需求之间的矛盾，在早期研究和长期的调研基础上，1959 年加利福尼亚大学校长克拉克·克尔（Clark Kerr）负责主持起草加利福尼亚州高等教育总体规划，以高校的职能为主要分类依据，将加利福尼亚州公立高等教育系统划分为加利福尼亚大学、加州州立大学和加州初级学院三个系统。这三大系统各下设若干分校，规定了三个系统的管理、招生、教学和科研分工以及转学流动等方面，确定了三个系统的合理分层。在功能定位上，加利福尼亚大学是州政府支持的负责科研的首要研究机构，是加州唯一可以独立授予博士学位和进行研究生教育的大学，提供面向本科学位的通识教育和专业教育；加州州立大学的首要功能是教学，提供本科生和研究生层次的通识教育和应用领域的教育，允许教师从事科研，并可与加利福尼亚大学联合培养博士；加州初级学院即加州社区学院定位为教学型学院，提供两年制大学教育、通识教育、职业技术教育、就业培训和两年制文科副学士学位课程及咨询服务等多方面服务①。

加州高等教育规划随后获得加州州议会批准成为相应法律，并于1960年开始正式付诸实施。在1960年规划实施后，根据加州高等教育和社会发展，分别于1966年、1972年、1973年、1986年、1987年、1989年、1993年和2002年对加州规划进行了修订以适应变化中的美国高等教育，但1960年的加州高等教育规划在总体上没有发生根本性的改变②。加州高等教育规划对加州地区高等教育的发展以及全美的高等教育系统分类与定位起到了指导和借鉴的作用，很大程度上促进了加州高等教育合理健康的发展。

2. 卡内基分类

卡内基分类方法最初是由1967年卡内基教学促进基金会为了研究美国高等教育面临的重大问题而建议成立的卡内基高等教育委员会提出的。由于没有现存的相应分类系统来区分美国的众多学院和大学，所以，委员会在1970年开发了一个全新的分类方案来满足其分析的需要，并于1971年发布。1973年，它又公布了学院和大学的分类清单以便于个人和组织研究高等教育。

1973年公开出版的第一版分类报告中明确提出，分类的一个重要目的是"为更多的进行高等教育研究的个人和组织提供帮助"。分类的另一个目标是为了唤起人们对美国高等教育机构之间差异的注意，并强调应意识到这些机构多样化的重要性。区别于加州分类，卡内基分类的目的是为了寻求分类"能与机构的功能、学生的特性和院系组成保持一致"，因此它是根据高等教育机构做了些什么来对它们进行分类的，如根据授予学位的类型和数量、所获得的联邦基金的数量、入学条件等对高等学

---

① 刘小强：《美国加州1960年高等教育总体规划：一个成功范例》，《清华大学教育研究》2006年第2期。

② 宋中英、周慧：《美国卡内基高等教育机构基本分类模式的演变》，《高教发展与评估》2011年第5期。

校进行分类①。

1973 年，卡内基高等教育委员会根据不同高校的性质和职能将美国高校划分为 5 种不同的类型：博士学位授予大学、综合性大学和学院、文理学院、两年制院校、专业学院和其他特殊机构。在这几类院校之下又进行了详细划分，共将美国高校划分为 19 种不同类型。此后，卡内基高等教育委员会在 1976 年、1987 年、1994 年、2000 年、2005 年和 2010 年分别出版了修订版，但是基本上保持了 1973 年的框架②。该分类方案发布以后，被多个国家认同和采用，并以此为基础，广泛应用于对高等学校的评估排序，指导高中生和本科生及其家长选择美国高等学校，以及成为研究美国高等教育的重要依据。

与之前的版本相比，2005 年版本的调整幅度最大。2005 年的分类在对以前的分类体系修订之后，引入了五个要求所有认证院校参与的分类标准和两个院校选择性参与的分类标准，以全方位多方面分析院校的差别。前一分类标准包括本科生培养、研究生培养、注册情况、本科生概况、住宿与规模等，后一分类标准包括社区参与和本科生教育两种，是院校自愿参与的。2010 年版本的分类仍然使用 2005 年版本的多元划分方法，但是使用最新可用的国家数据更新了分类，并改动了博士学位类型的划分③。

（二）两种分类的背景

加州高等教育分类系统和卡内基高等教育分类系统虽然相隔十余年，但是两者基本上都产生于美国经济和高等教育快速发展时代，因此其分类的背景和原因比较相似。

1. 美国高等教育快速扩张，逐渐由精英教育转向大众化阶段

1944 年，《退伍军人权利法案》的颁布使得大量的战后退伍军人涌入高校，从而导致美国高校数量和高校学生数量急剧增加。伴随着高等教育

① Alexander C. McCormick and Chun-Mei Zhao, Rethinking and Reframing the Carnegie Classification, in Change, September/October 2005. Volume 37, Number 5, 51 –53.

② Updated Carnegie Classifications™ Show Increase in For-Profits, Change in Traditional Landscape, http： // www. carnegiefoundation. org/ newsroom/ press-releases/ updated-carnegie-classifications, 2011 – 01.

③ Carnegie Classifications FAQs, http： // classifications. Carnegie foundation. org/resources/ faqs. php.

规模的快速扩大，美国高等教育开始步入大众化阶段。1945—1956 年的十年间，进入美国高校的退伍军人达到了二百多万，而仅 1947 年，进入美国高校的退伍军人总数（约 115 万）占美国高校学生总数（233 万）将近一半。1958—1968 年的美国高校注册学生增长率达到了 7.9%。到 20 世纪 70 年代，美国高等教育规模逐年扩大，1971 年美国高等教育毛入学率达到 35%。因此，两大分类系统产生的 20 世纪六七十年代，也是美国高等教育系统从精英教育向大众化教育转变的时代。

2. 高等教育机构规模日益扩大，打破了原有高等教育系统的平衡

随着高等教育入学人数的激增，美国高校的数量和规模也在快速增长和扩张。从 1958—1968 年，美国高等学校数量年均增长 3% 左右，尤其是大规模的美国高校数量在逐渐增加，拥有万名以上学生数量的高校占所有高校总数的比重也在日益提高。与以前的高等教育系统专注于精英教育的单一目标不同，不同规模的高等学校没有形成明确的适合自身的办学定位，在办学理念、教学与科研、课程等方面逐渐产生分歧，处于一种无序的混乱状态，尚没有形成合理的分层分类与定位[1]。"有些州立学院想要成为羽翼丰满的大学，有些社区学院想要成为四年制学院，私立学院感受到公共部门的不灵敏的扩张的威胁"[2]。如克拉克·克尔所言，当时美国不同高校处于盲目扩张和无序竞争中，造成了高校的重复建设和极大的资源浪费。

3. 政府对高校科研的重视，一定程度上促进了高校趋向研究型大学发展

1957 年，苏联卫星上天在美国引起了巨大轰动，美国人产生了强烈的民族危机感，并深刻反思了自己的教育。1958 年，美国《国防教育法》出台，强调要重视科学研究和教育质量，并为州立院校拨款以用于发展研究生院。除此之外，联邦政府对不同院校进行了研究方面的资助，尤其是研究型大学。研究型大学也被要求做出更多更好的科学研究成果。政策上对科学研究的倾斜使得美国高等学校为了获得更多的政府经费，都更加重视科研，并将科研凌驾于教学之上，逐渐与研究型大学趋同，不利于高校

---

① 赵婷婷、汪乐乐：《高等教育为什么分类以及怎样分类》，《北大教育评论》2008 年第 4 期。

② ［美］克拉克·克尔：《高等教育不能回避历史——21 世纪的问题》，王承绪译，浙江教育出版社 2001 年版，第 134 页。

的合理分类分层，不利于满足多样化的市场需求。

二　美国高校的定位

加州高等教育规划对加州公立高校进行了规范性分类与定位，加利福尼亚州在此基础上清晰地界定了不同高校的层次，为美国高校的分类与定位提供了借鉴的范例。卡内基分类法为美国高等学校进行了描述性的详细分类，为美国教育的研究和高校定位提供了一个恰当的工具。此外，伯顿·克拉克将美国高等教育系统划分为三层约5类院系机构，顶层是研究型大学，包括顶尖研究型大学和博士学位授予大学；中层是培养硕士及本科生的各类学院，包括综合性大学和学院、本科生学院或专业学院；底层是两年制社区学院①。基于以上对美国高校的不同分类和定位，下面将主要通过阐述美国研究型大学、教学型大学和社区学院的定位情况来介绍美国高校的定位概况。

（一）研究型大学

美国的研究型大学注重发展学术，是美国基础研究的主要承担者，注重研究生教育和本科生参加科研活动。

在本科生招生方面，著名研究型大学采取竞争性的录取方式，欲进入这些大学的学生是来自全世界的优秀学生，需要经过高选择性的激烈竞争。通常这些大学的录报比在1∶3以下，即申请人数少于录取人数的三分之一。著名的研究型大学的考核包括学习成绩考核和综合素质考核。申请著名研究型大学的学生首先必须获得高中毕业证，SAT成绩和高中课程成绩一般要达到优秀，同时，申请者的特长、兴趣与个性等多方面的素质也在大学的考虑范围之内。此外，常春藤等高校还要求申请者提供在中学中的班级名次。但是，少数的博士学位授予大学和一些具有硕士学位授予权的学校对申请者要求相对宽松，只要求学生的SAT成绩达到中等以上，高中课程成绩在C等以上即可②。

在教师招聘上，申请美国研究型大学教师职位的教师要毕业于名牌大学，且具有博士学位，还要有相应的学术经验来胜任将来的科研工作，并

---

①　张丽：《浅析伯顿·克拉克的院校分类思想——兼论与我国高教结构模式的比较》，《比较教育研究》2004年第8期。

②　吴向明：《美国大学招生录取标准评析》，《外国教育研究》2006年第10期。

具有比较丰富的科研成果。美国研究型大学注重教师来源的广泛性，面向全世界招聘优秀人才，综合考察教师的教学、科研和社会服务方面的能力，并以科研创新能力作为教师聘任的首要标准。为了保障教师充分的学术自由，以更好地开展教学和科研，美国主要研究型大学在教师管理方面普遍实行终身聘任制度①。

在教学上，研究型大学的教师和学生都注重开展科学研究，强调基于探索和研究的教学。在培养目标方面，研究型大学培养具有国际视野、基础宽厚的学术型人才，重点培养学生的研究创新能力。在教学内容方面，研究型大学关注世界经济社会的重大问题，关注科研的最新发展成果，并反映世界前沿的学术发展。在教学方式方面，不但研究生参与科学研究，还鼓励有潜力的本科生尽早参与科研，鼓励基于研究的学习和探究式学习，并实行基于研究的教学模式，充分发挥科研在培养人才中的作用②。在教学时间上，研究型大学教师每周9课时，6课时教学，3课时教学准备，共两门课，用于教学的时间少于教学型大学和社区学院。在办学层次上，研究型大学以授予博士学位和硕士学位为主，主要提供研究生教育。

在教学与科研的关系上，研究型大学的教学与科研密切相关，相辅相成。虽然研究型大学是美国基础研究的主要承担者，最为注重科研，但是也都普遍重视本科生培养和教学。在研究型大学中，教师将研究的最新理论和成果带到教学之中，提高了教师和学校的专业水平和实力，以培养满足不断变化的社会发展需要的高素质专业人才，提升学校的知名度，从而招收到更有潜力和实力的优秀学生，为学校提供质量更好的生源，间接提升学校的教学水平。此外，教师在教学中遇到的各种问题和涌现的灵感为教师的科研提供课题的来源，成为科研的源头活水。

在大学与社会的关系上，研究型大学通过多种方式融入社区，与社区的居民和组织合作。共建社区主要有以下几种方式：大学通过"服务性学习"和"基于社区的研究"在服务社会的过程中追求学术；大学通过采购物资和服务、雇佣当地居民、建设生活设施和学术设施等活动，与当地政府、企业和社区合作，融入当地社区，促进社区经济社会发展；大学

---

　① 郗海霞：《美国主要研究型大学教师队伍管理的特点及启示》，《比较教育研究》2006年第4期。

　② 叶慧芳、金佩华：《对美国研究型大学本科生培养目标的探讨》，《高等农业教育》2006年第8期。

还利用其技术许可、各种专利及可转化的研究成果与当地社会合作，促进当地的创新产业发展，孵化企业；大学通过大学生志愿者服务活动和社团等机构的社区服务行为为当地社区的民众服务。此外，大学还利用自身的各种资源与社区合作，来影响政府决策、促进社区的内外联系和吸引投资等，发展繁荣社区①。

（二）教学型大学

在招生方面，通常一般的四年制教学型大学对申请学生要求较低，通常申请者只需满足基本的大学入学条件，获得高中毕业证，达到相应的SAT 成绩等。但是，少数著名的文理学院对申请学生的要求非常高，如SAT 成绩和高中课程成绩等的要求甚至高于美国的常春藤大学②。

在教师聘任上，教学型大学对讲师、助理教授、副教授和教授等不同级别的教师职位要求也不同。讲师学历要求至少在硕士以上；助理教授通常有本专业的博士学位，并有一定的教学资历和科研资历；副教授在满足助理教授聘任条件的基础上，还要有显著的教学和科研成果；教授在满足副教授聘任条件的基础上，还需有更高的教学和科研素质。除讲师的聘任合同期为一年，助理教授、副教授和教授的聘任合同期均为五年，且五年考核一次，工作表现优秀者可以晋升为原有职位的上一级。教学型大学始终将教学作为衡量教师的聘任和晋升的主要标准，注重教师的教学效果和教学成绩。

教学是教学型大学的最重要的使命，对教师教学和学生学习的支持是教学型大学立足的根本。因此教学型大学的管理、教学、科研和社会服务都是以学生为中心，围绕学生开展的。教学型大学教师每周 12 课时，9课时教学，3 课时教学准备，因此教学型大学每周通常 3 门课，高于研究型大学教师的教学时间，既有实践性指导，也有理论性教学。教师较少做科研，且以应用性科研为主。在办学层次上，教学型大学以授予学士学位为主，主要提供本科生教育，也提供部分研究生教育，总体上以本科生培养为主，培养应用型人才。

在与社会关系方面，教学型大学与社会的互动没有研究型大学和社区学院密切，主要表现在接受校友及社会各界人士的捐赠，并向社会输送应

① 陈秉钊：《美国大学与社区合作伙伴关系研究及启示》，同济大学，2007 年。
② 吴向明：《美国大学招生录取标准评析》，《外国教育研究》2006 年第 10 期。

用型人才来与社会互动，同时通过服务性学习来为当地社区服务。

（三）社区学院

早期美国社区学院的办学职能基本上是单一的转学教育，主要提供转学课程的普通教育。随着社会的发展，职业教育逐渐成为社区学院主要的职能。20 世纪末，随着知识经济社会的到来，美国社区学院整合了学术教育和职业教育，以更好地服务于美国经济的发展①。

在招生方面，社区学院对学生入学要求很低，只要求学生具有高中毕业资格，也不用提供 SAT 或 ACT 和托福成绩，可以免试入学。学生入学后再进行数学水平和英语水平测试，不合格的学生必须补修 ESL（第二语言英语课程），以提高学生的英语、数学水平并使之达到规定的大学水准。社区学院招收来自美国和世界各地的国际学生，大部分学生希望通过社区学院的两年学习后转入理想的大学，此外，还为接受继续教育和职业培训的学生提供课程②。

在教师聘任上，社区学院的教师中有 60% 是兼职教师。社区学院的专职教师一般来自高校，并以从事理论性较强的课程教学为主。兼职教师一般来自所在社区的企业家、相关专家及工程技术人员等社会各界人士，并从事应用性较强、对实践能力要求较高的实践教学。美国各州社区学院在聘用教师时，一般要求教师学历在硕士学位以上，但对一些职业系科的学位要求则较为宽松，具有丰富专业实际工作经验以及相应的职业资格即可③。此外，社区学院定期对教师工作进行评估，教师评估以教师的教学为主要内容，重视同行评价和学生评价，重点评价教师的教学效果，并以教师评估作为教师晋升、进修和获得终身教职以及纪律处分等奖惩的重要依据④。

在办学层次上，社区学院表现出极大的灵活性。进入社区学院的部分学生以转入四年制大学为目的，部分学生以提高职业技能、满足个人和工作需要等，总之社区学院的学生都有明确的入学目的。社区学院虽以颁发副学士学位为主，但在提供普通教育之外，还提供各种职业培训和继续教

---

①　王国超：《美国社区学院的职业教育功能及其启示》，《海外职业教育》2007 年第 1 期。

②　吴向明：《美国大学招生录取标准评析》，《外国教育研究》2006 年第 10 期。

③　宣葵葵：《美国社区学院师资队伍建设的特色及启示》，《现代教育科学》2008 年第 5 期。

④　马健生、郑一丹：《美国洛杉矶社区学院教师的任用、培训经验与启示》，《外国教育研究》2004 年第 12 期。

育，颁发各种职业资格证书、培训证书等①。

在人才培养模式上，社区学院提供向四年制大学转学的升学教育和低于高等教育水平的补偿教育。此外，还提供教授具体职业技能和知识的职业教育，提供面向所在社区的各种成人教育和培训。在办学类型定位上，社区学院通常将自己定位为教学型学校，教师极少承担科研任务，将教学作为社区学院的主要使命，通过教学服务社区，满足生源的多种需求，为社会培养技能型人才和向四年制大学输送低年级学生。

在教学上，社区学院教师每周 15 课时，包括 12 课时教学和 3 课时教学准备，每周共 4 门课，高于研究型大学和教学型大学教师的教学时间，可见其对教学的重视。由于社区学院的主要任务是教学，其所有的专职教师都专职于教学。社区学院在教学上采用小班教学，每个班级规模通常为 10—30 人。由于社区学院采用小班制，教师在教学中能兼顾多数学生，强调学生之间的互助，国际学生能够在适应当地的文化差异和快速融入当地的环境方面获得更多的帮助。

在学校与社会关系层面，美国社区学院的显著特征是无论在教学、服务还是其他方面都面向社区、以社区为中心开展，始终与社区保持密切的联系。社区学院与当地社区密切互动，主要体现在三个方面：推荐当地社区名人参与学校管理，以保证学校的发展能够满足社区居民的需求；聘请当地技术管理人员作为学校专业和课程设置的顾问，确保学院的专业和课程设置能够满足社区发展和居民生活的需求；免费开放学校的各种设施以及积极开展各种活动吸引当地居民参加。

三　美国高校分类及定位的特点

美国高校的分类与定位具有规定性和灵活性、稳定性和适应性、多样性、个性化的特点。

（一）兼具规定性和灵活性

美国高等教育管理权归属地方各州所有，以加州的高等教育为例，加州通过立法对其公立高等教育系统进行了整体规划，制定了加州高等教育规划，将加州公立高校系统划分为三类高校，要求加州的各类公立高校必须服从其对于各类高校的教学、科研、管理、课程等的规定和安排，具有

---

① 张晓东：《美国社区学院的办学定位及启示》，《继续教育研究》2009 年第 6 期。

规范性的特征。而卡内基分类则是卡内基高等教育委员会根据美国各类高等教育机构已有特征对其进行区别和分类，描述美国各类高等教育机构的特征，为美国高校的研究和定位提供了一个参考，具有可选择性和灵活性的特征。

（二）兼具稳定性和适应性

美国大学和学院定位以后，往往将其定位目标作为一个阶段学校教职员和学生共同努力的方向，长期保持不变，表现出极强的稳定性。如哈佛大学数百年来一直坚持精英教育，追求卓越的培养目标，即使伴随高等教育大众化阶段的到来也未动摇和改变这一目标。

虽然美国高校定位确定以后，很少改变，但是美国高校定位并未与时代脱节。无论是加州高等教育规划还是卡内基分类，都能及时根据美国高等教育和社会的发展不断修订，与时俱进。此外，美国的高等教育机构也随着时代的变化及时调整自身的定位，如社区学院早期以提供转学教育为主，随着社会的发展也逐渐将职业教育纳入其重要职能。

（三）多样性

美国大学具有多样性，既有公立私立和营利性与非营利性院校之分，也有世俗宗教院校、规模大小、城市郊区和乡村之分等①。此外，还有研究型大学、研究教学型大学、教学研究型大学、教学型大学、社区学院等层次之分。美国的研究型大学，如哈佛大学和麻省理工学院，是美国科学研究尤其是基础科研的主要承担者，并注重科研成果的转化，为国家培养学术型人才，具有一流的师资、人才和科研成果。美国的教学型大学则以教学为重，以培养本科生为主要任务，主要提供各种应用型人才。而社区学院以扎根于社区和服务于社区为特征，通过提供两年制的转学教育、职业教育和继续教育等多种形式的教育服务于所在社区。这充分体现了美国大学分类定位的多样性，能够满足不断发展中的美国经济社会的需要。

（四）个性化

美国大大小小的学院和大学比较注重在发展过程中保持自己的特色，进行个性化的定位，这也是美国高校在复杂多样的众多美国高校和残酷的市场竞争中立足的重要法宝。如麻省理工学院作为美国乃至世界最优秀的

---

① ［美］德里克·博克：《美国高等教育》，乔佳义译，北京师范学院出版社1991年版，第13页。

理工类大学，以自然科学和工程教育出名。美国的威尔士利学院是美国著名的女子文理学院，倡导妇女享有平等的受教育权，实施精英教育，培养美国未来的领导者①。又如，美国的西北大学，以专注于教学的实用性为特色，与同级大学相比教育的职业导向性更为突出。美国的高校在美国高等教育系统中进行个性化的定位，在市场竞争中保持自身的核心竞争力，也是自身发展和社会发展的需要。

四　美国高校分类与定位借鉴

美国高校的分类与定位为美国高等教育确立了合理的分类分层系统，重建了美国高等教育系统，明确了每所高等学校在美国高等教育系统中的地位和位置，维持了高等教育系统新的平衡，一定程度上避免了无序的恶性竞争循环、院校的重复建设和资源浪费，有利于高校集中资源发展自己最擅长的领域和实现教育资源的优化配置。另外，美国高校的分类与定位有利于形成不同高校的特色和个性，培养美国社会需要的各种类型和层次的专业人才，促进经济社会的发展。此外，高校的分类与定位促进美国高等教育由精英教育阶段向大众化阶段实现平稳过渡，从而接纳更多的学生进入美国高等教育系统，实现兼顾优秀与公平的目标。

美国高校的合理分类与定位促进了美国高等教育系统的健康持续发展，而我国高等教育正处于精英教育向大众化阶段过渡的时代，与美国高校的分类与定位处于相似的背景，因而研究美国高校定位可为我国高校定位提供借鉴。

（一）委托专门机构研究高校的分类与定位

美国高校分类的研究工作主要由卡内基教学促进基金会的卡内基高等教育委员会负责，有专门的资金和人才保障，能够集中资源系统地研究美国高等教育系统的分类，并随高校和社会的发展而不断修订分类②。我国没有专门的机构来从事高校的分类与定位研究工作，只有一些学者以个人的学术身份在从事高等学校分类与定位的研究，且往往都不是以此为专门的研究领域，因此研究不系统，质量也不高。这一点可以借鉴美国的做法，由中国教育科学研究院专门成立一个研究室或委托第三方研究机构来

---

① 别敦荣：《美国大学定位与个性化发展》，《高等教育研究》2003 年第 1 期。
② 刘黎、张伟：《卡内基高等学校分类法及启示》，《高等理科教育》2007 年第 6 期。

长期专门从事我国高校的分类与定位研究，并提供财政支持。通过研究，针对不同的目的需求而形成分类方案，进而形成一个较为完整的、适合我国高等教育发展需要的分类体系。

另外，官方的数据也应当为高校的分类与定位提供必要的科学数据支撑。目前我国教育统计年鉴对于我国高校的数据统计不完善，影响了高校的分类与定位的研究，因此，需要与教育统计部门进行协调，完善相应数据，满足研究的需要。

（二）政府对高校的分类与定位进行宏观指导与调控

为了获得更多的财政资源支持和更高的社会地位，目前我国大部分大学在职能和目标上趋向一致，即趋向综合性大学和研究型大学，导致我国大部分高校发展目标雷同，缺少特色，缺乏核心竞争力。高校对声誉和资源的盲目追逐导致难以从高校自身进行合理定位，这就需要政府在充分研究我国高等学校实力和发展状况的前提下，对我国高等教育进行宏观规划与指导，并进行规范性地分类与定位，确立不同类型高校的发展职能与目标，建立合理的分层分类系统，促进我国高等教育的健康发展。

（三）高校根据自身条件和特色进行定位

由于科研水平在我国是衡量和评价一所高校水平和社会地位的重要依据，高校不顾自身的资源限制和能力，均给予教师科研以最大的鼓励和倾斜，忽视教学这一高校的基本任务和使命，造成目前高校重科研、轻教学的现象和本科院校以研究型大学为发展方向和努力目标的趋同现象，因此培养的单一学术型人才无法满足多样的社会需求。此外，学科齐全也作为衡量高校的一大重要依据，因此高校为了建设综合性大学纷纷盲目扩展学科，造成学科发展良莠不齐和大量的资源浪费。

美国的研究型大学、教学型大学、社区学院等根据自身的条件和社会的需要进行合理的定位，在人才培养、招生、教学和科研以及校企关系等方面有所侧重，培养满足社会需要的各种人才。我国不同高校拥有的资源和环境不同，也要根据自身实力和发展现状对自身进行合理定位，确立符合自身发展和社会发展的目标，培养技能型人才、应用型人才和学术型人才等社会需要的各种人才。

美国大大小小的高校都有着不同的特色和形象。例如，加州大学伯克利分校以学术自由和平民化为自身的特色；美国的奥伯林大学由学生自己管理实验学院及其课程，以个性化的方式对待生活和学习；马萨诸塞州的塔夫斯大学培养学生成为世界公民，在国际化方面有较高的知名度。我国高校也应挖掘自身特色，依据自身进行合理定位。比如，华南农业大学的学科专业围绕农业开展，并与华南地区的农业发展实际相结合开展教学和研究，服务于广东农业的转型升级。又如，在汉语热的今天，北京语言大学作为我国唯一实施对外汉语教育的大学，以对外汉语教育为特色。因此，高校的定位还应结合社会需要和自身条件，努力挖掘自身特色，形成独特的特色和形象。

第二节　英国高校定位及其借鉴

20 世纪 60 年代以来的英国高等院校分类与定位先后经历了 1966—1991 年的"二元制"，而后 1992 年议会通过了《继续教育和高等教育法》标志着英国高等教育长达二十多年的"二元制"宣告结束，形成了一个全新的高等教育体系。"二元制"是在何种背景下产生？最后又是因为何种原因结束？英国高等教育历史变迁中高校和政府的关系又是如何演变的？通过对以上问题的探究，从中汲取有关高等教育机构分类及定位的若干启示，对我国今天高校分类和定位有着重要的借鉴意义。

一　英国高等教育两次重大的历史变迁

（一）一元制到二元制的转变

1. 二元制的形成

通常人们将 12 世纪以来先后建立的牛津大学和剑桥大学看作英国高等教育的开端。之后又陆续创办了许多大学，包括 19 世纪 20 年代后创办的"地方大学"或者是"城市大学"等，此时英国的高等教育仍然属于精英教育阶段。

直到第二次世界大战后，英国的中等教育得到了迅猛的发展，使得越来越多的青年人获得进入高校学习的资格，相比之下其高等教育落后于美国、原苏联等其他国家。此外，社会的不断发展、科学技术的进步对英国的高等教育提出了更高的要求。因此，1963 年的《罗宾斯报告》中最重要的黄金原则就是"所有具备入学能力和资格并希望接受高等教育的青年都应该获得高等教育的机会"。这个著名的"罗宾斯原则"在高等教育规模上的具体体现是：接受高等教育的人数将从占相关年龄组的 8% 增长到17%①。1965年4月，时任英国教育大臣的克罗斯兰提出了"两种高等教育"的原则。随后，1966年英国教育与科学部颁布了《关于多科技术学院与其他学院的计划》白皮书，将巴思等8所高级技术学院升格为大学，并将原有90多所独立学院合并为30所与大学平起平坐的多科技术学院，成为"公共部门"，标志着英国在高等教育领域实行"二元制"的开始②。

2. 大学与非大学的二元结构及其区分

许多国家高等教育的发展史上都曾不同程度地存在过二元结构，其中属英国高等教育的二元结构尤为明显，且英国的高等教育体制变迁是一个逆向发展的过程。由此，英国的高等教育分为两大模块：自治部门（大学）与公共控制部门（非大学）。其中"自治部门"45所大学（包括8所有高级技术学院升格而来的技术大学）；非大学范围内包含了如下4种类型：30多所科技技术学院、14所苏格兰中央所属学院、64所高等教育学院、300多所继续教育学院③。在此基础上，英国的高等教育既保证了精英教育，又满足了高等教育大众化的需求。1987年后，高等教育的入学率已经从20世纪60年代初的5%左右稳定地提高到了15%以上④，根据马丁·特罗的观点，英国的高等教育由精英教育迈向大众化教育阶段。

英国高等教育二元制是为了解决教育机会不平等的大背景下产生的，然而政府在主导强制的划分过程中，确实存在了许多不合理的制度，使得多科技术学院和其他学院在与大学的竞争中处于不利的地位。它们之间的区别主要体现在以下几个方面：（1）自治权：大学具有自治权和学位授予权，而非大学不具有自治权和学位授予权。（2）经费的获取：大学的经费由国家提供，财政开支有较大的独立性，而非大学的经费由地方提供，受到当地教育局或者教育委员会的管辖。（3）特征方面：具有"自治传统"的大学有超然性、学术性、保守性和排外性，而"服务传

---

①　张建新、陈学飞：《英国高等教育改革法述评》，《清华大学教育研究》2004年第4期。

②　陈厚丰：《英国高等教育"双重制"分层政策案例分析》，《比较教育研究》2006年第7期。

③　张建新：《走向多元——英国高校分类与定位的发展历程》，《比较教育研究》2005年第3期。

④　冉旭：《从英国高等教育发展看英国教育政策的演变》，重庆师范大学，2012年。

统"的非大学却具有回应性、职业性、创新性和开放性的特点①。这一点在授课类型中可以看到,向具有学术倾向的大学提供"学术型"课程,而向具有职业倾向的以多科技术学院为代表的非大学提供"职业性"课程。另外,在招生、学位、学制等方面,大学与非大学之间也存在着区别。

从中可以看出,大学与非大学之间并不是相互平等,共同竞争的。首先,政府在进行分层对学校进行定位的过程中,缺乏分类分层的依据。其次,从表面上看这似乎是教育类别的区分,但从经费的获取、招生、自治权等方面看其实质都是层次的划分。最后,在英国大学"学术金本位""研究高深学问"的传统观念下,二元制结构不可避免的会产生趋同、学术漂移等现象。

(二)二元制的终结

1. 二元制终结的背景

首先,20世纪90年代后期,英国处于经济萧条阶段,英国高等教育大部分是由中央政府提供资金的,其中1986年提供了所有大学73%的收入。在这样的情况下,撒切尔政府希望将市场的竞争机制引入高等教育体系中,通过更大的灵活性和激励效率,促使技术专科学校和高等教育学院能够和大学竞争学生,以提供更低成本的学位②。

其次,1987年英国议会发布的《高等教育——迎接新的挑战》白皮书认为,多科技术学院成立20多年,做出了巨大贡献,非大学的地方院校将脱离地方政府。首相梅杰认为,"我们的改革将主要结束大学与多科技术学院和其他学院之间日益严重的人为区分"③。先后于1991年和1992年颁布了《高等教育:一个新框架》和《继续教育和高等教育法》,建议废除二元制、成立"高等教育基金委员会"(HEFC),形成一个全新单一的高等教育框架。

---

① 张建新、陈学飞:《从二元制到一元制——英国高等教育体制变迁的动因研究》,《北京大学教育评论》2005年第7期。

② Nigel Ashford, "How Not to Reform British Higher Education", *Academic Questions*, Summer 1990: 49 – 55.

③ 张建新:《走向多元——英国高校分类与定位的发展历程》,《比较教育研究》2005年第3期。

2. 二元制终结的原因探讨

（1）"二元制"的建立缺乏分类依据

社会经济的高速发展需要各种类型和层次的人才。从理论上说，高校的分类和定位应该与其培养人才的类型相匹配，政府对高校的分类和定位应该从其承担的责任和履行的职能上进行划分，而不仅仅是根据权利和地位来划分。英国政府在制定"二元制"政策的时候更多的是为了应对当下环境的挑战，并没有形成科学的规范体系，缺乏明确的分类标准，不可避免地造成以多科技术学院为代表的非大学为了获取资源、自治权等出现"攀升"的现象。

（2）制度环境（学术授予权等资格的获取）

迈耶等人认为，任何一个组织必须适应环境才能生存，必须要考虑它的制度环境，即一个组织所处的法律制度、文化期待、社会规范和观念制度等"广为接受"的社会事实[1]。多科技术学院为了在这样的环境中获得生存，不得不满足相关制度的要求和标准。比如，多科技术学院在发展的过程中必须经过一定的试验期，办学水平、规模和师资等方面均与大学授予特许状的条件相符合后，才可以获得学位授予权。从这方面来看，英国政府虽然将高校进行了分类和定位，但是并没有相应的制定不同的考核和评价标准。由于培养人才类型和承担社会职能的不同，不同类型的高校之间办学的好坏，不能混为一谈进行评价和考核。

（3）"二元制"政策制定中的权力导向

从高校的角度看，"二元制"定位政策的导向是权力及由此决定的社会地位，其缺失是显而易见的[2]。这种权力的分层可以在自治权限、学位授予权、办学层次中得到体现。从前面对大学与非大学之间的区分中我们可以看出，政府虽然对高校进行了分类和定位，但是并没有对不同类型的高校一视同仁，多科技术学院为了获得更好的发展必然向上攀升。

最后，英国"学术金本位"的传统思想也是造成"学术漂移""攀升"现象的潜在因素。

---

[1]　张建新、陈学飞：《从二元制到一元制——英国高等教育体制变迁的动因研究》，《北京大学教育论》2005年第7期。

[2]　陈厚丰：《英美高等教育分类政策比较——以英国高等教育"双重制"和美国加州"高等教育总体规划"为例》，《高等教育研究》2009年第12期。

（三）一元体制下的多元模式

1992 年后，英国大学面临着更加严峻的形势，具体表现在以下几个方面：（1）英国 34 所多科技术学院以及部分其他学院被改称为大学，这样不同层次、类型的大学之间的竞争更加激烈。（2）推出了英国高等学校的教学与科研实力评价体系，进行了与之相应的拨款制度改革。从 1989 年起，每四年进行一次大学科学研究评估（RAE）；1997 年设立了英国大学教学质量保证署（QAA），对大学课程进行评估（TAE）；2002 年改革了科学研究评估办法，新的方法定于 2008 年施行①。这些无一不对大学的发展方向、社会声誉产生了深刻的影响。（3）欧盟一体化：高等教育国际化进程为英国高等教育提供了机遇的同时也带来了严峻的挑战，如何在如此严峻的环境下明确自身定位从而获得长久的发展，是英国高校必须要正视的问题。（4）1997 年发布的《迪尔英报告》中关于英国高等教育面临的主要矛盾与问题指出：学生的多样化与教育的一元化，高等教育的生源更加多元化，学生的文化背景、教育经历、入学资格、专业知识、兴趣特长、价值取向等日趋多样化，但是提供给他们的课程内容与教学方式却没有多大变化显然无法满足学生的需求②。这些都要求英国大学在激烈的竞争中重新认识自己，明确自身的特色和特长，获得长足的发展。

为了应对挑战，各大学都制定了本校的发展规划，特别是对自身进行了重新定位，大学之间呈现出较大的差异性。比如，著名的剑桥大学和牛津大学的发展战略是创新办学理念，拓展办学空间，确保领先地位，引领世界潮流，将自身定位在世界一流大学的范畴内。始建于 1845 年的贝尔法斯特女王大学，坚持通过改革创新，内涵发展，立足北爱尔兰，服务于区域经济，使部分学科达到全英乃至世界先进水平，定位于世界知名，具有区域特色的研究驱动型大学③。1992 年才成为新大学的诺桑比亚大学以自身出色的教学质量而获得好评，基于此，该校根据自身的优势和特色将学校未来的发展定位为教学型大学。正确的定位使得诺大获得迅速的发展，成为全英规模最大的大学之一。

20 世纪 90 年代以来的英国高等院校实际上是一个一元体制下多元发

---

① 龙超云、曲福田：《英国大学的战略定位及其启示》，《高等教育研究》2006 年第 1 期。

② 刘晖：《从〈罗宾斯报告〉到〈迪尔英报告〉——英国高等教育的发展路径、战略及其启示》，《比较教育研究》2001 年第 2 期。

③ 龙超云、曲福田：《英国大学的战略定位及其启示》，《高等教育研究》2006 年第 1 期。

展的模式，高校分类和定位的不同，使得高校不仅能够回应一个复杂、多样化的社会经济发展的需求，而且能够满足人们对不同类型、层次高等教育的需求。

二　英国高等教育的发展与改革对我国高校定位的启示

（一）谁给高校进行定位——政府与高校相辅相成

国外有关高等教育机构多样性影响因素的研究，存在两种截然不同的观点。一种在相关文献中常用的说法是（e. g. Birnbaum 1983；Huisman 1995；Meek 2000；van Vught 2008）政府的管制限制了高等教育机构自身发展的空间，结果减少了多样性。市场机制，特别是竞争，给高等教育机构获取自身发展留有空间，因此，导致或维持了高等教育水平的多样性[①]。而 Huisman（2007）等人发现二元体系的系统——比如，系统中包含着由政府规定的两种不同类型的高等教育机构比非二元体系的更具多样性，这暗示着政府干预未必限制了多样性。

这其中不难看出，高校定位关乎宏观和微观两个层面。宏观层面便是高校在整个社会大系统中的定位，政府在其中起到了十分重要的作用；微观层面便是高校在整个高等教育系统竞争中对于自身的定位，这需要结合学校自身的基础、优势和特长，从而制定出适合自身的定位。基于此，我们认为高校定位过程中，政府与高校是相辅相成的。学者陈厚丰也更加清晰地阐述了这一观点，他认为高校定位是自生秩序与分类指导的有机结合，自生秩序是高校定位的内因，政府对高校定位的分类引导是外因，后者必须以发挥前者的作用为基础[②]。

1. 政府层面

英国高等教育经历了"一元制—二元制—一元体制下的多元模式"的曲折路程。客观地看，"二元制"的政策是英国政府在面临着外部压力相对匆忙做出的决策。未对分类的原则和依据进行充分的调研和论证，且未充分考虑学校本身的观点，缺乏民意基础，必会造成政策实施不到位等问题。而后，"一元体制下的多元模式"中政府干预得较少，其院校分类

① Tatiana Fumasoli, Jeroen Huisman, "Strategic Agency and System Diversity: Conceptualizing Institutional Positioning in Higher Education", *Minerva* (2013) 51: 155 – 169.

② 陈厚丰:《高校定位: 自生秩序与分类引导有机结合——兼与邓耀彩博士商榷》,《高等教育研究》2006 年第 6 期。

和定位的多元模式是在社会竞争中自发生成的。可见高校自身在定位中发挥了非常重要的作用。

因此，高校分类和定位不能单一地依靠政府的决策和行政力量，学校自身的定位和发展也是必须考虑的范畴。由于我国高等教育发展的时间较晚，且 1999 年高等教育扩招后，我国的高等教育出现了类型不明确、层次不清晰、趋同的现象，尚没有形成稳定、清晰的格局，为此，政府在宏观方面的调控是十分必要的。首先，通过分类引导我国高校的定位有助于缩短我国高校从无序到有序的时间。其次，尽可能快的将我国的高等教育结构引向多元化发展，形成不同类型和层次的高校协调发展的良好格局，从而最大限度地发挥高等教育的功能。当然，在这里需要明确的一点是，政府不是强制性的对高校进行分类，而是通过分类引导为我国高等教育结构的多元化提供条件。

2. 学校层面

（1）结合社会经济发展的需求

如果在强调自生秩序重要性的同时而排斥政府分类引导，那无异于说高等教育系统（包括高校）是一个孤立存在的系统，而实际上高等教育系统作为社会子系统，恰恰是开放系统①。社会服务作为高校三大职能之一，要求高校发展过程中对社会经济发展的需求予以高度的重视，也只有将自身子系统的发展与社会大系统的发展相结合，通过与外界不断的信息与物质交流，才能够获得长足的发展。

（2）基于自身发展情况、充分发挥自身优势

20 世纪 90 年代后，从英国高校蓬勃的发展中我们看到，突出已有的优势和自身的特色，是英国各大学战略定位的基本原则。其主要体现在两个方面：一是教学、科研、社区服务等方面的优势；二是着重突出某些学科方面的优势，以强调自己的与众不同并走在其他大学的前面，从而形成自己鲜明的特色②。我国学者刘献君认为当下我国高等学校办学中最大的问题之一是定位不准确，缺乏个性和特色③。高校在进行定位的过程中，

---

① 陈厚丰：《高校定位：自生秩序与分类引导有机结合——兼与邓耀彩博士商榷》，《高等教育研究》2006 年第 6 期。

② 黄永林、谭振亚等：《英国大学办学理念、资金筹措及国际化战略的特点——中国高校领导赴英国培训团的报告》，《教育财会研究》2006 年第 4 期。

③ 刘献君：《论高等学校定位》，《高等教育研究》2003 年第 1 期。

首先离不开自己发展的历史和基础，知道自身的优势在哪里，才能更好的扬长避短。其次，由于每所高校服务的经济区域都不同，这就需要高校立足自身的优势和基础，面向经济社会发展实践制定出清晰可实现的定位。

（二）分类基础上的分层

1. 高校定位的依据

大学分类与定位的依据是大学在人才培养、科研、社会服务三个方面所承担的任务性质与职责，其中一个最主要的依据就是人才培养的类型。这一点在英国高等教育历史变迁中不难得到启示。无论哪种类型的人才均是经济和社会发展所需要的，尤其是在新知识、新技术、新文化高速发展，新兴学科、交叉学科、边缘学科有力地促进了经济和社会的发展，社会分工越来越向综合化与单一化两个方向发展时期，人才的类型更趋多元化。事实上，人才类型的划分其本身就是依据经济和社会发展的需要而划分出来的①。不同类型和层次的学校具有不同的职责与任务，彼此各司其职，共同构成一个完整的高等教育系统。

2. 分类是定位的前提

高校定位必须遵循"分类基础上分层"的原则，并且横向类别的划分是纵向分层的前提。不同类型间的高校可以协同和合作，也有竞争，没有排名，不相互攀比，没有分层的重叠层级间的压迫感，高校之间的竞争只存在于同类型的高校中，不同类型的高校的评估标准也不同。在高等教育系统多元化发展相对稳定后，类型在很长一段时期内将不再改变。因为：首先，一旦教学型大学转向研究型大学以后，学校从原来集中发展的教学转向科研需要非常长的一段适应期。其次，受我国传统高等教育思想的影响，大学普遍都有向上攀升的趋势，在不同类型的学校间设置"屏障"，争取在一定的时期内，在每种类型高校中建立起品牌学校，从观念上根本改变"学术本位"的传统观念。

这就需要我们建立起不同类型学校之间相互对应的衔接体系，为学生就读不同类型的高校创造机会，其中尤为突出的是学术型高等教育和职业型高等教育。英国高等教育中，由于多科技术学院出现的时间较短且受到传统价值观的影响，只有专科和本科教育。相比之下大学发展的时间较长，形成了学士—硕士—博士三级学位体系。产生趋同的现象很重要的一

---

① 赵庆年：《高校定位与高等教育系统的建立》，《黑龙江高教研究》2006 年第 5 期。

个原因是没有建立起学术型高等教育与职业型高等教育间相互对应的衔接体系。

（三）遵循一定的步骤来实现高校定位

James R. Lowry 和 B. D. Owens 两位学者认为目标市场（学生、家长等）对高校定位的感知是十分重要的。一所大学通过将所有市场的努力都投入到期望的地方，保持一致性和统一的活动来建立一个特定的形象。Upshaw（1995）也认为学校不是在创造定位，它只是创造战略和战术计划鼓励学生接受在他们心目中一个独特的定位[①]。根据 James R. Lowry 和 B. D. Owens 的观点：首先，建立专门的咨询委员会和选择一个市场代理机构，委员会可以帮助学校确定在与其他学校对比的时候哪些是独一无二的和特殊的。其次，利用语义微分图像（Semantic Differential）的方法来了解大学是如何被目标市场所感知的。再次，先后确定理性的目标市场和理想的定位，这个过程中，除了学生，其他目标市场的影响者和公共部门也需要考虑进去（包括学校教职工、毕业生、立法者、当地社区的成员支持等）。最后，通过学术机构定位的三维图（Three-Dimensional View of the Positioning of Academic Institutions）来充分体现其高校定位，三个维度分别包含不同的侧重点和观测点。

我国高校定位也应该遵循一定的方式和方法，这个方式或者方法应该是系统而全面的，含括了所有影响高校定位的重要因素，这样才能保证定位是清晰的、科学的、可执行的。这也是当下我国高校定位中面临的问题和挑战。

（四）分类评估、各自独立获取资源

英国高等教育"二元制"下产生趋同、学术漂移现象非常重要的原因之一就是因为不同类型的高校不是相互平等的，在资源、权力的获取方面非大学在与大学的竞争中处于不利的地位。尽管高等教育基金委员会（HEFC）对大学的拨款要基于教学、科研、学生就业等多方面情况来加以确定，但就其实际运作来看，英国高等教育科研评审制度（RAE）基于对科研状况评估所确定的拨款数量往往成为其中最为重要的因素[②]。在

---

① James R. Lowry, B. D. Owens, "Developing a Positioning Strategyfor a University", *Services Marketing*, *Quarterly*, 11. 22（4）2001.

② 杨贤金、索玉华等：《英国高等教育发展史回顾、现状分析与反思》，《天津大学学报》（社会科学版）2006 年第 5 期。

某些情况下两个学科 RAE 评分即使相差甚微也可能造成巨大的拨款差额。

首先，不同类型的高校之间必须有一套与之相对应的评估标准，以单一的指标评估不同类型的高校显然是不公平的，它无助于高等教育结构的多元化，同时容易造成趋同的现象。而后，各类型高校评估结果，应当体现在资源的获取上。如英国"大学基金委员会"行之有效的方法是：评估结果体现财政拨款上，有些高校为了追求所谓"学科齐全"，勉强办起市场需求不旺，自身条件不足的专业以凑数，就应当根据评估结果减少或不给拨款，使其知难而退①。

其次，处于不同层次和类型的高校对资源的不同需求，决定了资源配置上的差异②。不论是什么类型的高校，只要通过评估，办出高质量，赢得了良好的社会信誉，政府就应该平等对待、大力支持，予以其在资源配置上的优势。

（五）建立高等教育基金委员会，专门负责高校拨款

首先，通过改革财政管理模式，有助于政府从直接管理转向间接监控。一方面，高等教育基金委员会与政府之间不是从属关系，它需要定期以书面文件、报告等形式向政府呈现大学财政使用的动向以及成效。另一方面，高等教育基金委员会需要向其负责范围内的高校传达政府的需要与要求，而后各高校根据政府的要求，向委员会提供未来明细的战略发展规划和财务去向，以此来获得委员会的拨款。同时，通过政府对委员会的设立初衷可以看出政府对大学的控制程度，比如，英国的大学拨款委员会最初由财政部创建，只是国家的外围机构，而大学基金委员会的法定地位使其成为国家治理机器的一部分③。

其次，建立公开、透明的经费分配机制。20 世纪 80 年代中期以前，英国拨款委员会对各大学经费补助的计算过程并不公开，因此各大学机构无从知道其拨款依据。80 年代中期后，英国研发出经费分配公式，并使其分配制度公开化，甚至将经费计算标准加以出版，让每所大学不但能知道其运作过程，也可以依照公式大略算出其每年可能获得的补助金额④。在当前全国高等教育经费严重匮乏的情况下，这不失为一种既公平又公正

① 潘懋元、吴玫：《高等学校分类与定位问题》，《复旦教育论坛》2003 年第 3 期。
② 卢晓中：《对高等教育分层定位问题的若干思考》，《高等教育研究》2006 年第 2 期。
③ 徐春霞：《英国高等教育治理范式变革的诠释》，《比较教育研究》2010 年第 8 期。
④ 江庆：《英国高等教育财政模式及其启示》，《复旦教育论坛》2004 年第 2 期。

的方法，透明化的竞争减少了经费分配过程中的暗箱操作，而且根据评估的结果进行拨款，防止拨款的随意性。

当前，高校分类和定位对于我国高等教育来说是必要的也是迫切的，谁来进行定位？高校定位的依据是什么？如何更好地防止学术漂流、攀升、趋同等现象的产生？如何更好地解决学术型教育与职业型教育之间相对应的衔接？这些都是有待解决的问题。相信通过对英国高等教育发展的历史变迁的梳理，从中提炼出几点经验和教训，与当下我国高等教育所面临的问题相结合，能够更好地解决高校分类与定位的问题，最终形成高等教育结构的多元化，充分发挥我国高等教育的功能。

第三节　德国高校定位及其借鉴

随着科教兴国战略的实施和高等教育管理体制的改革，高校定位越来越受到学术界的重视，不同的专家学者从不同的视角对高校定位展开研究。德国作为世界第四大经济强国以及欧盟 GDP 总值排名第一的国家，其高等教育历史悠久，先进的模式也曾被许多国家效仿，德国的大学在国际上也受到认可。在 2008 年的世界大学学术排名（ARWU）中，世界上最好的 100 所大学中德国有 6 所，前 200 名中有 18 所[①]。正所谓"他山之石，可以攻玉"，通过对德国高校定位的研究，能对我国的高校定位提供一定的借鉴。

一　德国高校定位概况

德国高等教育历史悠久。19 世纪，按洪堡精神成立的德国大学更是以其教学与科研统一及学术自由等特点被奉为欧美各国高校发展的楷模。在经历了法西斯统治时期的劫难后，德国高等教育在"二战"后得到恢复和进一步发展。德国高等教育依据 1976 年《联邦高等教育基准法》（Bundeshochschulrahmengesetz，HRG）放宽高等教育机构的认定范围，将所有具"Hochschule"（高等教育机构或 HEI）之名的学校都概称为大学。随着社会经济的不断发展，高等教育的人口规模也迅速扩充膨胀，目前德

---

① Top 100 World Universities Academic Ranking of World Universities，Archived from the original on 22 August 2008，Retrieved 28 March 2011.

国高等教育人口为 260 万左右[①]。德国的高等教育机构主要包括综合大学
（Universities）、师范学院（Colleges of education）、神学院（Colleges of
theology）、艺术学院（Colleges of art and music）、应用科学大学（Fach-
hochschule）、行政管理专科学院（Colleges of Public administration），其
中，综合大学、教育学院、神学院是真正具有大学地位的高等教育机构，
而艺术与音乐学院、应用科学大学、行政管理专科学院则相当于中国专科
学校与技术学院之间，与大学同样授予硕士学位（Diplom，Magister），但
其学位比大学所授予相同名称的学术地位低。据德国联邦统计局 2013 年
的统计数据，截至 2013 年全德境内共有高校 428 所，其中综合大学 108
所，应用科学大学 216 所，艺术与音乐学院 52 所，各类大学共设专业近
16000 多个。德国大部分高校是由国家资助，还有几所由基督教会或天主
教会资助的高校，但国家也鼓励私人和民间组织办高等教育，并给以必要
的指导和资助，目前国家承认学历的私立高校有 110 多所[②]（见表 3 - 1）。

表 3 - 1　　　　　　　　德国高等教育机构类型和数目

	2010/2011	2011/2012	2012/2013
综合大学（Universities）	106	108	108
师范学院（Colleges of education）	6	6	6
神学院（Colleges of theology）	16	16	17
艺术与音乐学院（Colleges of art and music）	51	52	52
应用科学大学（Fachhochschule）	207	210	216
行政管理专科学院（Colleges of public administration）	29	29	29
总数	415	421	428

（数据来源：德国联邦统计局：https：//www. destatis. de/EN/FactsFigures/SocietyState/Edu-
cationResearchCulture/InstitutionsHigherEducation/Tables/TypeInstitution. html）

德国的大学原本无学士学位，研究所是为了读博士的学生而设，只提
供博士学位，学士学位是配合其他欧盟国家才设立的。为了加强欧洲高等

---

① Institutions of Higher Education. https：//www. destatis. de/EN/FactsFigures/SocietyState/Edu-
cationResearchCulture/InstitutionsHigherEducation/Tables/TotalStatesFurtherIndicatedWinterTerm. html.

② Total of higher education institution. https：//www. destatis. de/EN/FactsFigures/SocietyState/
EducationResearchCulture/InstitutionsHigherEducation/Tables/TypeInstitution. html.

院校在国际上的竞争力，欧洲 29 个国家的政府于 1999 年在意大利的博洛尼亚达成协议，相约最迟到 2010 年，各国将齐力构建一个统一的高等教育区（einheitlicher Hochschulraum）。各参与国的高校将设置具有可比性的学科和学位，以便使课程设置在欧洲范围内变得透明而且具有兼容性。这样可以促进学生在高校之间的流动，便于德国高校学位在国外获得承认，推动高校去争夺最优秀的人才。博洛尼亚进程的核心内容是：在欧洲范围内根据同一标准实行二级学位体制（zweistufiges Studiensystem）：学士学位课程（Bachelor-Studiengnge）传授一门专业的基础知识，而硕士学位课程（Master-Studiengnge）能够深化知识，或者跨学科地对知识进行拓展。学士（Bachelor）和硕士（Master）将取代传统的学位。新的体制迫使大学学业尽量去适应就业市场的需求。那些将来不想从事学术研究的学生，可以攻读学士学位，三年或者四年以后毕业，就能够得到从业时需要的基本专业技能（见表 3 - 2）。

表 3 - 2   德国学制情况

大学类型	应用科学大学	综合性大学
学士	6 学期理论 + 1 学期实践	6 学期理论
学士学分	210	180
硕士	3 个学期，90 学分	4 个学期，120 学分
学士 + 硕士学分	300	300
博士	300 个学分可以申请博士学位	

注：（1）应用技术大学学生大部分学士毕业后直接参加工作，上硕士比例在 20%—30%；综合性大学学士毕业很难找到工作，部分要继续读硕士；（2）二类大学学士可在两类大学中选择读硕士；（3）硕士毕业获得 300 学分可申请读博士。

德国是个联邦制的国家，《基本法》认为文化与教育为各个联邦州自助的事务，联邦政府无权干涉。各个州的法律对不同类型的学校做出了不同的办学定位，具体情况如下：

1. 综合大学（Universität），主要是指传统的多学科大学和工业大学，是高等教育的核心，至今仍是其最重要的部分。其中学生规模最大的前五名大学依次是：科隆大学（Uni Koeln）、慕尼黑大学（Uni Muenchen）、汉堡大学（Uni Hamburg）、明斯特大学（Uni Muenster）、柏林大学（Uni

Berlin)①。综合大学拥有广泛的研究领域，其中的一个重点是基础理论研究，同时也开展应用研究及试验发展。主要培养科学的后备力量、强调专业理论知识的系统化，其学科多、专业齐全，具有学士、硕士、博士培养资格，其毕业生通常都有较强的独立工作和科学研究能力。大学的专业领域通常包括神学、人文科学、法学、经济和社会科学、自然科学和医学。工业大学原本只设理工学科，但是现在多数已扩大其他专业如社会科学和医学以及其他非专业基础课程，已具有传统综合性大学的特点。综合大学是一种学科较多、专业齐全、特别强调系统理论知识、教学科研并重的高等学校。此类大学设有工科（Ingenieur wissenschaft）、理科（Natur wissenschaft）、文科（Geistes wissenschaft）、法学（Rechts wissenschaft）、经济学（Wirtschafts wissenschaft）、社会学（Sozial wissenschaft）、神学（Theologie）、医学（Medizin）、农学（Agrar wissenschaft），以及林学（Forst wissenschaft）等学科，包括有：理工大学（Technische Universitat，TU）、师范大学（Paedagogische Universitat / Hochschule，PU/Ph）、混合大学（Gesamthochschule，GH）以及体育大学、行政管理和国防大学等。

2. 应用科学大学（Fachhochschule – University of Applied Sciences）：伴随着现代工业经济的飞速发展，需要培养大量具有解决生产中实际问题能力的专门有用人才。因此，应用科学大学应运而生，最早成立于20世纪60年代末70年代初。应用科学大学具有教学和实际应用相结合的特点，满足了工业对职业培训机构的巨大需求，是以学生未来就业岗位需要为导向的，根据经济与社会的发展变化以及企业的实际需要确定培养毕业生的岗位和目标，主要培养理论与实践相结合的"桥梁式的人才"，注重学生实际工作能力和实践技能培养。这种技术人才在保持其动手能力的前提下，比传统的技术人员在理论上更系统专深。应用科学大学主要培养学士和硕士，不具备培养博士资格。其专业设置具有很强的针对性，主要侧重于社会需要的工程技术和应用技术，课程体系包括基础课程、专业课程和专长课程，一步步分化和深入，主要通过考试、鉴定、毕业设计等方式来评价学生，重视实践能力的评价，有企业人员参与。应用科学大学的学生不仅要有相当于高中的学历水平，还需要实践经历，对教师的要求也很高，必须在研究和开发方面有五年以上的实际工作经历。应用科学大学是目前德国高等

---

①　http：//www.sprachcaffe-languages.cn/deutschlernen/studyinfod/studierendezahl.html.

教育改革中备受重视的领域，未来的目标是使高专的招生数占整个招生数的40%以上，是德国高等教育体制中的第二大类高等教育机构①。

相对来说，综合大学和应用科学大学都是德国高等教育体系的重要组成部分，均可颁发文凭（Diplom）和学位（Magister）。但两者又存在很大的不同，他们是不同类型的学校，有着不同的使命和定位。综合大学的人数在15000人左右，是学术性高等学校，功利性不强，学科比较齐全，几乎包括所有的专业领域，拥有学士、硕士、博士学位，科研与教学并重，强调基础研究；而应用科学大学的学生人数在4000人左右，为应用性高等学校，注重培养实践型人才，其课程主要是工科类、经济学、农林学、设计和护理等，有学士和硕士学位，但是优秀的毕业生若想读博则可申请入综合大学，从事一定的应用性研究。一般来讲，综合类大学的科研经费是应用技术类大学的十倍以上（见表3－3）。

表3－3　　　　　　　　　　综合大学和应用科学大学区别

大学类别	综合大学	应用科学大学
学校规模（学生人数）	15000 人左右	4000 人左右
课程设置	学科比较齐全	重点为工科类、经济学、农林学、设计、护理等
毕业学位	Bachelor（学习年限 3—4 年） Master（学习年限 1—2 年） PhD（学习年限 2—5 年）	Bachelor（学习年限 3—4 年） Master（学习年限 1—2 年）
攻读博士	毕业生可以申请读博	优秀毕业生可申请入综合大学读博
科学研究	科研与教学并重，强调基础研究	从事一定的应用型研究

3. 师范学院是在1945年以后，由原来不属高校范畴的师范学校和师资培训机构发展而来，主要是培养小学和初中师资，而完全中学和职业学校的师资则主要由大学的师范系培养。

4. 神学院主要是培养神职人员和宗教课教师，包括基督教大学、罗马天主教大学以及成立于1981年的海德堡犹太教研究院。神学院的办校

---

① 张庆久：《德国应用科技大学与我国应用型本科的比较研究》，《黑龙江高教研究》2004年第8期。

规模相对较少，部分学院拥有学位授予权和授课资格授予权。

5. 艺术与音乐学院，其中包括戏剧学院（Theaterhochschule）和电影学院（Filmhochschule）相对来说数量不多，规模不大。本着因材施教的原则实行小班或个别教学，以培养和发展学生的个性和艺术才能。艺术院校提倡发展个性和创作自由，最大限度地培养和发挥个人的创造性。高等艺术和音乐学院主要提供学士和硕士层面的教育，部分院校也有授予博士学位的资格。德国的艺术类高校主要有造型艺术、建筑、导演、表演、艺术设计等专业。在德国，有的艺术院校与综合大学有同等的地位，在艺术科学领域内有授予博士的权利。高校框架规定中造型艺术领域内的艺术院校应通过教学和科研来推动艺术和科学的继续发展，尤其是促进实现艺术发展设想。录取条件需要申请人通过"天赋测试"证明其有特别的艺术天赋。如果确有过人的艺术造诣，无高中毕业等资格也可以破格入学。德国的音乐学院，提供所有音乐相关领域的学科，例如，表演艺术类的声乐、器乐、作曲、指挥，或是音乐教育、音乐学，教堂音乐、音效录制、媒体传播等学科。除此之外，有些音乐学院也提供爵士、音乐剧编导、舞台舞蹈等训练课程。德国的音乐学院有些为独立的学院，有些与艺术学院结合在一起，除了提供训练音乐家的课程之外，也提供培养绘画、雕塑等艺术家的艺术学科。另外，还有一种形式的音乐学院（例如，Mainz，Münster，Greifswald），是附属在大学里的音乐学院，其注重学术理论与音乐训练的结合。

6. 行政管理专科学院作为专科大学的一种特殊形式，它主要是为联邦及各州的公共行政管理机构培养非技术性公职人员，如各级地方政府、税务、海关、司法警察、邮政、通信部门的中层管理人员。与普通大学相反，管理专科大学的入学资格受到限制，只有被上述公共管理机构录用并作为新生力量培养的人才方可获准在管理专科大学学习。在校的学生是国家预备公职人员，有义务到校学习，而且只能在极小范围内享受大学生活的"自由"。

7. 德国的职业学院（Berufsakademie-University of Cooperative Education）形成于 20 世纪 70 年代初，首创于巴登符腾堡州。职业学院的教学采取"双元制"校企合作模式，学生与企业签署培训合同，一部分时间在企业接受实践培训，另一部分时间在职业学院接受理论教育，整个学制为三年。学员毕业获得的文凭虽然也称为 Diplom，但须加注（BA），以区别于综合性大学和应用科技大学的文凭。目前在博洛尼亚进程中，大多数的职业学院也开设学士学位课程。职业学院本身虽不属于高等教育的范畴，但由于德国文教部长联席会议承认其文凭与应用科技大学的文凭等值，因此在客观上它享有高等院校的地位，可以被理解成一种名副其实的高等职业教育。德国文教部长联席会议的这一决定促进了职业学院在全德范围内的发展。2008 年的统计数据显示，德国已有 10 个州设立了 49 所国立和民办性质的职业学院。

二　德国高校定位的特点分析

德国的高等学校经过了漫长的发展，形成了自身的特色，主要表现在以下几个方面：

（一）高等学校的多样性

随着社会经济的不断发展，为了适应各种人才的需求，德国的高等教育系统从原来的单一传统模式发展为种类较多、层次较齐全的有自己特点的高等教育系统。从类型上看，主要有综合大学、师范学院、神学院、艺术与音乐学院、应用科学大学以及行政管理专科学院。从资金来源上来看，可分为公立与私立，公立学校的经费主要来源于国家和州政府从税收中拨给的款项，而私立学校的经费主要是向学生收取比公立学校高得多的学费，以弥补其经费的不足。目前，德国绝大部分的学生选择了在公立高校注册学习，只有百分之五的学生选择进入私立大学。其原因主要在于部分私立学校需要学生缴纳高昂的学费，但两类高校的教学质量并无差异。从层次上来看，伴随着博洛尼亚进程的发展，德国高校的层次可以分为学士、硕士和博士。综合大学可以直接提供学士、硕士和博士三个层次的教育，并且可以授予大学授课资格，师范学院、神学院、艺术与音乐学院主要是提供学士和硕士层面的教育，应用科学大学、行政管理专科学院可提供学士与硕士层面的教育，也可以和综合大学一起联合培养博士，但是没有独立授予博士学位的资格。

（二）各具特色，各司其职

德国的各类高校，各具特色，质量均衡，大学之间的水平差异不是很显著。德国的大学没有重点大学与普通大学之分，各高校间也无正式的名次排列，每所高校都有自己的特点，几乎每所大学都有自己的优势学科或者特色专业。在专业设置上都有自己的强项，虽每所高校的优势专业不同，但整体水平接近，而且他们的教授是流动制的，以保证各个大学的水平一致及学术上的交流。德国的大学分工明确，不同类型的学校培养不同的人才，例如，德国的综合大学一般培养研究性人才，注重学生学术能力的培养，以理论研究为方向，而应用科学大学主要培养高级应用型人才，以技术的应用为方向。这些也正是德国大学学位和学历在世界范围内认知度很高的原因。

（三）科研与教学统一

德国的高等教育具有悠久的历史，其教育模式也曾被世界各个国家争相效仿，但随着时间的流逝，出现了各种问题，逐渐失去了其领先地位，也阻碍了德国高教的进一步发展。因此，德国对其传统的高等教育体系开始进行反思，并不断改革，但是，其强调教学与科研统一的传统并未受到改革的冲击和影响，反而得到进一步的光大和彰显。综合大学与应用科学大学等都注重科研与教学的统一，只是各自的侧重点不一样，综合大学的教授对科研的要求高一些，而应用科学大学则更关注教师的教学，但并不意味着应用科学大学不重视科研工作①。

三　我们的借鉴

我国高等教育正处于大众化发展时期，存在着对高等学校定位不准确或错误等问题，如何正确定位成为众多学者关注的一个话题。潘懋元先生认为现在高校定位出现了类型定位重学轻术、层次定位层层攀高，规模定位越大越好，学科定位综合求全，目标定位过高等问题②。我们认为，不能照搬国外的经验，应该根据自身的特点，结合国外的经验，建设适合我国国情的并与世界接轨的高等教育系统。

（一）高等学校的分类是高校定位的基础，应构建清晰的多样性的分类体系

大学类型的多样性在一定程度上反映了高等教育体系的完善和繁荣，多样性的高校能鼓励不同类型的学校发挥自己的特色，科学定位的前提是恰当的、合理的分类。目前，由于思想准备不足，理论研究滞后、政策引

---

① 潘黎、刘元芳：《德国高校层次结构分析》，《高等教育教研》2008年第10期。

② 潘懋元：《分类、定位、特点、质量——当前中国高等教育发展中的若干问题》，《福建工程学院学报》2005年第4期。

导不到位等各种原因，我国高校分类不清，标准不统一，定位不明，单科大学欲成为多科性大学，多科性大学欲变成综合大学，这似乎已经成为一种趋势，如此追大求全的行为导致各个高校办学特色不明显。在这种情况下，教育主管部门应当参照国外的经验，结合中国的实际情况，制定一个清晰的明确的分类标准，促进各高等学校的合理分工与定位，这样才能满足不同类型学生的需求，促进各高校各种活动的开展。

（二）各类型大学应当定位清晰，分工明确，各司其职

《国家中长期教育改革和发展规划纲要》提出我国高教改革和发展过程中的一个基本问题，即如何引导高等教育发展与社会现代化建设相适应，使高等学校合理分类、科学定位与特色发展。目前我国高校定位目标宏大，专业设置趋同，例如，我国的职业教育和工程教育都有意无意的向学术性发展，在学科设置、培养目标、教师招聘等方面过多地考虑学术标准，而忽略实践能力。正如王义遒所言："目前发展中存在着过分趋同的倾向：一些学校不管社会客观需要和学校实际条件，盲目追求高层次、综合性、研究型。反过来，也存在着重点大学忙于办专科、职业技术学院，盲目追求'大而全'，办成包罗万象、多层次、多形式并举的'大学'，这种情况不仅会使中国高等学校面目雷同、服务职能互相重叠而导致校间恶性竞争，珍贵教育资源滥用、闲置和浪费，而且会使高等教育脱离社会实际，人才市场供需失调，引发严重的社会问题。从理论和实践角度看，这种战略趋同现象的形成有两种路径：一种是'升级路径'，另一种是'大而全路径'[①]。"因此，如何建立一个清晰的定位，明确各高校间的合理分工与定位，是我国高等教育改革过程中需要认真思考和探索的一个重大问题，各高校应该对其培养目标、学科设置、办学层次等各方面进行明确的区分，分工合作，各司其职，以满足不同人才的需求。

（三）改革社会用人制度，促进毕业生的就业不与学校的类型和层次过度挂钩

伴随着 1999 年的高校扩招，毕业生的就业难度越来越大。目前，各类高校培养出许多不同类型的"高级专门人才"，但他或她学到了什么已并不重要，而重要的是受过什么层次的教育、从哪个学校毕业，在各个学历层次之间、在名校与二三流学校之间，就业市场已然为他们划分了清楚

---

① 王义遒：《我国高校的恰当定位为什么这么难》，《中国高教研究》2005 年第 3 期。

的界限。这种教育与就业紧密结合的体制，无形中培育了社会的阶级差别和社会矛盾。改革现有的用人制度，使毕业生的就业不与学校的类型和层次过分挂钩，让社会大众对于高校的分类与分层有一个正确的认识，可以促进各种类型人才的培养，有效抑制盲目追逐名校等浮躁之风，促进高等教育的发展。

第四节　法国高校定位及其借鉴

多样性应是高等教育大众化的核心特征。随着我国社会经济的发展和高等教育大众化进程的深入，社会分工的精细化和职业类型的多元化需要人才类型的多样化，社会对人才的多样化的需求必然要求高校类型的多样化。然而，我国高校出现了分类不清晰、定位不明、人才培养同质化的现象。为了引导高校合理定位，克服同质化倾向，在不同层次、不同领域办出特色，《国家中长期教育改革和发展规划纲要》（2010—2020 年）提出了"建立高校分类体系，实行分类管理"的发展目标。① 他山之石，可以攻玉。由于中法两国在教育管理上同属中央集权制国家，其政治、文化背景与我国具有一定的相似之处，高校分类与定位的经验可为我国提供一定的借鉴。

一　法国高等教育机构分类与办学定位

法国高等学校的设置都是根据社会经济政治的需求，按国家颁布的法律法规来执行，其高等学校发展也较规范有序，分类清晰，分工明确。根据高等学校人才培养类型可将法国高等教育机构分为学科型高校（综合性大学）、专业型高校（大学校）、职业型高校（高级技术员班、大学技术学院、大学职业学院）。

（一）综合性大学

法国高等教育以巴黎大学的诞生为标志。巴黎大学在发展中逐渐形成了文、法、神、医四学院式的办学模式。但由于传统的大学宗教色彩浓厚，因循守旧，无法适应社会的需求，1793 年法国政府决定关闭所有传

---

① 《国家中长期教育改革和发展规划纲要》（2010—2020 年），http：//www. moe. edu. cn/publicfiles/business/htmlfiles/moe/moe_ 838/201008/93704. html。

统大学。拿破仑执政后，决定建立"帝国大学"，按帝国的统一模式培养既效忠帝国又有教养的行政人员、军事人才及法官、医生和工程师等专门人才。帝国大学实际上近似于法国的教育部，具体的教学和科研任务则是由在全国 29 个学区所设立的文、理、法、医、神五个学部来完成，其中神、法、医等学部主要进行专业教育，传授"高深学问"，培养各学科专家，文、理学部则为"服务机构"，主要负责主持国家统一考试，颁发各种学位文凭和中学教师资格证书。[①] 1896 年的《国立大学组织法》提出要将文、法、理、神、医学部合并，并改名为大学。1968 年法国颁布了《高等教育方向指导法》来促进大学的教学和科研。该法案明确规定大学的性质是科学文化性公共机构，其基本任务是传授知识、发展研究和培养人才，并提出了自治、参与和多学科三大办学原则。1968 的改革要求对大学进行调整和改组，取消了传统的"学院"，而设置由"教学和科研单位"组成的多科性大学。巴黎大学不再是一所大学而是 13 所由"教学与科研单位"组成的综合性大学。1984 年颁布的《萨瓦里法》是对 1968 年改革的深入，并提出了要强化大学职业化教育。虽然，综合性大学比其他类型的学校更注重科研，但美国等发达国家相比，其科研能力仍相对较弱。近年来，法国政府也颁布一系列的政策来加强大学的科研，明确大学的责任与扩大大学的自治权。

综合大学是法国高等教育的重要支柱，法国现有 85 所教育部直属综合性大学，在校生为 142 万余人[②]。大学的规模较其他类型高校的大学生数通常在 2 万人左右，有些甚至超过 4 万人。[③] 大学主要以理论教学和科研为主，以培养研究型人才为目标。在招生方面，除了医科和牙科需要通过考试入学外，大学其他学科的入学门槛较低，实行的是开放式的招生方式，凡是通过高中毕业考试，拥有高中毕业文凭的或高级技术员证书的学生都可按综合性大学规定的时间到校注册入学。在学科设置方面，综合大学学科设置较齐全，但学科专业特色较鲜明。如巴黎大学第一大学以文学、法理、政治、经济与管理科学为主，而该校的经济管理颇具特色，被认为是法国最好的经济管理专业。巴黎第五大学（勒内·笛卡尔大学）

———————

① 贺国庆、王保星、朱文富：《外国高等教育史》，人民教育出版社 2006 年版，第 176 页。

② ［法］西蒙、勒萨热：《法国国民教育的组织与管理》，安延译，教育科学出版社 2007 年版，第 321 页。

③ 程远征、董里群：《赴法留学指南》，中国宇航出版社 2003 年版，第 2 页。

以生物学、医学、药物学、社会学为主，其医学教育较为有特色。在教育层次方面，综合大学提供本科与研究生层次的教育，其可分为普通教育、专业教育、科学研究三个阶段。在普通教育阶段，学生在选定的学科方向学习，通过两年的学习，成绩合格者可获得"大学文科文凭"或"大学理科文凭"，在专业教育阶段，学生在考试委员会指导下选择专业方向学习，学制 2 年，完成第一年的学业后可获得学士学位，完成第二年学业可获得硕士学位（属于本科教育层次）。博士生教育学制为 3—4 年，完成第一年的学习可获得深入学习文凭和高级专业学业文凭，通过 2—3 年的学习，可获得国家博士文凭。法国大学每一阶段的教育都有一个明确的任务并颁发相应的文凭，文凭的多样化可以给学生更多的选择，有效促进社会人才的流动与合理地配置劳动力资源。

（二）大学校

大学校又称高等专科学校。大学校是法国高等教育中最具特色的一部分，其在法国高等教育系统中处于精英教育的地位，承担着培养各类高级应用型人才的任务。因传统的大学难以满足社会经济与政治的需要，一批以新兴实用技术学科为主的高等专科学校（大学校）便应运而生。大学校的开办打破了大学一统法国高等教育的格局，形成了大学与大学校并行的"双轨制"的高等教育体系。最早开办的高等专科学校是炮兵学校（1720），此后，又陆续开办了军事工程学校（1749）、造船学校（1765）、骑兵学校（1773），这些学校都是为了培养战时需要的军事工程师。随着法国资本主义与工场手工业的发展，大学校逐渐从军事领域转向工程技术领域，一批规模小、便于管理的民用型高等专科学校也随之出现，如桥梁公路学校（1747）主要培养桥梁工程师，巴黎矿业学校（1783）主要培养矿业工程师。1789 年的资产阶级大革命后，法国政府取缔了大学，将高等教育发展的重心向大学校转移。拿破仑时期，大学校获得了长足的发展，陆续开办了巴黎理工学校、巴黎师范学校、国家行政学院、圣西尔军事学校，以培养社会发展需要的各类精英人才。巴黎理工学校提出的办学目标是培养探索未知、开创未来的工程技术人才，要适应各种变化，并始终保持高水平。[1] 巴黎理工学校因其培养出大批精英人才而被称为"下金

---

　　① 朱家德：《精英技术教育理念与法国高等教育发展》，《高等工程教育研究》2010 年第 6 期。

蛋的母鸡"。大学校的专业与课程设置完全是按照国家建设和经济发展的需要，对社会经济发展和科技进步起到了较好的促进作用，受到国家的高度重视。

大学校主要有以下几类：工程师学校、高等商业与管理学校、高等师范学校、高等艺术学校和其他专门学校。自从工业革命以来，大学校已发展到 306 所，其中工程师学校 155 所，商业学校 70 所，其他大学校 81 所。大学校招生数量少，约占法国高校学生总数的 10%。[①] 大学校的规模较小，直至目前，在校学生超过千人以上的大学校屈指可数，其规模最大的在校学生一般为 3000 人左右，规模最小的不超过百人。[②] 大学校的规模虽小，其师资队伍却相当庞大，师资质量高。大学校的主要任务是教学，很少涉及科研，科研的任务主要由法兰西学院、自然历史博物馆等专门的科研机构来承担。法国的高等教育机构与科研机构基本上是分离的，这也是影响其高等教育机构科研能力极为关键的一个因素。

法国大学校一直秉承高、尖、精的办学定位，注重学科特色，不求大不求全，注重实用技术教育，教学重科技、重实践、重应用。与其他类型高校的自由入学不同，大学校实行的是选拔性招生方式，主要面向重点高中毕业生或获得高等职业教育文凭的学生。进入大学校需先经过两年的预备班学习并通过大学校选拔性考试，考试严格且竞争激烈。严格的选拔制度为大学校教育质量提供了生源上的保障。在教育层次上，大学校实行的是本科与研究生教育。大学校的教育也可分为三个阶段，两年制的预备班结束后，通过三年的学习可获得工程师文凭，再通过三年的学习便可获得工程博士文凭。大学校的毕业生质量高，在就业市场上竞争力强。

（三）职业型高校

法国的高等职业教育机构具有多样化的特点，不同职业教育机构各具特色，其在人才培养层次衔接的较好，满足社会对各层次的高等职业技术人才的需求。法国高等职业教育机构主要有高级技术员班、大学技术学院、大学职业学院，主要以培养职业型、技能型人才为主。

高级技术员班：20 世纪 50 年代，战后经济的复苏与发展需要有较强

---

① 张琛：《法国大学校的传统与创新》，华东师范大学，2008 年。

② 王作权、张仲谋：《法国大学校的办学特色及其成因探析——以巴黎理工学校为例》，《煤炭高等教育》2010 年第 1 期。

实操能力的职业技术人才，高级技术员班就是顺应这一社会需求而产生的。高级技术员班面向技术高中和职业高中的毕业生招生，学制两年，毕业可获得"高级技术员证书"，属于专科层次的教育。学生毕业可直接就业，也可通过考试进入大学第二阶段或大学校第一阶段年级学习，现有在校生 20 多万人。① 高级技术员班主要培养各行各业的高级技工，实行窄口径培养模式，专业划分较细、涉及农业、工业、服务业等多个领域，在课程与教学方面，专业课比重大，重视实践教学。高级技术员班培养出的学生岗位针对性强，较好地满足企业具体岗位工作需要。

大学技术学院：为推进科技教育，法国政府于 1966 年创办了大学技术学院。大学技术学院的职责是提供一种短期内便可见效的技术教育以促进经济发展。至 1996 年，学院数达到 94 所，在校生 10.2 万人。这类学校主要招收普通或技术高中的毕业生，学制两年，颁发大学技术文凭，属于专科层次的教育，毕业生可直接就业，也可进入大学第二阶段继续学习。按 1966 年法国教育部的规定，大学技术学院的使命是："培养在工业和第三产业部门能把抽象概念或理论研究的成果化为具体的管理人员和高级技术员。"② 大学技术学院虽是设立在大学内，但在人才培养模式与管理上却是独立的，这是保持办学特色的重要保障。与高级技术员班相比，其专业设置口径较高级技术员班宽，侧重对学生基本素质的培养，培养出来的学生对事物的视野比一般技术员更广阔，职业适应能力也较强。此外，注重实践教学、广泛的企业参与也是大学技术学院的办学特色。大学技术学院的课程分为基础理论课、指导课和实践课。其中，基础课占总学时的 20%，指导课占 35%，而实践课占 45%，第二学年必须到企业实习6—8 周。③ 明确的定位使得大学科技技术学院颇具办学特色，其毕业生在就业市场上也较有竞争力，为社会经济建设输送了一大批高等职业技术人才，有效地满足了社会的需要。对法国高等教育而言，大学技术学院的创办，填补了工程师与技术员之间一个层次上的空白，使法国职业教育结构更加合理，高等教育体系更加完善。

---

① 王耀中、陈厚丰：《近代以来法国高等教育分化与重组的历史考察》，《黑龙江高教研究》2006 年第 7 期。
② 王德林：《法国大学技术学院的办学特色及启示》，《河南职业技术师范学院学报》（职业教育版）2003 年第 6 期。
③ 同上。

大学职业学院：20世纪80年代，法国政府强化了高等教育职业性质，高等职业教育也得到了迅速的发展。由于高级技术员班与大学技术学院注重培养一般高级技术员，而缺乏高级工程技术人员。法国政府于1991年设立了一种长期的高等职业教育机构——大学职业学院，以培养经济建设急需的高级工程技术人员。大学职业学院自创办后便得到快速发展，1991年时仅23所，至1995年达到了130所。① 大学职业学院结合了大学校和大学技术学院两种不同类型高等科学技术教育的特点。在专业设置上，其主要考虑的是区域发展所需的各种人才和目前产业结构的主要类型。② 大学职业学院设立在大学内，主要招收大学一年级或获得大学技术学院文凭、高级技术员证书的学生，学制为三年，三年期间先后颁发大学职业学习文凭、大学职业学院学士文凭、大学职业学院硕士文凭，这些文凭相当于大学第一、第二阶段颁发普通学业文凭、学士文凭，在第三年毕业后可获得工程师——技术资格证书，这个证书的含金量相当于大学校的工程师文凭。大学职业学院属于本科层次的教育，其颁发的文凭含金量还是相当高的。大学职业学院作为一种有别于普通高等教育的类型，但它与普通高等教育相似的是：在每一阶段、每一层次的教育都有一个明确的任务，完成阶段性任务颁发相应的学位证书，这不仅满足了社会经济发展对人才多样化的需求，而且有利于提高高等职业教育的地位，促进普通高等教育与职业高等教育的协调发展。

从上述来看，法国各类型的高等教育机构在招生、人才培养目标、办学层次、学科专业设置、教学、科研均有区分，具有各自的办学特色。

从人才培养目标来看，综合性大学主要培养能探索事物规律，从事大学教学与科学研究的学术型人才。大学校主要培养能将各种专业知识运用于实践以提高劳动生产力的各类高级应用型人才，主要是各类高级工程师。高级技术员班、大学技术学院、大学职业学院等高等职业型学校主要培养能将某一门技术娴熟运用于生产、服务、管理等行业的高级技术员和

---

① 黄福涛：《外国高等教育史》，上海教育出版社2003年版，第376页。

② 杨志秋、邢丽娜：《法国高等职业教育发展特点及启示》，《中国电力教育》2010年第21期。

企业技术骨干。

从办学层次来看，综合性大学和大学校都可提供学士、硕士、博士层次的教育，而且每一层次每一阶段都划分得非常清晰并颁发相应的文凭。高级技术员班与大学技术学院提供的是专科层次的教育，而大学职业学院虽可授予大学职业学院学士文凭、大学职业学院硕士文凭，但其实质是一种本科层次的教育。

就招生方面来看，法国不同类型的高等教育机构招生方式有所区别（见表3-4）。承担着精英教育任务的大学校实行的是选拔式招生，其生源质量高。而大学和职业型高校采取的是开放式的招生，实行自由入学。从就业情况来看，大学校的毕业生在就业市场上的竞争力最强，职业型高校的毕业生就业率也较高，大学技术学院的就业情况比完成大学第一阶段获得普通学业文凭的毕业生更好。

从教学与科研来看，综合性大学注重理论教学与科学研究，可视为研究型大学；大学校侧重于理论与实践相结合，注重产学研合作，一般不从事基础研究，可视为研究教学型大学。高级技术员班、大学技术学院、大学职业学院等职业型高校基本不开展科研，注重实践教学，与企业联系较紧密，可视为教学型大学。从学科专业设置来看，综合性大学主要按学科分设专业，学科较齐全。大学校主要按行业设专业，以应用型的学科为主，专业性较强。职业型高校主要是按岗位设专业，其专业设置主要考虑区域经济发展情况与产业结构，对市场反应能力较强。除大学职业学院的专业设置口径较宽外，其他类型的职业高校专业设置口径较窄。

表3-4　　　　　　　　　　**法国高等教育机构的类型**

类型	学科型普通高等教育（普通高等教育）	专门型普通高等教育（精英高等教育）	高等职业教育（大众化高等教育）		
高等教育机构	大学	大学校	高级技术员班	大学技术学院	大学职业学院
履行社会的职能	研究型大学	研究教学型大学	教学型大学		

续表

类型	学科型普通高等教育（普通高等教育）	专门型普通高等教育（精英高等教育）	高等职业教育（大众化高等教育）		
培养目标	研究型人才	高级应用型人才	技能型人才		
			高级技工	高级技术员与企业技术骨干	高级工程技术人员
招生对象	通过高中会考的毕业生、获得高级技术员证书或大学技术文凭的学生	优秀的高中毕业生或职业型高校的毕业生	普通、技术高中毕业生	普通或技术高中毕业生	招收大学一年级或获得大学技术学院文凭、高级技术员证书的学生
学科专业设置	按学科分设专业	按行业分设专业	按岗位分设专业		
阶段、学制、层次及授予的文凭	第一阶段（2年的基础教育）文凭：授予大学理科学业文凭或大学文科学业文凭	第一阶段：（2年的基础教育）通过预备班学业考试者可进入大学校第二阶段学习、没通过可进入大学第二阶段	学制：2年文凭：授予高级技术员证书教育层次：专科	学制：2年文凭：授予大学科技文凭教育层次：专科	学制3年文凭：先后授予大学职业学习文凭、大学职业学院学士文凭、大学职业学院硕士文凭教育层次：本科
	第二阶段：（2年的专业教育）文凭：授予学士学位、硕士学位教育层次：第一、二阶段属于本科层次的教育	第二阶段：（2年的专业教育）文凭：授予工程师文聘教育层次：第一、二阶段属于本科层次的教育			
	第三阶段（3—4年的研究生教育）文凭：授予深入学习文凭、高级专业学业文凭、博士文凭教育层次：研究生教育	第三阶段：（3—4年的研究生教育）文凭：授予深入学习文凭、工程博士文凭、国家博士文凭教育层次：研究生层次的教育			

资料来源：

[1] 贺国庆、王保星、朱文富：《外国高等教育史》，人民教育出版社2006年版，第464页。

[2] 王德林：《法国高等职业技术教育的特点及启示》，《中国职业技术教育》2003年版，第55—56页。

[3] 王耀中、陈厚丰：《近代法国高等教育分化与重组的历史考察》，《黑龙江高教研究》2006年第7期。

二　法国高等教育机构分类与定位的特点

（一）法国高等教育机构类型多样化，分类清晰，层次分明，分工基本明确

法国高等教育机构类型多样化，满足了社会对各类型各层次人才多样化的需要。各类型高等教育机构培养目标清晰，分工基本明确。专业型高等教育机构承担着精英教育的任务，主要培养高级应用型人才；学科型高等教育机构承担着普通教育的任务，主要培养研究型人才；高等职业教育机构承担大众化教育的任务，主要培养技能型人才。

在层次上，各类型高等教育机构层次分明，每一层次的教育都有一个明确的任务，尤其是职业型高校人才培养分层较清楚，且注重各层次的衔接。法国建立了各层次与各类型高等教育机构相互对应衔接的资格证书体系和转学制度，多样化的文凭种类和多类型的资格证书为各类型的高等教育机构架起了相互沟通的桥梁，也为各类型各层次高等教育机构的学生提供了更广泛的分流类型与分流层次的选择，促进了社会人才的多样化及分层的多样化。

长期以来，法国高等教育的人才培养机构高校和科研机构长期分离，各司其职，这有违学术逻辑，不利于学术的百家争鸣。此外，由于法国长期实行的是"双轨制"的高等教育体系，大学校和大学之间缺乏沟通更是法国高等教育的一个棘手的问题。近年来，法国政府也颁布了一系列措施来改善这些现状。如借博洛尼亚进程的学制改革之机，将教学机构与科研机构纳入统一的 LMD 体制内，改善教学与研究相分离的现状，以此提高大学与大学校的科研能力。2006 年颁布的《发展纲要》提出"集群"这一组织形式，促使高等教育与研究机构"集群"的框架下开展教学或科研，加强大学与大学校分工合作，实行资源共享。①

（二）发挥政府宏观调控的作用，通过行政力量和法律手段对各类型的高等教育机构的发展方向进行指引

作为典型中央集权制国家，法国的高等教育机构定位具有浓厚的政治色彩，通过行政力量和法律手段来调整和促进高等教育的发展尤为明显。

---

① 高迎爽：《从集中到卓越：法国高等教育集群组织研究》，《清华大学教育研究》2012 年第 1 期。

如拿破仑时期建立了"帝国大学制",要求按帝国的统一模式培养既效忠帝国又有教养的行政人员、军事人才及法官、医生和工程师等专门人才。1968 年颁布了《高等教育方向指导法》明确法国高等教育的任务、性质、办学原则、组织机构等内容和确定大学办学的三大原则:自治、参与和多学科。该法案提出大学可自行确定培养目标,综合性文理大学应以基础科学的研究为重点。[1] 法国政府先后颁布了《技术教育方向法》《萨瓦里法》来加强高等职业教育,在政府的扶持下,法国的高等职业教育也获得了较快的发展。1991 年法国政府对 20 世纪末的高等教育发展进行了规划并发布了《2000 年大学纲要》。法国政府也在逐步扩大大学的办学自主权,从集权管理向监督管理转变。2007 年颁布了《大学自治与责任法》来扩大大学自主管理空间并明确大学的责任。根据该法案,从 2009 年 1 月 1 日开始,对自主化改革的大学实行绩效评估,并采用按绩效活动分配经费的新模式。[2] 法国高等教育的管理具有法制化的特点,通过法律手段引导高等教育机构的稳定性与多样化发展。

(三)以社会需求为导向,以特色为重点实现高校的合理定位

高校定位作为一种教育活动,它需要遵循教育的内外部规律。外部规律即教育与社会的关系,高等教育的发展需要积极地对社会进行回应,否则,其培养出的人才为社会经济发展的服务能力则较弱。从总体上看,法国高等教育机构都是随着社会经济发展、科技进步及教育对象的需求的变化而产生发展的,较好地满足了社会的需求。如随着社会经济和科学技术需要大批的工程技术人员,一批以新兴实用技术学科为主的高等专科学校(大学校)便产生了。军事和政治需要大量的高级专门人才,更促使了大学校的繁荣发展,这也确立大学校高、尖、精的办学定位。大学校也一直秉承精英教育的理念,实行特色办学。由于法国大学实行自由入学,入学人数急剧增长,很多学生没有明确的职业导向,不断延长大学学业,能帮助缓解学生对高等教育需求压力的短期高等教育机构大学技术学院就应运而生。无论是 18 世纪 20 年代大学校的诞生,还是 20 世纪五六十年代高级技术员班、大学技术学院,还是 20 世纪 90 年代的大学职业学院的产生

---

① 贺国庆、王保星、朱文富等:《外国高等教育史》,人民教育出版社 2006 年版,第 470 页。

② 高迎爽:《法国高等教育质量保障历史研究(20 世纪 80 年代至今)——基于政府层面的分析》,华东师范大学,2010 年。

与发展都是对社会需求的积极回应。法国政府通过新设或改革高等教育机构来回应社会对高等教育的需求，让每一类高等教育机构履行其职责，促使大学办出特色。

三　法国高等教育机构办学定位的启示

（一）通过政府宏观调控，从政策上引导高校合理定位

分类是高校定位的前提和基础，分类和定位从两个侧面上凸显高等学校多样性。分类是外界为明确高等学校"身份"而给其贴上"标签"，对高校而言是一种被动接受行为。定位则是高校自觉主动的行为，是对分类体系的积极认同①，是高校根据自身的办学条件与实力，制定并实施战略规划以明确发展方向。高校合理定位最为关键的是需高校对社会动态有一个准确的把握，对自身办学情况有一个清醒地认识并在此基础上形成明确的独具特色的办学理念。学者邓耀彩提出高校定位以"自生秩序"②为重点有一定的道理，但就目前我国高等教育发展程度而言，将高校合理定位的希望寄托于"自生秩序"显得不合时宜。我们可以借鉴法国政府运用宏观调控的手段来引导高校合理定位的经验，通过制定宏观规划颁布相关法律明确高校与政府的责任，通过评估与监督、资源配置等手段间接地规范并引导各类型高校的办学行为，而不是直接参与到高校的管理中。

目前，我国的高校办学自主权不大，教育资源配置行政性过强，在高校定位过程中，政府微观管理"越位"，宏观管理"缺位"。因此，政府应扩大高校的办学自主权，允许不同类型的高校采取不同的招生方式，以保障不同类型高校生源的质量。其次，要建立各层次与各类型高等教育机构相互对应衔接的资格证书体系和转学制度，为学生在不同类型和不同层次高校上的选择提供更大的空间，而高校在一定时期只能在其特定的类型上发展。当然，高校定位并不是固化的"定型"，在其办学条件和各方面成熟的情况下可升级及转型，但其转型需经过漫长的过程，这就需政策上引导高校各安其位，各司其职，各得其所，构建起防止高校盲目攀升及转型的"屏障"。通过改善政府的调控方式，实现从直接管理向宏观管理、

---

① 潘金林：《高校分类：高等教育多样性发展的重要导向》，《教育发展研究》2010 年第1 期。

② 邓耀彩：《高校定位：自生秩序还是管制》，《高等教育研究》2006 年第 2 期。

监督管理的转变，引入市场竞争机制，实行高校办学的绩效评估，根据各类型高校的办学绩效来拨款。综合运用绩效评估、公益扶持等手段来引导高校合理定位，促进高校特色办学。

近年来，我国政府也出台了相关政策来引导高校合理定位，如将高校进行分类管理写入发展规划纲要。尤为可喜的是将于 2014—2018 年开展的普通高等学校本科教学工作的审核评估将重点考察高校办学定位和人才培养目标与国家和区域经济社会发展需求的适应度，[①] 但其能否实现预期目的关键是如何评及评估结果运用的问题。如果评估开展的科学，这对改善高校定位不清、发展方向趋同、人才培养同质化的现状，促进高校特色办学有着重要的作用。

（二）高校合理定位需以质量为基础、以特色为重点、以社会需求为导向

诚如前面所言，政府对高校定位只能起着指挥棒、引导的作用，实现高校的合理定位关键仍在于高校。质量是高等教育的生命线，对高校而言，其能否获得高度的社会认可，能否实现可持续发展，关键在于培养人才质量的高低，其规模、学科、类型等定位上都要以保障质量为前提。特色化办学是高校的强校之路。由于各高校办学条件、历史传统等方面存在着差异，高校要立足自身的情况，扬长避短，做到"有所为，有所不为""人无我有，人有我优"，以特色为重点，以特色强校。法国的大学校注重质量，坚持走精英教育之路，也因其具有鲜明的办学特色而获得较好的发展，备受社会各界的青睐。但目前我国大多高校学科设置求大求全，特色并不明显，高校可以优势学科为依托，形成特色学科。如理工类学校开设的英语专业应与综合类、师范类学校开设的专业不同，其应立足于本校的理工科优势，发展科技英语，培养熟悉理工类专门领域的高级翻译人才，这样其就业才具有较强的竞争力。

高校培养的人才最终是为了服务于社会经济政治文化的发展，其定位是否合理也需通过市场来反馈。高校定位应以社会需求为"导航仪"，既着眼于脚下也放眼未来，实现高校定位的稳定性与动态性的统一。目前我国正值产业结构调整与升级阶段，需要大量的高级技术人员与工程师，倘

---

① 教育部：《关于开展普通高等学校本科教学工作审核评估的通知》，http：//dzb. hfut. edu. cn/index. php？ m = content&c = index&a = show&catid = 31&id = 373。

若高职高专、地方应用型本科院校能以此为契机，准确定位，走特色化办学之路，提高教育质量，无疑会提高社会各界对其的认可度。我们也可以预见，高等职业院校将迎来一个发展的春天。因此，高校定位需满足"三个符合度"：高校定位与社会的需求和高校的办学条件相符；高校的实际工作状态和高校的发展定位相符；学校培养的人才质量和高校发展定位相符。[①]

（三）分类与定位的有效实施需转变"重学轻术"的传统观念，树立多样化的质量观和人才观

法国最出色的大学并不是承担培养研究型人才的综合性大学，而是培养高级应用型人才的大学校，其毕业生的就业竞争力最强。高等职业教育机构因具有办学特色，其毕业生能满足社会对各层次职业技能型人才的需要，就业情况也较好。除了政府在资源配置方面对研究型大学倾斜而导致我国高等学校类型定位趋向"研究性"层次定位"高而全"外，其深层次的文化原因是我国素来有"重学轻术"的传统观念，且等级意识严重。精英教育和大众化教育指向的社会需求不同，是为了满足社会对不同层次人才的需求，但人们却将其划分等级，在潜意识里给研究型高校、应用型高校、技能型高校贴上一流、二流、末流的"标签"。不同类型高校特性不一样，并不具有可比性，每一类型的高校都应有精英教育与大众教育之分。当出现"升格热"、人才培养同质化、人才"结构性失衡"的现象时我们总是将矛头指向高校与政府，当然高校与政府在这个问题上难辞其咎，但人才市场机制的不健全，更加剧了高校盲目定位，尤其是用人单位招聘时对"985 工程""211 工程"高校的倾向性是导致"千校一面"，千军万马挤研究型大学这座"独木桥"的重要原因。因此，分类与定位的有效实施，需高校、政府、社会转变观念，树立起多样化的质量观与人才观。

第五节　日本高校定位及其借鉴

纵观我国十余年的高校定位研究，都是对我国高校定位问题的探索，这种本土化意识是好的，也符合事物发展的逻辑。但是，中国高校发展起

---

① 娄俊颖：《我国高等院校发展定位的策略研究》，东北师范大学，2006 年。

步比较晚，中国的经济社会又是一个后发型的社会，我国高校的发展无论是历史还是办学经验与发达国家相比都是有差距的。借鉴发达国家高校定位研究的优秀成果，可以做到"洋为中用"，可以避免我国高校定位研究少走弯路。①

因此，本书对第二次世界大战后日本高校定位的背景及不同类型高校的定位进行了分析，在探索日本高校合理定位特点的基础上，对我国高校合理定位提出了一些建议。

一　第二次世界大战后日本高校的合理定位

（一）第二次世界大战后日本高校定位的历史背景

1. 第二次世界大战后日本高等教育体系新制度的摸索

经过第二次世界大战后 15 年，以四年制大学为主体的新大学制度基本确立下来，大学教育机会"从被选择的少数人到向能力、特性等多样化的广泛阶层开放"转变，② 面对如何适应这种变化的高等教育机构形态与功能多样性的要求，"中教审"提出了所谓"种别化"构想。这个构想的具体方案如下：现行的大学制度仍由大学院、大学、短期大学三种高等教育机构构成，但各自的性质和目的应明确，即：大学院的目的是进行高水平的学术研究和培养研究人才；大学的目的是培养高级职业人才；短期大学是培养职业人才和实际生活所需技能的高等教育场所。同时，根据高等教育功能的不同，提出设立如下各类型高等教育机构：在所有学部之上设博士课程的大学院大学；不设学部的大学院大学；仅设硕士课程的大学；仅有学部的大学；两年制短期大学；高等教育前期两年与高中三年相加的五年制高等专门学校，等等。③

1971 年的"中教审"咨询报告，力图在大学"种别化"的这个框架内，通过国、公立大学的法人化，大学之间的自由转学，教师的任期制，加强国家对私立大学的资助等，谋求制度的弹性化和多样化。对此，"日教组"在其报告中指出，为了实现把所有的大学建成"富有个性的区域

---

①　张忠华：《对高校定位研究的再思考》，《高教探索》2010 年第 5 期。

②　［日］天野郁夫：《高等教育的日本模式》，陈武元译，教育科学出版社 2006 年版，第 182 页。

③　［日］天野郁夫：《高等教育的日本模式》，陈武元译，教育科学出版社 2006 年版，第 183 页。

综合性大学"，必须取消"现存大学之间的种种差别，例如，讲座制与学科目制的差别，国、公立大学之间的差别，男女差别等"。①

在 20 世纪 60 年代末的世界性大学改革的风潮中出现的这些改革构想，没有一个是能够以原封不动的形式实现的。日本高等教育体系从一个世纪前开始移植"欧美种"的多样化的大学模式，在新的"环境"因素下，形成了二元多层次的、独特的高等教育制度。

2. 第二次世界大战后日本高等教育体系的建立与完善

第二次世界大战后，日本大学经历了三次改革和发展。第一次改革是在 20 世纪 40 年代末，主要是将第二次世界大战前多种类型、多种水平的高等教育机构统一改组为四年制本科大学和两年制短期大学，同时，进行了大学课程改革，形成了所谓"二·二分段"模式。第二次改革发生在 20 世纪 70 年代，日本对大学入学考试制度进行了改革，两次入学考试成了日本大学入学考试的基本制度。第三次改革发生在 20 世纪 90 年代初，面对当时日本大学出现的新问题，日本大学普遍实行了课程改革，将"二·二分段"模式改为一般教育与专门教育结合的"四年一贯"模式，并建立了大学自我评价制度。在改革过程中，日本逐渐构建并完善了高等教育体系和结构，明确了各类高校的分工与定位。目前高等教育机构包括高等专门学校、专修学校、短期大学、大学、研究生院，根据其设立形式，大致分为国立、公立、私立三种。②

（二）第二次世界大战后日本不同类型高校的定位

高校定位从高等教育系统来看，应解决发展目标、办学类型和办学层次定位等问题；从高校自身来看，应解决高校规模和办学特色定位等问题；从内容来看，一般包括社会服务面向定位、总体发展目标定位、学校类型和层次定位、人才培养目标定位、办学规模和特色定位。③

日本高校定位主要关注不同高等教育机构之间的差异，即不同机构之间的多样性。定位的目的是更好地理解日本高等教育体系中的多样性。

1. 新制大学

第二次世界大战后，新颁布的《学校教育法》规定：新制大学将旧

---

① 同上书，第 184 页。
② 郭丽君、吴庆华：《中外大学比较》，经济管理出版社 2012 年版，第 134 页。
③ 张忠华：《对高校定位研究的再思考》，《高教探索》2010 年第 5 期。

制的帝国大学、单科大学等近十种高等教育机构统一建成单一类型的四年制大学，实行"一府县一大学"。同时，建立了所谓新制的大学院。新制大学院有硕士课程（2 年）和博士课程（前期 2 年，后期 3 年）。1953 年，日本公布的学位规则首次明确了硕士（具有高度研究能力的专门人才）与博士（进行独创、原始性研究的研究者与教育者）的培养目标。[①]

日本的近代高等教育，特别是大学院教育，虽然没有像欧美诸国的较长的历史，但其适应了急速变化的日本社会，在特定历史时期，作为高层次人才培养的重要途径，为日本实现技术立国，促进战后经济的高速发展，发挥了巨大的作用。

2. 短期大学

1949 年，众议院通过了《学校教育法》修正案，主要内容是改变原法律条文中关于大学学习年限（4 年）的限定，大学的学习年限也可以为 2 年或 3 年，并规定这类大学为短期大学。[②]"短期大学以在高中教育基础上实施 2 年（或 3 年）偏重于实际专门职业的大学教育、培养良好的社会人为目的。"[③] 它的任务"是在高中教育的基础上，对学生进行高深的专门知识教育，使他们获得职业与生活上的必要知识与技能"。[④] 私立为主（占全部短大的近 89.7%[⑤]）、学校规模小（平均每校学生数为 650 人[⑥]）、女生多，这些都是短期大学的主要特点。同时，短期大学的招生要求较低、学费较低；重视专门知识和专门技能的培养；服务面向区域、地域性较强；其专业设置、学期安排、授课方式灵活多样，既充分考虑社会的多种需要，又有自己的独创性。

3. 高等专门学校

进入 60 年代，日本政府为迅速发展经济，提出了《国民收入倍增计划》，这样，社会上对中级技术人才的质量和数量都有了更高的要求。

[①] 杨伯伦：《日本近代学位教育体制发展的启示》，http：//www.doc88.com/p-01499417351.html，2010 年 10 月 12 日。

[②] 郭丽君、吴庆华：《中外大学比较》，经济管理出版社 2012 年版，第 135 页。

[③] 同上书，第 135 页。

[④] 瞿葆奎：《教育学文集》，人民教育出版社 1991 年版，第 295 页。

[⑤] 文部科学省：《文部科学统计要览·文部统计要览》2007 版，http：//www.mext.go.jp/b-menu/toukei/002/002b/19/084.xls，2013 年 10 月 5 日。

[⑥] 同上。

1961 年政府和国会修改了《学校教育法》，并从 1962 年开始建立高等专门学校。

高等专门学校"以教授专业的技能，培育职业所需要的能力，培养支撑工业发展的实践技术者为目标"。[①] "以培养工业方面的中级技术人才为主要目的"。[②] 其招生对象是初中毕业生，学制为 5 年。日本中等与高等专门职业人才培养的连接通道，形成了初、中、高级专门职业人才培养的完整系列。[③] 为明确教育目标主要设置机械工学科、土木工学科、建筑学科等。这种专业结构同 60 年代日本以重工业为主体的产业结构是完全适应的，满足了产业界对专科人才的需要。

高等专门学校的成立是第二次世界大战后日本高等教育改革的一个转折点，是高等教育结构"单一化"彻底解体的标志，它是完全适应经济高速发展的需要而设立的职业技术高等教育机构，其专业设置紧密地适应了技术革新与经济发展的需要。

4. 专修学校

日本国会于 1975 年 7 月修改了《学校教育法》，增加了专修学校条款，决定把修业年限在 1 年以上、学员人数在 40 人以上、每年授课总时数在 800 学时以上的各种学校升格为专修学校。[④] 专修学校是一个独特的学校群，由专门学校、高等专修学校和一般专修学校三部分组成。在整个教育体系中，专修学校处于上下衔接、左右沟通的地位。依据《专修学校法》，专修学校以培养国民职业或实际生活所必需的能力和提高国民的一般教养水平为办学目的。[⑤] 以"能进所希望的公司就职"为目标。专修学校设置三级课程，一是"专门课程"，以高中毕业生为对象；二是"高等课程"，以初中毕业生为对象；三是"一般课程"，不限学历。专门课程是专修学校的主流，修业年限一般为 2 年。设有专门课程的专修学校称为"专门学校"。

学制的灵活多样性、学科与专业设置的实用性与多样性、办学形式的

---

① 程士丽、黄秀英：《日本高等专科学校的发展及启示》，《职教通讯》2013 年第 6 期。

② 郭丽君、吴庆华：《中外大学比较》，经济管理出版社 2012 年版，第 136 页。

③ 李春生：《日本五年一贯制高等专科学校的地位与作用》，《职业和成人教育》2003 年第 7 期。

④ 朱文富、姚锡远：《日本专修学校制度》，《教育科学研究》1992 年第 6 期。

⑤ 李德方：《日本专修学校的发展及特色浅析》，《职业与成人教育》2009 年第 12 期。

开放性与联合性等都是专修学校的特色。其成立后培养了许多具有"即战力"的职业技术人才,很好地满足了经济低速增长后因产业结构变化而引起的对职业技术人才多样化的需求。

5. 新型大学

为了适应产业结构和就业结构的变化,高等教育的结构也朝着更加多样化的方向发展。除了上述所提到的 4 年制大学、短期大学、高等专科学校、专修学校外,还建立了其他新型大学。

例如,为了加强继续教育和终身教育,日本于 1976 年创设了长冈、丰桥两所技术科学大学,目的在于把一部分高等专门学校的毕业生进一步提高到大学或更高一级的水平,以适应科学技术发展的需要。长冈、丰桥技术科学大学既培养本科生,也培养修士(即硕士)生和博士生。表面看来,技术科学大学与普通大学一样,实际上两者在各方面都有很大区别。日本普通大学趋向于培养学生成为具有开发、设计和研究能力的人才,而技术科学大学则培养学生成为具有较高实践和创造能力的实用人才。[1] 一般工科大学按学科开设课程,对数学、外语的要求较高,而技术科学大学则开设结合实际需要的综合性的课程较多,教学中注重实践,强调实务训练和实务体验,也就是说,重视把理论知识和实际应用结合起来。

第二次世界大战后日本高等教育发展过程中所产生的大学、高等专门学校、短期大学各自都有不同的使命与责任,为日本高等教育体系的不断完善明确了发展方向和任务,见表 3 - 5。

表 3 - 5   日本各类高校的职责划分

类型	名称	类型	层次	学制	目标/目的
普通 高等 教育	大学	学科型 高校	本科生以上 水平教育	本科 4 年, 硕士 2 年, 博士 3 年	目标:培养学术研究型人才; 目的:在广泛教授学生知识的同时,深入教授和研究专门的学问,发展学生的智力、品德和应用能力。[2]

---

[1] 闻友信:《日本丰桥技术科学大学的办学特色》,《外国高等教育》1987 年第 4 期。

[2] 李春生:《日本五年一贯制高等专科学校的地位与作用》,《职业和成人教育》2003 年第 7 期。

续表

类型	名称	类型	层次	学制	目标/目的
普通高等教育	技术科学大学	专业型高校	本科和研究生教育		进行技术教育，培养学生成为具有较高实践和创造能力的实用人才。
	高等专门学校			5 年	目标：教授专业的技能，培育职业所需要的能力，培养支撑工业发展的实践技术者；① 目的：培养工业方面的中级技术人才。
高等职业教育	短期大学	职业型高校	专科教育	2 年（或 3 年）	目标：培养实用性技能型人才； 目的：深入讲授和研究专业学问，培养职业或实际生活需要的能力。②
	专修学校			一般为 2 年	目标：培养实用性技能型人才； 目的：培养国民职业或实际生活所必需的能力和提高国民的一般教养水平。③

资料来源：陈厚丰：《高等教育分类的理论逻辑与制度框架》，广东高等教育出版社 2011 年版，第 104 页。中央教育科学研究所比较教育研究室：《六国高等教育结构》，贵州人民出版社 1988 年版，第 171—173 页。

日本法律上确定的这四类学校的办学目的是不同的。高等专门学校的目的是，深入讲授专门的学问，培养职业所需要的能力；而大学作为学术中心，其目的是在广泛教授学生知识的同时，深入教授和研究专门的学问，发展学生的智力、品德和应用能力；短期大学的目的是深入讲授和研究专业学问，培养职业或实际生活需要的能力。

因此，高等专门学校与大学、短期大学的主要区别在于未将"研究"功能纳入学校的目的当中。如果以工科教育为例来区分它们定位上的不同的话，基本可以这样认为：大学培养的是工程型人才（工程师），高等专门学校培养的是技术型人才（技术员），而熟练工人的培养则是职业高中的职能之一。高等专门学校和短期大学虽然都是培养技

---

① 程士丽、黄秀英：《日本高等专科学校的发展及启示》，《职教通讯》2013 年第 6 期。

② 李春生：《日本五年一贯制高等专科学校的地位与作用》，《职业和成人教育》2003 年第 7 期。

③ 李德方：《日本专修学校的发展及特色浅析》，《职业与成人教育》2009 年第 12 期。

术型人才的，但短期大学较之高等专门学校更偏重于工程型人才的培养。①

二　日本高校定位的评析及其借鉴

（一）日本高校合理定位的原因与特点分析

1. 法律手段在高校定位中占据重要地位

第二次世界大战后，日本高等教育体系的不断完善是建立在法制基础之上的。不同类型和层次的高校发展都有相应的法律法规来加以指引，不仅为高校的自主发展创造了宽松的环境，而且促进了高校定位的多样化和稳定性发展，限制了政府管理的随意性，从而把日本高等教育的管理纳入进了法制化轨道。如日本在法律上明确了大学、短期大学、高等专门学校等不同类型和层次的高校的地位及办学目的；1950 年日本政府修订了《学校教育法》，规定设立临时短期大学，1965 年再次修正《学校教育法》，正式将短期大学规定为高等教育体系中的一个部分，明确了短期大学的职责和任务。可以说，日本政府每一次政策的出台，都是建立在健全法律法规的基础上来促进学校的发展。另一方面，政府还通过各种拨款和科研经费来支持不同类型大学的建立，对日本高等教育的蓬勃发展起到了极大地促进作用。

2. 通过计划手段宏观调控高等教育体系的发展

日本一直坚持有计划的发展高等教育。如 1956 年起日本政府连续制定和推行国民经济发展计划，这些经济计划的共同特点是强调根据经济发展需要，有计划按步骤地扩充高等教育规模、调整高等教育结构和培养各种急需的人才。② 1960 年池田内阁制定的《国民收入倍增计划》（1961—1970）更加强调按计划发展高等教育的重要意义。预测了今后十年间将缺少 17 万名高科技人才，44 万名初中级技术人才和 160 万名新技工。③ 为此，日本就"有计划"的建立实行 5 年制的高等专科学校，其专业设置紧密地适应了技术革新与经济发展的需要。这种计划性，使高等教育的类型、专业结构、层次结构和国民经济发展相适应，又在高等教育发展速

---

① 李春生：《日本五年一贯制高等专科学校的地位与作用》，《职业和成人教育》2003 年第 7 期。

② 贺国庆、王保星、朱文富：《外国高等教育史》，人民教育出版社 2006 年版，第 610 页。

③ 同上。

度方面走在了其他国家的前列。可以说，日本高等教育的多样化调整是政府计划与高等院校自主决策的共同推动和调整的结果，是自生秩序与政府计划相结合的系统功能调整方式。

3. 精英教育与大众教育协同发展

不论在社会发展的任何阶段，经济和社会发展对人才的需求都是有层次性的，即一方面需要大批应用型专业人才，另一方面需要一定数量的治国英才和学术英才。

日本高等教育呈金字塔型结构，处于金字塔顶端的研究型大学培养的是少数精英；而处于金字塔底层的短期大学、专修学校主要培养各级技术人才，任何适龄人口都有机会入学；处于二者之间的四年制大学，既设有为培养少数精英做准备的教育计划，也设有普及性的教育计划。[1] 日本高等教育的类型、层次和结构充分体现了精英教育与大众教育的协同发展，不仅满足了市场经济下社会对各类劳动力的需求差异，而且在很大程度上促进了高等教育本身的发展。

4. 顺应社会需求确定办学定位

日本高等教育充分体现了顺应社会需求来确定办学定位的特征。从总体上看，日本高等教育的发展总是与社会的需要紧密相联。60 年代重化工业和化学工业发展时期，急需要大量科技人才和工程人才，所以日本就重点发展理工科专业；为了满足女子高等教育要求的不断高涨，政府支持了短期大学的发展；为了适应产业结构和就业结构的变化，加强继续教育和终身教育，技术科学大学繁荣发展起来。可以说，日本每一类型学校的出现，都同回应社会的需求是分不开的。正是在不断满足新需求的基础上才逐渐形成公私立学校并存共荣、从精英教育到大众化职业培训等可供选择的丰富多彩的高等教育体系。

（二）我们的借鉴

1. 建立科学可行的高等教育（含高校）分类体系

加强高校分类研究，这是解决高校定位的前提条件。只有首先解决好高等教育系统的分类和层次问题，高校才能对号入座，这是理论上的状态。[2] 日本高校的分类基本上是按照有无设大学院作为高校分类的指标来

---

① 段静静：《战后日本高等教育结构发展对我国的启示》，扬州大学，2007 年。
② 张忠华：《对高校定位研究的再思考》，《高教探索》2010 年第 5 期。

区分的。主要分为研究型大学、大学院大学、准大学院大学、硕士大学、学部大学 5 种类型。① 然而，到目前为止，我国关于高校分类标准还不统一。新中国成立几十年来，我国出现过根据办学形式、国家建设重点、学科门类、管理隶属关系等的分类法。在特定的时期，这些分类法都曾发挥过积极作用，但是这些分类在方法上都过于简单，标准也缺乏科学性，因此不能对科学定位起到真正的指导作用。

也正因为我国至今没有能够从总体上统筹高等教育系统的理性建构，缺乏科学可行的高等教育（含高校）分类体系，② 才使我国高等教育机构普遍存在着分工不清、定位不明、目标雷同、竞争无序化等问题，所以才有通过高校分类来指导、引导高校定位的必要性。由此可见，无论是从高校还是从政府的角度，无论是高等教育定位还是高校定位，其前提条件是必须有一个科学可行的高等教育（含高校）分类体系。因为高等教育分类体系（包括分类原则、分类依据、分类框架、分类标准等）是高校定位的参照系，缺乏高校定位的参照系，高校要科学合理地定位是不可能的。

但同样必须明确的是，建立高等教育分类体系的目的是帮助高校树立自身的整体形象，而绝不是在各种类型的机构之间建立等级制度。同时，高等教育分类体系也并不对高校的质量、教学和科研进行评价。尽管分类能够用于质量评价和保障过程，但其是在客观、实证和可靠的数据基础上描述高校的 "整体形象"。通过提供客观的数据，高校根据自身的目标和理想在分类中给自己定位。

2. 加强政府的宏观指导，构建高校科学定位的外部制度

据初步考察，到目前为止，我国没有相关的高校分类与定位的法律法规以及专门的文件，也没有从国家层面做出相关的工作部署，全国性的有关高校定位的要求只出现在本科教学工作水平评估指标体系中。③ 但在日本，依靠立法和规划对高等教育系统的层次类型及其职能任务从整体上予以规范，是日本高等教育多样化发展的重要因素。一定意义上说，我国政府的宏观指导与调控力度不够是造成我国高校定位不明、分工不清的重要

---

① 朱中华：《高等学校分类与定位中应处理好的几个关系》，《教育发展研究》2005 年第 12 期。

② 陈厚丰：《高校定位：自生秩序与分类引导有机结合》，《高等教育研究》2006 年第 6 期。

③ 赵庆年：《高校类型分类标准的重构与定位》，《高等工程教育研究》2012 年第 6 期。

原因。而解决这些问题的出路在于加强政府的宏观指导，重构高校科学定位的外部制度。

首先要在立法上明确高校定位。可以借鉴日本的经验，在立法方式上区分高校的层次及类型，明确它们的法律地位及相应的自主权。同时，要通过立法来保障高校的自主权。这是指法律中不仅要规定高校的自主权，也要限定政府的权力范围，明确高校自主权受到非法干预时的救济途径。其次，各级政府要制定高校定位的基本要求，对高校管理、指导和监督要实行分类原则，形成政府指导、社会评价和同行竞争的制度框架。在政府对高校管理方式问题上，由过去的以行政干预为主转变为以法律监督为主，由过去的行政指令、发布文件的管理方式转变为综合运用立法、拨款、规划、评估、信息服务、政策指导和一定的行政手段相结合的管理方式。再次，各省、直辖市、自治区应该在高等教育结构合理化方面制定整体规划，加强各地区的高等教育定位，以促进不同类型和层次的高校合理分工，发挥高等教育规划的调控作用。① 在规划中借鉴国外（如日本）的成功经验，政府要切实担负起公正、有效配置办学资源的责任，并在提供教育经费、制定高校竞争规则、指导与监督高校运行等方面下功夫。

3. 确立法人实体地位，形成高校科学定位的内部机制

21 世纪的日本国立高校能够做到合理定位，很重要一点在于 2001 年日本对国立大学进行的改革。这次改革实行了国立大学法人化，同时引入第三者评估体系，政府对大学的拨款需要参考社会对大学的评价。从而扩大了大学在运营与管理上的自主、自律性权利，营造了大学间相互竞争的环境，提高了运营效率和教育质量。

而目前我国高等教育高度国有化和计划管理的主要特征并没有发生根本性的变化。由于公办高等学校的所有权、管理权和经营权没有分离，举办者、管理者、办学者三方面主体不明，且办学资源配置的主要方式仍然是以行政手段为主，市场并没有发挥基础性作用，因而高等教育运行机制缺乏应有的弹性和活力，公办高等学校因缺乏办学自主权而难以真正成为面向社会依法自主办学的主体，并未真正形成促使其改变脱离产业结构实际和劳动力市场需求盲目培养人才的机制，致使办学缺乏特

---

① 张继龙：《高等教育大众化背景下的高校定位研究》，扬州大学，2006 年。

色。① 因此，国家不应把大学视为政府机关的附属机构，而应确认大学是
独立的法人实体。日本的实践证明，只有确认大学是独立的法人实体，
才能使它真正拥有充分的办学自主权。政府对大学应当加强宏观调控，
简化审批手续，下放具体事务，把主要精力放在依法承认和强化大学的
独立法人地位上。

4. 转变观念，形成有利高校多样化发展的环境

当前，我国高校定位出现了两个方面的核心问题：办学类型的趋同
与办学层次的攀升。在办学类型上，普通高校都想办成综合性、多科性、
学术性大学；在办学层次上，都想办成本科、硕士、博士一体化。② 传统
的"重学轻术"思想，由于某些政策导向，不断强化。如高等教育资源
分配方面，研究型大学远高于一般高等学校；根据学术性研究型大学的
标准制订评估方案，作为高等学校排名榜的依据等。③ 但在日本，各种类
型高校的分工与定位却比较明确，早稻田大学校长白井克彦说："日本大
学的定位比较务实，二流大学看重应用型人才的培养，不会去高攀世界
的尖端科技，一般的本科大学也不会去与研究型大学攀比。"④ 同时，包
括日本在内的许多发达国家，高技术专门人才的社会地位、工资待遇、
就业机会，往往比传统大学的学术型学位获得者更具优势。培养拔尖创
新的研究型人才是重要的，但培养各行各业的高技术专门人才更有其现
实的重要性。

从中国发展趋势看，传统的用人、培养人才等方面偏执的观念，在市
场经济冲击下，必须有所转变。只有形成用人唯能、用人唯德、学术与应
用并重的观念，才有利于高校多样化的发展。与其争奔学术性研究型大学
的"独木桥"，不如根据社会需要、自身优势办出特色，在同类型高校中
争创一流。

---

① 李伟娜：《普通高等学校定位问题的探讨》，天津大学，2005 年。
② 刘军、黄梅：《美国高等教育募款机制对我国高等教育投入多元化的启示》，《比较教育研究》1999 年第 4 期。
③ 李伟娜：《普通高等学校定位问题的探讨》，天津大学，2005 年。
④ 柯文进：《关于大学办学定位的思考》，http：//blog. 163. com/sckdwcm1 /blog/static/106672372007101210126552 /，2007 年 11 月 12 日。

第四章　国家重点建设高校定位

　　大学在国家经济和社会发展中肩负着其他任何组织都无法替代的使命和不可推卸的责任，而国家重点建设大学作为中国高等教育的样板更是成为支持国家经济和社会发展的中坚力量。自新中国成立以来，国家多次实施重点大学建设工程（计划），已经成为促进高等教育发展的常态政策与措施。最近两次重点大学建设工程有"211 工程"和"985 工程"。"211工程"是国家在 20 世纪 90 年代开始策划和实行的针对中国高等教育的一项战略性政策，其"211"的含义是"面向 21 世纪、重点建设 100 所左右的高等学校和一批重点学科"。其目的在于提高国家高等教育水平，为我国经济和社会发展战略培养高层次人才，促进科学技术和文化发展，加快国家经济建设，增强综合国力和国际竞争能力。"985 工程"是教育部依据时任中共中央总书记、国家主席、中央军委主席江泽民在庆祝北京大学建校一百周年大会上所提出的"为了实现现代化，我国要有若干所具有世界先进水平的一流大学"要求而实施的建设工程，因江泽民在北京大学 100 周年校庆讲话时间为 1998 年 5 月，故命名为"985 工程"。"985工程"的直接目的在于建设若干所世界一流大学和一批国际知名的高水平研究型大学，具体建设目标是：力争在 2020 年前后，形成一批达到国际先进水平的学科，使若干所大学跻身世界一流大学行列；使一批学校整体水平和国际影响力跃上一个新台阶，成为国际知名的高水平研究型大学；使一批学校成为特色鲜明的高水平研究型大学。"985 工程"的根本目的是为建设创新型国家、实现从人力资源大国向人力资源强国转变做出更大贡献，为实现我国建成中等发达国家的目标奠定坚实基础。

　　清华大学袁本涛教授在《高水平大学建设对经济社会发展的贡献》报告中，用详细的数据说明了高水平大学建设对经济社会发展的重要贡献。纵观发达国家的高等教育，大多拥有一批世界一流大学。由此可见，国家重点建设大学对建设高等教育强国起着巨大的推动作用。

高等学校对于国家经济发展的支持不仅表现在为国家培养人才和服务经济社会的发展，而且还表现为知识和文化的传承与创新。而国家重点建设大学更是要以培养研究型人才、对知识文化进行传承与创新以及引领社会发展为己任，对接国家、世界需求，充分地发挥对国家经济、社会发展和文化进步的巨大推动作用。因此，国家重点建设高校的定位既要符合高等教育发展的客观规律，又要满足国家经济发展和文化繁荣对其提出的特殊要求。

本章运用内容分析法、问卷法和访谈法，以全国99所国家重点建设高校其校园网和2005—2007年教育部本科教学工作水平评估自评报告中其自身定位的陈述作为研究对象，其中有39所"985工程"大学和60所"211工程"（不含"985工程"的39所，以下同）大学，并对其定位的内容进行分类分析。以其中10所高校中参与制定学校发展定位、规划的主要成员——学校发展规划处的管理干部为访谈对象，对其进行访谈；向其中30所高校内部管理干部、教师、教辅和工人发放问卷，通过这三种方式深入了解我国重点建设高校发展定位的实际情况。

第一节　国家重点建设高校定位概况

本节以高校分类和定位理论为基础，根据高等学校定位的内涵，参考与定位相关的文献、学校关于自身定位的陈述以及访谈记录，从学校发展目标定位、学校类型定位、学科发展定位、人才培养目标定位和服务面向定位五个方面分析全国99所国家重点建设大学发展定位的现状。

一　"985工程"大学定位基本情况

（一）发展目标定位基本情况

本研究首先对39所"985工程"大学的发展目标定位进行分类分析，以提及频率较高的世界一流大学和世界知名高水平研究型大学为关键词，对39所高校发展目标进行分类分析。结果显示，以世界一流大学为关键词的高校有21所，占总数53.8%，其中发展目标定位为世界一流大学（追求世界一流水准，建设世界一流学术共同体）的高校为9所，定位为综合性、研究型、国际化的世界一流大学的高校6所，定位某学科为特色或者特色显著、特色鲜明的世界一流大学的高校为 6 所。以高水平大学为关键词的高校有 18 所，占总数 46.2%，其中发展目标定位为国内一流、世界（国际）知名高水平研究型大学的高校为 13 所，定位为综合性（多科性）、研究型、国际化的知名高水平大学的高校为 4 所，定位为以某学科为特色的高水平研究型大学的高校为 1 所。具体如表 4 - 1 所示。

表 4 - 1　　　　　　　　"985 工程"大学发展目标定位情况

发展总目标定位		学校数量（所）	学校总数（所）	所占比例（%）
以世界一流大学为关键词	世界一流大学（追求以世界一流水准，建设世界一流学术共同体）	9	21	53.8
	综合性、研究型、国际化的世界一流大学	6		
	以某学科为特色或者特色显著、特色鲜明的世界一流大学	6		
以高水平大学为关键词	国内一流、世界（国际）知名高水平研究型大学	13	18	46.2
	综合性（多科性）、研究型、国际化的知名高水平大学	4		
	以某学科为特色的高水平研究型大学	1		

（二）学科发展定位基本情况

本研究借鉴了陈厚丰教授以学科（专业）覆盖面为依据，从横向上对高等学校类型进行划分的构想，以学校学科门类、综合性及多科性为关键词，对学校学科定位情况进行分类分析。结果显示，39 所"985 工程"大学中学科发展定位为综合性的高校有 37 所，占总数的 94.9%，其中提及学科门类齐全（或涵盖多个学科门类）的综合性大学的高校为 19 所，提及以某类学科（某几类学科）为特色（为主）、多学科协调发展的综合性大学的高校为 18 所。学科发展定位为多科性的高校有 2 所，占总数的 5.1%，其中学科定位为以某类学科为主、多学科协调发展的有 1 所，定位为以某几类学科为主、其他学科协调发展的有 1 所。具体如表 4 - 2 所示。

表 4 - 2　　　　　　　"985 工程" 大学学科发展定位情况

学科发展定位		学校数量（所）	学校总数（所）	所占比例（%）
综合性	学科门类齐全（或涵盖多个学科门类）的综合性大学	19	37	94.9
	以某类学科（某几类学科）为特色（为主）、多学科协调发展的综合性	18		
多科性	以某一学科为主、多学科协调发展	1	2	5.1
	以某几个学科为主、多学科协调发展	1		

　　39 所 "985 工程" 高校中学科覆盖了全部 13 个学科门类的高校有 3 所，占总数的 7.7%，覆盖了 12 个学科门类的高校有 11 所，占总数的 28.2%，覆盖了 11 个学科门类的高校有 9 所，占总数的 23.1%，覆盖了 10 个学科门类的高校有 10 所，占总数的 25.6%，覆盖了 9 个学科门类的高校有 3 所，占总数的 7.7%，覆盖了 8 个学科门类的高校有 2 所，占总数的 5.1%，覆盖了 7 个学科门类的高校有 1 所，占总数的 2.6%。具体如表 4 - 3 所示。

表 4 - 3　　　　　　　"985 工程" 大学学科覆盖面情况

学科覆盖面	学校数量（所）	所占比例（%）	学校总数（所）	所占比例（%）
覆盖 13 个学科门类	3	7.7	36	92.3
覆盖 12 个学科门类	11	28.2		
覆盖 11 个学科门类	9	23.1		
覆盖 10 个学科门类	10	25.6		
覆盖 9 个学科门类	3	7.7		
覆盖 8 个学科门类	2	5.1	3	7.7
覆盖 7 个学科门类	1	2.6		

　　（三）类型定位基本情况

　　目前，我国学术界对高等学校类型划分标准应用较广泛的是广东管理科学研究院课题组所作的教学型、教学研究型、研究教学型、研究型的学校类型划分方案。我国普通高等学校的类型定位也均是按照此课题组的划分标准进行的。

本研究对 39 所"985 工程"高校类型定位进行分析，结果发现，39 所"985 工程"高校中明确将学校类型定位为研究型大学的有 36 所，占总数的 92.3%；其余 3 所高校——中山大学、中南大学和国防科技大学在其学校概况中并没有对学校类型进行明确定位。具体如表 4 - 4 所示。

表 4 - 4   "985 工程"大学学校类型定位情况

学校类型定位	学校总数（所）	所占比例（%）
研究型	36	92.3
无明确表述	3	7.7

（四）人才培养目标定位基本情况

本研究在对 39 所"985 工程"大学的人才培养目标定位描述进行分类分析的基础上，将其大体归纳为两类。第一类是学校要培养知识（基础知识、专业知识、人文知识等）、能力（学习能力、实践能力）、修养（具有社会责任感和国际视野等）三位一体的高素质、高层次、复合型、创新型人才；第二类是学校要培养适应社会、区域和行业发展需要的应用型和研究型人才。39 所"985 工程"高校中有 36 所，占总数的 92.3% 的高校其人才培养目标定位可归为第一类，其中人才培养目标定位提及高素质创造型人才的高校有 16 所；表述为高素质拔尖创新型人才的高校有 6 所；表述为高素质、高层次创新型人才的高校有 5 所；表述为高素质复合型创新型人才的高校有 3 所；表述为高素质复合型拔尖创新型人才的高校有 1 所，表述为高级专门人才的高校有 1 所，表述为培养具有行业特色人才的高校有 1 所，表述为培养国家栋梁和社会精英的高校有 3 所。39 所高校中有 2 所，占总数的 5.1% 的高校其人才培养目标定位可以归为第二类，它们是中央民族大学和西北农林科技大学。大连理工大学在其学校简介中没有明确对其人才培养目标进行定位。具体如表 4 - 5 所示。

表4-5　　　　　　　"985 工程"大学人才培养目标定位情况

人才培养目标定位		学校数量（所）	高校总数（所）	所占比例（%）
培养知识（基础知识、专业知识、人文知识等）、能力（学习能力、实践能力）、修养（具有社会责任感和国际视野）三位一体的高素质、高层次、复合型、创新型人才	高素质的创造型人才	16	36	92.3
	高素质的拔尖创新型人才	6		
	高素质、高层次的创新型人才	5		
	高素质复合型创新型人才	3		
	高素质复合型拔尖创新型人才	1		
	高级专门人才	1		
	培养具有行业特色人才	1		
	培养国家栋梁和社会精英	3		
适应社会、区域和行业发展需要的应用型和研究型人才		2	2	5.1
无明确表述		1	1	2.6

（五）服务面向定位基本情况

本研究根据39所"985 工程"高校服务面向定位的描述情况，以服务为关键词，将其大体归为四类。第一类是服务于全国、国民经济发展、国家战略需求和社会进步的高校，共有25所，占总数的64.1%，其中服务面向定位表述为服务于国家经济发展需求和社会进步的高校有9所；表述为立足地方、服务全国、面向世界的高校有13所；表述为立足行业、服务全国、走向世界的高校有2所。除此之外，服务面向定位表述为立足全国、面向世界的2所高校和表述为立足全国、面向世界的1所高校也可归为此类。第二类是同时服务于国家和地方经济发展的高校，共有5所，占总数的12.8%。第三类是服务于地方和区域经济的高校，共有3所，占总数的7.7%，其中表述为服务于区域经济发展的高校有2所，表述为立足行业、服务地方、面向全国的高校有1所。第四类是服务于行业的高校，共有6所，占总数的15.4%，其中表述为立足行业、服务行业、面向国家和地方经济发展的高校有4所；表述为立足地方、服务行业、面向全国的高校有2所。具体如表4-6所示。

表 4 - 6　　　　　　　　　"985 工程"大学服务面向定位情况

服务面向定位		学校数量（所）	高校总数（所）	所占比例（%）
服务于全国、国民经济发展、国家战略需求和社会进步	服务于国家经济发展需求和社会进步	9	25	64.1
	立足地方、服务全国、面向世界	13		
	立足行业、服务全国、走向世界	2		
	立足全国、面向世界	1		
服务于国家和地方经济发展		5	5	12.8
服务于地方和区域经济	服务于区域经济发展	2	3	7.7
	立足行业、服务地方、面向全国	1		
服务于行业	立足行业、服务行业、面向国家和地方经济发展	4	6	15.4
	立足地方、服务行业、面向全国	2		

二　"211 工程"大学定位基本情况

（一）发展目标定位基本情况

本研究对 60 所"211 工程"大学的发展目标定位进行归类，以提及频率较高的高水平大学和世界一流大学为关键词，进行分类分析的结果显示：以世界一流大学为中心词定位的高校有 5 所，占总数的 8.3%，其中发展目标定位为特色鲜明的世界一流大学为 2 所，定位为建设某学科领域的世界一流大学的高校为 3 所。以高水平大学为中心词定位的高校有 52 所，占总数的 86.7%，其中定位为国际（国内外）知名、特色鲜明的高水平大学的高校为 23 所，定位为国内一流、世界（国际）知名高水平大学的高校为 14 所，定位为某区域、某学科为特色的高水平大学的高校为 15 所。另有 3 所，占总数 5% 的高校其发展目标定位中并没有提及出现频率较高的中心词。如武汉理工大学的发展战略目标定位是"建设让人民满意、让世人仰慕的优秀大学"；福州大学的发展战略目标定位是"建设具有较强学科优势，体现教学研究型办学特色和开放式办学风格的我国东南强校"；天津医科大学的发展战略目标定位是"建设成为具有国内先进水平的现代化医科大学"。具体如表 4 - 7 所示。

表 4 - 7   "211 工程"大学发展目标定位情况

发展总目标定位		学校数量（所）	高校总数（所）	所占比例（%）
以世界一流大学为关键词	特色鲜明的世界一流大学	2	5	8.3
	建设某学科领域的世界一流大学	3		
以高水平大学为关键词	国际（国内外）知名、特色鲜明的高水平大学	23	52	86.7
	国内一流、世界（国际）知名高水平大学	14		
	以某区域、学科为特色的高水平大学	15		
无高频词的高校定位		3	3	5.0

（二）学科发展定位基本情况

对"211 工程"大学的学科发展定位的分析同样借鉴了陈厚丰教授以学科（专业）覆盖面为依据，从横向上对高等学校类型进行划分的构想，以学校学科门类、综合性及多科性为关键词，对学校学科定位情况进行分类分析。结果显示：学科发展定位为综合性的高校有 30 所，占总数的 50%，其中表述为学科门类齐全（或涵盖多个学科门类）的综合性大学的高校为 26 所，表述为以某类学科（某几类学科）为特色（为主）、多学科协调发展的综合性大学的高校为 4 所。学科发展定位为多科性的高校有 30 所，占总数的 50%，其中学科定位为以某类学科为主、多学科协调发展的有 20 所，定位为以某几类学科为主、其他学科协调发展的有 10 所。除此之外，60 所"211 工程"高校中，学科覆盖了 12 个学科门类的高校有 4 所，占总数的 6.7%，覆盖了 11 个学科门类的高校有 7 所，占总数的 11.7%，覆盖了 10 个学科门类的高校有 9 所、占总数的 15%，覆盖了 9 个学科门类的高校有 5 所，占总数的 8.3%，覆盖了 8 个学科门类的高校有 4 所，占总数的 6.7%，覆盖了 7 个学科门类的高校有 8 所，占总数的 13.3%，覆盖了 6 个学科门类的高校有 4 所，占总数的 6.7%，覆盖了 5 个学科门类的高校有 5 所，占总数的 8.3%，覆盖了 4 个学科门类的高校有 1 所，占总数的 1.7%，其余 13 所高校没有明确列出其学科数目，只是笼统表述。如表 4-8 和 4-9 所示。

表 4 - 8   **"211 工程"大学学科发展定位情况**

学科发展定位		学校数量（所）	高校总数（所）	所占比例（%）
综合性	学科门类齐全（或涵盖多个学科门类）的综合性大学	26	30	50
	以某类学科（某几类学科）为特色（为主）、多学科协调发展的综合性	4		
多科性	以某一学科为主、多学科协调发展	20	30	50
	以某几个学科为主、多学科协调发展	10		

表 4 - 9   **"211 工程"大学学科覆盖面情况**

学科覆盖面	学校数量（所）	所占比例（%）	高校总数（所）	所占比例（%）
覆盖 12 个学科门类	4	6.7	25	41.7
覆盖 11 个学科门类	7	11.7		
覆盖 10 个学科门类	9	15.0		
覆盖 9 个学科门类	5	8.3		
覆盖 8 个学科门类	4	6.7	22	36.7
覆盖 7 个学科门类	8	13.3		
覆盖 6 个学科门类	4	6.7		
覆盖 5 个学科门类	5	8.3		
覆盖 4 个学科门类	1	1.7		
没有明确表述	13	21.6	13	21.6

（三）类型定位基本情况

对 60 所"211 工程"高校类型定位进行分析，结果发现，60 所"211 工程"高校中有 40 所，占总数的 66.7% 的高校明确将学校类型定位为研究型大学；有 15 所，占总数的 25% 的高校明确将学校类型定位为教学研究型大学；有 4 所，占总数的 6.7% 的高校明确将学校类型定位为研究教学型大学；其余 1 所高校明确将学校类型定位为教学型大学。具体如表 4 - 10 所示。

表4-10   "211 工程"大学学校类型定位情况

学校类型定位	学校总数（所）	所占比例（%）
研究型	40	66.7
教学研究型	15	25
研究教学型	4	6.7
教学型	1	1.6

（四）人才培养目标定位基本情况

本研究在对 60 所"211 工程"大学的人才培养目标定位描述进行分类分析的基础上，将其大体归纳为两类。第一类是学校要培养知识（基础知识、专业知识、人文知识等）、能力（学习能力、实践能力）、修养（具有社会责任感和国际视野等）三位一体的高素质、高层次、复合型、创新型人才；第二类是学校要培养适应社会、区域和行业发展需要的应用型和研究型人才。60 所"211 工程"高校中有 49 所，占总数 81.6%的高校其人才培养目标定位可归为第一类，其中人才培养目标定位表述为高素质、高层次、复合创新型人才的高校有 32 所，并将一些人才目标定位为"厚基础、重实践、强能力、多出路"的高校也归为此类中；表述为高素质的拔尖创新型人才的高校有 1 所；表述为国际型特色人才的高校有 1 所；表述为高级专门人才的高校有 9 所；表述为培养具有行业特色人才的高校有 2 所；表述为培养国家栋梁和社会精英的高校有 4 所。60 所"211 工程"高校中有 10 所，占总数 16.7%的高校其人才培养目标定位可以归为第二类。其中人才培养目标定位表述为研究型创新人才的高校有 1 所；表述为高质量、高素质应用创新型人才的高校有 4 所；表述为适应地区发展需要的应用型、研究型和复合型人才的高校有 5 所，其中将东北农业大学——既有一批站在世界科技前沿的"创新型"人才，也有一批遍布全国的"创业型"人才，更有一批活跃在黑龙江省和全国农业生产一线的"落地型"人才的人才目标定位也归为此类中。郑州大学在其学校简介中没有明确对其人才培养目标进行定位。具体如表4-11 所示。

表4-11 "211工程"大学人才培养目标定位情况

人才培养目标定位		学校数量（所）	学校总数（所）	所占比例（％）
培养知识（基础知识、专业知识、人文知识等）、能力（学习能力、实践能力）、修养（具有社会责任感和国际视野）三位一体的高素质、高层次、复合型、创新型人才	高素质、高层次、复合型、创新型人才	32	49	81.6
	高素质的拔尖创新型人才	1		
	国际型特色人才	1		
	高级专门人才	9		
	培养具有行业特色的精英人才	2		
	培养国家栋梁和社会精英	4		
适应社会、区域和行业发展需要的应用型和研究型人才	研究型创新人才	1	10	16.7
	高质量、高素质应用创新型人才	4		
	适应地区发展需要的应用型、研究型和复合型人才	5		
无明确表述		1	1	1.7

（五）服务面向定位基本情况

本研究根据60所"211工程"高校服务面向定位的描述情况，以服务为关键词，将其大体归为四类。第一类是服务于全国、国民经济发展、国家战略需求和社会进步的高校，60所高校中共有31所，占总数的51.7%，其中服务面向定位表述为（立足行业、面向全国）服务于国家经济发展需求和社会进步的有11所；服务面向定位表述为（立足地方、面向全国）服务于国家经济发展需求和社会进步的高校有9所；表述为立足地方、服务全国、面向世界的高校有9所；表述为立足行业、服务全国、走向世界的高校有2所。第二类是服务于少数民族和民族地区发展，60所"211工程"高校中有1所，占总数的1.7%。第三类是服务于地方和区域经济的高校，60所"211工程"高校中有17所，占总数的28.3%，其中表述为立足行业、服务地方、面向全国的高校有3所，表述为（立足地方、面向全国）服务于地方区域经济与社会发展的高校有14所。第四类是服务于行业的高校，60所"211工程"高校共有11所，占总数的18.3%，其中表述为立足行业、服务行业、面向国家和地方经济

发展的高校有 4 所；表述为立足地方、服务行业、面向全国的高校有 7
所。具体如表 4 - 12 所示。

表 4 - 12　　　　　　　"211 工程"大学服务面向定位情况

服务面向定位		学校数量（所）	学校总数（所）	所占比例（%）
服务于全国、国民经济发展、国家战略需求和社会进步	（立足行业、面向全国）服务于国家经济发展需求和社会进步	11	31	51.7
	（立足地方、面向全国）服务于国家经济发展需求和社会进步	9		
	立足行业、服务全国、走向世界	2		
	立足地方、服务全国、面向世界	9		
服务于少数民族和民族地区发展		1	1	1.7
服务于地方和区域经济	立足行业、服务地方、面向全国	3	17	28.3
	（立足地方、面向全国）服务于地方区域经济与社会发展	14		
服务于行业	立足行业、服务行业，面向国家和地方经济发展	4	11	18.3
	立足地方、服务行业、面向全国（面向世界）	7		

三　教职工对学校定位了解度和认可度基本情况

（一）对学校发展目标定位内容了解的程度

针对"对学校发展目标定位了解的程度"的调查结果显示：891 份有
效问卷中，学校不同群体对学校发展目标定位非常了解的共有 132 人，占
总人数的 14.8%；了解的共有 350 人，占总人数的 39.3%；一般的共有
289 人，占总人数的 32.4%；不清楚的共有 120 人，占总人数的 13.5%。
被调查对象中，管理干部共有 250 人，其中 26.8% 的管理干部"非常了
解"、48.0% 的管理干部"了解"、20.8% 的管理干部"一般"了解、
4.4% 的管理干部"不清楚"。教师共有 314 人，其中 16.6% 的教师"非
常了解"、48.4% 的教师"了解"、27.1% 的教师"一般"了解、7.9% 的
教师"不清楚"。教辅共有 182 人，其中 6.0% 的教辅"非常了解"、

34.1%的教辅"了解"、44.0%的教辅"一般"了解、15.9%的教辅"不清楚"。工人共有145人，其中1.4%的工人"非常了解"、11.0%的工人"了解"、49.7%的工人"一般"了解、37.9%的工人"不清楚"。详见图4-1和图4-2。

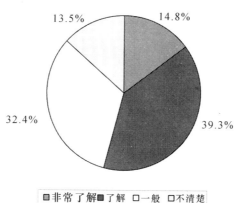

图4-1　教职工对学校发展目标定位了解情况

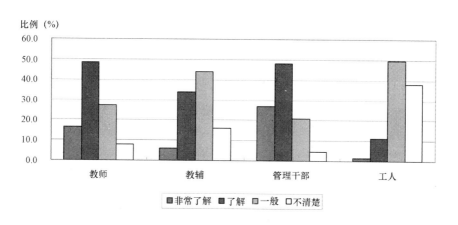

图4-2　教职工对学校发展目标定位了解情况

（二）对学校学科发展定位内容了解的程度

针对"对学校学科发展定位了解的程度"的调查结果显示：891份有效问卷中，学校不同群体对学校学科定位非常了解的共有86人，占总人

数的 9.6%；了解的共有 332 人，占总人数的 37.3%；一般的共有 309
人，占总人数的 34.7%；不清楚的共有 164 人，占总人数的 18.4%。被
调查对象中，管理干部共有 250 人，其中 18.0% 的管理干部"非常了
解"、45.6% 的管理干部"了解"、31.2% 的管理干部"一般"了解、
5.2% 的管理干部"不清楚"。教师共有 314 人，其中 11.8% 的教师"非
常了解"、50.0% 的教师"了解"、29.6% 的教师"一般"了解、8.6% 的
教师"不清楚"。教辅共有 182 人，其中 1.6% 的教辅"非常了解"、
29.1% 的教辅"了解"、47.3% 的教辅"一般"了解、22.0% 的教辅"不
清楚"。工人共有 145 人，其中 0.7% 的工人"非常了解"、5.5% 的工人
"了解"、35.9% 的工人"一般"了解、57.9% 的工人"不清楚"。详见图
4 - 3 和图 4 - 4。

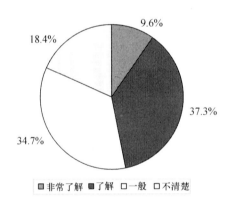

图 4 - 3　教职工对学校学科发展定位了解情况

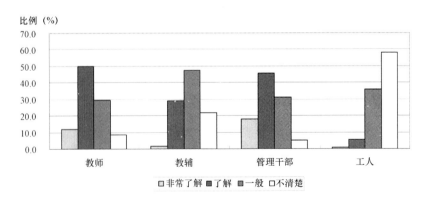

图 4 - 4　教职工对学校学科发展定位了解情况

（三）对学校人才培养目标定位内容的了解度

针对"对学校人才培养目标定位了解的程度"的调查结果显示：891份有效问卷中，学校不同群体对学校人才培养规格定位非常了解的共有99人，占总人数的11.1%；了解的共有347人，占总人数的39.0 %；一般的共有265人，占总人数的29.7%；不清楚的共有180人，占总人数的20.2%。被调查对象中，管理干部共有250人，其中18.8%的管理干部"非常了解"、50.8%的管理干部"了解"、25.6%的管理干部"一般"了解、4.8%的管理干部"不清楚"。教师共有314人，其中14.0%的教师"非常了解"、50.3%的教师"了解"、27.7%的教师"一般"了解、

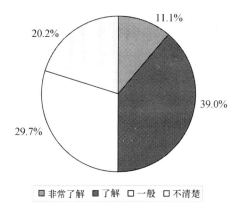

图4-5　教职工对学校人才培养规格定位了解情况

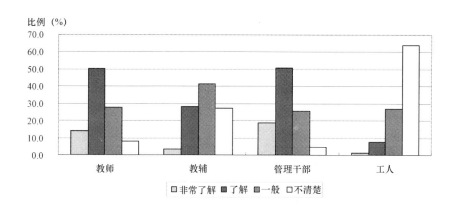

图4-6　教职工对学校人才培养规格定位了解情况

8.0%的教师"不清楚"。教辅共有 182 人，其中 3.3%的教辅"非常了解"、28.0%的教辅"了解"、41.2%的教辅"一般"了解、27.5%的教辅"不清楚"。工人共有 145 人，其中 1.4%的工人"非常了解"、7.6%的工人"了解"、26.9%的工人"一般"了解、64.1%的工人"不清楚"。详见图 4－5 和图 4－6。

（四）对学校类型定位内容了解度

针对"对学校类型定位了解的程度"的调查结果显示：891 份有效问卷中，学校不同群体对学校类型定位非常了解的共有 204 人，占总人数的22.9%；了解的共有 410 人，占总人数的 46.0%；一般的共有 183 人，占总人数的20.5%；不清楚的共有 94 人，占总人数的 10.6%。被调查对象中，管理干部共有 250 人，其中 38.4%的管理干部"非常了解"、47.2%的管理干部"了解"、12.4%的管理干部"一般"了解、2.0%的管理干部"不清楚"。教师共有 314 人，其中 24.1%的教师"非常了解"、56.1%的教师"了解"、15.3%的教师"一般"了解、4.5%的教师"不清楚"。教辅共有 182 人，其中 13.7%的教辅"非常了解"、46.2%的教辅"了解"、29.1%的教辅"一般"了解、11.0%的教辅"不清楚"。工人共有 145 人，其中 4.8%的工人"非常了解"、22.1%的工人"了解"、35.2%的工人"一般"了解、37.9%的工人"不清楚"。详见图 4－7 和图 4－8。

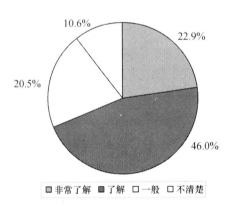

图 4－7　教职工对学校类型定位了解情况

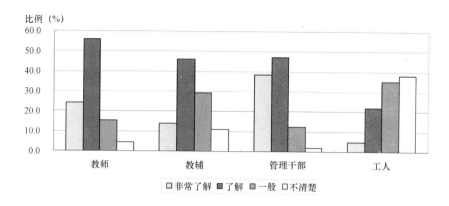

比例（%）

图4-8　教职工对学校类型定位了解情况

（五）对学校服务面向定位内容的了解度

针对"对学校服务面向定位了解的程度"的调查结果显示：891份有效问卷中，学校不同群体对学校服务面向定位非常了解的共有95人，占总人数的10.6%；了解的共有307人，占总人数的34.5%；一般的共有328人；占总人数的36.8%；不清楚的共有161人，占总人数的18.1%。被调查对象中，管理干部共有250人，其中19.6%的管理干部"非常了解"、49.6%的管理干部"了解"、27.6%的管理干部"一般"了解、3.2%的管理干部"不清楚"。教师共有314人，其中10.5%的教师"非常了解"、39.2%的教师"了解"、36.6%的教师"一般"了解、13.7%的教师"不清楚"。教辅共有182人，其中4.9%的教辅"非常了解"、22.5%的教辅"了解"、50.5%的教辅"一般"了解、22.1%的教辅"不清楚"。工人共有145人，其中2.8%的工人"非常了解"、13.1%的工人"了解"、35.9%的工人"一般"了解、48.2%的工人"不清楚"。详见图4-9和图4-10。

（六）对"学校定位准确性"的认可度

针对"学校发展定位准确性的认可度"的调查结果显示：891份有效问卷中，学校不同群体对学校发展定位的准确程度认为非常准确的为92人，占总人数的10.3%；认为较准确的为411人，占总人数的46.1%；认为一般的为185人，占总人数的20.8%；认为不准确的为61人，占总人数的6.9%；认为说不清楚的142人，占总人数的15.9%。被调查对象中，管理干部共有250人，其中16.8%的管理干部认为"非常准确"、

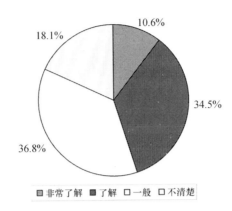

图 4-9   教职工对学校服务面向定位了解情况

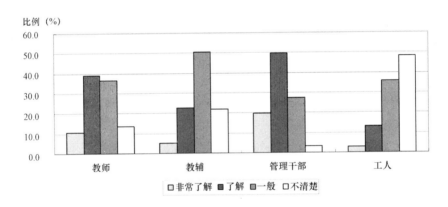

图 4-10   教职工对学校服务面向定位了解情况

58.0% 的管理干部认为"较准确"、14.8% 的管理干部认为"一般"准确、4.4% 的管理干部认为"不准确"、6.0% 的管理干部认为"说不清楚"。教师共有 314 人，其中 9.2% 的教师认为"非常准确"、45.2% 的教师认为"较准确"、26.8% 的教师认为"一般"准确、7.6% 的教师认为"不准确"、11.2% 的教师认为"说不清楚"。教辅共有 182 人，其中 8.2% 的教辅认为"非常准确"、43.4% 的教辅认为"较准确"、20.9% 的教辅认为"一般"准确、7.2% 的教辅认为"不准确"、20.3% 的教辅认为"说不清楚"。工人共有 145 人，其中 4.1% 的工人认为"非常准确"、31.1% 的工人认为"较准确"、17.9% 的工人认为"一般"准确、9.0% 的工人认为"不准确"、37.9% 的工人认为"说不清楚"。详见图 4-11

和图 4 - 12。

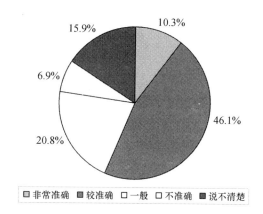

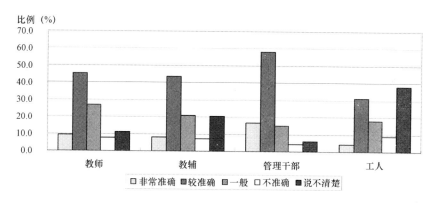

图 4 - 11　教职工对学校发展定位准确性认可度情况

图 4 - 12　教职工对学校发展定位准确性认可度情况

（七）对"学校定位对学校发展起到积极作用"的认可度

针对"认为学校定位对学校发展起到积极作用的程度"的调查结果显示：891 份有效问卷中，认为学校发展定位对学校发展起到非常大积极作用的 186 人，占总人数的 20.9%；认为较大的 405 人，占总人数的 45.4%；认为一般的 162 人，占总人数的 18.2%；认为没有意义的 30 人，占总人数的 3.4%；认为说不清楚的 108 人，占总人数的 12.1%。被调查对象中，管理干部共有 250 人，其中 30.0% 的管理干部认为"非常大"、51.6% 的管理干部认为"较大"、12.8% 的管理干部认为"一般"、0.4% 的管理干部认为"没有意义"、5.2% 的管理干部认为"说不清楚"。教师共有 314 人，其中 19.4% 的教师认为"非常大"、44.3% 的教师认为"较大"、22.0% 的教师认为"一般"、7.0% 的教师认为"没有意义"、7.3% 的教师认为"说不清楚"。教辅共有 182 人，其中 19.8% 的教辅认为"非常大"、47.8% 的教辅认为"较大"、15.4% 的教辅认为"一般"、1.6% 的教辅认为"没有意义"、15.4% 的教辅认为"说不清楚"。工人共有 145 人，其中 9.7% 的工人认为"非常大"、34.5% 的工人认为"较大"、22.8% 的工人认为"一般"、2.8% 的工人认为"没有意义"、30.2% 的工人认为"说不清楚"。详见图 4 – 13 和图 4 – 14。

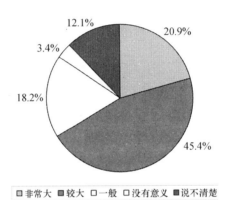

图 4 – 13　教职工对学校定位起到积极作用的认可度情况

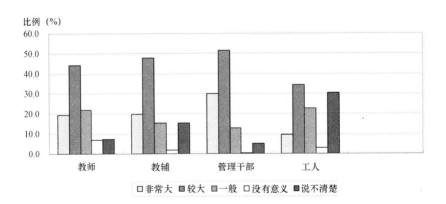

图 4 – 14　教职工对学校定位起到积极作用的认可度情况

（八）对"学校的现实情况与定位的差距"的评价情况

针对"认为学校的现实情况与定位有多大差距"的调查结果显示：891 份有效问卷中，认为学校现实情况与定位差距非常大的为 28 人，占总人数的 3.1%；认为较大的为 192 人，占总人数的 21.6%；认为有一定差距的为 506 人，占总人数的 56.8%；认为基本没有差距的为 48 人，占总人数的 5.4%；认为说不清楚的为 117 人，占总人数的 13.1%。被调查对象中，管理干部共有 250 人，其中 2.4% 的管理干部认为差距"非常大"、22.0% 的管理干部认为"较大"、62.4% 的管理干部认为"有一定差距"、5.6% 的管理干部认为"基本没有差距"、7.6% 的管理干部认为"说不清楚"。教师共有 314 人，其中 6.1% 的教师认为差距"非常大"、30.3% 的教师认为"较大"、54.5% 的教师认为"有一定差距"、3.5% 的教师认为"基本没有差距"、5.6% 的教师认为"说不清楚"。教辅共有 182 人，其中 1.1% 的教辅认为差距"非常大"、17.6% 的教辅认为"较大"、62.1% 的教辅认为"有一定差距"、4.4% 的教辅认为"基本没有差距"、14.8% 的教辅认为"说不清楚"。工人共有 145 人，其中 0.7% 的工人认为差距"非常大"、6.9% 的工人认为"较大"、45.5% 的工人认为"有一定差距"、10.3% 的工人认为"基本没有差距"、36.6% 的工人认为"说不清楚"。详见图 4 - 15 和图 4 - 16。

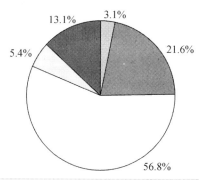

图 4 - 15　教职工对学校现实情况与定位差距的评价情况

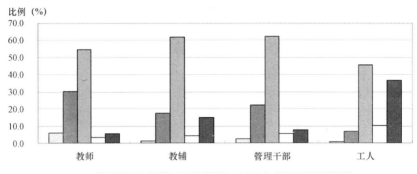

图 4 - 16　教职工对学校现实情况与定位差距的评价情况

（九）对学校实现发展目标定位可能性的评价情况

针对"学校实现发展目标的可能性"的调查结果显示：891 份有效问卷中，认为学校发展目标实现的可能性非常大的共有 134 人，占总人数的 15.0%；认为有可能性的共有 586 人，占总人数的 65.8%；认为无可能性的共有 39 人，占总人数的 4.4%；认为说不清楚的共有 132 人，占总人数的 14.8%。被调查对象中，管理干部共有 250 人，其中 25.2% 的管理干部认为可能性"非常大"、64.8% 的管理干部认为"有可能性"、2.4% 的管理干部认为"无可能性"、7.6% 的管理干部认为"不清楚"。教师共有 314 人，其中 10.2% 的教师认为实现的可能性"非常大"、71.0% 的教师认为"有可能性"、6.4% 的教师认为"无可能性"、12.4% 的教师认为"说不清楚"。教辅共有 182 人，其中 14.8% 的教辅认为实现的可能"非常大"、63.7% 的教辅认为"有可能性"、4.4% 的教辅认为"无可能性"、17.1% 的教辅认为"说不清楚"。工人共有 145 人，其中 8.3% 的工人认为实现的可能性"非常大"、58.6% 的工人认为"有可能性"、3.4% 的工人认为"无可能性"、29.7% 的工人认为"说不清楚"。详见图 4 - 17 和图 4 - 18。

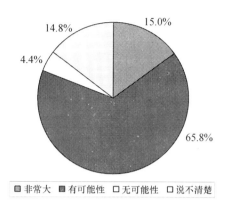

图 4－17　教职工对实现学校发展目标定位可能性的评价情况

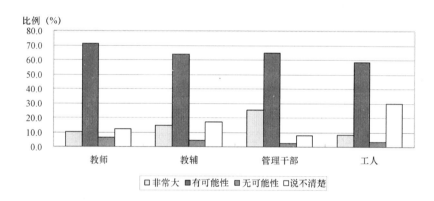

图 4－18　教职工对实现学校发展目标定位可能性的评价情况

第二节　国家重点建设高校定位分析

一　国家重点建设高校定位的特点

（一）发展目标定位内涵趋同

本研究对 39 所"985 工程"大学和 60 所"211 工程"大学的发展目标定位进行分类分析，以提及频率较高的世界一流大学和高水平大学为关键词，对这些高校发展总目标进行分类分析。结果显示，"985 工程"大学以"世界一流大学"为关键词的高校有 21 所，占总数的53.9%；以"高水平大学"为关键词的高校有 18 所，占总数的 46.1%。60 所"211 工程"大学的发展目标定位中，以"世界一流大学"为中心

词的高校有 5 所，占总数的 8.3%；以"高水平大学"为中心词的高校
有 52 所，占总数的 86.7%。有的高校不仅中心词相同，发展总目标定
位也完全一致，如山东大学和复旦大学的发展目标定位都是世界一流大
学；东北林业大学是要建成特色鲜明的高水平研究型大学，哈尔滨工程
大学也是建成特色鲜明的高水平研究型大学；华南理工大学的发展定位
是国内一流、世界知名的高水平大学，中南大学的发展目标定位也是国
内一流、国际知名的高水平研究型大学。我国许多高校的发展目标定位
是依据"三步走"的战略思想，要经历国内知名、省内领先的高水平大
学——国内一流、国际知名的高水平大学——世界一流大学的路线。就
目前国内的重点大学定位而言，其已经超越了第一阶段，进入了第二、
三阶段，故"985 工程"高校中定位为世界一流大学的高校多于"211
工程"高校，而"211 工程"高校大多定位为国内一流、世界知名的高
水平大学。由此可以看出，我国目前的重点大学其发展的最终目标仍是
世界一流大学。

　　学校的发展目标定位是学校发展的纲领，是高校发展规划的重要组成
部分。如果层次鲜明、类型多样、特色各异的众高校能在各自的领域中根
据自身实际情况、坚持适度原则，将内涵各异的国内一流、世界知名以及
世界一流大学作为奋斗目标，这不仅可以使全校上下时刻保持饱满的热情
为实现目标而努力，而且也能为我国建成若干所世界一流大学做出贡献。
但事实并非如此。高校的定位不仅目标定位雷同、相同，人才培养目标定
位也有相同之处，如青海大学和西藏大学都要培养"靠得住、用得上、
留得下、干得好"的高素质人才；天津大学、贵州大学、长安大学、西
安交通大学、西北农林科技大学等高校，虽然学校类型和层次不同，所处
地域也不相同，但其人才培养的目标都是"厚基础、宽口径、能力强、
素质高"的高级专门人才。

　　前述事例虽然反映的是高校在定位上的雷同，但实际上却折射出了高
校在整个规划上的弊病。翻开高校的规划文本，各高校整齐划一、面面俱
到地从办学指导思想、师资队伍建设、专业建设、教学改革、教学管理等
八个方面对高校进行规划。对比，2002—2007 华盛顿州立大学战略规划：
提供一流的大学本科教育，组织并促进世界一流水平的科学研究、研究生
和职业教育、学术和艺术教育的发展，并提供示范性的、有吸引力的工作

和学习环境①。同时，在其规划中还明确提出：我们很多方面并不需要改进，因此，在这个战略规划中也就没有被具体包括进来②。那么，在我国高等教育的人力、财力、物力各方资源稀缺的情况下，各高校是否真的都需要在这八个方面努力？即便是真的需要，又能否做好规划中的每一项？如此雷同、空泛的规划文本，又怎能践行出不一样的定位举措？高校如果在这样笼统、相似的办学目标指导下，按照相似的办学模式去建设世界一流大学，不但会使高校间走向本质化的趋同，阻碍高等教育的多样化进程，而且也会与建设世界一流大学的目标背道而驰。

定位即位置与目标的确定，既包括确定的过程，又包括确定后的不变更③。随着我国对世界一流大学的迫切需要，一些高校通过更改发展目标定位试图加快建设世界一流大学的脚步，如 2010 年 5 月中山大学在其学校网页学校概况一栏中提到发展目标定位为"国内一流大学前列、具有国际影响的高水平大学"，而在 2011 年 4 月则将战略目标更新为"追求世界一流水准，建设世界一流学术共同体"；西北农林科技大学在 2005 年 10 月的本科评估自评报告中提出：到 2020 年，把西北农林科技大学初步建设成为"以产学研紧密结合为特色、国际知名的高水平研究型大学"，而在其 2009 年 12 月召开的第二次党代会上又提出"突出产学研紧密结合办学特色、创建世界一流农业大学"的发展总目标；山东大学 2009 年在其学校概况中提出要努力建设具有德性、思想性、创新性、特色性和"山大特色、中国一流、世界水平"的高水平研究型大学，但是 2010 年 7 月又将发展目标定位为世界一流大学。国内重点建设高校在短期内更改定位、迫切希望跻身于世界一流大学的行为，不仅不符合学校办学定位的稳定性特征，而且也严重违背了高等教育发展的客观规律。

高校的发展目标定位不仅是高校各项工作的奋斗目标，也体现了高校在高等教育强国建设中肩负的使命。就我国国家重点建设大学而言，发展目标定位不仅要求发展目标定位具有独特性，更要求奋斗目标具有可行性；不仅要符合各高校自身的特点，更要符合高等教育强国建设的要求。

---

① 王炎灿、张晓阳：《中外研究型大学战略规划文本分析及其启示》，《大学·研究与评价》2009 年第 7 期。

② 同上。

③ 顾承卫、杨小明、甘永涛：《关于大学定位的研究综述》，《赣南师范学院学报》2006 年第 4 期。

例如，剑桥大学的使命是：通过对卓越的教育、知识的追求和国家最高水准的科学研究为社会做出贡献。霍普金斯大学的使命是：通过教育培养学生终身学习的能力，独立的和原创性研究的能力，并把发明发现的利益带给世界。耶鲁大学的使命是保护、传授、推进和丰富知识与文化。这些世界一流大学的发展目标定位，兼具独特性和可行性，为我国国家重点建设大学提供了发展样本。

（二）学科建设追求齐全

普林斯顿大学是美国最好的大学之一，但它没有医学、商业和法律学科。正如斯坦福大学荣誉校长杰拉德·卡斯帕尔所说，"普林斯顿大学做的最聪明的一件事就是在 20 世纪 60 年代承受了要建立法学院和商学院的巨大压力，普林斯顿大学进行了顽强的抵制，今天，普林斯顿仍是一所最好的大学"[1]。MIT 只有我国学科分类中的工学、理学、文学、经济学、历史学五类，未设法学、教育学、医学、农林等学科，并不是我们一些大学所追求的门类齐全的大学[2]。根据表 4 - 2 显示，我国 39 所"985 工程"大学中有 37 所高校的学科定位是综合性大学。根据表 4 - 8 显示，我国 60 所"211 工程"大学中学科发展定位为综合性的高校有 38 所、占总数的 63.3%，定位为多科性的高校有 22 所、占总数的 36.7%。根据表 4 - 3 显示，有 33 所"985 工程"高校的学科覆盖面多达 10 个学科门类以上，其中 3 所高校的学科覆盖了全部 13 个学科门类，其余 30 所高校也仅仅是没有覆盖军事、农业、医学等学科。除此之外，根据表 4 - 9 显示，60 所"211 工程"高校中除了有 13 所高校没有明确列出其学科覆盖数目之外，4 所高校学科覆盖了 12 个学科门类，占总数的 6.7%；7 所高校覆盖了 11 个学科门类，占总数的 11.7%；26 所高校覆盖了 10—7 个学科门类，占总数的 43.3%。我国许多高校学科定位经历了单学科—多学科—综合性的发展路径。目前国内重点建设高校已经超越了第一阶段，进入了第二、三阶段。因此，"985 工程"高校中定位为综合性的高校多于"211 工程"高校，而"211 工程"高校中的学科类型定位为综合性和多科性的高校也各自占总数的一半。由此表明，各重点建设高校学科发展的最终目标是综

---

① 杰拉德、卡斯帕尔：《成功的研究密集型大学必备的四种特性》，《中外大学校长论坛文集》，高等教育出版社 2002 年版。

② 庞青山：《大学学科结构与学科制度研究》，华东师范大学，2004 年。

合性大学。

国内重点建设高校的学科建设正在走多学科、综合化的发展道路。的确，多学科、综合化在一定程度上为知识创新、培养研究型人才、建设世界一流大学提供了客观的条件，但是量的累积不是必然会引发质的飞跃，学科门类的齐全并不能直接和必然地提高学科水平，而实现学科间的交叉和融合才是提升学科发展水平的有效途径。如果高等学校只停留于刻意追求学科门类的数量而不注重学科间的内在联系，那么就无异于给学校打上了华丽的包装却不注重其学科发展的实质内涵。"目前在我国，高等学校学科专业间的内在联系还没有建立起来，学校在设置学科专业的过程中，不太考虑与原有学科专业的联系，存在着为了追求学科专业的齐全而随意扩大学科专业种类的现象，这就造成了新设学科专业不能很好地从原有主干学科专业那里获得足够的资源性支持，不能做到不同学科专业间的资源合理开发、利用与共享，甚至造成新学科专业游离学校科类主体，设立后反而得不到应有的发展"[①]。真正意义上的综合性应是在多学科体系的基础上，打破各学科间的壁垒和障碍，实现各学科间交叉、渗透和融合，形成以主干学科为中心的交叉学科群。但是，目前我国重点建设高校并没有充分发挥其学科的特色优势，没有合理利用多学间的资源，即使有些学校利用了这种优势，也没有形成世界前沿的且具有竞争力的跨学科群，只显现出跨学科建设的表面化和滞后性。

世界一流学科是高等学校成就世界一流大学的基础，如牛津大学的政治经济学、古典文学，剑桥大学的物理、化学、生物学，哈佛大学的商业管理、政治学，斯坦福大学的心理学、电子工程、植物学，麻省理工学院的经济学、语言学、物理、生物，伯克利加州大学的原子物理、人类学，康乃尔大学的农业及农业科学、医学、旅游管理等[②]。根据表4-3显示，虽然我国39所"985工程"高校中有53.9%的高校提出要建设世界一流大学，但是却几乎没有任何一所高校提出要建设世界一流学科的目标。"北京大学、清华大学、浙江大学、南京大学、西安交通大学、上海交通大学等七所研究型大学中，现有国家重点学科133个，占教育部直属大学的55%。这些大学与国内其他高校相比，某些学科处于领先水平，但与

---

① 林蕙青：《高等学校学科专业结构调整研究》，华东师范大学，2006年。
② 李枭鹰：《世界一流大学学科建设的基本理路》，《高等教育研究学报》2009年第6期。

国际一流大学相比，却比较落后。并且这些学科处于跟踪型的居多，处于世界前沿的极少，即使被列为国家重点学科，真正处于国际领先水平的也几乎没有。"① 目前，我国研究型大学不断被高等教育大众化的浪潮所冲击，他们在适应经济社会发展的同时，应做到有所为，有所不为。如同20 世纪 70 年代以前的斯坦福大学曾有全美排名前十名的建筑学院，但是由于考虑到要建设一所大型建筑学院必须同时开设建筑学等 4 个以上的相关专业，而且加州伯克利大学的建筑学院在全国名列前茅，所以斯坦福大学毅然决然的取消了其已有的建筑学院，将更多的资源用于更具有竞争优势的学科。而我国研究型大学若想突破现有的格局，迈进世界一流大学的大门，同样应该加大力度发展其优势学科，凝练学科方向，以点盖面形成各自的办学风格，并逐渐提升学校整体的知名度，从而为世界一流大学的建成奠定坚实基础。

（三）人才培养目标内涵模糊

在 99 所国内重点建设高校中，95% 以上的高校都是用高层次、高素质、创新型、复合型等词语的简单组合构成学校人才培养目标定位。如我国北京林业大学的人才培养目标定位是"培养基础扎实、知识面宽、实践能力强、综合素质高的创新型人才"。华中农业大学的人才培养目标是"培养基础扎实、知识面宽、实践创新能力强，德智体美全面发展，应用型、研究型和复合型的高素质人才"。对比中央民族学院的人才培养目标定位"培养坚定维护民族团结、适应少数民族和民族地区发展需要的应用型和研究型人才"和合肥工业大学的人才培养特色"工程基础厚、工作作风强、创业能力强"，北京林业大学和华中农业大学的人才培养目标就过于空泛。这样的培养目标，既没有体现出林业和农业大学的特点，也无可操作性。

首先，将"创新型"这类内涵空泛、缺少针对性且内容并不十分明晰的雷同词语用于人才培养目标定位显然不合适，因为它们没有从根本上依据学生发展的特性、高校的自身水平、特色和社会对多样化人才的需求明确学校的人才培养目标。美国加州大学伯克利分校本科人才培养目标是培养"熟悉艺术、文学、数学、自然科学和社会科学，能够收集、筛选、

① 江莹：《重点学科建设：创建一流研究型大学的突破口》，《安徽大学学报》（哲学社会科学版）2002 年第 3 期。

综合、评价来自不同领域的信息，理解如何创造新的知识及研究过程，能够与人合作共处并能创造性地转换环境，具有解决问题和做出决定所必需的技能、并能考虑将会产生的各方面影响，能够处理模糊性、并能灵活思考且具有职业生涯不断发展知识的技能"的精英人才。将二者比较后发现，我国的人才培养目标定位不仅无法满足学生个性化的发展需要，无法满足社会对人才多样化的需求，我们的学生就像商品原料一样被送入犹如计件加工厂的高等学校，那里无视他们独特的个性，而把他们按同一个模样加工和塑造。同时，这样的定位与高等教育多样化的发展方向背道而驰，无法实现人才培养与社会和市场经济的有效对接，严重影响人的自身发展、社会经济的发展乃至国家的发展。

其次，既然多数国内重点建设高校已将目标定位为研究型大学，那么为国家培养研究型人才应该是其最根本的任务，它的课程设置、教学方式和教学内容都应该以这个根本任务为中心。付景州等学者对某研究型大学的本科培养方案进行了调查："该校本科课程体系由通识课程和学科专业课程组成，通识课程由公共基础课（包括思想政治系列课、外语、计算机、体育等课程，并要求所有本科生在低年级必修，约48学分，占通识课程的85%左右）和公共选修课（遵循扩大学生知识面的思维范式分为七个类别——哲学与社会学类、财经政法类、历史与文化类、文学类、艺术与体育类、理工医综合类、方法与技术类，要求学生在四年学习过程中选修不少于四个类别、8个学分）构成。学科专业课程由学科基础课程和专业必修、选修课程构成，以学科专业为单位设置的课程体系中这类课程占主导优势，是学生四年课程学习的重点"[①]。通过对该校课程设置的分析，他们发现："该校课程类别分布不均，哲学与社会学类仅占课程总数的7%，学生自由选定的四个类别课程间既无逻辑关系也不能覆盖学科面。通识课程与学科专业课程各自为政，公共选修课程游离于公共基础课、学科专业课之外，与专业课程缺乏有效对接。"[②] 研究型大学人才培养的课程结构设置出现了通识教育与专业教育"两层皮"的现象，既没有实现研究型人才所需的知识体系的架构，也没有通过课程的设置实现真

---

① 付景州、姚岚：《研究型大学本科人才培养模式——问题及改进策略》，《教育研究》2010年第6期。

② 同上。

正意义上的学科交叉和融合，为研究型人才的培养提供客观条件。这不仅导致课程资源的严重浪费，而且也直接影响到研究型大学的人才培养质量。

张红霞等学者对全国 15 个省市自治区的 72 所高校（8 所研究型大学，64 所其他类型和层次学校）本科教学情况的问卷调查显示：研究型大学"教授授课质量"满意率为 69%，普通高等学校为 93%；研究型大学有 46% 的学生对一至三年级所修课程的 50% 以上课程不满意，普通高校为 22%；教授在学术成长及人际交往上对学生的帮助研究型大学也稍逊于普通高校；普通高校学生对教授教学质量的满意度高于研究型大学，而且学校类型与学生满意度之间相关性较高①。由此可以看出，目前我国研究型大学人才培养定位与人才培养模式存在偏差，高校的课程设置、课程内容、讲授方式以及教学质量等人才培养模式不仅没有达到培养研究型人才所需的要求，而且也无法满足学生对知识和科研活动的需求。由此导致目前许多用人单位的普遍抱怨："现在的学生，既没有之前学生的那种'上手快'的表现，也没有出现人们所期望的创新能力。"以至于许多单位找不到适合的人才，许多学生找不到如意的工作，出现了高校毕业生严重结构性过剩的情形。而事实上，只有明确了人才培养目标定位，配之以正确的课程设置、培养方式和保障制度，才能从根本上满足学生的学习需求，实现研究型人才的培养目标。

"世界著名的研究型大学之所以能在国际上享有很高的声誉，就在于它能培养出一批社会公认的优秀探索型人才"②。美国麻省理工学院（MIT）确立的人才培养目标是"增进知识，在科学、技术及其他学术领域把学生培养成在 21 世纪服务于国家和世界的最优秀的人才"，哈佛大学提出的人才培养目标是"世界公民"③。我国重点建设高校同样在创建世界一流大学，确立"培养社会公认的具有国际视野且能够肩负世界使命的世界一流人才"的目标也是至关重要的。人才培养目标的国际化，不仅仅是要把国际化作为自身的目标定位，而且需要高校在课程设计上实现国际化，增强学生国际化的意识、国际化的活动能力，使其拥有国际知

---

① 付景州、姚岗：《研究型大学本科人才培养模式——问题及改进策略》，《教育研究》2010 年第 6 期。
② 梁彤、李驹：《美国研究型大学及其基础研究》，《清华大学教育研究》2005 年第 2 期。
③ 王辉：《我国研究型大学人才培养国际化研究》，兰州大学，2010 年。

识，方方面面渗透着国际化的气息。依据表 4 - 5 和表 4 - 11 发现，虽然有些高校提出了要培养具有国际视野和国际竞争力的人才，但是在具体实施国际化的过程中却并没有做到真正的国际化。如高校的外语课程单一，教材内容和讲授方式并没有达到真正的国际化，课程管理和评价依然采用国内固有的管理和评价方式，学生国际交流机会较少，在这种情况下高校人才培养是否能真的实现国际化？

人才培养是高等学校的核心。国家经济建设的首要需求即人才的需求。当下我国经济总量已经居世界的第二位，但是在经济总量的贡献中，依靠创新所产生的贡献却十分有限。这就急切需要国家重点建设高校积极发挥其培养研究型人才的作用，以个人发展需求为基础，依据各校的独特条件、高等教育发展的客观规律和国家、社会乃至世界对各类人才的需求制定人才培养目标。我国 78% 的国家重点建设大学将自己定位成研究型大学，这不仅强调要培养研究型人才与知识和文化创新的重要任务，而且也强调要将科技发展、国家繁荣、世界发展和人类进步有机地结合起来。因此，就我国重点建设大学而言，就是要培养以探索事物规律、创造知识为主要工作内容和目标的研究型人才。研究型人才需要学生学习新知与探索未知并行，提升自我与服务国家共进。

（四）服务面向失重

联合国教科文组织在 1978 年就明确提出高等教育的新任务：养成有利于社区发展的态度；要根据对人才需要的预测和各种不同资格的要求来培养专业的发展人才；要利用科学理论上的研究和应用科学的实际探讨为社会服务；对有关社区发展的特殊问题为决策者或一定集团的利益做出专家和顾问的建议，从事永久性的服务工作。我国国家建设高校中有教育部直属院校、省部共建院校、行业部委直属院校，这样的隶属关系在一定程度上决定了其服务面向的特点。事实上，服务面向本身是无明确的界限可言，为地方、为行业服务的同时也是在为国家经济做贡献，为国家经济服务的同时也会促进地方和行业的发展。

通过对表 4 - 6 进行分析发现，高等学校在服务面向定位上无侧重点。从理论上讲，我国高等学校的学科设置基本上涵盖了所有的行业领域，学校应该根据自己的学科特色及专业设置，来确定自己的服务行业，但是现实却并非如此，许多具有学科特色的学校在建设世界一流大学中不断被"综合化"，淡化特色，师范大学办综合大学、农业大学办综合大学等一系列的现象说明，这样毫无侧重点、特色和层次的服务面向同样无法满足社会对高等教育多样化的需求。其次，我国高校定位中虽对服务面向有所提及，但是规划的具体内容却未给服务面向留有足够的空间，致使有些国家重点建设高校同地方普通高校一样将服务面向的重点置于地方经济的发展。如果研究型大学和地方高校都同时将服务面向重点置于地方经济发展，就会出现很大程度的重合，而造成教育资源的浪费。

国家重点建设的院校需要为国家、社会，甚至是全世界提供其他社会机构所不能提供的、其他类型的高校都难以提供的社会服务。它们为国家、社会，甚至是全世界提供的服务会促进国家经济产业结构的升级，提升国家的综合实力，从而加速实现高等教育强国的战略目标。因此，我国国家重点建设大学应该在社会服务的目标定位上实现学术性与引领性并重，不仅要将创新成果运用于社会发展之中，而且也要为国家的重大战略决策提供智力服务，以此来引领经济社会的发展。美国如果没有大学的支撑，尤其是一批研究型大学的支撑，就不再有人才优势，继而就不再有科技优势，没有科技优势就不再有经济优势，最后必将失去其大国优势。[①]闻名于世的硅谷是由美国斯坦福大学创办的世界上第一个大学科技园——斯坦福研究园发展而来。斯坦福大学本身并没有以任何实体的形式直接参与公司的经营与运转，而是通过学校的技术专利办公室及时地把自己的研究成果以专利和技术转让的形式直接流向硅谷的高科技公司。斯坦福大学通过为社会培养研究型人才和生成高水平的科研成果等方式引领了加州、美国甚至全世界经济的发展，如果没有斯坦福大学，也就不会出现影响整个世界的硅谷。但是，目前我国研究型大学不仅缺少引领社会发展的气魄，而且在引领社会发展的方面做的也不够到位。"985 工程"启动之后，在我国科研成果总量大幅度增长（根据 2012 年中国科技信息研究所的统计数据，2011 年我国科技论文总量为世界第二[②]）的背景下，我国科技的国际竞争力在 46 个主要国家中的排位却始终与数量大国的地位不符，从 1998 年的第 13 位，下跌至 2000 年的第 28 位[③]，只在 2002 年以后有所回

---

①　眭依凡：《高等教育强国：大学的使命与责任》，《教育发展研究》2009 年第 23 期。

②　《北京晚报》2012 年 12 月 7 日。

③　何建坤：《充分发挥研究型大学服务功能 推进技术创新和高新技术产业发展》，《中国科技产业》2004 年第 9 期。

升，但仍有较大的扩展空间①。大学科技成果能够签约的不到 30%，转化后能产生经济效益的成果又大约只占被转化成果的 30%，只有约 5% 的成果能取得较大的效益②。因此，我国重点建设高校不仅要充分发挥各自学科特色和专业优势，且需以其特色学科和优势专业为依托，通过建立大学科技园等多种方式转移其研发技术。同时，还要通过释放研究型大学的批判精神，构建传统文化的发展范式，起到引领社会发展的作用，以满足社会多样化的需求，从而促进社会不断向前发展。

二　国家重点建设高校定位两种现象

（一）教职工对高校定位内容了解度较低

通过对数据的分析可以看出，虽然管理干部对类型定位内容的了解度高达 85.6%，对发展目标的了解度达到 74.8%，但是其非常了解度也仅有 38.4% 和 26.8%，对学科发展定位、人才培养目标定位和服务面向定位的非常了解度也都在 20% 以下。教师对类型定位的了解度高达到 80.3%，但是其非常了解度也仅有 24.2%，对发展目标定位、学科发展定位和人才培养目标定位的非常了解度也都在 15% 左右，对服务面向定位的非常了解度只有 10.5%。教辅除了对类型定位的非常了解度达到了 10% 以上，其余均在 10% 以下。工人的非常了解度最低，均未达到 5%。总体而言，不同群体对高校发展定位的非常了解度相对较低。而且，更为突出的问题还在于管理干部和教师对高校发展定位的非常了解程度并不比教辅和工人对高校发展定位的非常了解度高多少。管理干部和教师不仅是高校定位的决策主体，更是高校定位践行的主体，因此他们对高校定位内容了解的程度是顺利实现高校发展目标定位的首要条件。

高校管理干部是按照国家政策、方针和上级教育部门的指示以及学校工作的规律和具体情况对学校未来的发展走向做出重要决策的主体，并按照已经确定的目标和任务协调各部门之间的关系，调动各方积极性，引导高校实现发展定位。管理干部在制定、执行定位的过程中起到了统领全局的作用。如果管理干部只是将学校发展定位的制定和实施当作上级指示，

---

① 据世界经济论坛《2009—2010 全球竞争力报告》起草负责人詹妮弗·布兰克，中国科技竞争力近年来逐步提高，但仍有较大提升空间。新华网，2009 年 9 月 10 日《世界经济论坛：中国科技竞争力有待提升》。

② 张悦、胡朝阳：《论我国科技成果转化的法律环境》，《科技与经济》2006 年第 3 期。

认为这是不得不去完成的任务，不了解定位的具体内容，更不重视学校的办学理念和文化，那么高校定位只是一纸文件，毫无实现的价值和可能性。因此，只有管理干部熟知高校定位的制定背景、制定过程、具体内容和实现途径等，并且能够将高校定位背后所隐藏的办学理念和学校文化融入工作中时，他们才能肩负起对学校工作的指挥、领导、决策、协调和管理等重要任务，才能为高校发展定位的实现提供坚实的保障。

教师是年轻一代的培养者，是文化科学、意识形态的传递者，是未来社会人才的生产者[①]。高等学校最基本、最本质的任务是人才培养，而大学教师不仅是人才培养质量的决定者，而且是优良学风的酿造者、是学校声誉的建树者。如果教师不能深入了解本校发展目标定位的情况，就不能领悟到学校发展目标、人才培养目标、服务面向等内涵的精髓，就不能通过有效、恰当的方法教书育人、积极治学，进而对学校目标的实现起到积极的作用。因此，只有教师以学校各发展目标定位为依据，通过设计人才培养方案，实施人才培养计划，才能有效地通过传道、授业、解惑为社会不同领域培养出大量高质量人才，同时教师的治学精神、态度和方法以及做人的原则等都会对学生产生潜移默化的影响，久而久之固化为学风，良好的学风不仅有助于培养出高质量的学生，而且更有助于学校发展目标的实现。

目前，我国高校中具有较高学历和相对应专业知识的教辅和工人比例不高，他们的来源、自身素养及综合素质与他们所从事工作的要求还存在着一定的差距。加之，他们长期服务于高校基层，对高校发展定位这样的顶层设计和实施工作接触甚少，导致他们对高校定位漠不关心。但是，教辅和工人在实现高校发展定位的过程中也起着不可小觑的作用。他们围绕高校人才培养这个中心服务于高校的基层组织，是高校发展目标实现的坚强后备力量。因此，教辅和工人应努力提高专业业务水平和经营管理知识，提升高校服务意识，以确保高校发展定位的顺利实现。

高校教职员工对高校发展定位的了解程度为何偏低？由于部分高校在定位的制定和实施过程中缺乏民主基础，"很多学校发展战略规划仍然是由小范围的人来制定，常常是校领导、财务主管和院长随意做出的，在正

式公布之前广大教职员工和学生根本无从了解"①。针对这样的情况，本研究进行了相关的问卷调查和访谈，其中一些管理干部认为想要了解定位问题需要到"985 工程"或者"211 工程"办公室或者发展规划处这样的相关部门。一些普通教师认为学校发展定位是学校领导的事情，并表示对此没有兴趣，还有一些老师通过参加有关的会议和座谈会对学校发展定位的情况有所了解，但也只是一些表面情况，对于定位所折射出的办学理念还是不太了解。一些教辅和工人认为学校定位与他们毫无关系，不仅表示对此类问题全然不知，而且还拒绝填写调查问卷。在访谈中笔者得知，高等学校发展定位的决策主体是学校党委常委、广大师生、"双代会代表"及相关专家参与决策。但是，在对一些高校的教职员工发放问卷时却了解到了一些与之大相径庭的情况：商讨、制定定位及规划的多是各院系和学校职能部门的领导，普通教职员工如果既不是行政人员，又不具备高级职称，那么就很少有机会参与到定位和规划的顶层决策中。定位确定之后，学校会采用任务下达的方式对学校的定位进行宣传，这样貌似可以使广大教职员工通过另一种方式了解和熟知学校定位的情况。但是殊不知，定位情况即便是按照原文原封不动地下达，原汁原味的定位理念和思想也将不复存在，更何况传达要经过学校领导——各个部处和学院领导——学校教职员工的若干层过滤，那么信息接收的准确性就很难保证。

（二）教职工对高校定位认可度较低

对高等学校发展定位的认可、认同是实现学校定位的前提条件之一。总体而言，国内重点建设高校内部不同群体对于高校发展定位能够起到的积极作用较为认同，其中 81.6% 的管理干部、63.7% 的教师、67.6% 的教辅和 54.2% 的工人认为高校发展定位对学校的发展会起到积极作用。但对于这种发展定位的精确度，这些群体却表现出较低的认可度，例如，只有 16.8% 的管理干部认为这种定位是非常准确的，教师、教辅人员对于精确度的认可更是低于 10%，而工人的"非常准确性认可度"仅有 4.1%。这一现象反映出高校定位的模糊与笼统。这正是高校内部 86.5% 的管理干部、90.9% 教师、80.8% 教辅和 63.4% 的工人都认为高校现实情况与定位存在差距的原因。然而，由于不同群体对高校发展定位的准确性存在疑义，加之高校现状与定位存在一定差距，因此就出现了对学校发

---

① 刘念才、周玲：《中外大学规划：比较与借鉴》，上海交通大学出版社 2007 年版。

展定位实现可能性的疑义。调查数据显示，只有25.2%的管理干部、10.2%的教师、14.8%的教辅和8.3%的工人认为高校发展目标定位实现的可能性非常大。

基于高校教职员工对高校发展定位了解度较低这一客观情况，高校教职员工对于高校发展定位的认可度也相应不高。同时，由于高校定位自身存在的问题（诸如高校现实情况与高校定位存在一定差距）、定位的制定程序缺乏民主基础等因素，也导致学校内部不同群体对于学校发展定位兴趣不高、重视不够。总体而言，高校定位难以得到广大教职员工的理解、认同和支持，这就容易使定位与学校各院系的实际情况结合不够紧密，执行效果大打折扣，先进思想和办学理念也就无法统一，思想的不统一就使得统一的行动力无法形成，这样一来，高校发展目标定位实现的可能性自然就会大大降低。

高等学校合理定位有利于建构结构合理、层次分明的高等教育体系，有利于形成各具特色的多样化办学模式，有利于高校确定正确的发展方向和奋斗目标，因此它的积极作用是毫无疑问的。但是问题就在于高校能否合理定位，目前我国国内重点建设高校发展定位普遍存在：发展目标定位趋同、学科建设追求完备、人才培养目标含混、服务面向失重等问题。

高校定位的顺利实现还在于良好校园物质文化、精神文化和组织制度文化的营造，这个环境的营造同样需要全体人员的共同努力。因此，每个群体在高校定位的实现过程中的作用是不可忽视的。如管理干部协调各方积极性，统筹校园文化建设；教师通过教书育人和科学研究为校园精神文化建设添砖加瓦；图书馆的教辅在校园文化建设中加强图书馆的环境建设，努力构建高品位的图书馆物质文化。加强信息资源的建设和开发，努力营造虚拟和实体馆藏相结合的图书馆精神文化；工人在校园物质建设中加强校园景观建设和维护，为校园的精神文化的建设提供客观条件，等等。总而言之，无论从了解度还是认可度来考察高校定位的实现，都旨在推进高校定位的合理与恰切。

第三节　改进和完善国家重点建设高校定位策略

从国家实施重点建设大学的目的可以看出，无论是从经济社会发展的维度，还是高等教育自身发展的视角，国家都对重点建设大学寄予了厚望。为此，重点建设大学必须较一般高校具有更大、更高、更远的担当。

一　秉承学校发展的灵魂——办学理念

大学的办学理念犹如海上明灯，为大学指明了前行的方向。在社会不同价值观念的冲击下，大学若随波逐流，必将会被倾覆于激流之中。因此，明晰大学办学理念，坚守其独特的文化品格，是大学跻身于世界顶尖之列的秘诀所在。

目前，国家重点建设高校在建设世界一流大学中缺少的不是各种制度和规定，而是被广泛认同的独特的办学理念。虽然我国一些大学也日渐提高了对办学理念的认识，但在规划文本中却没有给办学理念留有足够的空间，毫无感召力和个性的办学指导思想代替了文化底蕴深厚的办学理念。对比国外的几所世界一流大学，我们就不难发现办学理念的灵魂作用。耶鲁大学的经久不衰恰恰就在于她在锤炼中不断审慎思考自己，形成了独特的办学理念：负载宗教使命、恪守精英教育、注重本科教育、守护自由教育、坚守教授治校与学术自由的教育理念稳定而持久，正是因为耶鲁大学珍视自己的办学传统才使其引领风骚数百年。普林斯顿大学以其"小而精"的办学理念彻底倾覆了传统的教育观念，"求精不求大，重质不重量"是其永恒不变的精英培育准则，"视学术为生命，视质量为根本"是其发展的历史法则。她走在时代的前列，以独特的办学理念站在了世界一流大学的顶点。牛津大学由中世纪沿用至今的校徽上写着"Dominus illumination mea"，意为"主照亮（启示）我"，强调"启示"是知识和真理的源泉[1]。在 19 世纪中叶，约翰·亨利·纽曼提出："大学是探索普遍学问的场所，是传授普遍知识的场所，把所有知识荟萃在一个名字之下才称为大学。"[2] 纽曼对大学本质特征的诠释，不仅反映了英国大学的理念，也是牛津大学亘古不变的基本理念。东京大学在改革的浪潮中把握机遇，不断追求卓越，以国民嘱托、服务日本为己任，探索着超越国籍、民族、语言等束缚的人类普遍真理与事实，旨在为世界和平与人类福利、人与自然的共存、安全环境的创造、保持各地区均衡的可持续发展、科学技术的进步以及对文化批判性地继承与创造做出贡献。

---

[1]　韩筱：《牛津深呼吸》，西苑出版社 2002 年版。
[2]　裘克安：《牛津大学》，湖南教育出版社 1986 年版。

高校定位不仅要着眼于眼前人才培养、科技创新和社会服务，更应该从文化的高度和广度上诠释高校的定位。实际上，文化的传承和创新是人才培养、科技创新和社会服务的土壤，有了文化的沃土，前三者才能茁壮成长。

《易》曾言：关乎人文，以化成天下。文化即人化，人化即以人的尺度去化成天下。人才不仅是科技创新的人才，是使国家经济繁荣发展的人才，也是具有人文精神的人才；科技创新不仅促进经济发展、物质丰富，也是兼顾生态环境、人类心灵；服务社会不仅只服务于 GDP 和地方政绩，也是服务于民族融合、社会和谐。科技依靠创新和突破，文化却仰仗沉淀与反思。在这一点上，高等学校有着得天独厚的资源，尤其是我国重点建设高校，历史悠久，人才济济，历史凝聚在他们身上的人文精神随着时间的推移愈加浓厚。这些高等学府涌现出的人才感召、指引着后来者，这些历史沉淀下来的人文主义精神也应该成为我国重点建设高校定位的精神矿藏。如果将所有人类成果看成文化，可以将这些文化以三个层次看待，物质文化、制度文化与精神文化。国家经济发展主要是物质文化的发展，国家社会发展主要是制度文化的发展，那么精神文化的发展将如何实现？高等学校在完成促进国家经济设计发展的同时也应该把精神文化的推进纳入到自身发展中。这需要高校在定位时，兼顾工具理性与价值理性，兼顾经济发展与社会发展，兼顾科技创新与人文创新。

一所高校的发展定位是学校历史的沉淀，是对学校现状的考量，是对学校未来展望，是学校办学理念和文化精髓的凝练。透过各自表述不同的教育理念，即能感受到不同大学的文化传统与历史底蕴①。一流大学的发展经验表明，任何一所大学无论历史长短、环境优劣、条件好坏，只要根据社会环境、时代潮流的变化，坚持独特办学理念，通过自身的不懈努力，不断革故鼎新，方能成就世界一流大学的伟业。

二　坚守学校发展的精髓——特色学科

随着我国建设世界一流大学的深入发展，我国国家重点建设高校的学科建设体系已相对完备，学术水平也有了较明显的提高。但不可否认，我国国家重点建设高校的学科建设还存在着很多问题。首先，学科发展理念

---

① 别敦荣、张征：《教育理念与世界一流大学的形成》，《高等教育研究》2010 年第 7 期。

迷失，随意扩张学科规模、追求数量指标，重设轻建、忽视提升学科水平，学科规划文本华而不实，目标繁杂、缺乏可操作性，保障措施缺失、"规划与实施"两张皮现象严重。其次，学科结构雷同、各学科间互补互助功能不彰，无法发挥学科体系的整体效应。

　　一流的大学绝不是所有的学科都是一流的，但一流的大学必须有一流的学科①。纵观世界一流大学的发展历程，我们不难发现不同的世界一流大学有着各具特色的学科建设与发展方略。虽然世界一流大学的学科发展趋势都是从单科性走向综合性，但是却各具特色。耶鲁大学和普林斯顿大学是以传统文理学院为基础发展起来的传统综合性大学。耶鲁大学的主干学科偏人文社会科学，文、法、商及数、理、生等基础学科是其强势学科，工科势单力薄，无明显优势。而普林斯顿不仅人文社会学科很强，且理工学科也很有优势，在学校周围还形成了高科技园区。牛津大学和东京大学则以一流的文理基础学科为发展核心，注重基础学科与应用学科，人文社会学科与自然学科的有机结合、平衡发展。牛津大学"从来不认为发展新的学科可以损及它在人文学方面的传统优势。伟大的大学应该努力争取在自然科学和社会科学领域做出新的突破，同时，维持人文学科研究的高水平，在这两者之间保持一种平衡"②。东京大学在成立初期只设文、法、理、医四个学部，之后在"殖产兴业"思想的指导下，理学部的造船、采矿冶炼、工学科从中分离出来，形成以培养工学人才为主的工艺学部。同时，东京大学已成为了真正完全的综合性大学，它在不断加强传统文理学科的同时，还大力发展有特色的实用技术学科，真正做到了各学科齐头并进。

　　我国国家重点建设高校若想突破现有的格局，迈进世界一流大学的大门，同样应该加大力度发展其优势学科，凝练学科方向，以点盖面形成各自的办学风格。如，我国研究型大学可以根据其学科结构的特征分为两大类。第一类是以传统文理学院为基础发展起来的以北京大学、清华大学为代表的既有偏人文社会科学的又有偏理工科的传统综合性大学。第二类是以单科性专业学院为基础发展起来的中国地质大学、东北师范大学、西北农林科技大学、北京邮电大学等专业性偏强的大学。虽然各高校的学科结

---

① 刘继安、储召生：《向世界一流大学学些什么》，《管理科学文摘》2002 年第 8 期。

② 裘克安：《牛津大学》，湖南教育出版社 1986 年版。

构特征各不相同，但是不论何种类型的研究型大学，首先都应该在学科定位上将某一门或某几门学科形成自己的特色，特色学科不断发展壮大，集聚优势，找准突破口，便形成了一流大学赖以成为一流的强势学科。各高校不仅要形成各自的强势学科，而且还要不断凝练学科方向。虽然不同类型大学拥有同类学科，但是这些学科的内涵与发展方向也应该是不尽相同的。如第一类传统综合性大学，由于其历史悠久，所以其所设的人文社科、管理及其他非理工科的学科应该更偏重于经典理论研究与教学，第二类由单科性专业学院为基础演变而来的专业性较强的大学则更应该建立在本校专业学科优势之上，侧重于现代技术的研究与教学。

我国国家重点建设高校不仅要在几门学科上形成了自己的强势和个性，凝练学科方向，集聚强势，找准突破口，而且还要在多学科体系的基础上，打破各学科间的壁垒和障碍，实现各学科间交叉、渗透和融合，形成以主干学科为中心的交叉学科群。为此，我国国家重点建设高校应该充分发挥学校在某些学科或某学科的某些方面，甚至某一点的优势和特色，从而形成各自的办学风格，并逐渐提升和确立学校整体的知名度和地位，从而为世界一流大学的建成奠定坚实基础。

三 恪守学校发展的使命——人才培养

尽管国内重点建设高校不乏个性化的人才培养目标定位，如西北农林科技大学的人才培养目标是：为农业科教单位培养研究型人才，为涉农企业培养应用型人才，为农业行政部门培养高素质公务员。但依据前文所述，在我国重点建设高校中，95%以上的高校都重复使用高层次、高素质、创新型、复合型等缺少针对性的词语来定位人才培养目标。其次，国内重点建设高校多为研究型大学，在人才培养的课程结构设置上出现了通识教育与专业教育"两层皮"的现象。高校的课程设置、课程内容、讲授方式以及教学质量等人才培养模式不仅没有达到培养研究型人才的要求，而且也无法满足学生对知识和科研活动的需求。此外，虽然有些高校提出了要培养具有国际视野和国际竞争力的人才，但是在具体实施国际化的过程中却并没有做到真正的国际化。

针对以上问题，本研究对国内重点建设高校的人才培养目标定位提出以下建议：首先，国内重点建设高校应提出更为明确的、有个性的人才培养目标。在这一点上，我们应该向世界一流大学学习。如耶鲁大学培养服务国家和世界领袖人物的信念仍然保持。普林斯顿大学旨在为社会培养"具有清晰的思维、表达与写作能力，具有以批评方式系统地进行推理的能力，具有形成概念和解决问题的能力，具有独立思考的能力，具有敢于创新及独立工作的能力，具有与他人合作的能力，具有判断和深入理解某种东西的能力，具有分辨重要性、持久性的能力，熟悉不同的思维方式，在某一领域内的知识到达一定深度，具有观察不同学科、文化、理念相似性的能力，具有终身学习的能力"[①] 的精英人才。牛津大学在人才培养目标中同样重点强调了精英人才培养的目标定位，东京大学的教育理念是追求世界最高水准的教育，培养既有宽广的视野又兼有高度的专业知识、理解力、洞察力、实践能力、想象力及国际视野的知识型领导人才。由此，我们觉得如北京林业大学和华中农业大学这样的行业突出性高校可以根据学校自身的学科特点以及我们国家目前建设现代农业和林业的需求，在原有定位基础上突出"培养国家现代农业（林业）所需人才"等内容。除此之外，重点建设高校在人才培养总目标的基础上，各个学院也应对不同专业的人才培养目标进行定位，使高校人才培养的核心使命更加具体。如斯坦福大学各个学院都有其各自的培养目标，商学院的使命是培养有创新性、原则性、洞察力和深刻见解的可以改变企业、组织、世界的领导人。工程学院的使命是培养能够将科技转化成生产力，将思想应用于实践，从而促进世界更好发展的领导人。法学院的使命是培养能够为国际和世界解决问题的法学领导人。

　　其次，国内重点建设高校多为研究型大学，可是在人才培养的课程结构设置上存在通识教育与专业教育相互脱节现象，课程内容、讲授方式以及教学质量等人才培养模式也没有达到培养研究型人才所需的要求。研究型人才核心使命应是知识创新，它需要学生掌握厚实的理论基础，较完整的知识体系，包括深厚的文化底蕴，因此，重点建设高校应采用学科的范式培养研究型人才。高校应在本科阶段重点加强通识教育，同时注重科研能力的培养，而在研究生阶段加强前沿理论知识的积累和创新能力的培养，培养出具有创新思想和独立创新能力的人才，促使其运用创新思维进行思想、制度和技术等多方面的创新。为此，研究型大学不仅要重视学生知识体系的构建，而且还应让学生积极参与到科研活动中。在科研活动

---

① 姜晓坤：《中国研究型大学人才培养目标定位研究》，大连理工大学，2010 年。

中，学生可以通过与导师的接触，直接受到导师科研思维、态度、创新能力等多方面的影响和熏陶，导师也可以在科研活动中潜意识地培养、训练他们的科研意识、科研能力和科研精神，在知识创造过程中让学生了解和掌握前沿知识。研究型大学应对其在校学生进行由低年级到高年级逐步推进、分层次的科研训练，且尽最大可能地为其提供多种可供选择的科研机会。虽然我国已有一些研究型大学开始培养其本科生的科研创新能力，如"清华大学已开设了灵活多样的新生研讨课，但相对国外一流的高水平研究型大学而言，我国研究型大学本科生参与科研的程度仍然不够广泛，从数量上看，麻省理工学院本科生的科研训练参与度为70%，而该方面在我国国内走在前列的清华大学才刚刚达到50%"[①]。即便有些学校无法满足学生参与科研活动的愿望，那么教师也要将科研成果以教学的方式分享给学生，以间接满足对研究型人才实施科研训练的目的。

四　拓展高校发展的视野——面向国际

服务世界、为世界做出贡献已成为世界各著名高校渐趋达成共识的新兴理念，这也无疑是任何一所世界一流大学的基本使命。但是，目前我国许多研究型大学在建设世界一流大学的过程中，不仅在引领社会发展的方面做的不够到位，而且办学理念、人才培养、服务面向都缺乏立足世界、服务世界、面向世界的志向和气魄。纵观世界一流大学，从办学理念到人才培养目标定位，无一不是站在时代的前列，迈向世界的巅峰，无一不是站在世界的高度服务于全人类。耶鲁大学已把创办全球性大学作为适应这种变化的有效战略和发展目标。普林斯顿大学在"为国家服务，为世界服务"的使命指引下，以其严谨的治学、精益求精的学风始终居于学术前沿的地位，它为美国社会培养了大量的精英人才，为世界文明做出了卓越的贡献。牛津大学也努力"保持和发展作为一所世界一流大学的历史地位，通过科研成果和毕业生的技能而造福于国际社会、国家和地方"。此外，东京大学也要建设"世界的东京大学""成为能为世界公共服务的大学"。国际化已经成为一流大学的重要特征，为今天的世界一流大学指明了发展的方向，缺乏国际化的大学是不可能成为世界一流大学的。

---

① 葛喜艳、武毅英：《世界知名研究型大学本科生培养特色及启示》，《青岛科技大学学报》（社会科学版）2010年第6期。

　　我国要建设世界一流大学，自然不能割断与世界的联系，巧妙地选择、吸收和融合西方文化，积极地应对国际化的挑战，在动态中争取公平对话与交流的机会，为建设世界一流大学创造国际环境。虽然世界一流大学存在着许多共同的特征，但是由于各高校的发展历程与时代变迁、社会发展密不可分，这就造就了各具千秋的高校个性差异化的发展。我国重点建设高校既需要向世界顶尖大学借鉴学习，把握国际发展方向，更需要结合时代和国家自身的发展现状，充分利用高校现有优势，创造性地利用国际化契机，使自己真正成为世界一流大学。

第五章 一般本科高校定位

第一节 一般本科高校定位概况

一般本科高校是指除我国"985 工程""211 工程"及省属重点本科高校以外的全日制普通本科高等学校。

本研究从教育部评估中心网站获取 280 所一般本科高校第一轮本科教学工作水平评估的自评报告，从中随机抽出 80 所高校作为研究样本。这些学校覆盖了除港澳台以外的 22 个省份、5 个自治区和 4 个直辖市，包括了工科、师范、农业、经济、医学、林业等类别高校。从发展目标定位、办学类型定位、学科发展定位、人才培养目标定位和服务面向定位五个方面对一般本科高校定位现状进行考察。

一 一般本科高校定位现状

（一）一般本科高校发展目标定位基本情况

一般本科高校发展目标定位是指在一定时期内，学校发展中带有全局性、方向性的奋斗目标，是对学校未来发展方向的科学谋划和战略思考。本研究采取词频分析法对发展目标定位中的关键词进行词频统计，结合文献梳理对发展目标定位进行整理与比较。

从一般本科高校个体的办学定位进行考察，结果显示：以"国内一流"为中心词定位的高校有 11 所，占样本总数的 13.75%。其中发展目标定位为"国内一流"的高校有 5 所，定位为"国内一流、国际上有一定影响"的高校有 4 所，定位为"某些学科达到国内一流水平"的高校有 2 所；以"国内外有一定影响"为中心词定位的高校有 15 所，占样本总数的 18.75%。其中发展目标定位为"国内外有一定知名度"的高校有

10 所，定位为"国内同类院校前列、国际上有一定影响"的高校有 2 所，定位为"国内知名，部分学科在国际上有一定影响"的高校有 2 所，定位为"国际知名、国内高水平"的高校有 1 所，见表 5 – 1。

表 5 – 1　　　　　　　　　一般本科高校发展目标定位情况

发展目标定位		各类高校数量	高校总数	所占总数比例
以国内一流大学为中心词	国内一流大学	5 所	11 所	13.75%
	国内一流、国际上有一定影响	4 所		
	某些学科达到国内一流水平	2 所		
以国内外有一定影响为中心词	国内外有一定知名度	10 所	15 所	18.75%
	国内同类院校前列，国际上有一定影响	2 所		
	国内知名，部分学科在国际上有一定影响	2 所		
	国际知名、国内高水平	1 所		

（二）一般本科高校办学类型定位基本情况

关于一般本科高校类型定位这一变量的取值，本研究是按照现有学术界比较通行的高等学校类型划分的方法，将办学类型定位分为教学型、教学研究型、研究教学型和研究型四种。教学型高校和教学研究型高校在培养类型、科技贡献和服务社会方面存在差异，具体见表 5 – 2。

表 5 – 2　　　　　　　教学型和教学研究型高校内涵一览表

高校类型	类型内涵
教学型高校	以培养本科生为主，以教学为主要任务，以服务地方经济建设为主要发展方向。不仅包括一部分具有硕士学位、学士学位授予权的本科院校，同时，还包括各类从事专科教育、高等职业技术教育、成人教育、远程教育的高等教育机构。在国外还有社区学院、短期大学、职业教育学院，形式多样，种类繁多
教学研究型高校	以教学为主、研究为辅的高等教育机构。具有较齐全的学科专业和少数优势学科；以本科教育为主，硕士与博士研究生培养具有相当能力；师资力量较强，拥有部分知名学者和专家；大力结合行业、地方经济文化需要开展科学研究，在少数优势学科能产生高水平的科研成果；积极主动为地方经济建设、区域经济和行业发展服务，培养大批高级技术应用和技术创新人才；广泛开展国际交流与合作

通过分析发现，类型定位选择"教学型"的一般本科高校有 48 所，占样本总数的 60%，选择"教学研究型"的一般本科高校有 31 所，占样本总数的 38.75%，选择"研究教学型"的一般本科高校有 1 所，占样本总数的 1.25%，样本中无选择"研究型"定位的高校。见表 5 - 3。

表 5 - 3　　　　　　　一般本科高校办学类型定位情况

学校类型定位	各类高校总数	所占总数比例
教学型	48 所	60%
教学研究型	31 所	38.75%
研究教学型	1 所	1.25%
研究型	0 所	0

（三）一般本科高校学科发展定位基本情况

一般本科高校学科发展定位是指高等学校发展所要选择确定的学科领域。2012 年教育部印发的《普通高等学校本科专业目录（2012 年）》中，设有哲学、经济学、法学、教育学、文学、历史学、理学、工学、农学、医学、管理学、艺术学 12 个学科门类。按照学者陈厚丰在《中国高校分类标准及指标体系设计》一文的研究，从学科覆盖面及其内在联系的角度将高等学校分为单科性、多科性、综合性三类。单科性高校所设学科少于 3 个门类；多科性高校所设学科在 3—8 个门类且文理、文工、理工内在联系较为密切；综合性高校所设学科覆盖 9 个及以上门类，设有文、理、工三大类学科且内在联系紧密。

根据样本情况分析，一般本科高校在学科定位的选择上大致可以分为四类情况：第一类是选择"在发展特色学科和专业基础上形成多学科协调发展的学科布局"，选择这一学科定位的高校共有 30 所，占样本总数的 37.5%。这类高校多为原行业类高校和单科性高校，发展路径一般为在某类学科和专业的发展上特色鲜明、优势突出。围绕优势学科发展相关学科，最终形成多学科协调发展的学科布局。第二类是选择"以某类学科为主的多学科协调发展的学科定位"，选择这一学科定位的高校共有 34 所，占样本总数的 42.5%。这类高校多为理工科或经管类高校。第三类是选择"多学科协调发展的学科定位"，选择这一学科定位的高校共有 12

所，占样本总数的 15%。这类高校多为一些地方多科性大学。第四类是选择"发展有特色专业和学科群的学科定位"，选择这一学科定位的高校有 4 所，占样本总数的 5%。这类高校的发展选择了与区域经济社会发展紧密结合的路径。见表 5 - 4。

80 所高校中学科覆盖了 11 个门类的高校有 6 所，占样本总数的 7.5%；覆盖了 10 个学科门类的高校有 9 所，占样本总数的 11.25%；覆盖了 9 个学科门类的高校有 3 所，占样本总数的 3.75%；覆盖了 8 个学科门类的高校有 9 所，占样本总数的 11.25%；覆盖了 7 个学科门类的高校有 11 所，占样本总数的 13.75%；覆盖了 6 个学科门类的高校有 15 所，占样本总数的 18.75%；覆盖了 5 个学科门类的高校有 9 所，占样本总数的 11.25%；覆盖了 4 个学科门类的高校有 6 所，占样本总数的 7.5%；覆盖了 3 个学科门类的高校有 4 所，占样本总数的 5%；无明确提及的高校有 8 所，这 8 所院校中以师范类院校居多，占样本总数的 10%。见表 5 - 5。

表 5 - 4　　　　　　　　　　一般本科高校学科发展定位情况

学科发展定位	各类高校数量	所占总数比例
在发展特色学科和专业基础形成多学科协调发展的学科定位	30 所	37.5%
以某类学科为主的多学科协调发展的学科定位	34 所	42.5%
多学科协调发展的学科定位	12 所	15%
发展有特色专业和学科群的学科定位	4 所	5%

表 5 - 5　　　　　　　　　　一般本科高校学科门类覆盖情况

学科覆盖面	各高校数量	所占总数比例	各类高校总数	所占总数比例
覆盖 11 个学科门类	6 所	7.5%		
覆盖 10 个学科门类	9 所	11.25%	18	22.5%
覆盖 9 个学科门类	3 所	3.75%		
覆盖 8 个学科门类	9 所	11.25%		
覆盖 7 个学科门类	11 所	13.75%	54	67.5%
覆盖 6 个学科门类	15 所	18.75%		

学科覆盖面	各高校数量	所占总数比例	各类高校总数	所占总数比例
覆盖 5 个学科门类	9 所	11.25%		
覆盖 4 个学科门类	6 所	7.5%	54	67.5%
覆盖 3 个学科门类	4 所	5%		
没有提及学科门类	8 所	10%	8	10%

（四）一般本科高校人才培养目标定位基本情况

一般本科高校人才培养目标定位即我国普通高校培养什么样的人才，所培养的人才应达到什么样的素质标准等。根据样本情况分析，一般本科高校的人才培养目标定位主要围绕"应用型""复合型""研究型"三个核心类型进行定位，大致归纳为几类：第一类定位为"应用型"，定位为这类人才培养目标的高校有 48 所，占样本总数的 60%。第二类定位为"复合型和应用型"，定位为这类人才培养目标的高校有 7 所，占样本总数的 8.75%。第三类定位为"应用型、复合型和研究型"，定位为这类人才培养目标的高校有 2 所，占样本总数的 2.5%。样本中其他高校人才培养目标定位的描述不具有代表性，故在此没有一一列出，见表 5-6。

表 5-6　　　　　　　　一般本科高校人才培养目标定位情况

人才培养目标定位	各类高校数量	所占总数比例
应用型	48 所	60%
复合型和应用型	7 所	8.75%
应用型、复合型和研究型	2 所	2.5%
其他	23 所	38.79%

（五）一般本科高校服务面向定位基本情况

一般本科高校服务面向定位是指高等学校提供社会服务的空间范畴，即高校在行使其职能时所涵盖的地理区域或行业范围。在我国，高校的服务面向基本可以分为服务全国、服务大区和服务地方三类。根据样本情况分析，一般本科高校在服务面向定位上大致可以分为四类情况：第一类是选择服务全国的高校有 10 所，占样本总数的 12.5%；第二类是选择服务区域的高校有 17 所，占样本总数的 21.25%；第三类是选择服务行业的高校有 15 所,占样本总数的 18.75%;第四类是选择服务地方的高校有 38 所,占样本总数的 47.5%。见表 5 – 7。

表 5 – 7　　　　　　　　一般本科高校服务面向定位情况

服务面向定位	各类高校数量	所占总数比例
服务地方、服务全国	10	12.5%
服务区域	17	21.25%
服务行业	15	18.75%
服务地方	38	47.5%

二　一般本科高校办学定位的特点

通过对 80 所一般本科高校办学定位的基本情况分析,对一般本科高校的类型、层次体系有了比较完整的了解,但这只是客观地反映了一般本科高校定位的存在状态,有必要总结这一体系的基本特征,并进一步明晰一般本科高校办学定位存在的问题。

（一）部分一般本科高校追求大而全的高层次定位

在所考察的 80 所一般本科高校中,有 26 所高校的发展目标中出现了"国内一流""国际上有一定影响"这样的关键词,占样本总数的 32.5%。这说明仍有一些地方高校在学校定位上存在追求大而全、脱离学校实际或者违背教育规律的现象。为什么有些地方高校定位会出现攀高的问题呢,究其原因在于我国教育资源配置不均造成的。长期以来优先向重点大学倾斜的教育资源配置政策对地方高校发展不利,使得地方高校只有走重点大学的道路才可能争取到更多的资源。

（二）部分一般本科高校能够遵循"特色化"发展战略进行定位

在所考察的 80 所一般本科高校中,有 26 所高校的发展目标中出现了"特色鲜明""高水平特色大学"这样的关键词,占样本总数的 32.5%。这表明,我国一般本科高校开始形成特色意识,重视总结、宣传自己的办学特色,逐步将自己的办学特色纳入学校的发展战略中,在制定学校的目标定位时,将形成办学特色作为重要内容。例如:中北大学提出,"将学校建成为一所具有鲜明特色和重要影响的教学研究型大学"。福建师范大学提出,努力建成"综合性、有特色、开放型、高水平"的大学。

（三）同类型一般本科高校发展定位描述表现出"同质化"现象

1. 发展目标定位描述的"同质化"

在所考察的 80 所一般本科高校中有 6 所财经类高校，这 6 所高校的发展目标定位见表 5–8。

表 5–8　　　　　　　财经类一般本科高校发展目标定位一览表

高校名称	发展目标定位
内蒙古财经大学	建设成为一所具有民族和地区特色的多科性财经大学
东北财经大学	建成国内一流、国际知名的以经济学和管理学为主的多科性大学
安徽财经大学	经济、管理类学科优势突出，在同类院校中特色鲜明，省内一流，国内外有一定影响的多科性财经大学
江西财经大学	建设一流多科性教学研究型大学
山东财经大学	建设成为以经济学、管理学为主，在国内外有一定影响的多科性高水平特色大学
云南财经大学	建成在云南有优势、在全国有影响、在周边国家有一定知名度的多科性现代优秀财经大学

从表 5–8 中的描述可以看出，这 6 所财经类大学中有 3 所提及"以经济学、管理学为主"，6 所均提出建设"多科性大学"。这 6 所同类型高校发展目标定位竟然惊人的相似，在这种状况下各个学校之间很难对学生进行个性化的培养，造成学生在未来的就业市场中缺乏竞争优势。

2. 学科发展定位描述的"同质化"

在所调查的 80 所一般本科高校中，有 6 所师范院校关于学科发展定位的描述也非常相似，见表 5–9。

表 5–9　　　　　　　师范类一般本科高校学科发展定位一览表

高校名称	学科发展定位
福建师范大学	努力构建优势明显、特色突出、结构优化、布局合理的学科体系
江西师范大学	逐步建成特色鲜明、结构合理、学科门类齐全、多学科协调发展的学科布局
海南师范大学	以人文学科、社会学科和理科为主干，多学科协调发展，形成重点突出、特色鲜明、优势明显、结构合理的学科专业布局

续表

高校名称	学科发展定位
遵义师范学院	构建文理学科为主干，教育学科为特色，多学科协调发展的学科体系
天水师范学院	文理基础学科为支撑，经、管、工、法等应用型学科协调发展
新疆师范大学	学科门类涉及经济学、法学、教育学、文学、历史学、理学、工学、管理学的综合性师范大学

（四）一般本科高校办学定位表述存在层级性特征

办学定位的层级性特征主要是通过办学发展目标定位和服务面向定位体现出来的。首先，在办学发展目标定位上，一般本科高校普遍采用"在××区域一流"或"××区域知名，有一定影响力"的表述方式。其中对区域范围的界定主要体现在四个层次上，即"国内外""国内""省内""国内同层次同类院校"。可见，从一定程度上，办学目标定位存在层级性。其次，在服务面向定位上，大多数一般本科高校的表述范本是"立足地方，面向全国，为区域经济社会发展服务"。服务面向定位的层级性与办学目标定位一样，随着学校层次的升高，服务面向的范围也就越广，从"行业到地方，再到全国，最后到国外"。

三　一般本科高校办学定位存在的问题

一般本科高校的办学定位应该是一个不断追求定位应然与实然相统一的过程。什么是应然与实然？顾名思义，应然是指在可能的条件下事物应该达到的状态，或者说基于事物自身的性质和规律所应达到的状态。实然就是事物存在的实际状况。一般来说，作为事物的现实表现样态之实然，总是与其应然之间存在着某种程度的脱节或悖离；而作为事物客观存在本性及其理性要求的应然，也肯定是超越其外在的表现的。正是由于事物应然的存在，才使得事物的实然状态的改善成为必要与可能。因此，一般本科高校的定位在不断追求其应然状态的时候，必将会出现些问题，有必要总结这些问题，以便更好地处理好两者之间的关系，使办学定位达到理想状态。

（一）缺乏对大学使命的深刻理解

大学的定位主要是确定大学的责任。大学使命就是对大学定位理念的体现，具有确定大学责任的作用。早期大学的社会责任主要是培养专门人才为统治者服务的。而随着社会的不断进步，大学的社会责任伴随着大学社会功能的发挥而不断被强调和重视。大学应该摆脱"贵族气质"直接进入社会、改革社会、为社会文明进步承担起更大的责任。这是社会赋予大学的一种新的使命，也是对大学作出的一种全新的定位。大学校长作为大学使命的真正践行者，应该发挥好校长应有的作用。目前，我国的大学校长在从事校长工作之前，大都是从事某一专业领域研究的学者，对于教育发展规律和教育的历史发展了解不多。实际上，大学校长一个最重要的作用就是精神引导。校长不仅自己要对学校的发展充满信心，而且还要激发学校全体人员的信心，树立他们努力将大学理想变为现实的共同理念。大学校长要发挥好精神领导的作用，首要的条件就是要提出或更新大学使命，这就要求大学校长要花时间、花精力去思考研究学校未来的发展。但是，目前大多数校长对于大学使命及内涵的理解不够深刻，直接导致学校定位缺乏自身特点，与其他学校定位雷同的现象。

（二）学科布局趋同，特色缺失

学科布局主要是通过学科专业定位的描述和学科门类分布情况体现出来的。由一般本科高校学科发展定位情况（表5-4）可知，定位为"多学科协调发展"的高校有76所，占样本总数的95%，只有5所高校提出了"发展有特色专业和学科群"的定位。由一般本科高校学科门类覆盖情况（表5-5）可知，学科门类在11—9个的高校有18所，占样本总数的22.5%，学科门类在8—6个的高校有35所，占样本总数的43.75%，学科门类在5—3个的高校有19所，占样本总数的23.75%。当前一般本科高校的学科门类主要集中在理学、工学、管理学、经济学、文学和法学六个学科。此外，师范类高校大都以师范类学科为主，非师范类学科为辅，形成了多学科协调发展的学科布局，进而提出了向综合型大学发展的远景目标。但实际上，综合型只是表征学校的类型，并不代表学校的办学类型，仅仅从学科齐全的角度界定为综合型大学，只会误导高校办学朝着综合化倾向发展。可见，一般本科高校的学科专业设置存在较大程度地趋同，致使一些历史悠久、特色鲜明的高校也摘下了属于自己的"皇冠"，削尖脑袋地挤进综合性大学的行列。殊不知，在这一过程中，学校自身的主动放弃，已经预示了学校丧失了较强的竞争力。

（三）人才培养目标缺乏多样性

20世纪50年代新中国刚刚成立，各项事业都处在百废待兴的局面，国家需要大量的专业技术人才。这时我国高等教育进行专业细化，培养了大批的专门人才，适应了国家经济社会发展的需要。进入 20 世纪 90 年代以后，我国高等教育以西方发达国家高等教育发展为蓝本，高等教育领域也出现了像经济社会发展时期的"大跃进"现象。主要表现在国内一流高校追赶世界一流高校，国内许多二流、三流高校追赶国内一流高校，形成了一种强大的追赶潮流，因而出现了高等教育的同质化现象。这种同质化直接导致了高等教育所培养出来许多"雷同"的"产品"。

从应然状态来看，社会需要的是多方面、多层次的人才。也就是说设计汽车的是人才，生产汽车的一线操作人员也是人才。不同类型的高校在人才培养目标上要体现类型要求的不同特点。例如，教学研究型高校的工科、管理学科、教育学科的人才培养与教学型高校的工学、管理学和教育学要各有差异。而实然状态是，很多高校面临大众化高等教育发展的需求，没有做出改变，各高校仍然是按照教育部制订的统一的专业培养方案制订本校的培养方案，按照这一模式制定教学计划，导致不同类型高校的不同专业的课程体系相似度很大，使用的教材大多是统一的"规划教材"。这种传统的、计划性的、单一的定位会误导各个学校科学定位，使很多高校没有考虑自己的办学实际，没有考虑到经济社会发展变化的现实需要，人才培养体系缺乏灵活性和适应性，都是通过同一"模具"生产大体上相同的"产品"，直接导致了高等学校服务社会的功能的逐步下降，无法彰显其足够的张力。

（四）一般本科高校出现"更名潮"

教育部的统计数据显示，截至 2012 年 4 月 24 日，全国普通高校共计 2138 所，其中本科以上大学 841 所。从 2008 年 3 月至今，全国共有 257 所高校获得教育部批准而更名，占到目前全国高校总数的 10.35%。高校的校名是一所学校的标志，随着岁月的积淀，一些高校的校名已深入人心。表面上看校名只有短短的几个字，实际上却蕴含了丰富的内涵。随着高等教育市场竞争的日益激烈，校名作为一种无形资产的重要意义越发的突出。在很大程度上，校名对于局外人来说，意味着学校的办学历史、办学声誉和办学质量，对于长期在学校服务的教职工来说意味着一种归属感。据统计，过去 5 年有 257 所高校更名。分析发现，更名较多的均为高考报名人数在 45 万以上的高考大省。5 年来高校更名最多的为湖北省和辽宁省，达 17 所；其次为黑龙江省 16 所，紧随其后的是河北、山东、河南、广东、四川和安徽。"科技、财经、工商、文理、经济"等词不断出现在新更名的大学校名中，在 5 年来的更名高校中，全国共有 19 所大学的校名中含有"科技"二字，含"财经"和"经济"的也多达 10 余所。例如原江西蓝天学院，2012 年 2 月更名为江西科技学院。2012 年，南方科技大学诞生、上海科技大学被批准筹建，这些高校的名字引起社会的广泛关注。

不可否认，高校更名、合并是符合教育部规定的，同时，也能够给学校带来一定的益处。但是有些学校更名后会出现"换汤不换药"的情况，缺少对学校未来发展的重新定位，仅仅停留在名称更改的基础上，没有对学校的学科建设、人才培养、师资队伍建设进行深入思考并形成规划。

（五）社会服务功能发挥不到位

首开高校为区域经济社会发展服务先河的应属美国。1795 年，美国第一所州立大学北卡罗来纳州立大学创立，它开始尝试在某些方面为所在州的经济社会发展服务。1862 年，美国国会通过了《莫雷尔法案》，以法律的形式对高校社会服务做了规定。美国地方高校服务社会的形式多种多样，如与企业合作办学、与企业合作成立科研开发中心、为社区服务等。综观美国地方高校社会服务，其主要特点是社会服务领域多，社会服务内容宽；服务形式和途径多种多样；服务组织实体化水平和科技服务市场化水平高；服务范围不断扩展，开始由国内向国外延伸。通过社会服务，美国地方高校了解了区域社会，参与了区域社会的各项活动，开始由边缘服务走向社会的中心，成为区域社会的智力中心。[①]

1978 年联合国教科文组织对高等教育提出了新任务："养成有利于社区发展的态度；要根据对人才需要的预测和各种不同资格的要求来培养专业的发展人才；要利用科学理论上的研究和应用科学的实际探讨为社会服务；对有关社区发展的特殊问题为决策者或一定集团的利益做出专家和顾问的建议，从事永久性的服务工作"，明确了高等教育要为地方经济和社会发展服务。目前，一般本科高校的服务面向定位大多是立足地方，面向全国，为经济建设和社会发展服务。从定位描述上看，一般本科高校已经明确自身的作用，主动承担起为地方服务的任务。但是，实际上却不是这

---

① 徐同文：《美国地方高校社会服务现状及借鉴》，《石油大学学报》（社会科学版）2003年第 5 期。

样，部分高校为了提升学校的办学水平，花大力气用于学术研究，仍然保留"象牙塔"的缩影，脱离实际，社会服务的职能迟迟不能得到发挥，按照培养人的功能"养"人，为了评职称而进行科学研究，一些科研成果的转化陷入了"自我循环"的怪圈。

此外，目前一般本科高校所采取的服务模式都比较统一，大多是集中在校企合作、科研成果转化方面，缺少"差异性"。实际上，由于我国经济社会发展不平衡的现状，不同地区甚至是同一地区不同层次、不同类型的高校都应该有自己独特的社会服务方式。只有这样，高校才会在社会服务的过程中求得生存的依据，求得发展。

第二节 一般本科高校定位分析

一 一般本科高校的特点

一般本科高校与"985 工程""211 工程"高校相比，最大的区别在于：人才培养上遵循实用性人才的培养目标，培养面向社会生产生活一线的人才。一般本科高校在层次上以本科教育为主，服务面向以区域或行业为主导，办学模式以实践为主体，突出人才培养的区域性、行业性、针对性和实践性。一般本科高校的特点具体表现在以下几方面。

（一）一般本科高校具有扎根区域，立足行业的特点

从高等教育的管理体制上看，一般本科高校归属于所在地方政府管理，大致包括两种类型的高校。一种是隶属关系从建校初到现在一直属于省（直辖市、自治区）、地级市管理的高校；另一种是 1998 年高等教育管理体制改革以前归属于原国家各部委的高校，改革之后这类高校的归属权下放到地方，归地方政府管理。一般本科高校的隶属关系决定了其学生的来源以所在区域为主，毕业后的去向大多也选择在当地就业。因此，一般本科高校应当充分了解所处地区的经济社会发展特点，具体包括地方的自然资源状况、产业结构、行业特点以及地域特色，结合这些特点确定学校的办学定位，不断调整各项办学指标，制定切合实际的培养方案。在这个过程中学校还要考虑到自身的综合实力，避免盲目攀高。

一般本科高校扎根区域的特点，要求其必须时刻明确自身的根本使命，树立主动融入地方的办学理念，坚持为地方经济和社会发展服务的发展方向，坚持"立地"原则，依托地方扩展学校的办学空间。另外，有

一部分一般本科高校前身为行业院校，虽然这些高校现在已经划转地方，但是多年的办学传统和经验，使得它们对于行业发展比较了解，因此，它们依然将服务行业作为自己的一个办学目标，"因行业而生，依行业而长"，在行业发展的历程中，为行业发展培养急需的人才，切实担负起对行业发展的重要支撑作用，同时，在这一过程中也体现出了自身与其他高校的不同之处，能够在日益激烈的高等教育市场竞争中占有一席之地。

（二）一般本科高校具有以"专业"为主线的发展特点

一般本科高校在专业内涵与专业结构上兼顾两方面的特性：一是体现较强的专业应用性，二是具备宽厚的学科基础。在专业设置上既要考虑行业发展所需要的应用性专业，又要有一定学科背景的宽口径专业或体现应用性特征的主干学科和相关学科作为有力支撑。因此，一般本科高校具有以"专业"为主线，不断促进人才培养模式改革的特点。对于基础学科专业，一般本科高校采取大力保护和支持的政策，同时结合学校的服务面向定位对基础学科专业进行改造，使其更具应用性。对于学校技术含量高、关联性强的专业进行宽口径整合和专业群建设。对于交叉专业，一般本科高校采取优先发展的策略，因为目前社会上需要的是创新型、复合型人才，这类人才依靠传统专业的培养是达不到目的的。对于应用性专业，一般本科高校采用重点建设的策略，因为这些专业是地方支柱产业和产业升级所需的人才、技术的重要保障。除此之外，一般本科高校根据专业设置的特点，制定符合实际的人才培养方案，促进人才培养模式改革，使学校的学科专业更好地为人才培养目标服务。

（三）一般本科高校更加突出"应用"的特点

从专业特点上来看，重点大学侧重于学科性的专业教育，培养高层次、创新型人才。一般本科高校侧重于应用性的专业教育，培养高素质的应用型人才。两者之间在培养方向及服务面向上是有区别的。应用性的专业教育主要是为了适应多样化的社会需求而诞生的，一般本科高校所培养的学生具有直接服务社会生产一线的特点，因此，一般本科高校应该主要定位为应用型。

（四）一般本科高校更加重视教学职能的发挥

高等教育有三大职能：教学、科研和服务。一般本科高校将人才培养作为自己的根本任务，人才培养在很大程度上是通过教学来实现的。所以，可以说教学对于一般本科高校而言其地位更加凸显。一般本科高校的教学具有自己的特点，既注重理论知识又强调实践能力。在课堂教学环节上，教师尽可能地注重知识的基础性和综合性，在课外环节上，注重能力素质的实践性和综合性。培养学生对专业的了解和认识，对专业系统知识的掌握及专业知识的运用。这里所说的一般本科高校更加重视教学职能的发挥，并不等于忽视学科建设和科研。本科教育是依托学科的专业教育，因此抓好学科建设是本科教育的基本任务。对于一般本科高校来说，学科是专业建设的依托和基础，专业是学科承担人才培养的基地。因此，要处理好学科与专业的关系，做到依托学科，面向应用，增强专业的适应能力，在教学、科研、服务诸方面都以应用为导向，坚持为地方或区域社会经济发展服务，面向行业、面向人才市场需求设置专业和办好专业。

（五）一般本科高校以"实践教学"为主要途径，提高人才培养质量

一般本科高校与重点大学的主要区别之一在于：一般本科高校高度重视实践教学在教学体系中的主导地位。实践教学对于提高学生的综合素质，特别是提高一般本科高校学生的实践能力发挥着重要作用。一般本科高校制订相对独立的实践教学计划，探索有效的实践教学模式，强化实验课教学、实习实训教学、毕业设计或毕业论文等实践教学环节。通过实践教学的严格训练，加强学生与就业岗位的联系、与实际工作的对接，切实增强人才培养的专业应用性核心竞争力。

产学研合作是一般本科高校实践教学的重要途径。产学研合作是一种利用学校和社会两种教育环境和教育资源，通过课堂教学、实践教学和科学研究的有机结合，实现应用性人才教育的重要模式。学校通过依托行业、企事业，共同建立教学实习实训基地，建立产学研密切合作的运行机制，以合作教育为切入点，以人才培养为根本点，有针对性地培养实践能力强的应用型人才。

二　一般本科高校在地方经济社会发展中的作用

从空间布局来看，一般本科高校大多处在地市级区域，它在这一区域内起到了承上启下的作用。一方面，这些高校距离所在省份的省会城市不远，因而能够接受到经济发达城市的辐射，不断提高学校的教学水平和科研能力；另一方面，从这些高校的生源来看，大部分学生来自于学校周边县、乡、镇的所在地。通过接受高等教育，可以提高周边人口素质，推动中心城市建设，缩小城乡差别，在构建和谐社会方面发挥着独特的作用，

在地方经济建设和社会发展中处于十分重要的地位。

（一）一般本科高校在提高所在区域人口素质中处于首要地位

随着科学技术水平的不断提高，自然资源对于经济社会发展的贡献率在逐年的下降，人力资源逐渐成为经济社会发展的主力军。我国是人口大国，人口基数大，新增人口多，人口素质偏低，这一人口现状将影响到我国的国际竞争力。提高我国人口素质，唯一的途径就是通过大力发展教育事业尤其是高等教育把沉重的人口负担变为高素质人才资源优势。而对于某一区域来说，区域经济社会的发展需要大量的高素质人才，这些人才的培养依靠部属、省属重点大学是不切实际的。虽然，从 1999 年开始我国高等学校进行扩招，但是根据我国部属高校的属性和特点，这类高校未来基本上是以培养研究型人才为主，需要稳定现有的本科生教育规模。因此，以本科教育为主的一般本科高校就成为人们接受高等教育的主要选择。一般本科高校目前的在校生规模普遍在万人以上，一般发展规模大多定位在二万人左右，发展空间较大。一般本科高校通过其科技、文化等活动，与当地组织和群众进行交流，高校的知识素养在这种交流中也会对地方产生重要影响，从而带动区域社会人口素质的总体提高。近年来，地方政府对所在地高校的支持力度逐渐加大，在土地价位、城市配套设施、资金资助等方面提供了许多优惠政策和便捷条件，创造了良好的周边环境，反映了地方政府和广大人民群众对于接受高等教育的愿望，同时，也反映出广大人民群众对于提高自身素质的强烈要求。

（二）一般本科高校在区域人才培养中处于优先地位

在知识经济的社会里，知识产品和知识服务成了社会经济发展的主题。这样，知识会极大地推进和催化经济与社会发展方式的转变。地方也要适时实现发展方式的转变，是地方经济社会发展的历史性跳跃。可见，在知识经济条件下，知识是地方经济与社会发展的基础性资源。这就决定了地方经济与社会发展的对知识和智力的依赖。

一般本科高校围绕为地方经济社会发展提供知识和智力支持的目标，培养地方急需的应用型、复合型和技能型人才。这些人才不同于一般意义上的人才，而是要具有"地方性"，要从地方实际出发去创新知识，能够把一般的知识改造为适应地方的知识。随着我国中小城市的崛起，对于应用型、实用型人才的需求将越来越大。有些地方，尤其是偏远地区人才引不进来，即使是高薪引进了人才，能够真正扎根的人也很少。因此，靠引进人才发展地方经济不是长久之计，只有靠一般本科高校的培养，这样既能解决"量"的问题，又能解决"质"的问题，培养大批留得住、干得好的人才。地方经济社会发展除了培养新的人才充实到急需的岗位之外，还要承担起大量在岗人员的继续教育工作。一般本科高校由于所处地域的特点，"重心低"，容易贴近基层、贴近群众，可以整合多种教育资源，为地方经济建设提供多层次、多方面、多样化的教育服务。

（三）一般本科高校在地方科技开发与服务中处于主导地位

一般本科高校大多是所在区域的教育中心、科技服务中心。近年来，一般本科高校逐渐转变办学定位，在注重培养高素质人才的同时，开始强化科研开发的重要作用。一般本科高校利用自身学科专业比较齐全、信息全面和教学科研相结合的办学特点，将科技开发与人才培养作为学校的两大根本任务，坚持走产、学、研、政、企相结合的办学道路，办学空间有了较大的扩展。一般本科高校容易针对区域内企业发展情况开展研发，可以在整合自身优势资源的基础上，采取技术推广和成果转化的方式，服务地方企业，围绕支柱产业、新兴产业，调整和优化产业结构，从而为地方经济社会发展做出更大的贡献。

（四）一般本科高校在地方文化建设中处于先导地位

大学自诞生以来，聚集了大量科技、文化精英，通过知识传播、知识创造，以及与社会的互动而对社会文化产生着巨大的影响。一般本科高校作为所在地区社会文化发展的中心，在推动地方文化建设中处于先导地位。一是一般本科高校深厚的历史传统和文化底蕴，可以净化人的心灵，塑造人的形象，能够在激励创新、鼓励实践、包容个性、宽容失败中成为创新型文化开拓者。二是一般本科高校人文社会资源相对丰富，加强民主和法治的宣传教育，加强公民道德教育，做好相关知识的咨询培训工作，并利用学校凝练出的校风、教风和学风去影响社会，努力成为学习型文化的倡导者。三是在当今各种价值观念、人生目标、文化品位相互交织、相互影响的社会转型时期，人们的精神文化呈现出多样化的状态，文化异类的现象也大量存在。面对这种复杂的状况，当务之急是普及、弘扬优秀文化。一般本科高校可以利用自身所积淀的历史文化，通过举办各种形式的论坛、专题讲座、专场报告、人物专访、社会实践活动等，与地方政府、社会团体、社区联合举办各种形式的文化体育活动，在活动中传播现代文明行为习惯、健康生活方式。同时，一般本科高校的图书馆、体育馆、实验室的设施都比较先进、可享用的资源也相对丰富,因而一般本科高校可以无偿或部分有偿地向地方开放,以多种方式促进地方生态文明、精神文明建设。

三 一般本科高校与地方政府和谐发展的路径选择

随着高等教育发展速度的加快,高校在经济社会中发挥的作用也越来越大。特别是一般本科高校已经成为地方经济社会发展的重要支撑,因而,处理好一般本科高校与地方政府的关系就显得尤为重要。两者只有自身定位准确,才能各司其职、互相促进,达到双赢的目的。

（一）地方政府要统筹规划一般本科高校的发展

目前,我国高等教育实行的虽然是中央和省（自治区、直辖市）两级管理,以省级政府管理为主的体制,但是,绝不意味着省级政府对于高等学校的管理权限的增加。地方政府应坚持对一般本科高校的统筹规划管理与高校的自主办学相协调,并且充分尊重高校自身的管理权利。

1. 地方政府要创新管理理念及方法,加强对一般本科高校的宏观调控

地方政府要改变原来的"官本位"思想,将传统的行政命令式管理理念转变为公共治理理念,强调治理双方的平等关系,共同协作,达到双赢的目的。地方政府还要改变传统的行政管理的调控手段,要建立适应市场经济体制的宏观调控体系,根据市场变化调控高等教育的发展目标及资源配置,以更好地促进区域高等教育的发展。

2. 地方政府要发挥规划的作用,对一般本科高校进行战略管理

规划是实施统筹管理的必由之路。地方政府通过与高校共同研制高等教育发展规划的方式,从区域经济社会实际出发,提出区域高等教育发展的目标及要求,对所管辖的一般本科高校实施分类管理,并做好一般本科高校发展定位的指导工作,以确保每所高校都能够找到自身的优势,并且沿着这条道路发展下去,形成特色。

（二）一般本科高校要正确认识地方政府的统筹规划,并充分行使办学自主权

一般本科高校应该正确认识地方政府统筹规划的意义,主动参与到这种规划里。只有一般本科高校真正接受了地方政府的做法和改革的思路,才能促进自身的发展。在认识上,一般本科高校要意识到地方政府的统筹

并不是行政命令，并不是干预高校的办学自主权，而是在某些高等教育发展的重要方面，在高等教育促进社会经济发展的某些方向性问题上，地方政府要做出决策，统筹各高校之间的教育资源、合理确定高等教育的布局结构等，给一般本科高校提供更大的自主空间。在实践上，一般本科高校要主动参与到地方经济社会发展中，找到高等教育与地方经济社会发展的切入点。根据地方经济社会发展的特点，确定学校的办学规模、学科专业结构等，以满足地方发展所需要的人才数量和结构。更为重要的是，一般本科高校要把提高高等教育质量作为自己的核心任务，教育质量的高低要通过高校所培养出来的人才进行检验，因而，人才不仅是高校的"产品"，更是一所高校的"名片"，只有产品被社会认可了，高校才能够永葆生机和活力。

（三）一般本科高校与地方经济社会相互促进、和谐发展

一般本科高校必须以地方经济社会和市场需求为办学的支撑点，按照地方的宏观规划和产业结构进行自我定位。只有这样，一般本科高校才能融入地方经济社会发展中，两者才能相互促进。

1. 一般本科高校要坚持准确定位、特色发展

首先，一般本科高校要正视自己在整个高等教育系统中的位置。它在学科专业、师资队伍及教学条件等方面逊色于研究型大学，与省属重点大学相比也有不小的差距。因此，一般本科大学要将自身定位在"地方"层面上，以培养本科生为主，适当发展研究生教育。其次，一般本科高校要坚持特色立校、特色强校的理念。要在结合地方经济社会发展的基础上挖掘自身的办学特色，提升学校的核心竞争力。这不仅有利于学校自身的发展，同时，还能够推动地方经济社会的发展。

2. 一般本科高校要找准科研方向，主动在地方经济社会发展中找到自身科研发展的突破口。一般本科高校与其他研究型大学或是省属重点大学相比，科研方面要弱得很多，除了和这类高校的办学定位有关，还有一个重要原因就是没有找到发展科研的突破口。目前，一般本科高校的教师在从事科研工作时，往往是选择自己相对熟悉的领域作为其科研方向，这样的选择带来的直接影响就是脱离地方经济社会发展的实际需要。这种科研既缺乏支持，又缺乏活力。事实上，地方科技的某些发展方向、地方企业的科研攻关内容正是一般本科高校科研选题的来源，立足地方特有的资源进行开发，与地方企业进行联合攻关，将研究的成果在企业内转化成产

品，只有这样才能切实为地方经济社会发展服务。

地方政府可以利用其具备的管理、规划、政策优势，为一般本科高校的发展提供平台和支持。第一，地方政府可以对一般本科高校的办学进行引导与监督。具体包括对办学方向、办学过程的引导与监督。第二，地方政府经济体制的改革，可以为一般本科高校管理体制改革提供借鉴。第三，地方政府可以利用其管理职能，成为企业与一般本科高校的桥梁与纽带，可以为一般本科高校引进资金、搭建平台，加强高校与社会的联系，为高校的教学、科研注入新的力量。

第三节　改进和完善一般本科高校定位策略

一　一般本科高校定位的原则

高校定位原则是指高校治校者为了达到一定的办学目标，在遵循高等教育发展规律的前提下所必须遵守的基本要求和准则。

（一）应用性与学术性协调发展原则

一般本科高校虽然以教学为其根本任务，并且突出"应用"的特点，但这并不意味着放弃追求学术性。作为一所本科院校，没有学科与科研的支撑，不讲求学术品味和研究成果，其教学质量、人才培养、服务社会也不可能是优质的、高层次的。学校的发展也必然缺乏后劲。从人才培养角度看，学校不仅要培养学生适应社会的能力，让学生有一个好的工作，更要为学生一生的发展打好基础。只讲应用不讲学术，"应用"永远是低层次的"应用"；只讲适应不讲创新，"适应"只能是被动的"适应"。[1] 因此，应用性和学术性对于一般本科高校来说都很重要，两方面都要抓。

（二）办学质量与办学规模一致原则

一般本科高校的财政投入主要是地方政府，但由于大多地方政府的财力有限，故学生缴费便成为一般本科学校的主要经费来源之一，一般本科高校不得不通过扩大招生规模来解决办学经费问题。当然，在这种情况下，高校生产出来的产品就不能够保证其质量。一般本科高校在定位时，

---

① 余国政：《新建地方本科院校科学定位的必要性及原则探究》，《黑龙江高教研究》2006年第 6 期。

要遵循质量和规模相统一的原则，两者之间质量是前提，不讲质量的教育是一种浪费，误人子弟不仅对社会造成深远的影响，而且也会影响到一般本科高校的声誉和未来发展。

（三）专一集中原则

战略大师迈克尔·波特认为，企业业务的专一化，能够以较高的效率、更好的效果为某一狭窄的战略对象服务，从而超过在较广阔范围内竞争的对手。一般本科高校选择专一化战略，是期望集中自身全部优势资源获得局部的战略优势，从而去争取整体的优势。[①] 当前，在相对有限的高等教育资源争夺中，不同院校往往以不同的战略对策赢得一份属于自己的市场，或凸出学校传统优势，或凸出学科专业特色，或突出科研实力和产业化水平，或突出学校人脉支持，众多院校都在几近白热化的竞争中，相互学习、相互借鉴，以寻求自己的生存空间。在此背景下，面对高等教育资源有限的现状及激烈竞争的形势，一般本科高校必须选择专一化的发展战略不动摇，集中优势资源，破解发展难题，谋求长远发展。

（四）适应行业发展的特色化原则

大学的办学特色是一所大学在办学理念、办学精神、人才培养等方面表现出来的与其他学校不同的品质。一般本科高校应该将这种特色定位在特色化的专业上。在国际上，无论是一流名牌大学、普通大学，还是社区学院，往往都具有自己的特色，并且十分注意通过建立和巩固自己的学科特色来形成相对稳定的竞争优势。再看我国高校中，能够像同济大学建筑专业那样"一枝独秀"的高校少之又少，大部分学校的专业都没有体现出行业特色。以英语专业为例，随着经济全球化，高等教育也进入了全球化的竞争态势中。很多境外高校也参与到我国高等教育市场的竞争中来，导致出国留学的学生比例在逐年上升。因此，英语专业得到了更多学校的重视，原先没有开设英语专业的学校，也都纷纷争相开设此专业。各校学生在校学习期间，专业方向、学习内容都差不多，成为了一名具有"全面"知识的毕业生，但他并不专业。如果各个一般本科高校能够根据英语专业所涉及的内容，分别侧重翻译、口语、商务英语、英语教学等不同的方面培养人才，既能创出自己的特色，又能培养出更"专业"的人才。

[①] 李化树、黄媛媛：《地方新建本科院校发展转型的战略选择》，《西华师范大学学报》（哲学社会科学版）2011年第7期。

所以，一般本科高校在教学、科研、师资等方面坚持走特色化发展之路，才能在众多高校中脱颖而出。

（五）服务地方的原则

一般本科高校的属性决定了它应以服务地方经济社会的发展为自身的定位，特别是根据地方产业结构的特点来制定本校的学科专业和课程体系。一般本科高校在服务地方经济社会发展中起到了如下作用：一是人才库。一般本科高校人才培养模式的最大特点应该是最大限度地满足社会经济发展的需求。学校应该根据社会的需要对人才培养的目标、规格、方向和培养途径进行必要地调整，为地方培养高级应用型人才。二是科技孵化器。一般本科高校应该遵循科研内容地域性、科研项目实用性的特点。一般本科高校的科学研究活动要紧紧贴近当地经济、社会发展的需要，在解决实际问题的同时，依靠科学研究，使学术水平和业务能力得到较快提升，促进和支撑学科的发展。

二   一般本科高校定位的策略

（一）做好背景分析，正视自身所处位置

一个合理的办学定位必定是对现存状态的否定和超越。一般本科高校的定位不是凭空想象和虚构的，理想的建构必须来源于坚实的现实基础。因此，一般本科高校可以从宏观环境、中观环境和微观环境三个层面对于现实基础进行分析。

1. 宏观环境分析

一般本科高校的宏观环境分析是指把握高等教育发展的大趋势，分析高等教育发展的时代背景，高瞻远瞩地确定学校发展战略。进行宏观环境分析将有助于一般本科高校从全局的角度对学校发展进行定位。

（1）高等教育进入大众化发展阶段。大众化是中国家高等教育发展必然经历的阶段。经过几年的连续扩招，我国普通高校在校生人数已由1998 年的 340 万人增加到 2012 年的 2391.3 万人，高等教育毛入学率由9.1% 增加到30%。在这期间，教育部新批准设置了一大批高等学校，如1999 年 10 月批准设置 45 所高等学校，2000 年 6 月批准设置了 47 所高校。教育发展阶段及与之相适应的教育模式的转变要求一般本科高校转变教育思想，调整专业结构和培养目标，以适应社会政治、经济、文化发展和自我发展、自我更新的需要。

（2）高等教育社会化。社会、经济发展到今天已与传统社会完全不同了，各种先进技术，特别是信息技术，把世界各国紧密地联系在一起。在这样的社会中，人如果没有相当的知识、能力与素质准备，不但难以找到满意的工作，日常生活也会遇到种种麻烦。社会、经济发展的强大动力，推动高等教育从精英化走向大众化，走向普及化和终身教育。今天的高校正在走向社会，并最终融入社会主义市场经济的大潮中。在市场化的模式下，高校的毕业生要接受社会的严格选择，高校的科研成果同样要接受市场的严格选择。高校与高校之间、高校与科研院所之间、高校与企业之间的分割正在被打破。

（3）高等教育办学手段信息化。随着科技的进步，信息技术在高校的应用变得越来越普遍了。现代信息技术正在向高校教学、科研的每一个环节渗透，冲击了传统的教学模式，提高了教学资源的利用率，多媒体教学、数字化校园、网上大学已被人们熟悉，国内外高等学校正在走向全面的信息化。

2. 中观环境分析

中观环境分析是指对学校所处的区域环境进行分析。学校不是一个孤立的组织，它时时刻刻都在与周围的社会发生着各种关系。学校所处区域的经济环境、生态环境、人文环境等因素影响着学校的发展定位。所以，一般本科高校在进行发展定位时，首先，必须要考虑这一区域的经济、文化发展状况，如人才的需求状况、人口年龄分布及对教育事业发展的影响和地区的人文环境，都会对学校的教育产生相应的制约作用。一般本科高校要逐步地把"以学校为中心"转变为"以社会为中心"，走适应社会需要的特色发展之路。其次，中观环境分析还要考虑同一地区不同高校的发展现状，做到"人无我有，人有我优，人优我特"。在这方面，国外大学经过多年的探索和发展，已经取得了很大的成绩。例如，美国斯坦福大学曾打算建立建筑学院，但建立建筑学院必须同时发展建筑学、土木工程等4个专业，这必须有很大的投入，而且，当时美国的建筑行业的就业情况并不理想，同时该校附近的伯克利大学已有一个相当好的建筑学院，经过综合考虑后，斯坦福大学决定取消了这个计划。又如美国卡耐基—梅隆大学认为，在21世纪生物技术非常重要，要成为世界一流大学，必须发展生物学，但他们放弃了建设一个医学院的设想，因为建医学院工程太大，后来他们决定借用附近匹兹堡大学的医学院来发展自己的生命学科。[1]　可以看出，这两所学校对本校和其他院校的现实状况非常重视，事实也证明，他们当初的选择是明智的。这两个例子都说明，高校要准确定位就必须懂得知己知彼，扬长避短。

3. 微观环境分析

微观环境分析即包括学校显在情况分析，又包括学校潜在情况分析。学校显在资源包括学校的占地面积、师资队伍数量、办学条件、财力物力等；而潜在资源包括校友资源、学生家长资源、社区资源、大众传媒资源、专家学者资源等。摸准学校基本情况不仅是对学校历史的和现实状况的判断，而且是对学校未来发展进行的预测。任何一所高校定位，都会受到自身历史发展的制约，离不开自己发展的历史和基础。每所学校在发展过程中，都会有自己的长处和优势，也一定会有自己的短处和劣势。一般本科高校在进行定位时，既要考虑到学校的传统资源，又要分析现有资源的现状和潜力，充分认识各要素之间的相互关系，注意扬长避短，发挥自己的优势和特长。

（二）更新观念，增强定位的主体意识

1. 适应高等教育大众化要求的教育观念

在我国高等教育大众化稳步发展的时期，我国一般本科高校要改变在精英教育阶段所形成的高等教育观念，树立适应大众化教育发展要求的教育价值观。高等教育大众化是世界高等教育发展过程中必然经历的阶段。它是指在特定的阶段，高等教育扩大办学规模，走外延式发展道路。1999年，我国实行高等教育扩招政策以来，一般本科高校成为了高等教育大众化的主力军。高等教育的大众化并不是以规模的扩张为实现目标的，它的深层次的含义应该是实现高等教育办学形式的多样化、院校的差异化和教育结构的合理化。

2. 正确的高等教育价值观

高等教育大众化即要培养一大批拔尖创新人才，也要培养数以万计的高素质劳动者。不同类型不同层次的高校承担着不同的责任，对于社会所发挥的作用也是不同的。我们对于高等学校的评价不能一概而论。作为一般本科高校不能以追求研究型大学的价值取向为自己的办学目标，而是应

---

① 王文奎：《形象塑造是我国高校建设的当务之急》，《辽宁教育研究》2002 年第 7 期。

该突出自己的优势和特点，适应经济社会发展的需求，为自己找到应有的位置。

3. 多元的高等教育质量观

教育需求的多元化以及高等教育的多样化，是高等教育大众化最显著的特征。社会分工是高等学校类型划分、定位的最终依据。高等学校的定位与发展，都必须遵循教育与社会发展关系的规律。但是在精英教育理念的支配下，我国许多普通高校总是自觉不自觉地瞄准清华、北大这样的学府，总是希望自己也成为综合性、研究型大学，所重视的也是培养学术型人才。在高等教育日益大众化的今天，高校是"象牙塔"的意义已淡化。现代化建设不再是只需要学术创新型人才的时代，而需要更多的应用技术人才。因而，一般本科高校应该树立多元的高等教育质量观。

4. 增强定位的主体意识

一般本科高校定位主体意识淡薄，主要表现在习惯于追求学术水平高的研究型大学的发展定位，忽略了自身的特殊性及自身价值的实现。造成一般本科高校定位主体意识淡薄的原因除了办学自主权的问题外，还有一个很重要的原因就是大部分高校缺乏自己独特的办学理念。办学理念是教育理念的下位概念，是学校领导班子关于"办怎样的学校"和"怎样办好学校"的深层次思考的结晶。从某种意义上说，办学理念是学校生存理由、生存动力、生存期望的有机构成。在高等教育办学趋同化的今天，坚持办学理念是一所学校形成或保持自己独有的个性和特色的需要。耶鲁大学的斯密特德校长，在 1987 年的迎新典礼上说："我非常自豪地对你们说：你们就是大学！"正是在"以学生为中心"理念的引导下，耶鲁大学强调："教育必须为不可预测的未来培养学生。"与此相适应，为学生的发展营造了世界首屈一指的好环境，使这所在 1701 年创建时仅有一名校长、一名教师、一名学生的学校，发展成为青年们向往的学府。南京大学在与北京大学、清华大学、复旦大学相比缺乏地理优势的情况下，凭借着历任校长所确定的独特的办学理念，一直保持办学水平和效益名列前茅。因此，我国一般本科高校应当锤炼自己的办学理念，坚持无论外界环境如何变化，始终有自己独有的特色和定位。当然这就要求作为我国一般本科高校的校长带领整个领导班子及全校师生齐心协力，确立学校的办学理念，并在学校发展中始终坚持以自己的办学理念为导向。

（三）建立高校合理定位的内部机制

1. 广泛吸纳各方力量，参与制定学校发展定位

高等学校定位作为一种办学理念和办学指导思想，不仅关系到学校的长远发展，而且还关系到每一位教职员工的切身利益，是全体教职员工奋斗的目标。因为，高校定位应该是集体智慧的结晶，这就要求高校定位的参与者不仅仅是学校的领导、中层干部，更需要广大教职工的参与。学校需要营造一种民主、宽松、平等的氛围，邀请教职工出谋划策、畅所欲言，根据他们的身份和所处位置提出切合实际的建议。定位制定部门需要根据教职工的建议，对定位进行反复修改并与定位制定参与者进行经常性沟通，直至定位能够得到广大教职工的高度认可。只有教职员工在思想上认同了，才能转换为实际行动，并最终实现目标。一般本科高校定位在必要的时候还要邀请校外专家参与论证，校外专家不仅包括自然科学专家和技术科学专家，还包括人文社会科学方面的专家。

2. 合理分析高校自身的发展优势

一般本科高校定位出现层次攀高、目标趋同的一个重要原因就是学校本身缺乏对于自身资源的合理分析。一般本科高校应该经常"照镜子"，发现自己的长处和不足。只有充分了解自己，才能在学科建设、人才培养、服务面向等基本目标的制定上实事求是，进而找准自己合适定位，形成自己的特色和品牌。

高校生产出来的"产品"——学生主要是用来和市场进行交易的，高校之间不存在贸易往来。但是为了保持高等教育健康可持续发展，高等教育领域需要引进竞争机制，鼓励各种类型高校错位发展。各高校应该充分挖掘自身的资源优势，并力争把自身相对资源优势转化为竞争优势。例如，云南农业大学，在人才培养上以农业人才为主，同时兼顾工、经、管、文类人才，不仅很好地依托了云南农业大省的实际，而且很好地发挥了自己作为农林普通高校的优势，为云南省的发展提供了大量优秀人才。[1] 如位于湖南省湘西土家族苗族自治州首府的吉首大学，依据自身处于"老、少、边、穷"的地域特点，学校的自然科学和人文社会科学研究以开发地方的人文和自然资源、解决地方建设与发展的热点与难点问题

---

[1]　朱复谦、李桂峰：《部分省市一些大学办学目标定位的分析与研究》，《广西高教研究》2000 年第 12 期。

为重点，为当地的经济建设和社会发展培养了大批"下得去、留得住、用得上"的人才，并取得了一大批科研成果，不仅对湘西等地的开发产生了重要拉动作用，学校还被誉为"湖南西部山区的一颗明珠""湖南西部人才培养的摇篮"，形成了自己的特色。[①] 在高等教育市场竞争日益激烈的今天，发挥自身优势的办学指导思想对我国一般本科高校准确把握学校的发展方向及人才培养目标等具有重要的指导作用，有助于形成学校的办学特色，从而提高我国普通高校的竞争能力。

从整体上看，我国一般本科高校在经费投入、师资队伍、办学条件等方面与"985 工程""211 工程"高校相比是没有优势的。但是，一般本科高校大多办学历史悠久，而且有些学校还有原行业院校的历史，对我国经济建设、文化和社会发展的情况更为了解，因此更要利用好自身的办学优势，根据我国产业结构的特征和特殊的文化资源筹划学科建设，确定专业；以培养生产或社会活动一线的应用型人才为重点任务；在学科建设和人才培养方面集中有限资源，瞄准我国的特殊需求；在人才培养知识能力的某些方面有所突破，形成特色，靠自身资源的优势在竞争激烈的人才市场上取得主动，从而不断增强办学实力，将自身资源的优势转化为竞争优势。

（四）探索新的定位理论

我国一般本科高校定位主体意识淡薄与我国高校定位理论不丰富、不成熟有着直接关系。我国一般本科高校的科学定位离不开政府政策引导。但与此同时，需要抓紧研究新的应对复杂环境的定位理论，以提高定位能力。不同时代，面对新的社会环境，就会产生新的适应现实需要的战略管理理论，也就会出现新的战略定位方法。同时，不同的国家、不同的社会环境，对战略定位理论的应用也是有区别的。特别是高校战略管理理论，由于高校是文化传承的组织，文化差异对高校管理影响甚大。不同制度是与不同文化相协调的，不同管理理论与管理方法与组织本身的文化传统密切相关。基于中国文化的高校，其管理理论与方法，应与西方高校相区别。因此，研究适应中国文化和中国国情的高校战略定位理论就显得特别重要，这必将成为提高我国高校定位能力的首要课题。目前，我国有相当

---

① 周济：《解放思想 开拓创新 推动高校科技创新工作蓬勃发展》，http: // www. cutech. edu. cn/cn/zcfg/zyjh/webinfo/2003/01/1179971248975511. htm，2003 年 1 月 14 日。

一部分高校成立了发展规划处，但普遍缺乏对高校战略管理的实施进行监控与评估。不重视高校战略的实施监控机制，高校就不能准确把握自己，在战略定位时就会出现定得过高或过低的问题。

（五）完善政策设计，确保政策发挥实效性

1. 完善高等教育宏观管理体制

一般本科高校自主、合理定位的前提和基础之一就是高校应该拥有相应的办学自主权。但是，我国高等教育管理体制的现实是，各级政府对一般本科高校的管理过多地使用计划手段和行政权力，使得一般本科高校不得不被动地依赖政府，缺少独立的办学机制。要改变我国一般本科高校办学自主权缺失的现象，需要从以下两个方面加以努力。

（1）保障一般本科高校的办学自主权。我国《教育法》中规定了学校及其他教育机构应该享有 9 项权利。随后《高等教育法》更加明确的规定了作为一个独立法人的高等学校所应依法享有的办学权力。从法律的规定来看，学校是拥有充分办学自主权的法人主体，其权力应该受到法律的保护。但是，现实情况是高校办学自主权还存在部分缺失。究其原因，是由于相关法律还存在不完善的地方。第一，《高等教育法》在规定高等学校自主权时，将大学、学院、高职高专学校放在一起统一作出规定，没有考虑到不同类型高等学校之间存在的差异，针对性不强，也不尽合理。这与法治国家严格区分不同类型高等学校的法律地位及相应自主权的立法方式有很大差异。第二，我国现有法律仅仅规定了高等学校的自主权，却没有规定政府的权利范围，而且在政府有权监督高等学校的领域，也没有规定政府进行监督的方式，这使得政府和高等学校之间缺乏清晰的权利边界。以上问题使高校的自主权显得十分脆弱。为此，必须制定相关法律的实施细则予以细化和明确，才能使高校自主权得到有效保障。这也是完善我国高等教育法治，实现依法治校的必要环节。首先要在立法上完善高校自主权，可以借鉴其他国家的经验，在立法方式上区分高校的层次类型、明确它们的法律地位及相应的自主权，增强针对性。同时，对于高校自主权的规定可以以细则的形式予以具体的解释，增强可操作性。其次，要通过立法来保障高校的自主权。法律中不仅要规定高校的自主权，同时，要明确高校自主权受到非法干预时的救济途径，为高校自主权提供法律保障。再次，要在实践中真正实现高校的自主权，需要政府、社会和高校都确立起依法行政、依法治教的观念和行为规范。

（2）建立以学校为本位的一般本科高校管理体制和运行机制。学校本位是指政府与高校关系中大学处于主导地位，大学是独立的办学实体，大学的权力和利益必须得到充分的尊重，政府制定高等教育政策时必须征得学校的同意，政府不得因自身所处的特殊地位而对高等教育管理施压。为了建立起学校本位的高校管理体制，政府首先要更新管理理念，树立主动服务高校的理念，提高对高校的服务职能。转变以往政府对高校发号施令的形象，主动成为高校的"服务者"，帮助、扶持高校的发展，进一步实现政府角色的转变。其次，政府要转变对高校的管理方式。政府应该改革行政审批的程序，尽量减少审批环节，提高工作效率。政府应该充分尊重高等教育发展规律、尊重学术自由，把主要精力投入到政策指导、战略规划、信息服务等方面上，探索集立法、拨款、规划、评估、信息服务和一定行政手段相结合的间接管理方式。再次，教育行政部门要为一般本科高校定位营造一个公平、合理的竞争环境，引导高校进行正确的办学定位。教育行政部门要鼓励高校进行个性化的发展定位，避免统一模式统一标准来考核各个学校，鼓励一般本科高校多样化发展，寻求自己的生存与发展空间。最后，政府要行使调控职能，规范普通高校的设置和办学定位。对各类型高校的设置条件要作出明确规定。这样，既能调动高等学校的办学积极性，同时，又能形成科学的高等教育体系，使各高校能够明确进行类型定位。根据不同的类型，确立自己的职责、任务与性质，进一步避免高校之间定位趋同现象的发生。

2. 改革一般本科高校评估的理念与方法

我国高等教育发展的多样性、多层次性以及不均衡性决定了高校评估工作必须实施分类指导。全国普通高校本科教学工作水平评估之后的新一轮评估的目标已经发生了变化，新一轮评估的目标是推动高校提高办学水平，提升办学质量，创出个性和特色。面对新一轮评估的任务，有学者提出可以将一般本科高校的评估与学校的发展定位结合起来。这样，一方面可以避免评估指标一刀切带来的弊端，另一方面可以切实推动高校朝特色方向发展。

评估与一般本科高校定位相结合，可以从根本上保证高校定位发挥实效性。学者汪敏生提出"与高校定位相结合的评估模式主要针对地方院校办学定位所设定目标的检查，专家只需检查该校现状与当年办学定位

（规划）所设定目标的符合度，并给出距离定位目标的评价等级即可。"①
这种学校自身纵向评估需要每所高校确定自己的评估标准，各校之间不存
在可比性，避免了高校之间互相模仿，切实引导高校走个性化特色发展的
道路。

汪敏生还以教学评估推动高校社会服务能力为例，说明了一般本科高
校新的评估理念和方法。例如，"就业率"这一指标，以往的评估大多是
考查学生当年的就业率，这一做法有失科学。对一所学校就业率的考察应
该是采取"跟踪式"的方法，学校建立毕业生档案，若干年后考察他们
在社会上所取得的成就，这才是真正的就业率。评估的方法可以采取由学
校举证。如学校向评估机构提供相应的佐证材料，包括：有多少人担任技
术领导岗位，有多少人担任各级行政领导，有多少人获得各种各类资质和
荣誉等。评估方负责抽样核查，抽样核查与学校举证的情况一致，则可采
纳学校的举证。又如，"科研"这一指标。高校科研成果的转化在很大程
度上体现了高校的社会服务能力和水平。但是，目前高校中的科研成果转
化的程度并不是很高，有些科研合作没有实质意义。因此，评估仍然可以
采取抽样方式核查相关企业是否有实质性的合作。

总之，随着社会主义市场经济体制的建立和政府职能的转变，对高等
教育的质量评估应更多地鼓励社会各界的参与，支持建立独立、公正、多
元的中介评估机构，推动政府评估与民间评估并存的多元化评估体系的建
立。同时，还要打破单一的评估标准，建立健全分类别、分层次的评估体
系，鼓励高校进行自我诊断和自我评估，促进高校多样化和特色化发展。

3. 改革高等教育经费拨款体制

在我国高等教育领域中存在着教育资源配置不公平的问题，重点院校
比一般本科高校享有的资源丰富得多。这一问题是我国一般本科高校定位
中争博士点、办学层次盲目攀高、学科专业求全等误区的重要原因。从国
际高等教育拨款理论和实践的发展进程看，存在着一些规律性的做法和有
价值的经验。如区分一般经费与专项经费，设立"缓冲性"机构，强调
公平竞争和绩效评估相结合的理念，国家在积极实施影响的同时，维护学
校自主办学。② 马陆亭教授认为我国高校拨款模式改革，应按"基本支出

---

① 汪敏生：《地方高校教学评估的理念与方法》，《中国高等教育评估》2006 年第 4 期。
② 邱德雄：《我国普通高校定位的理性选择》，四川出版集团 2009 年版，第 168 页。

预算＋项目支出预算＋绩效支出预算"的要求，兼顾公平与效率，将高等教育的财政性拨款分为教学拨款和科研平台建设拨款两大部分。教学拨款以公平为主，遵循分类、分专业投资的原则，按照不同类型高校的平均成本、成分分担比例和学生数进行拨款，以保证基本运行经费起点上的公平。① 这就需要做好以下两个方面工作：（1）组织财政、物价、教育行政部门和高校等几方面的专家，对不同类型高校和专业办学成本进行有效的测算，提出指导性的意见，促成合理的财政拨款机制和学校收费机制的形成。（2）设立拨款中介机构——高校拨款委员会，负责研究并向教育行政部门提出高校经费分配方案。它是承接政府教育、财政部门对高等学校拨款的事业性中介机构，不是政府的一个部门。这将有助于改变高校依附于政府的附属地位，维护高校的办学自主权。科研平台建设拨款以促进科研效率为主，"采用合同拨款法"，通过竞争性评估拨付，用以支持高校科研基础设施建设和高水平大学、学科建设等，并辅之以体现国家利益导向的特色及创新拨款。② 这需要注意两点：（1）科研平台建设拨款要以学科、专业为基础评价拨付。因为科研是以学科为基础进行的，且只有以学科为基础才具有可比性。（2）科研平台建设拨款属于拔高性拨款，这也是评估《学科、专业等转型评估》与拨款相结合的主要结合点。充分发挥评估、拨款制度的政策导向作用，促进高校特色和比较优势的形成，促进其合理定位。

此外，高等教育中的"重点建设"（"211 工程""985 工程"等）政策在一定时期起到了很好的作用，但是必须有配套的政策，形成多样化的投资体制，才能遏止我国普通高校定位中存在的不良倾向，形成良好的高等教育运行机制。

4. 改革校长的遴选机制和任期制度

著名教育家陶行知先生说过，校长是一个学校灵魂，要评论一所学校，首先要评论他的校长。遴选出能胜任大学校长的卓越人才，是一般本科高校科学定位的基础和前提。高校校长遴选是在上级行政部门的直接领导下进行的，经过民主推荐、民意测验、民主评议、考察预告等程序报上级主管部门党委会讨论决定。这种遴选方式固化了高校对政府的附属地

---

① 马陆亭：《试析我国高等教育投入制度的改革方向》，《高等教育研究》2006 年第 7 期。
② 同上。

位，致使部分高校校长只对上级主管部门负责，学校的中心工作也是围绕上级部署开展的。这种做法，在一定程度上会阻碍学校的发展。大学是学者的集合，广大教师有较强的民主意识、参政意识和法治观念，广大教师有能力选出他们认为称职的校长。改革现有的校长遴选制度，制定遴选标准，公开遴选信息，实现在学校内部公开、民主选举校长，校长的罢免权在学校而不是上级政府，校长要向全体教师负责而不是向上级主管部门负责。这是高校依法治校的充分表现，也是高校保障和尊重教师民主管理权利的表现，有助于充分调动和发挥他们的积极性，也将有助于改变校长官僚化的作风。取消政府与高校间的上下级隶属关系以后，高校定位就不仅是校长和少数几个领导的事情，而是要反映学校绝大多数教师的愿望，求得教师的认可。这就要求高校定位不能流于形式，要经过科学的论证，且具有可行性，并在严密的监督下保证落到实处。在改革校长遴选制度的同时，还要关注校长任期制度的改革。在一所高校中，校长的任期是一个很重要的问题。2007 年有一项调查显示，中国 1792 所高校校长的平均任期为 4.1 年，北京大学等 8 所著名大学校长的平均任期为 5.9 年，在美国同类大学的校长任期为 12.2 年。校长作为学校的最高领导，他对于办学定位和办学理念的理解应该是最深刻的。按照学校战略规划的分类，短期规划也要五年的时间，而学校定位实际上是学校中、长期的发展规划，如果校长任期过短的话，他没有办法实现自己的战略，而为了追求业绩，搞形象工程，无从考虑学校的长远发展。所以校长的任期应该适当长一些，一般应在八年或十年以上，只有这样，校长才能安于贯彻自己的办学理念和治校方略，保持政策的连续性，实现定位中的目标。

（六）建立高校合理定位的保障机制

高等学校定位从实施主体上来讲是学校自身，但要真正做到合理定位，必然涉及政府、社会、高等教育系统、学校自身等不同层面，是一项涉及面广、难度大的工作。要做好这项工作，需要一些保障条件，有些条件需要学校自己提供，有些条件则需要政府、社会提供，还有些需要多方面协作完成。

1. 完善相应的法律、法规

首先，完善高等学校法规设置，从源头上规范学校定位。我们知道，从定位一开始就要对一所学校的类型、水平、服务面向、规模等方面进行设置，虽然这种定位在发展过程中可能会发生转变，但是作为一种事前预定，在一定时间内要保持相对稳定性。其次，建立分类的评估体系，改变目前单一的质量评价标准。我国对所有的学校评价都采用"普通高等学校本科教学水平评估指标体系"，这是一种一刀切的评估，不仅抹杀了学校之间层次、类别上的差距，而且助长了一些高等学校盲目攀高的风气，导致定位不合理，不利于各级各类高校在所在的层次上办学特色、提高水平。

2. 尽快建立统一的高等教育数据信息平台

高等学校定位首先要准确把握高等教育的整体情况，做到知己知彼。然而，目前我国缺乏高等学校数据信息平台，加之数据统计口径的不一致和统计数据发布的滞后性，给各个高等学校了解全国高等学校情况带来了诸多不便。因此，把有关各高校的数据资料集中起来分门别类，并对收集来的原始资料和数据进行统计和处理，保持与各高等学校的密切联系，让它们不断报告、核实和更新自己的相关数据，使相关资料实现规范化、数据库化和网络化，以避免数据的重复统计和指标界定口径的不规范，这是一项紧迫的工作。由于这项工作投入大，只能由教育行政管理部门来负责。

3. 加强新闻舆论监督

在目前的普通高校定位进程中，新闻舆论对普通高校定位的实质环节——决策的影响甚微，但这并非是说新闻舆论的失职，其主要原因是公共决策方式的封闭，这使得无论是传统媒体还是网络舆论都无法进一步发挥其应有的效力。

未来社会将是信息化的社会，很多国家已经把信息作为推动社会发展的重要生产力。政府作为社会调控的枢纽，如果能够合理利用信息，可以大大提高效率和减少失误；相反，如果以消极的态度对待信息，不但事倍功半，反而可能使社会发展陷入恶性循环甚至失控。

一个健全的社会制度，须同时具备民意表达、市场激励、社会整合等机制。在重大公共政策形成过程中，应当具有社会各方利益群体充分参与的制度设计与安排，这样，才能在社会各界意愿充分表达的基础上，对社会各方利益权衡利弊之后，理论上形成符合社会总体利益的公正合理的选择。具体到高校定位的问题，虽然人们不能否认专家在制度设计方面的理论与技术上的优势，然而以社会眼光看，专家毕竟只是社会的一个阶层，其中也有自身的特定利益诉求，加上现有专家决策制度本身也缺乏相应的约束机制，因为在此前提下，一项公共政策，特别是一项涉及社会公共与公众利益的决策形成，就绝不能少了社会公众，特别是不能少了社会弱势阶层的参与。因为一项公共决策的形成，如果只有专家与有关部门的共识，在理论上并不等于社会共识，而且从程序公正与民主决策的立场看，任何社会群体都应享有自己对社会公共事务的表达权利。

实际上，普通高校定位始终存在一个致命的薄弱环节即缺乏民意参与。然而，应当注意到的是，时代为我们提供了绝好的契机。今日的中国，传媒业得到空前发展，网络社会的雏形也已显现。传媒和网络的发达为政府部门提供了广泛的民意基础，在获取方式上也更为便捷和高效。

在这样的形势下，政府如果能够主动适应，抓住机遇，推进信息公开和行政参与制度，有效地利用新闻舆论，使高校定位过程有充分的民意参与，将会使社会各方形成有效互动，从而使普通高校定位步入科学而合理的轨道。

三　一般本科高校定位合理性的判断

依据一般本科高校自身的特点以及在经济社会发展中所起的作用，可对一般本科高校做如下定位。

（一）发展目标定位

我国现在面临着实现工业化和信息化的重要任务，正需要大批的应用型人才。这样，专科层次的人才已经不能满足社会需求，至少需要相当一部分本科以上层次的应用型人才。根据社会发展的需要和自身办学条件，一般本科高校应该义不容辞的承担起培养应用型人才的任务，这样决定了这类高校在办学目标上定位为多科性或单科性应用型大学或学院是比较科学合理的。

（二）发展类型定位

根据上面的数据分析来看，一般本科高校定位为教学型高校的居多，有一小部分学校定位为教学研究型。当然这种定位并不是一成不变的，随着时间的推移、条件的转变，部分学校的办学层次得到了提高，相应的办学定位就要调整，办学类型定位就随之发生变化。

德国柏林工业大学的发展可以说是这种转化的典范。柏林工业大学的前身是博依特于1821年举办的地方工业学校。1827年改称工业专门学校，1866年又改称为工业学院，1879年与柏林建筑学院合并，升格为柏林工业大学。该校的建立过程大致分为三个时期：第一时期（1821—1850年）是一所高等专门学校，其培养目标是私营工业经营中有才干的技术员、熟练手工业者、工厂主、地方工业学校教师；第二时期（1850—1860年），在德鲁卡勒校长的改革推动下，该校逐步向高等学术机构发展，其培养目标是为私营工业培养有开设和经营工厂能力的高级技师，修业3年。前一年半学习公共课，后一年半分机械、化学、建筑三科学习专业课程；第三时期（1860—1879年）是朝高等学术机构迈进时期，此期间学校增设和充实了教学科目，改进了教学管理和教学方法。1866年改为工业学院，1871年被正式承认为工科大学，下设机械、冶金、化工、造船四系。到1879年与建筑学院合并升格为柏林工业大学以后，它已经是颇具实力的工科大学。[①]应该说，柏林工业大学办学类型的转变，是学校内涵变化后的实际要求，保持了学校类型定位与学校办学类型的一致性，不是简单追求办学类型的高层次。

我国有一大部分一般本科高校不愿意承认自己是"教学型"高校，感觉"教学型"高校的定位低，只有"研究型"高校才是高水平的。其实，教学和科研是高校发展的两个翅膀，只有教学和科研协调发展，互相促进，才能提高教育质量。一般本科高校应以人才培养为宗旨，科研与教学相结合。

（三）学科发展定位

学科是高校发展的基础。高校与高校之间的竞争，实际上就是学科之间的竞争。因此，一般本科高校在进行办学定位时，要将学科发展定位作为定位的重点和核心。对于一般本科高校而言，可以用于学科建设的资金比"985工程""211工程"高校要少得多。因此，一般本科高校在学科发展上要坚持错位发展的理念，不要追求学科的全面均衡发展，而是要坚持走非均衡发展的道路。学科的非均衡发展是指学校要坚持发展自己的优势学科，将资源有选择地投向优势学科，以实现学科的不同程度发展，重点发展某个或某几个特色学科和学科群。坚持"有所先为，有所后为"的原则，用某个学科来带动相关学科的发展，进而形成一个结构优化的学科群。

---

① 陈彬：《知识经济与大学办学模式改革研究》，华中师范大学出版社2002年版，第106—107页。

　　一般本科高校优势学科的确定要遵循以下几个原则：面向当地支柱产业发展重点学科；面向当地新兴产业发展新兴学科；面向当地社会进步发展人文学科。实现人文学科和自然学科交叉互融，共同发展。[①]

（四）人才培养目标定位

　　高等学校培养的人才从规格上可以分为：学术型、应用型、实用型。从培养层次上可以分为：研究生、本科生、专科生。对于不同规格、不同层次的人才的知识、能力和素质的要求是不同的，高等学校在人才培养过程中要按照不同的培养方案进行培养。一般本科高校为了实现定位，必须与同类院校和不同类院校有所区别，确立属于自己的人才培养目标和人才培养模式。一般本科高校的办学理念和发展定位有别于"研究型"大学和传统的"学术型"院校，应当立足于为本地区服务，为开发本地区的优势资源、发展本地区的支柱产业服务，为本地区的精神文明建设服务，从而为本地区经济发展、文化繁荣、建设小康社会服务。当然，条件相对较好的一般本科高校，其人才培养层次和目标需要高移，但是高移时要注意把握一个"度"，确立这个度的基准是：第一，考虑到地方乃至全国高等教育结构体系动态性平衡的需要，防止出现某些专业人才培养过高的问题。第二，科学分析地方经济社会发展趋势，合理预测未来发展所需人才的结构、特征。第三，对本校在整个高等教育系统、同类高校或区域高校的位置进行正确的估计。第四，深刻洞察不同时期不同阶段社会发展所蕴含的历史机遇，看其是否能为学校发展所利用，促进学校在某一领域的快速发展。发达地区正在向知识经济迈进，高新技术的发展需要大批本科及其以上的高层次人才，有实力的地方高校的办学层次可以适当高移；欠发达地区在工业化进程尚处于初、中期阶段时，地方高校应考虑"低重心"办学，此时社会经济的发展对技术型、职业型人才的需求量更大。所以地方高校办学层次类型结构的变动和调整应遵循"分区规划，分类发展，分层优化，动态平衡，共同提高"的原则。

（五）服务面向定位

　　一般本科高校作为地方投资的高校，应该依托地方而生，随着地方发展而发展。一般本科高校中原行业院校较多，如商业、矿业、制造业、农业和林业等院校，应该利用其行业优势明显的特点，积极培养为地方发展

---

　　① 叶芃：《地方高校定位研究》，华中科技大学，2005 年。

需要的专门人才。选准结合点，促进科技成果产出及转化。地方本科高校科研的整体优势有限，亮点主要集中在传统的优势学科和专业方面。这就需要寻求学科与区域的结合点。具体来说就是要进行学科分析，找到学科与区域的结合点，这既是学校进行结构定位和特色定位的切入点，也是学校准确服务社会的关键点。寻求学科与区域的结合点主要从两方面入手：一是寻找学科结构与区域社会职业需求结构的结合点。要着力寻求学科结构与社会职业需求结构的结合点，根据结合点发展学科特色。同时，努力寻求结合点与人才知识、能力、素质结构的交汇点，使培养的人才不仅在类型结构上而且在素质结构上适应社会的需要。这种结合点和交汇点构成了人才培养质量的支撑点，表明了学科特色与人才培养的关系。一所学校的学科结构与社会需求结构结合越紧密，这所学校的学科结构体系就越有特色；这所学校培养的人才在知识、能力、素质结构上适应了社会职业的需要，这所学校培养的人才就是有特色的、高质量的。同时，尽量优先形成优势学科，以优势学科拉动其他学科群的发展，使其能够互动、共生，形成新的学科生长点或新的学科，体现出为区域经济和社会发展服务的本色，以质取胜，使之成为学校名牌学科、王牌学科，进而在全国同类学科中占有一席之地，甚至居于领先地位。二是寻找学科结构与地缘区域特色的结合点。一般本科高校所处的地缘区域特色是学科特色发展的源泉，它为学科特色的发展提供了可持续的特色资源，并使学科以区域的特色研究走向世界，这是其他地方的同一学科所不具备的优势。①

弗莱克斯纳曾说：大学不是风向标，不能什么流行就迎合什么，大学应不断满足社会的需求而不是它的欲望。教育要适应现实社会当前的要求和需要，因为这是社会继承所必须的。但只注重适应的教育，容易导致教育的短视，降低对未来发展的适应意识和应对能力，必然缺乏对未来发展挑战的充分准备，也难以赋予现实向未来发展的有力导向和巨大的内在发展潜能。但单纯注重超越性的教育，容易导致教育热衷于虚幻的未来，忽视社会未来发展的现实基础，甚至带来现实与未来发展的错位，使未来的发展缺乏坚实的基础。总之，适应现实，要有走向未来的指向；超越现实，要有良好的现实基础。因此，一般本科高校在定位过程中必须立足现

---

① 邹红：《论省属地方高校定位的影响因素及定位策略》，《黑龙江高教研究》2007 年第 7期。

实，放眼未来，否则就会被时代淘汰。一般本科高校在定位过程中必须遵从教育自身的特殊规律。在学校的发展定位上，既要立足现实，又要超越现实；在人才培养上，既要培养其生存的能力和意识，又要使其懂得存在的理由和价值。一般本科高校的定位必须坚持与时俱进、不断创新，才能满足培养人才的需要。

第六章　行业院校定位

我国的高等教育系统中，普通本科院校的组成历来可以按照学科门类大致分为综合、工业、农业、林业、医药、师范、语言、财经、政法、体育、艺术等类别，这是从学校传统或优势学科专业所属学科门类的角度来进行划分的。按照2006年①的统计结果，在720所普通本科院校中，农林高校的数量并不多，其中农业院校33所，林业院校6所，合计39所。与150所综合性院校、193所工科院校、77所医药院校、122所师范院校、14所语言院校、50所财经院校、10所政法院校、14所体育院校、29所艺术院校和12所民族院校相比，排在第6位。

另外，也可以从高校与行业联系的紧密程度，将高校划分为行业型院校与非行业型院校两大类别。所谓行业型高校，大多是在新中国成立初期根据国民经济建设的需要，整合当时国内高校有关专业组建的单科性院校，如农林类、矿业类、地质类、水利类、电力类、交通类等。经过几十年的建设与发展，这些高校在促进国家科技进步和服务社会、行业、地方发展等方面发挥了重要作用，并形成了自己显著的办学特色和一批优势学科，不仅取得了开创性的科研成果，而且培养了一大批优秀创新人才和行业技术骨干。随着20世纪90年代我国高等教育管理体制改革的深入推进，行业型高校中的一部分通过合并进入综合性大学范畴，另外，还有相当一部分行业型高校逐步发展成为行业特色明显的多科性大学。

本研究在行业型院校中选择高等农林本科院校作为代表，是基于如下两个方面考虑：首先，高等农林本科院校的范围清晰明确。在沿用多年的

---

① 因教育部首轮本科教学工作水平评估的年限是2003—2007年，因此采用了2006年的统计数据。

按学科门类划分普通本科院校方法中，农业院校和林业院校的统计口径没有改变，院校名称和性质长期保持稳定，农林院校既是学科门类的划分也是行业的划分，其界定相对其他学科门类的行业型院校而言更为简便。其次，高等农林本科院校的定位研究具有更强的实际指导意义。行业型院校在发展中遇到很多问题，主要包括院校与原行业系统之间的沟通渠道和沟通机制日益弱化、来自原所属部委的政策支持和经费投入出现大量缩水甚至断流、办学定位受到影响等①，农林高校在这些方面所受的影响更为突出，且由于农业在我国长期以来特殊的基础性地位，决定了农林院校必须通过精准定位在求得自身良性循环发展的同时，为国家和区域"三农"问题的彻底解决发挥具体作用。

本研究共有普通高等农林本科院校 16 所，占农林院校总数的比例为 42.1%；从学校层次来看，16 所农林院校中有"985 工程"院校 2 所，"211 工程"院校 4 所，上述 6 所院校同时也是教育部直属高校。另有 10 所地方院校，其中既有全国重点院校，也有省属和市属院校，还有 1 所为农垦院校。在农林院校中具有广泛代表性。由于"985 工程"院校和"211 工程"院校在政策、资源以及其他条件方面比其他院校具有更大的优势，相对而言具有较高的发展水平，也具有较为明显的特性，在下文中基本按这三种类型对行业型院校的定位情况进行分析和论述。

第一节　行业院校定位概况

目前，高等院校的定位主要包括六个方面的内容，即普通高等学校在制定发展规划过程中对自身发展目标、类型、学科门类、办学层次和类型、人才培养目标和服务面向的定位。

一　行业院校的发展目标定位

在 16 所高等农林本科院校的发展目标定位中，可以看到，有的高校制定了近期（10—15 年）和长期（20—30 年）两类目标，而有的高校只制定了一个近期目标，其目标表述或简或繁，关键字不外乎国际、国内、省内和同类院校四个。

---

① 《中国教育报》2008 年 1 月 21 日第 6 版。

（一）"985 工程"行业院校的发展目标定位

作为国内农林院校的龙头老大，中国农业大学的发展目标最为简略，提出建设"世界一流的农业大学"；与之同为"985 工程"高校的西北农林科技大学，其发展目标是"到 2020 年……初步建成以产学研紧密结合为特色、国际知名的高水平研究型大学。"

（二）"211 工程"行业院校的发展目标定位

四所"211 工程"农林本科院校中，北京林业大学的发展目标与西北农林科技大学极为接近，提出"经过 15 年左右的努力……建设成为以林学、生物学、林业工程学为特色，国际知名、国内高水平的多科性、研究型大学。"东北林业大学提出了近期和远期两个目标，即"到 2010 年……建设成为特色鲜明，农、理、工、经、管、文、法协调发展，重点学科达到国内一流水平的多科性教学研究型大学，成为国家林业教育与科学研究示范基地，为东北老工业基地振兴做出重大贡献。到 2032 年（建校 80 周年）……建成综合实力达到国内同类院校一流、国际上有一定影响的研究型大学。"华中农业大学同样提出了近期和远期两个目标，即"到 2018 年（建校 120 周年）……建设成为整体水平国内一流、优势学科达到国际先进水平，特色鲜明的研究型大学；到 2048 年（建校 150 周年）……建设成为整体水平国内一流，国际上有重要影响的开放性、综合性、研究型大学"。四川农业大学的发展目标定位为："在国际上有一定影响，国内同类大学中处于一流水平，人才培养质量、科学研究水平和社会服务效能不断提高，成为农业和农村先进生产力的研发基地、先进文化的培育基地、高素质创新人才的培养基地，为区域经济社会发展和西部大开发不断作出新贡献的高水平'211 工程'大学。"

（三）其他行业院校的发展目标定位

华南农业大学曾是全国重点大学，也是广东省和农业部共建的"211 工程"大学，它提出的发展目标周期相对较短，"到 2010 年，学校综合实力和总体水平居全国同类型学校前列，一批学科达到国内领先水平，部分学科接近或达到国际先进水平"。山西农业大学曾同是全国重点大学，也是山西省与农业部共同建设的大学，其目标定为"建设以农业和生命科学为特色，多学科协调发展，主要办学指标居国内同类院校前列，在国内外具有一定知名度的高质量教学研究型农业大学。"中央与地方共建并以地方管理为主的南京林业大学发展目标定为"以林科为优势，生态环境建设和生物资源培育、保护与开发利用为特色，……建设成为整体水平居国内同类高校前列、国际上有较大影响的教学研究型大学。"

河北农业大学是我国最早实施高等农业教育的院校之一，也是河北省建立最早的高等院校，是河北省和农业部共建的省属重点骨干大学，它的发展目标提出"整体水平居河北省高校一流，国内同类院校先进行列。"吉林农业大学是省属重点大学，也是吉林省和农业部合作共建的大学，它提出"经过10—15年的努力，把学校建设成为以农为优势和特色、面向地方经济建设和社会发展的国内先进的多科性教学研究型大学。"新疆农业大学是新疆维吾尔自治区重点建设的大学，也是中西部高校基础能力建设工程重点建设高校，它的发展目标为"建设西北一流、国内知名、特色鲜明的多科性教学研究型大学"。

黑龙江八一农垦大学是黑龙江省属普通高校，它的发展目标为"努力发展成为省内先进、国内知名的多科性农业大学"。莱阳农学院在2007年已更名为青岛农业大学，它在此前提出的发展目标为"到2010年，努力把学校建设成为以农学学科和生物学科为优势，特色鲜明，农学、工学、理学、经济学、管理学、文学等学科协调发展，整体办学水平较高，在国内同类高校中有较大影响的多科性大学"。浙江林学院于2010年更名为浙江农林大学，此前提出的发展目标是"到2013年，把学校建设成为以农林为特色，理、工、文、管等学科协调发展，具有较强综合实力的多科性大学"。天津农学院的发展目标则是"以服务沿海都市型现代农业和区域经济社会发展为己任，努力把学校建设成为高水平的农业大学"。

二　行业院校的类型定位

目前，国内高等学校的类型多参照美国卡内基教学促进基金会提出的《卡内基高等教育机构分类》中的标准，对照美国的研究型大学与博士学位授予大学等进行分类，有学者将这一分类指标结合我国高校的基本情况与工作重点，将我国普通高等学校划分为研究型、教学研究型和教学型三种，在此基础上根据教学与研究的侧重范围不同，还衍生出第四种类型即研究教学型。在教育部组织的本科教学工作水平评估过程中，采纳了这一分类办法，在类型定位中只提供了研究型、教学研究型和教学型三种选择，因此基本所有院校的类型定位均在此范围内。

在代表行业型院校的这16所农林院校中，两所"985工程"高校的类型定位均为"研究型大学"，4 所"211 工程"高校中只有北京林业大学将自身类型定为"研究型大学"，其余 3 所即东北林业大学、华中农业大学和四川农业大学均定位为"教学研究型大学"。同是全国重点院校的华南农业大学和山西农业大学，前者将类型定位为"教学研究型大学"，后者直接定位为"教学型大学"。同样定位为"教学研究型大学"的省属院校还有南京林业大学、河北农业大学、吉林农业大学和黑龙江八一农垦大学。而新疆农业大学、莱阳农学院（青岛农业大学）、浙江林学院（浙江农林大学）和天津农学院的类型定位均为"教学型大学"。

三　行业院校的科类定位

科类定位指的是学校对自身学科发展方面的定位描述。目前国内高校的学科门类，按照教育部的统一规定，划分为哲学、经济学、法学、教育学、文学、历史学、理学、工学、农学、医学、军事学、管理学 12 个。自 2012 年起，再增加了艺术学，从而使学科门类扩展至 13 个。因学校自身发展历史、社会环境的影响和发展路径的选择等因素，行业院校的科类定位具有明显的行业烙印，这在农林院校中表现尤为明显。

（一）"985 工程"行业院校的科类定位

中国农业大学的科类定位是："以农学、生命科学、农业工程为优势和特色，农、工、理、经、管、法、文、医、哲多学科协调发展。"西北农林科技大学的科类定位表述为"以农为主，农、理、工、管、经、文、法、教综合发展。"

（二）"211 工程"行业院校的科类定位

北京林业大学和东北林业大学的科类定位带有林业大学的显著特征，并具有一定相似性，前者为"以林学、生物学、林业工程学为特色，农、理、工、管、经、文、法、哲等协调发展的多学科专业体系。"后者为"以林科为优势，以林业工程为特色，农、理、工、经、管、文、法协调发展的学科专业体系。"华中农业大学在学科门类的发展定位方面，提出了"以农科为优势，以生命科学为特色，农、理、工、文、法、经、管多学科协调发展。"而四川农业大学则提出了"建立以生物科技为特色，农业科技为优势，农、理、工、经、管、医、文、教、法等多学科协调发展的学科专业结构。"

（三）其他行业型院校的科类定位

在科类定位方面，除了大的学科门类，有的大学还在此基础上提出了带有地域特征的学科门类发展规划。例如，华南农业大学提出，要"具有鲜明热带、亚热带区域特点，以农业科学为优势，以生命科学为特色，农、工、文、理、经、管、法多学科协调发展"。山西农业大学的规划则是："以传统优势农科为依托，积极发展生命科学，形成农、理、工、经、管、文、法、教多学科发展的学科专业体系。"南京林业大学在学科门类方面的发展目标是："工科为主、理工结合、文理渗透，理、工、农、文、管、经、哲等多学科协调发展。"

河北农业大学、吉林农业大学、新疆农业大学、黑龙江八一农垦大学、莱阳农学院（青岛农业大学）、浙江林学院（浙江农林大学）和天津农学院的科类定位均具有一定相似性。其中河北农业大学提出的是："以农业科学为优势，农学、工学、管理学、理学、经济学、文学、法学、医学等学科协调发展的多科性大学。"吉林农业大学的科类目标是："以农为优势和特色，农、理、工、医、文、管、法、教多学科协调发展。"新疆农业大学在科类定位方面提出："以农业学科为优势，以自然科学为主要学科领域，以应用学科为主要发展方向，农、理、工、经、管、文、法多学科协调发展。"黑龙江八一农垦大学提出的是："以农学、工学、管理学为优势学科，以农业教育为特色，重点发展优势学科和特色学科，适度发展理学、法学、文学、经济学等学科。"莱阳农学院（青岛农业大学）的科类目标定为："以农学学科和生物学科为优势，特色鲜明，农学、工学、理学、经济学、管理学、文学等学科协调发展。"浙江林学院（浙江农林大学）提出的科类目标为："以农林学科为特色，理、工、文、管等多学科协调发展。"而天津农学院提出的科类目标则是："以农科为主体和优势，农学、工学、理学、管理学、经济学和文学等多学科协调发展。"

四　行业院校的教育层次定位

国内普通高等学校的教育层次基本可以划分为三个类别，即专科教育、本科教育和研究生教育。因选取的 16 所高等农林院校均为本科院校，其教育层次的发展目标均不涉及专科教育这一层次。

（一）"985 工程"行业院校的教育层次定位

中国农业大学作为国内高等农林院校的领军，其教育层次定位是

"以本科生教育为基础，稳步发展研究生教育，积极拓展留学生教育，努力发展继续教育。"西北农林科技大学的教育层次定位则表述为："以本科教育为主体，大力发展研究生教育，适度发展成人教育和职业教育。"

（二）"211 工程"行业院校的教育层次定位

北京林业大学的教育层次定位与中国农业大学具有一定的可比性，均在本科教育、研究生教育、留学生教育和继续教育方面提出了发展规划，即"以本科教育为基础，大力发展研究生教育，积极开展留学生教育，适度发展继续教育。"东北林业大学提出的则是："以本科教育为基础，大力发展研究生教育，积极发展国际合作教育。"华中农业大学的教育层次定位与东北林业大学相比，只是表述的词句略有不同，即"以本科教育为主体，大力发展研究生教育，积极发展留学生教育。"四川农业大学的教育层次定位相对较为复杂，即"稳步发展本科教育，加快发展研究生教育，重视发展高等职业教育，继续发展成人高等教育，积极拓展国际合作办学，形成适应并服务于区域经济社会发展和西部大开发的层次类型完整的教育结构。"

（三）其他行业院校的教育层次定位

华南农业大学的教育层次定位相对而言表述最为简洁，即"本科与研究生教育并重。"山西农业大学的教育层次定位表述也极为简略，即"以本科教育为主，积极发展研究生教育。"南京林业大学的教育层次发展目标是："以本科教育为主，大力发展研究生教育，积极发展留学生教育。"

河北农业大学在教育层次定位方面，提出"以本科教育为主，积极发展研究生教育，适度发展高等职业教育和继续教育"。吉林农业大学与河北农业大学相比，较为重视留学生教育，提出"以本科教育为主体，大力发展研究生教育，积极发展留学生教育，适度发展职业教育和成人教育。"新疆农业大学的教育层次定位表述也十分清晰明确，"以本科教育为主，积极发展研究生教育和继续教育。"黑龙江八一农垦大学提出的则是："以本科教育为主，积极发展研究生教育，适度发展职业技术教育。"莱阳农学院（青岛农业大学）的教育层次定为："以本科教育为主，积极发展研究生教育，适度发展高等职业教育和继续教育。"浙江林学院（浙江农林大学）和天津农学院在教育层次定位方面的表述与山西农业大学一模一样，均为"以本科教育为主，积极发展研究生教育"。

五 行业院校的人才培养目标定位

人才培养是高等学校的基本职能，也是首要职能，高校在人才培养目标上的定位不仅反映了学校的办学水平与特色，也反映了学校的教育理念与教育改革方向。

（一）"985 工程"行业院校的人才培养目标定位

中国农业大学在人才培养方面，将目标定为："培养具有宽厚的基础知识、扎实的专业技能、良好的人文素养、富有创新意识的高素质人才。"西北农林科技大学在人才培养目标方面定位较为详细，提出："为农业科教单位培养研究型人才，为涉农企业培养应用型人才，为农业行政部门培养高素质公务员。其中，本科教育以培养创新型应用人才为主；研究生教育以培养研究型人才为主，并为社会输送一定比例的高水平应用型人才；职业与成人教育以培养高级技能型人才为主。"

（二）"211 工程"行业院校的人才培养目标定位

北京林业大学的人才培养目标定位表述是："以应用型人才培养为基础，以研究型人才培养为重点，培养基础扎实、知识面宽、实践能力强、综合素质高的创新型人才。"东北林业大学在人才培养方面，其目标定位具有地域特点，提出："培养适应新世纪我国林业、生态环境建设和振兴东北老工业基地需要的，德智体美全面发展，基础扎实、知识面宽、能力强、素质高，具有创新精神和实践能力的应用研究型人才。"华中农业大学的人才培养目标定位是："培养基础扎实、知识面宽、实践创新能力强，德、智、体、美全面发展，应用型、研究型和复合型高素质人才。"四川农业大学的人才培养目标定位则是："培养心系'三农'，思想品德优良，基础理论扎实，具有创新精神和实践能力的高素质复合型人才。"

（三）其他行业院校的人才培养目标定位

华南农业大学的人才培养目标定位表述较为简洁，提出："培养基本理论扎实、创新精神和实践能力强的高素质人才。"山西农业大学在人才培养目标方面，其定位表述为："培养适应现代社会发展需求，德智体美全面发展，基础扎实、知识面宽、能力强、综合素质高、富有创新精神的复合型、应用型人才。"南京林业大学的人才培养目标则是："培养基础扎实、知识面广、能力强、素质高，德智体美全面发展的复合型、应用型高级专门人才。"

河北农业大学在人才培养方面，提出的目标是："培养厚基础、宽口径、高素质、强能力、广适应的复合型、应用型高级人才。"吉林农业大学提出的人才培养目标定位为："培养基础扎实，知识面宽，实践创新能力强，德、智、体、美全面发展的应用型、复合型和研究型人才。"新疆农业大学的人才培养目标定位较为简略，提出"培养基础扎实，有创新精神，实践能力强的应用型专门人才"。黑龙江八一农垦大学的人才培养目标非常清晰，即"主要培养面向基层和生产一线的从事技术、服务与管理的高素质应用型人才"。莱阳农学院（青岛农业大学）在人才培养目标方面，提出"培养适应现代社会需求，德智体美全面发展，基础扎实、知识面广、综合素质高、适应性强，具有创新精神和实践能力强的应用型高级专门人才"。浙江林学院（浙江农林大学）的人才培养目标是："培养基础扎实、能力强、素质高，具有创新精神的应用型人才。"天津农学院的人才培养目标则是："培养具有扎实基础知识和学习、实践、创新能力的高素质应用型人才。"

六　行业院校的服务面向定位

高等学校服务面向的定位泛指高等学校在培养人才、发展科学和服务社会等职能上的定位。这可以从三个方面来把握：首先，从服务的空间来看，是服务于社区、地市、全省还是全国；其次，从服务的领域来看，是服务于某一行业或某些行业及其相关行业，还是没有明确的行业指向，或服务于整个社会；再次，从服务的岗位类型来看，是服务于研究与开发等工作，还是服务于生产及管理第一线的实际工作。[①] 由于行业型院校的发展历史与其所服务的行业有着密不可分的关系，因此在服务面向定位方面，行业型院校具有明确的服务领域；同时，由于农业和林业具有鲜明的地域特点与差异，高等农林院校的服务空间也因此较其他类型的行业型院校而更为清晰明确且不可相互替代。

（一）"985 工程"行业院校的服务面向定位

中国农业大学在服务面向定位方面，提出"面向国际竞争，服务农业现代化，服务农村发展，服务国家经济和社会建设"。西北农林科技大

---

① 樊明成：《高职专科院校服务面向定位与评估方略》，《高教发展与评估》2008 年第 5 期。

学提出的则是："立足西北，面向全国，以推动旱区农业发展为主要任务。"

（二）"211 工程"行业院校的服务面向定位

北京林业大学的服务面向定位表述为："立足林业，面向全国，服务首都，为国家经济社会发展以及林业、生态和环境建设提供人才、科技支撑。"东北林业大学的服务面向则是："立足东北，面向全国，重点服务于林业现代化、生态环境和区域经济建设。"华中农业大学在服务面向方面提出："立足华中，辐射全国；服务'三农'，服务国家经济社会发展。"四川农业大学的服务面向定位则表述为："立足四川，服务西部，面向全国"，相对而言，十分简洁。

（三）其他行业院校的服务面向定位

华南农业大学的服务面向定位较为简洁，即"立足广东，依托华南，面向全国，开放办学。"山西农业大学的服务面向定位是："面向'三农'，立足山西，辐射全国，主要为地方培养从事科技开发和基层实际工作的高级专门人才。"南京林业大学在服务面向定位方面的表述为："立足林业，面向社会；立足江苏，面向全国；重点服务于林业现代化建设、生态环境建设、区域经济社会发展。"

河北农业大学的服务面向定位是："立足河北，面向全国，主动为河北省和国家经济建设、社会发展服务，为'三农'服务。"吉林农业大学在服务面向定位方面的表述是："立足吉林，面向全国，服务经济建设和社会发展，成为农业高层次人才培养基地、科技创新基地、科学技术推广服务基地。"新疆农业大学的服务面向定位和四川农业大学的表述同样简洁，只有 12 个字，即"立足新疆，面向三农，服务社会"。

黑龙江八一农垦大学的服务面向定位是："为现代化大农业服务，为垦区率先实现农业现代化服务，为大庆实现产业结构战略性调整服务，面向'三农'为黑龙江老工业基地振兴服务。"莱阳农学院（青岛农业大学）在服务面向定位方面的表述是："立足半岛，面向山东，辐射全国，努力为社会主义新农村建设和地方经济社会发展提供强有力的人才、智力支持和科技服务。"浙江林学院（浙江农林大学）的服务面向定位则是："立足浙江，面向农村，面向基层，面向社会，服务地方经济建设和社会发展。"天津农学院的服务面向定位为："立足天津，面向环渤海，辐射全国，为沿海都市型现代农业和区域经济社会发展提供人才和智力支持。"

第二节　行业院校定位分析

普通高等院校普遍制定发展规划始于 20 世纪 90 年代，而有针对性地讨论与制定自身定位，应始于 2002 年教育部组织开展的第一轮高等学校本科教学工作水平评估。在教育部公布的《普通高等学校本科教学工作水平评估方案（试行）》中，第一条就是要对学校的定位与规划进行评价，这也促使各高校重视其定位与规划工作。

行业院校因其最初的建设背景以及建设过程中与行业共同发展的历史，总是与行业有着密不可分的关系，因此在其定位中也不可避免与行业有千丝万缕的联系。而从根源上来看，经济发展是影响高等教育发展的根本因素，经济发展的巨大变化，推动着社会政治的发展。以农林类行业型院校为例，考察其定位与发展情况，首先应当探究经济因素对高等农林院校的影响，其中包括农、林、牧、副、渔业在内的大农业的发展又对农林高校的定位与发展起着至关重要的制约作用。

一　行业院校定位与行业经济发展的关系

高等农林院校的建立其最初就是因应社会经济发展的客观需求，培养专门人才以发展农业，并通过农业的提升促进其他产业的发展，改善广大劳动人民的生活水平。

（一）建立农林类行业院校的经济动因

建立高等农林院校是晚清维新派"戊戌变法"的一项内容，也是变法失败后仍为满清政府所接受的成果之一。这项措施之所以被提出和实行，是与中国经济发展尤其是农业经济发展的需要分不开的。19 世纪末期，中国的经济存在相当严重的问题。

第一，农业生产力低下。农业是中国的传统产业，有据可查的农业生产历史可以追溯到七八千年前。在漫长的历史时期，中国一直是一个农业社会，农业生产尤其是粮食生产，是社会稳定和发展的根基，也一直是国家财政的主要来源。但是，中国农业技术的发展是比较缓慢的，因此，直到清朝末年，中国的粮食生产水平仍然很低。即便是在产稻最多的江浙一带，年亩产量仅为 136 斤—508 斤。产量最高的湖南长沙，年产也不过

680 多斤①。很多有识之士和政府官员都认识到只有发展农业教育，才能提升农业生产水平。1902 年，直隶总督袁世凯就指出，"兵燹以后，元气凋伤，民生困敝"，只有切实讲求农务，才能"辟利源而资生计"，而"中土农朴而蠢，墨守旧法"，只有设立农务学堂，培养农业人才，才能广开兴农风气②。

第二，国家经济力量脆弱。长期以来，水平低下的农业生产是政府财税的主要来源。在收成正常、国家安定的时候，农民生活都相当艰辛。如果是遇到大的自然灾害而出现粮食大面积欠收时，就很容易发生财政危机和社会危机。清朝后期，中国的经济规模仍然很大，但由于工商业落后，小农经济占绝对主导地位，经济力量非常分散，经济技术非常落后，因而可用于抵御外国列强入侵的经济基础非常脆弱，无法有效抗击西方列强的打击。如何振兴国家的经济力量，成为有识之士和统治阶层极为关心的问题。

在受到西方列强的入侵之后，有识之士深切体会到中国经济技术的落后，认为急切需要通过开展实业教育来传播实用知识。当时光绪皇帝接受了变法维新的主张，于 1897 年下诏书兴农学，命各省督抚劝谕绅民兴办农学堂。1903 年，清政府又颁行《奏定实业学堂通则》等诏书，各省督抚纷纷筹办各种农业学堂。湖北农务学堂成立于 1898 年，与京师大学堂在同一时间建立，这体现了当时社会对提高农业经济发展水平的强烈愿望。

正是由于上述情形，清政府对于兴办农务学堂的目的非常明确。在1903 年颁布的《奏定高等农工商实业学堂章程》中规定，农务学堂的办学是"以授高等农业学艺，使将来能经理公私农务产业，并可充各农业学堂之教员、管理员为宗旨；以国无惰农、地少弃材，虽有水旱不为大害为成效"。这一办学思路一直延续下来。直至今天，绝大部分农林院校都明确地宣示以"服务三农"为自己的历史使命。

在民国时期，农业问题仍然突出，地少人多，普遍实行家庭小规模生产，农业经营效率低下。加上土地所有权日益集中到少部分人手中，农民家庭生产收益很低，因此导致了农民阶层的普遍贫困。对此，国民政府除

---

① 史革新：《中国社会通史·晚清卷》，山西教育出版社 1996 年版，第 37 页。
② 苑朋欣、白秀成：《清末直隶农务学堂考略》，《唐山师范学院学报》2004 年第 3 期。

从制度层面采取措施，希望推进农业生产和农村建设外，对兴办农业高等院校也较为重视。

国民政府在南京建都后，于1928年召开了第一次全国教育会议，提出了农林教育计划案，在此基础上组织全国农林教育委员会，计划全国农林教育实施案。至1937年，已在22所国立、省立和私立高等院校中设立了农学院或相关科系，包括1所独立设置的河北省立农学院，与国民政府在南京建都之前相比，新增8所农学院或农科。1935年国立中山大学农学院（今华南农业大学前身）开始招收研究生，是我国农科研究生教育的开端。国民政府对高等农林院校寄予厚望，尤其是对农业生产中的种植与养殖技术非常重视。其背后的动因，是政府通过提高农业科技的进步，推动农业生产水平的提升。

在抗日战争期间，农业生产尤其是粮食生产的重要性更加突出。与此相对应，虽然大部分农业院校都不同程度地经历了搬迁、撤销、合并或停办的过程，但由于战争时期发展农业生产的迫切需要，国民政府对农业教育和农业技术推广非常重视，先后于1938年和1942年召开了两次农业教育委员会会议，对发展农业教育提出指导意见。在此期间，地处后方的国立、省立和私立农学院仍有18所，仅比战前少4所（见表6-1），部分农林院校还得到了进一步发展。抗战胜利后，社会期待开展大规模经济建设，农业院校和综合大学的农科专业有了较大幅度的增加。

表6-1　　　　　　　　　1945年我国的高等农业学校（本科）

| 公立大学农学院
（18所） | 中央大学农学院、中山大学农学院、浙江大学农学院、北平大学农学院（后衍生出西北农学院）、四川大学农学院、东北大学农学院、~~武汉大学农学院~~、河南大学农学院、~~山东大学农学院~~、~~安徽大学农学院~~、广西大学农学院、四川省立重庆大学农学院、新疆学院农科、~~河北省立农学院~~、江苏省立劳农学院、云南大学农学院、西北农学院、英士大学农学院、复旦大学农学院、中正大学农学院、贵州农工学院、湖北省立农学院、福建省立农学院、湖南省立农学院 |

续表

私立大学农科 （9 所）	金陵大学农学院（后衍生出华西大学农艺系）、岭南大学农学院、南通大学农学院、福建协和大学农学院、福建学院农科、上海光明大学农学院、嘉应大学农林科、华西大学农艺系、铭贤学院农科、川康农工学院、贵州定番乡政学院农村经济系和农业推广、中国乡村建设育才院农学系等

资料来源：周邦任、费旭：《中国近代高等农业教育史》，中国农业出版社 1994 年版。

注：加双删除线表示该校停止招生，加方框表示该校已停办。

　　新中国成立后，国家参照苏联高等学校的办学模式，对全国范围内的院系进行调整。其目的就是为了解决当时高等学校 "不能够适应苏联援助的工程项目对专门人才的要求" 这一问题①，其根本目的是为了加快社会主义建设。

　　中华人民共和国成立之时，党中央从国内生产力极不发达的国情出发，认为至少要搞 15—20 年的新民主主义，为过渡到社会主义创造条件。当时的设想是，先发展投资少、见效快的农业和轻工业，为建设周期长的重工业积累资金。在中国资金匮乏、农村人口众多、农业商品率低的制约条件下，为了加速实现工业化，集体化就成为提供工业化积累的现实选择。因此党中央制定的过渡时期总路线是实行以工业化为主体，以农业、工商业改造为两翼的发展战略。新中国的工业化就是在这样的近代工业很不发达同时农业经济又十分脆弱的基础上起步的，其基本方针是以政府主导和计划管理为体制条件，优先发展重工业，通过对工农业产品实行剪刀差以获得工业化所需的资金积累，致力建立独立的工业生产体系②。

　　要大力发展农业，自然不能忽视高等农林院校的发展。在院系调整过程中，适应农业经济发展的需要始终是中央政府调整农林院校的主要出发点。1952 年 7 月，教育部在北京召开全国农学院院长会议，讨论了高等农林院校的方针任务，拟定了农林院校的调整方案和专业设置草案。会议认为，当时全国农学院的设置情况远远不能满足国家建设的需要。调整的

---

　　① 曾冬梅：《建国以来我国高校本科专业结构调整的历史演进》，《高等教育的改革与发展》，广西教育出版社 2004 年版，第 87 页。

　　② 董金明：《毛泽东时代中国经济发展的绩效及现实启示——兼驳茅于轼研究员的观点》，http：//www. lunwentianxia. com/product. free. 3135688. 3，2007 年 11 月 21 日。

目的是"配合新中国的经济建设，繁荣祖国经济，发展农业生产"①。

1953 年底，经调整后组建的专门学院中，工业、师范、农林、医药四类专门学院成为全国高等院校的主体，分别为 38 所、31 所、29 所和 29 所，总计 127 所②，占总数 182 所的比例约 69.78%。其中，按每大区一至三所的原则，在全国范围内组建了 29 所农林院校，占全国院校总数的 15.93%。

（二）农林类行业院校区域布局与经济发展格局的关系

考察农林院校的发展离不开考察其地区布局情况，因为农林院校与其他类型高校相比具有一个最为显著的特征就是其明显的地域性，这是农业生产的强烈地域性造成的。除此之外，经济发展水平的高低也对农林院校的区域布局有深刻影响。

农业院校区域布局，从其建立的最初到 100 多年后的今天，都与国家的经济格局紧密相连。1898—1910 年，全国共建立了 8 所农业学堂，并在京师大学学堂设立了农科，在广州设立了农业讲习所，招收农科学生（见表 6-2）。这 8 所农业学堂分别设在湖北、河北、山西、上海、山东、四川、安徽、江西等地，均为中国的粮食主产区，且多数为经济相对比较发达的地区。直到 1937 年全面抗战爆发，除新疆、广西新增了两所农业学院及一些综合大学增设了农科专业以外，这种基本的格局一直维持，并未出现太大变化。这种情况是与当时中国经济格局密切相关的。

表 6-2　　　　1912 年前我国的中高等农务学堂的建立和发展情况

序号	名称	地点	发展情况
1	湖北农务学堂	湖北武汉	1898 年湖北农务学堂成立，1905 年升为湖北高等农务学堂，1912 年改为湖北甲种农业学校。1915 年改为湖北高等农业学校，1927 年停办
2	直隶农务学堂	河北保定	1902 年直隶农务学堂成立，1904 年改为直隶高等农务学堂，1912 年改为直隶公立农业专门学校，1924 年并入河北大学，1931 年河北大学停办，农学院改为河北省立农学院

① 华南农业大学校史编委会编：《华南农业大学校史》，广东科技出版社 1999 年版，第 12 页。

② 余立：《中国高等教育史下册》，华东师范大学出版社 1994 年版，第 39 页。

序号	名称	地点	发展情况
3	山西高等农林学堂	山西太原	1902 年山西农林学堂成立，1906 年改为山西高等农林学堂，1912 年改为山西农业专门学校，后因战争停办
4	江西实业学堂	江西南昌	1905 年江西实业学堂成立，1910 年改为江西高等农业学堂，1910 年更名为江西高等农林学堂，1911 年更名为江西高等农林学校，1912 年改为江西农业专科学校，1915 改为江西公立农业专门学校，1927 年并入国立中山大学后并入国立南昌大学
5	山东济南农林学堂	山东济南	1906 年山东济南农林学堂成立，1907 年改为山农高等农林学堂，1912 年改为山东高等农林学校，1927 年并入山东大学农学院
6	四川通省农业学堂	四川成都	1906 年四川通省农业学堂成立，1907 年改为四川省中等农业学堂，1911 年升为四川公立高等农业学堂，1912 年改为四川公立高等农业学校，1914 年改为四川公立农业专门学校，1916 年改为四川省立农业专门学校
7	吴淞水产学堂	上海	1906 年吴淞水产学堂成立，1912 年后改为江苏省立水产学校，1937 年迁往重庆，后因战争停办。1947 年复校后定名为吴淞水产专科学校
8	私立安徽高等农业学堂	安徽安庆	1910 年私立安徽高等农业学堂成立。1913 年改为安徽省第一农业学校，1924 年改为省立高级蚕桑学校，抗战时停办
9	京师大学堂农科	北京	1898 年京师大学堂成立，1902 年设农业科，1910 年设农科大学，1914 年改为北京农业专门学校，1923 年改为国立北京农业大学，1928 年改为国立北平大学农学院

资料来源：周邦任、费旭：《中国近代高等农业教育史》，中国农业出版社 1994 年版；潘懋元、刘海峰：《中国近代教育史资料汇编——高等教育》，上海教育出版社 2007 年版；吴惠龄：《北京高等教育史料——第一集近现代部分》，北京师范学院出版社 1992 年版。

值得一提的是，在抗日战争期间，四川成为全国抗战的大后方，解决军需民食的任务更为迫切。四川省政府成立农业改进委员会，统筹全省农业改进事宜，决定把农、林、牧、渔各事业单位合并，成立四川省农业改进所。沿海各省沦陷后，部分高等农林院校迁入四川，大批农业专门人才也进入四川。在国民政府和四川省政府的组织下，这些高等农林院校的专家和学生们积极参与农业教育和农业技术研究，把稻、麦、棉、蚕等良种推广工作普及 50 多个县，既奠定了四川农业改进的基础，又增加了抗战军民的衣食供应。

当然，这一时期高等农林院校的布局并不是完全与经济格局相对应的。由于政治和经济方面的原因，是否设立农林院校，与各地方主政官员的意识有着直接的关系。如在 1902 年创立、1904 年定制为高等农务学堂的直隶农务学堂是当时最为成功的高等农业教育机构。它的建立就与时任直隶总督的袁世凯重视农业教育有着直接关系。

20 世纪 50 年代初期进行的全国院系调整中，农业院校基本上按照每大区一至三所的原则进行布局，目的是为了让农业院校更好地服务于正在开展的大规模农业经济建设。这种布局是当时国家实行社会主义计划经济政策所决定的，反映了当时国家对经济发展的总体部署，也基本反映了农业经济发展的区域分布情况。此后至"文化大革命"前，国家还根据各地农业开发和发展林业、海洋渔业和农业机械化的需要，相应新增了一些独立设置的农林院校（见表 6 - 3 和表 6 - 4）。

表 6 - 3　　　　　1955 年院系调整基本完成后我国的高等农林院校

序号	名称	时间	地点	院系调整和发展情况
1	北京农业大学	1949	北京	由北京大学农学院、清华大学农学院和华北大学农学院合并而成，后分农业机械系并入北京农业机械化学院，分森林系并入北京林学院，1954 年列为全国重点院校。1970 年迁至陕西清泉沟，1972 年与延安大学合并改名延安大学，1973 年迁回河北涿县改名华北农业大学，1978 年迁回北京并恢复北京农业大学校名
2	北京农业机械化学院	1953	北京	由中央农业部机耕学校、北京九龙山农业机械专科学校、平原农学院和北京农业大学农业机械系合并而成，后分农学系并入东北农学院，分农业企业经营专业并入北京农业大学。1970 年迁至重庆，先后改名四川农机学院、重庆农业机械学院。1974 年迁至河北邢台改名华北农业机械化学院，1979 年迁回北京并恢复校名，1985 年更名为北京农业工程大学

续表

序号	名称	时间	地点	院系调整和发展情况
3	北京林学院	1952	北京	由北京农业大学森林系与河北农学院森林系合并而成，1960年列为全国重点院校。1972年迁至云南昆明，改名云南林学院，1978年迁回北京并恢复校名。1985年改名为北京林业大学
4	河北农学院	1949	河北保定	由原河北省立农学院改名而来，分森林系和畜牧兽医系至北京林学院和内蒙古畜牧兽医学院，分农田水利系到武汉水利学院，1958年改为河北农业大学
5	山西农学院	1951	山西太谷	由原铭贤学院改为公立的农学院，保留农艺、畜牧两系。分机械工程、工商管理并入山西大学，分纺织工程并入西北工学院。1971年山西农业劳动大学并入山西农学院，1979年大寨农学院并入山西农学院，更名为山西农业大学，并被列为全国重点院校
6	东北农学院	1948	黑龙江哈尔滨	由原长春农学院、原东北大学农学院、原哈尔滨第一技术专科学校、原沈阳农学院等合并而成，1950年初改为哈尔滨农学院，1950年底与沈阳农学院合并改为东北农学院，1952年沈阳农学院分出，另分出森林系与另两所院校的森林系组建东北林学院。1953年北京农业机械化学院（农学系）并入东北农学院，1968年迁往汤原县，1974年迁往阿城，1976年迁往绥化、讷河，1979年回迁哈尔滨。1994年合并黑龙江农业管理干部学院组建东北农业大学
7	东北林学院	1952	黑龙江哈尔滨	由浙江大学农学院森林系、东北农学院森林系、黑龙江农业专科学校森林科合并而成，与东北农学院合校办学，1956年独立建校，1968年迁往带岭林区，1973年回迁，1977年恢复办学，1985年改名为东北林业大学
8	沈阳农学院	1952	辽宁沈阳	由原沈阳农学院和原复旦大学农学院合并而成，1970年搬迁分为朝阳农学院、辽宁省农业机械化学院、锦州农学院等，1973年改成辽宁农学院，后改成铁岭农学院。1978年迁回并恢复校名，1979年列为全国重点院校，1985年改为沈阳农业大学

序号	名称	时间	地点	院系调整和发展情况
9	黑龙江农业专科学校	1950	黑龙江北安吉林长春	专科，朝鲜战争爆发时迁往克山，分水利科并入东北工学院，1952年回迁北安，1956年改为北安农学院，1958年迁往长春，合并长春畜牧兽医大学成立长春农学院，1959年合并长春农业机械化专科学校，改为吉林农业大学，1961年合并吉林特产学院，1965年吉林特产学院分出。1970年迁往白城，分为白城农学院、哲里木盟农牧学院、通化农学院，1978年迁回长春并恢复校名，吉林特产学院并入改为特产系
10	南京农学院	1952	江苏南京	由金陵大学农学院、南京大学农学院合并，调入浙江大学农学院的畜牧兽医和农业化学系而成，1970年农业机械化分院并入镇江农机学院，1971年与苏北农学院合并迁往扬州改名江苏农学院，1979年回迁并恢复校名，列为全国重点院校，1984年改名南京农业大学
11	南京林学院	1952	江苏南京	由南京大学农学院森林系、金陵大学农学院森林系合并而成，1955年再合并华中农学院森林系，1972年更名为南京林产工业学院，1983年恢复南京林学院，1985年更名为南京林业大学
12	浙江农学院	1952	浙江杭州	由浙江大学农学院独立而成，合并了安徽大学园艺系、金陵大学园艺系、南京大学园艺系和福建农学院植物病虫害系以及江苏浒墅关蚕丝专科学校，分农业化学、畜牧兽医、农业经济、森林系到其他学校。1960年与浙江天目林学院、舟山水产学院、诸暨蚕桑学校及浙江省农业科学研究所等单位合并成立浙江农业大学。1962年林学院和水产学院恢复独立建校，1965年农科所分出独立建立农业科学院。1970年浙江林学院并入浙江农业大学，1978年浙江林学院独立复校
13	山东农学院	1950	山东济南	由原山东农学院、山东大学农学院、齐鲁大学农专、金陵大学园艺系合并而成。1958年迁至泰安，合并山东林学院、山东畜牧兽医学院、泰安农业学校和泰安水利学校。1966年停止招生，1977年恢复建制，1983年更名为山东农业大学

续表

序号	名称	时间	地点	院系调整和发展情况
14	福建农学院	1952	福建福州	由厦门大学农学院（原福建省立农学院）和福州大学农学院（原协和大学农学院）合并而成，1956年林学系迁往南平单独设立福建林学院，1969年福建农学院被撤销，1972年组建福建农林大学，1975年恢复原福建农学院、林学院建制，1978年回迁福州
15	安徽农学院	1954	安徽合肥	由安徽大学农学院、复旦大学茶叶系、南京大学蚕桑系、金陵大学蚕桑系合并而成。1968年迁往凤阳、宿县、滁县等地，1978年回迁合肥并恢复校名
16	苏北农学院	1952	江苏扬州	由南通学院农科、苏南文化教育学院农教系、江南大学农艺系合并而成，1971年与南京农学院在扬州合并，改为江苏农学院。1979年南京农学院在南京恢复建制后，江苏农学院仍在原址沿用校名办学
17	上海水产学院	1952	上海	由原吴淞水产专科学校发展而来，1953年合并河北水产专科学校，1972年迁往福建厦门改名厦门水产学院，1979年回迁上海并恢复校名，1985年更名为上海水产大学，2008年更名为上海海洋大学
18	华南农学院	1952	广东广州	由中山大学农学院、岭南大学农学院和广西大学畜牧兽医系与病虫害系合并而成。1958年林学系分出成立广东林学院，1963年广东林学院与湖南林学院合并为中南林学院，1970年与中南林学院合并为广东农林学院，1974年广东农林学院的湖南林学院部分迁回湖南复办。1977年恢复校名，1979年列为全国重点院校，1984年更名为华南农业大学
19	华中农学院	1952	湖北武昌	由湖北农学院、武汉大学农学院以及南昌大学农学院、湖南大学农学院、广西大学农学院、河南大学农学院、中山大学农学院部分系科合并而成。1966年设宜昌和黄冈分院，1981年撤销分院。1979年列为全国重点院校，1985年更名为华中农业大学
20	河南农学院	1952	河南开封	由河南大学农学院独立而成，分畜牧兽医系到江西农学院，分植物病虫害系到华中农学院，1956年迁往郑州，1971年迁往许昌改为许昌农学院，1979年迁回郑州并恢复校名，1984年更名为河南农业大学

续表

序号	名称	时间	地点	院系调整和发展情况
21	湖南农学院	1951	湖南长沙	由湖南大学农业学院和湖南省立修业农林专科学校合并而成，并分园艺、农业经济、土壤、植物病虫害系并入华中农学院，分兽医系并入江西农学院，分农田水利系并入武汉水利学院。1971年与省农业科学院合并，1974年分离，1994年更名为湖南农业大学
22	江西农学院	1952	江西南昌	由南昌大学（原中正大学）农学院独立而成，合并了江西兽医专科学校、江西信江农业专科学校和湖南农学院兽医系、广西农学院兽医系、河南农学院兽医系。1969年与江西共产主义劳动大学总校合并成立江西共产主义劳动大学，1980年更名为江西农业大学
23	广西农学院	1952	广西桂林	在广西大学农学院的基础上成立，分园艺系、病虫害系、畜牧系、兽医系并入华中农学院、华南农学院、江西农学院、湖南农学院，1958年迁往南宁，分林学系与广西林业学校合并成立广西林学院，1960年农机系成立广西农业机械化分院，1961年撤销，1962年广西林学院撤销并入农学院，1970年广西劳动大学并入，1975年分别成立三个分院，1980年恢复建制
24	西南农学院	1950	重庆	由四川省立教育学院农艺系、园艺系、农产制造和私立华西协和大学农艺系与私立相辉学院农艺系合并而成，后陆续调入四川大学、云南大学、贵州大学、川北大学、乐山技艺专科学校、西昌技艺专科学校、西南贸易专科学校的部分系科，并分出农产制造系、农产制造科到四川化工学院，分出畜牧兽医系、森林系到四川大学农学院（1956年独立成为四川农学院），1977年恢复建制，1979年列为全国重点院校，1984年更名为西南农业大学
25	贵州农学院	1954	贵州贵阳	在贵州大学农学院基础上建立，合并了川北大学农艺系，后分出农业经济、农业化学、病虫害三系到西南农学院，1966年停止招生，1977年恢复
26	西北农学院	1939	陕西杨凌	在原西北农学院基础上合并户县知行农业专科学校、西北农业专科学校、兰州大学水利而成，1952年分畜牧和兽医系至西北畜牧兽医学院，1957年分水利系并入西安交通大学，1975年分散在延安、高凌、户县办学，1977年恢复建制，1979年分林学系成立西北林学院，1981年分水利工程和水电并入陕西机械学院，1985年更名为西北农业大学

续表

序号	名称	时间	地点	院系调整和发展情况
27	西北畜牧兽医学院	1952	甘肃兰州	在国立兽医学院基础上合并西北农学院畜牧兽医系而成，1958 年与筹建中的甘肃农学院合并改为甘肃农业大学并迁往黄羊镇，1966 年停止招生，1977 年恢复建制，1981 年迁回兰州
28	内蒙古畜牧兽医学院	1952	内蒙古呼和浩特	由河北农学院畜牧兽医系、平原农学院畜牧兽医系和山西农学院兽医系合并而成，1960 年改为内蒙古农牧学院。1971 年内蒙古林学院并入内蒙古农牧学院，1978 年恢复农牧学院和林学院
29	八一农学院	1952	新疆乌鲁木齐	在原中国人民解放军第二步兵学校基础上创建改编而成，1958 年改名为新疆八一农学院，1971 年迁往玛纳斯改名玛纳斯农学院，1979 年迁回乌鲁木齐并恢复校名

资料来源：余力主：《中国高等教育史下册》，华东师范大学出版社 1994 年版；季啸风：《中国高等学校变迁》，华东师范大学出版社 1992 年版。

表 6-4　　　　截至 1977 年我国增设的高等农林院校及其发展情况

序号	名称	时间	创建与发展情况
1	内蒙古林学院	1958	1958 年在内蒙古扎兰屯市成立，是为适应内蒙古作为全国林业生产基地的需要，党和国家在少数民族地区建立的第一所高等林业院校，设有 3 个系 4 个专业。1960 年迁至呼和浩特市。1971 年停办，1978 年恢复
2	延边农学院	1958	前身是 1949 年成立的延边大学农学部，1958 年独立建院。1966 年停办，1970 年改为延边地区中等农业学校，1977 年恢复
3	吉林林学院	1958	前身是 1952 年成立的吉林省林业学校，1964 年改为吉林林业工程学院。1973 年 8 月，与吉林林业学校、吉林省林业干部学校、吉林省林业技工学校合并成为吉林省林业学校，1978 年恢复。1987 年合并吉林省林业教育学院和吉林省林业干部学校成为吉林林业大学
4	佳木斯农业机械学院	1976	前身为 1958 年成立的佳木斯工学院，1959 年调整为佳木斯工业学校，同年被中央农业机械部接管改为佳木斯农业机械制造学校，1970 年停办，1972 年复办，1976 年升为佳木斯农业机械学院，1983 年恢复为佳木斯工学院

续表

序号	名称	时间	创建与发展情况
5	黑龙江八一农垦大学	1959	前身为铁道兵农垦局建立的密山农业大学,1959年改为黑龙江八一农垦大学,1971年停办,1973年恢复
6	上海农学院	1959	1959年成立,1963年停办,1980年恢复
7	镇江农业机械学院	1961	前身为1960年南京工学院农业机械系独立后的农业机械学院,1961年迁至镇江,1982年更名为江苏工学院,1994年更名为江苏理工大学,2001年更名为江苏大学
8	浙江林学院	1966	前身为1958年创立的天目林学院,1960年与浙江农学院、舟山水产学院合并成立浙江农业大学。1962年2月天目林学院从浙江农业大学划出,1966年改名浙江林学院,1970年与浙江农业大学合并,1978年浙江农业大学林学系改为浙江农业大学天目分校,1979年恢复浙江林学院
9	浙江水产学院	1975	前身是1958年成立的舟山水产学院,1959年同天目林学院一起并入浙江农学院。浙江农业大学成立后,该院改为浙江农业大学水产学院,并将省海洋水产研究所和省淡水水产研究所并入。1962年与浙江农业大学分离单独办学,1975年更名为浙江水产学院,1985年在宁波市设立分院。1998年合并舟山师范专科学校组建浙江海洋学院
10	厦门水产学院	1972	由上海水产学院南迁厦门而成,1994年与集美学村另四所高校合并成立集美大学,更名为集美大学水产学院
11	福建林学院	1958	由福建农学院森林系独立而成,2000年与1994年更名为福建农业大学的福建农学院合并为福建农林大学
12	山东海洋学院	1959	由山东大学海洋、水产、地质地貌系、生物系、物理系和化学系组建而成,1988年更名为青岛海洋大学,2002年更名为中国海洋大学
13	山东农业机械化学院	1958	前身1956年创建的山东农业机械化学校,1958年由济南迁至德州升为山东农业机械化学院,1962年迁至淄博,1990年更名为山东工程学院,2002年与淄博学院合并成立山东理工大学
14	郑州粮食学院	1960	1960年北京粮食专科学校迁至郑州更名郑州粮食学院,2000年更名为郑州工程学院,2004年与郑州工业高等专科学校合并组建郑州工业大学

序号	名称	时间	创建与发展情况
15	洛阳农业机械学院	1960	前身为1958年在洛阳拖拉机制造学校基础上创建的洛阳工学院，1960年改建为洛阳农业机械学院，1982年恢复更名洛阳工学院，2002年与洛阳医学高专、洛阳农业高专合并组建河南科技大学
16	中南林学院	1964	前身为1958年建立的湖南林学院和华南农学院林学系，1964年成立中南林学院，1970年与华南农学院合并改称广东农林学院。1975年分出，迁湖南省溆浦县复称湖南林学院，1978年恢复中南林学院，1983年迁至株洲，2005年更名中南林业科技大学
17	华南热带作物学院	1958	1954年华南热带作物研究院创建于广州，1958年迁至海南儋州，同年创建华南热带作物学院，1996年更名为华南热带农业大学，2007年并入海南大学
18	四川农业机械学院	1960	国家为实现农业机械化在七个大区之一的西南大区建立的综合性农机学院，1972年更名成都农业机械学院，1983年更名为四川工业学院，2003年与原成都师范高等专科学校合并组建西华大学
19	四川农学院	1956	四川大学农学院由成都迁往雅安独立建院，1959年林学系迁至西昌成立四川林学院，1972年四川林学院撤销并入四川农学院，1977年恢复建制，1985年更名为四川农业大学
20	云南农业大学	1971	前身是1938年创立的云南大学农学院，1958年独立建院改称昆明农林学院，后合并云南畜牧兽医学院及滇西大学、滇南大学的农学和林学系，1970年与云南农业劳动大学合并，1971年改名为云南农业大学
21	云南林业学院	1960	前身是1939年创立的云南大学农学院森林系，1949年成为云南大学农学院林学系，1958年与农学系一起独立成立昆明农林学院，1960年林学系与森工系成立云南林学院，1962年撤销回到昆明农林学院，1969年并入云南农业大学，1973年与南迁的北京林学院合并成立云南林业学院，1979年北京林学院迁回北京后继续独立办学。1983年更名为西南林学院，现更名为西南林业大学
22	青海工农学院	1971	在原青海共产主义劳动大学基础上扩建而成，1973年开始招生，为专科性质，1977年升为本科，1988年更名为青海大学

续表

序号	名称	时间	创建与发展情况
23	青海畜牧兽医学院	1958	1959年与青海农学院合并为青海农牧学院，1977年恢复，1997年并入青海大学
24	宁夏农学院	1958	1958年创办，1962年与宁夏师范学院、宁夏医学院合并为宁夏大学，1972年农学系、畜牧系与原宁夏农校合并恢复成立
25	塔里木农垦大学	1958	为适应大规模开发塔里木而建立的大学，设大专部和中专部，1969年解散，1976年成为南疆农学院塔里木教学点，1978年恢复。2004年更名为塔里木大学

资料来源：中国高等学校简介编审委员会：《中国高等学校简介》，教育科学出版社1982年版；季啸风：《中国高等学校变迁》，华东师范大学出版社1992年版。

院系调整结束后，根据农业生产发展的需要，国家又增设了一些专门性农业院校，如内蒙古林学院、上海农学院、浙江林学院、浙江水产学院等，新建院校以林学院、水产/海洋学院、农业机械化学院为主。至"文化大革命"前，在全国范围内形成了较为完备的农林院校布局：每个省有一所独立建制的农学院，重要林区建有独立建制的林学院，沿海主要水产省份建有水产学院。另外，国家还在各大行政区重点建设一所农林院校，如北京农业大学、南京农学院、浙江农学院、华南农学院、东北农学院等。对于这个时期农林院校的调整和发展，后人有各种不同的评价，但高等农林院校在全国范围内根据经济发展的需要进行布局的做法，本身是计划经济管理体制的必要结果，对各地农业技术的推广和提高无疑是有积极作用的。

改革开放后，中央和相关地方政府除将"文化大革命"中受到严重破坏的农林院校基本按原有设置复办外，还根据农业经济发展的需要，将部分农、林、牧、渔中专学校升格为学院（见表6-5）。前者是对"文化大革命"期间农林院校受错误政策影响的拨乱反正，反映了农业现代化建设的需要；后者则主要反映了农业经济发展水平不断提高的现实和对更多高层次科技人才的需要。至1989年，全国高等农林院校达到了71所，覆盖了全国各省区市。

表 6-5　　　　　　　1978 年后我国增设的高等农林院校及其发展情况

序号	名称	时间	地点	创建与发展情况
1	北京农学院	1978	北京	前身为 1956 年建立的河北省通县农业学校，1958 年更名为北京市农业学校，1961 年迁入北京，1965 年升格为北京农业劳动大学，"文革"期间停办，1978 年建立北京农学院
2	大连水产学院	1978	辽宁大连	前身为 1952 年创建的东北水产技术学校，1958 年改为大连水产专科学校，1978 年改为大连水产学院，现更名为大连海洋大学
3	吉林农业机械化学院	1978	吉林怀德	前身是 1958 年成立的公主岭农业大学，1962 年改为吉林省农业机械化学校，1978 年改建吉林农业机械化学院，1982 年改建为吉林省农业机械化学校，2002 年升格为吉林农业工程职业技术学院
4	莱阳农学院	1978	山东莱阳	前身是 1951 年创建的莱阳农业学校，1958 年升格为莱阳农学院，1963 年撤销为莱阳农业学校，1976 年莱阳农业学校升格莱阳农业大学，同年改建莱阳农业学校，1978 年改为莱阳农学院，2007 年迁往青岛改为青岛农业大学
5	石河子农学院	1978	新疆石河子	前身为 1959 年在石河子创建的解放军新疆军区生产建设兵团农学院，1971 年迁往奎屯，1975 年改为奎屯农学院，1978 年迁回石河子更名石河子农学院，1996 年与石河子医学院、新疆生产建设兵团经济专科学校、新疆生产建设兵团师范专科学校合并组建石河子大学
6	四川畜牧兽医学院	1978	四川荣昌	前身是 1938 年创建的原四川荣昌畜牧兽医学校，1953 年改为四川省荣昌畜牧兽医学校，1978 年改为四川畜牧兽医学院，2001 年与中国农业科学院柑橘研究所并入西南农业大学
7	西藏农牧学院	1978	西藏林芝	前身为西藏民族学院林芝分院，1978 年西藏民族学院留在陕西咸阳，林芝分院改建西藏农牧学院
8	哲里木畜牧学院	1978	内蒙古通辽	前身为 1958 年建立的哲里木农牧学校，1976 年改建为哲里木农牧学院，1978 年成立哲里木畜牧学院
9	西北林学院	1979	陕西武功	在西北农学院林学系基础上发展成立

序号	名称	时间	地点	创建与发展情况
10	湛江水产学院	1979	广东湛江	前身是 1935 年创建的广东水产学校，1960 年改建广东水产专科学校，1964 年改为湛江水产专科学校，1979 年改为湛江水产学院。1997 年合并湛江农业专科学校升格为湛江海洋大学，2002 年合并广东气象学校，2005 年更名为广东海洋大学
11	武汉粮食工业学院	1980	湖北武汉	前身是 1954 年改建的武汉粮食工业学校，1960 年停办，1962 年恢复，1980 年改建为粮食工业学院，1993 年改为武汉食品工业学院，1999 年更名武汉工业学院
12	南京粮食经济学院	1981	江苏南京	前身为 1979 年由江苏省粮食学校更名的南京粮食学校，1981 年升格为南京粮食经济学院，1993 年更名为南京经济学院，1999 年合并南京物资学校，2000 年合并江苏经济管理干部学院和江苏财经专科学校，2003 年更名为南京财经大学
13	天津农学院	1982	天津	1982 年改建为本科院校，2002 年合并天津市城乡经济学校
14	仲恺农业技术学院	1984	广东广州	前身是 1927 年创建的仲恺农工学校，1949 年改为广东省仲恺农业学校，1984 年改为仲恺农业技术学院，2008 年改为仲恺农业工程学院
15	河北林学院	1985	河北承德	前身为 1964 年创建的承德林业劳动大学，1971 年并入河北林业专科学校，1985 年升格为河北林学院，1995 年并入河北农业大学
16	湖北农学院	1989	湖北荆州	前身是华中农学院荆州分院，1977 年在湖北沙洋建校，1982 年迁至荆州，1989 年正式成立，2003 年并入长江大学
17	吉林农业科技学院	2004	吉林吉林	由吉林特产高等专科学校、北华大学（农业技术学院）、吉林省农业学校合并升格为吉林农业科技学院

资料来源：中华人民共和国国家教育委员会计划建设司财务司：《中国高等学校大全》，教育科学出版社 1989 年版；毛达如：《中国普通高等农业学校要览》，中国农业大学出版社 1995 年版。

（三）经济发展与农林类行业型院校发展取向的关系

从 20 世纪 80 年代初开始，高等农林院校在发展过程中开始逐渐进行调整。从总体看，主要取向有两个，一是"脱农"，即部分以农字冠名的高等院校通过转型，脱离了农林院校的行列。二是综合化，这包括两种形式，一种是与其他类型院校合并后进入综合性大学，第二种是农林院校同质合并或在保持原有独立的同时走综合性发展道路。在这两种取向背后，都有其深刻的经济原因。

1. 经济市场化与农业机械和粮食院校的"脱农"转型

在高等农林院校系统内设置农业机械院校和粮食院校，总的说来是计划经济时代的产物。前者是为了推动农业生产机械化，后者则着眼于提高粮食贮藏与加工的科学技术水平以及培养粮食流通环节所需财经类人才的需要。这种在工科院校和财经院校之外单独设立专门院校的做法，在当时具有一定的必要性，主要是因为农业部门与工业、财经部门之间具有一定的壁垒，需要在农业系统之内设立机械和财经类的院校，培养相应的人才并开发农业及其相关产业如食品加工技术。这些院校在当时的环境下，也为国家的现代化建设做出了自己的贡献。

但这种于工科和财经院校之外独立设校的做法，本身具有很大的局限性，普遍来说，存在培养的人才专业知识面偏窄，限制了科研水平和人才培养质量的提高。因此，在计划经济逐渐向市场经济过渡，部门之间的壁垒被打破之后，随着国家经济发展水平的不断提高，适时进行转型是一个很好的选择。这两类院校后来多数转型为工业院校或大学财经院校，但从后来的办学实践和发展情况看，转型不能意味着特色和优势的转变，否则学校的发展同样会受到阻碍。

例证之一：镇江农业机械学院，1960年从南京工学院农业机械系独立出来，于1961年迁往镇江，面向全国招生，从事农业及相关产业如食品加工等人才培养和机械化生产研究，曾是国家重点院校。1982年更名为江苏理工学院，1994年更名为江苏理工大学。2001年镇江医学院和镇江师范专科学院并入后更名为江苏大学。该校的每一次更名都伴随着学科专业的扩展，最终发展成为工科为特色的教学研究型综合性大学。表面上看它的发展还是较为顺利的，但是在2002年的全国重点学科评定中只有一个学科获得认定，即流体机械与工程；2007年的全国重点学科评定中，该校也只有2个二级学科获得认定，分别是流体机械及工程和农业电气化与自动化。作为1978年就被认定为88所全国重点院校之一的老牌学校，从其重点学科上不难看出其办学特色的变化，已经从改革开放初的"以农业机械类学科为重点并设有机、电类专业的高等工科院校"① 变为"以工科为特色的综合性院校"②。这种变化从长期来看究竟是否具有良性作用尚难判断，但至少从科研实力上看它落在了重点农林院校的后面。

例证之二：南京粮食经济学院，前身为 1956 年建立的粮食部南京粮食学校（1957 年更名为粮食部南京粮食干部学校），办学目的主要是培养粮食流通和质量检测方面的专门人才。1981 年更名为南京粮食经济学院，本专科专业包括粮油储藏、工业企业管理、会计学、统计学和粮食经济，设有一个科学研究机构——粮食经济研究所。1993 年更名为南京经济学院，本科专业增至 9 个，其中 7 个为经济学，1 个为理学，1 个为工学，名称上只有 1 个专业保留了"粮食"特色——粮油工程（工学），其他都与粮食以及粮食经济无关。2003 年更名为南京财经大学，为江苏省重点建设大学。2007 年本科专业共计 38 个，其中经济学 8 个、法学 2 个、文学 5 个、理学 3 个、工学 5 个、管理学 15 个，全部与粮食和农业无关。获得一级学科硕士授予权的专业是应用经济学，而在 22 个二级硕士学位授予权专业中，同样全部与粮食经济无关，只有 1 个"农产品贮藏与加工工程"属涉农工学专业。该校的每一次更名都伴随着学科专业的扩展，现在已经发展成为经济管理类学科为重点、学科门类较为齐全的综合性省属重点大学。但除了粮食经济研究所得以保留外，其他方面已经看不出这所学校曾经是在粮食经济研究中处于国内领先水平的院校。

在上述两所农业类院校的转型过程中，国家经济发展水平的提升是最重要的影响因素。改革开放以来，国家经济建设逐步由计划经济向市场经济转型，社会化大生产的格局逐渐形成，行业与部门之间的隔阂逐渐被打破，为这两类农业院校可以凭借自身的专业优势，超越农业机械、食品机械、粮食流通、粮食检测等领域人才的培养和科学研究领域，扩大服务对象，从而实现自身的发展并在社会生产和流通领域发挥更大的作用。1982—2004 年，实行转型的这类院校共有 10 所，除上述两所学校外还有洛阳农业机械学院、四川农业机械学院、佳木斯农业机械学院、山东农业机械化学院、武汉粮食工业学院、郑州粮食学院、青海工农大学和塔里木

---

① 中国高等学校简介编审委员会：《中国高等学校简介》，教育科学出版社 1982 年版，第 287 页。

② 江苏大学学校简介，http://www.ujs.edu.cn/xxgk/xxjj.htm。

农垦大学。这些院校的转型，从大环境来考察，基本可以说是适应了经济发展水平提高的结果。但也必须注意到，这些院校在脱离了"农"之后转向综合化发展，基本不再保持"农学"或与农学相关的专业特色，尽管不能简单判定其优势是否一定会因此而逐步丧失，至少必须警惕这种现象，并采取适当措施加以防止。

2. 经济区域化与高等农林院校的综合化

自 20 世纪 90 年代初至 2007 年，共有 16 所高等农林院校与其他类型的高校合并，成为综合性大学的一部分。同时，共有 38 所高等农林院校通过同质合并或独立的内涵式发展，成为以农业科学为特色和优势的多科性大学，并向综合性大学方向发展。这一过程是在整合高校教育资源，做大做强我国的高等教育这个思路下进行的。同时，也与经济区域化的发展趋势紧密相连。20 世纪 90 年代以来，经济的区域化特点愈发明显，经济发展逐步从行业经济转向区域经济，相应地人才培养也必须改变由行业主管部门负责规划与管理的模式。1994 年以后，随着政府机构改革的深入，政府机构职能的转变，行业逐步退出办学，为数不少的其他部（委）属高校因此受到了一定程度的影响。科学技术综合化趋势的加强，以及社会对高层次人才综合素质要求的日益提升，要求高等学校培养的毕业生在人文社会科学、自然科学方面实现更高层次的综合。此时，单科性院校就显得力不从心，既不能适应现代科学技术在高度分化基础上高度综合的趋势，也难以满足市场经济条件下日益增长的对高校毕业生综合素质的要求及职业流动频率加快的需求。通过不同途径向综合性院校方向发展，是高等农林院校在经济区域化发展态势下做出的积极而合理的选择。

例证之一：西南农业大学的综合化道路。西南农业大学是与不同类型大学合并，走综合化道路的代表。西南农业大学始建于 1950 年，原名西南农学院，1952 年全国院系调整过程中，集中了当时西南地区大部分农业和农业经济管理学科最强的师资和设备，成为西南地区第一所独立的专门性高等农林院校。1985 年 10 月经教育部和农业部批准更名为西南农业大学。2001 年 8 月经重庆市批准，由原西南农业大学、荣昌畜牧兽医学院、中国农业科学院柑桔研究所合并组成了新的西南农业大学。2005 年 7 月，经教育部批准，由原西南师范大学、原西南农业大学合并组建了西南大学，为教育部直属综合性重点大学。西南大学成立后，积极加强与地方和企业合作，加快科教成果推广转化，与地方企业开展师资、干部、技术人员培训，开展教学、科研基地建设和科教扶贫工作，促进了地方经济的发展，同时为学校教学、科研搭建了较好的平台，促进了学校学科建设和科研工作的拓展。

例证之二：华南农业大学的综合化道路。华南农业大学悠久的办学历史可追溯至始创于 1909 年的广东全省农事试验场暨附设农业讲习所。1952 年，在全国高校院系调整时，由中山大学农学院、岭南大学农学院和广西大学农学院畜牧兽医系及病虫害系的一部分合并成立华南农学院，隶属农业部主管。1984 年，更名为华南农业大学。2000 年国家深化高校管理体制改革，学校由农业部划归广东省主管。自 20 世纪 80 年代初以来，华南农业大学致力于走内涵式的综合化发展道路，除加强传统农科之外，还不断根据广东经济和社会发展的需要增设新的学科专业。现已发展成为以农业科学为优势、生命科学为特色，立足广东、面向全国，农、工、文、理、经、管、法等多学科协调发展的高水平教学研究型大学。

3. 农业产业链的延伸与高等农林院校农科专业的扩展

农业教育的发展与农业产业的发展息息相关。在农业产业链中，种植业属于上游产业，向下依次为饲料、禽畜养殖、肉类和粮食加工等产业。这个纵向的产业链在农业社会中已经存在。随着农业生产水平的不断提高，种植和养殖的产出增加，人们有了除满足口粮等初级消费需求之外的产品剩余，农业产业链就会出现纵向拉长和横向延伸。与此相适应，高等农林教育的内容也会出现相应的变化。

在创立农务学堂的时代，中国的农业生产水平很低，多数人只能维护勉强温饱的水平，粮食和丝织品经初级消费后的剩余不多，因此农业产业链只能在低水平发展，横向延伸的余地很小。与此相对应，初期的高等农林院校设立的学科专业均以种植、养殖为主。到 20 世纪 50 年代，中国粮食和棉花生产大量增加之后，高等农林院校的学科专业设置逐渐向农业产业链的纵向和横向发展，明显变化就是"涉农类"专业尤其是农业生产和农产品加工有关的工科专业有所增加，并出现了与农产品流通相关的财经专业。改革开放之后，随着农产品生产和交易市场化水平的提高，经济类和管理类专业在农业院校得到了快速发展。

从当前情况来看，农业已经由原来单纯的种植业和养殖业这些产中环节不断向产前和产后延伸，形成了新的产业群。产前：包括种子、种苗的研发与生产等；产后：包括产品的粗加工与精加工，以及以农产品为原材料的其他生产，例如，生物能源的开发与利用等，并由此衍生出产前、产中、产后的各种相关管理以及各种相关产品的研发与建设等多个节点。可以说，如今的农业不再是过去狭义的种植业，也不是泛指的"农、林、牧、副、渔"，而是真正意义上的大农业，几乎与人们日常生活的所有一切息息相关，从原来的较为简单的产业链发展成为产业网。与之相应地，农林院校也在为了适应这种大农业而在不断扩展，并与其他学科交叉融合衍生出许多新的学科领域与专业。

经济因素是农林院校发展的根本性影响因素，而农业的发展状态是农林院校发展的最直接影响因素。农业的区域性特征和格局影响着高等农林院校的地区布局，农业的扩展影响着农林院校的专业与学科结构。经济发展就这样从外而内地令高等农业院校发生了深刻而巨大的变化。

二　行业院校发展目标定位特点

普通高等学校在其发展目标中必须包括三个方面的内容，即时限、参照物与具体目标描述，其中建设时限规定了完成发展目标的时间节点，缺乏时间节点的发展目标是虚泛的。参照物规定了发展目标的比较范围，缺乏比较范围的目标是空无的。只有在明确时间节点与比较范围基础上的具体目标描述才具有实际意义。当然，除了内容的完整性方面，更应注意内容的科学性问题。

（一）"985 工程"行业院校发展目标定位特点

中国农业大学与西北农林科技大学是农林类行业型院校中唯一的两所"985 工程"学校，其发展目标在农林类高校中也属于愿景最高、目标最大的级别。但中国农业大学在提出发展目标时没有设立时限，只设立了参照物，即"世界一流的农业大学"。而西北农林科技大学提出的发展目标有明确的时限——2020 年，参照的坐标体系是"国际知名"，同时特别强调了"以产学研紧密结合为特色"。

从两所学校的发展目标来看，其表述均存在一定的模糊性，这使学校的发展目标显得不太明确。就"世界一流的农业大学"而言，如果认定世界大学排行榜是科学合理的话，那么在榜单上排名多少可以算作世界一流？是将农业大学单独列出再行排名？还是直接采用榜单上的排名？此外，目前国际上有多种形式的大学排名，不同形式的排名其结果也有相当大的差异。就"国际知名"而言，这一标准更为含混不清，如何才算国际知名，不同的机构、不同的角度、不同的方法都会产生不同的结果。可以说，即使是"985工程"行业型院校的发展目标也存在缺乏时限和参照物不明确、表述不清晰的问题。而表述不清晰，从另一个角度看，可能存在科学性方面的问题，因为不够明确合理的目标定位表述本身就缺乏实际操作的可行性。

（二）"211工程"行业院校发展目标定位特点

本研究中涉及的四所"211工程"农林院校在其发展目标定位中，有三所设立了时间节点，其中北京林业大学只设立了近期（15年）的时间节点，而东北林业大学和华中农业大学都设立了近期和远期（20—30年）两个时间节点，另外一所省属"211工程"院校四川农业大学在发展目标定位中没有提及时限问题。

在参照物方面，四所"211工程"院校都提及了"国内"与"国际"两个大的参照体系，其中北京林业大学提出的是"国际知名""国内高水平"；东北林业大学提出的近期目标是"国内一流"，远期目标是"国内一流""国际上有一定影响"；华中农业大学的近期目标和远期目标分别是"国内一流""国际先进水平"和"国内一流""国际上有重要影响"；四川农业大学提出的是"国际上有一定影响"和"国内同类大学一流"。

在具体目标描述方面，北京林业大学、东北林业大学和华中农业大学明确提出了自己的特色要求和水平要求。北京林业大学提出的特色是"林学、生物学和林业工程学"，东北林业大学提出的是"特色鲜明、协调发展"，华中农业大学则在近期目标中提出了"特色鲜明"。同时三所学校在水平方面的要求可以划分为四种层次，逐层递升。即一是"国内同类院校一流"；二是"国内高水平"或"国内一流水平"；三是"国际上有一定影响"；四是"国际先进水平"。

应该说，相对而言，四所"211工程"院校的发展目标较为明确，但也有个别学校存在忽略时间节点的问题。虽然都提出了参照物，也依然存在不够清晰的问题，"国内同类院校一流""国内一流""国内高水平""国际上有一定影响"或"国际先进水平"均属于模糊定性的词语。在具体目标表述方面，因为有所展开，则表达较为清晰，表明了各校在制订发展目标时的特定背景与指向，具有较好的区分度。

（三）其他行业院校发展目标定位特点

其余10所省属和市属农林院校中，在发展目标定位中明确提出时间节点的只有 3 所院校，分别是华南农业大学、吉林农业大学和浙江林学院，其他 7 所院校在发展目标中没有提及时间节点。

参照物方面，可以明显观察到其层次的变化。一所学校在发展目标中可以同时提及多个层次的参照系，最高层次的参照系是"国际"，出现了 3 次；其次是"国内"，出现了 4 次；再次是"国内同类院校"，出现了 5 次；接下来是特定区域，如"西北"，只出现了 1 次；最低层次则是"省内"，出现了 2 次。另外，还有两所学校（浙江林学院和天津农学院）的发展目标定位中没有体现出特定参照物。

具体目标描述方面，有 6 所学校提出了特色或优势要求，但其中新疆农业大学只强调了"特色鲜明"，未像其他高校那样说明其具体特色或优势，例如南京林业大学在发展目标中，明确提到"以林科为优势，生态环境建设和生物资源培育、保护与开发利用为特色……"在水平要求方面，10 所农林院校则均有所表述。

除了之前在部分"985 工程"和"211 工程"院校中同样出现的缺乏时间节点和参照系以及表述不够清晰的问题外，省属农林院校在制定和表述发展目标定位时，还出现了不够科学合理之处。例如河北农业大学提出其发展目标是"整体水平居河北省高校一流"，黑龙江八一农垦大学提出"努力发展成为省内先进"的农业大学，因各省内均有综合水平较高的其他类型高校或农林高校，这"一流"或"先进"从何而来？这也暴露了部分高校在制定发展目标时追求过高，注重横向比较而缺乏对自身的纵向比较，而纵向自我比较对于学校的发展而言，既是合理的现实基础，也是科学制定未来目标的关键。

总体而言，行业院校的发展目标定位存在内容完整性与科学合理性两方面的问题，从内容完整性方面来说，多存在时限、参照物和具体目标描述中缺乏时限要求、参照物不明确、表述不清晰等问题。从科学合理性方面来说，部分院校存在目标过高的问题。

三 行业院校类型定位特点

在我国固有的教育术语系统中，本无所谓"研究型大学""教学研究型大学""教学型大学"之类的提法，这些提法是根源于美国卡内基教学促进基金会 1973 年提出的《卡内基高等教育机构分类》，以联邦政府下拨的研究经费和授予博士学位数作为指标区分出研究型大学与博士学位授予大学，其标准在 1976 年、1987 年、1994 年、2000 年、2005 年和 2010 年分别做出了相应调整，而对分类的类别也不断予以更新。20 世纪 90 年代"研究型大学"的理念传入中国后，迅速引发了大学的类型定位风潮，并由此衍生出教学研究型以及教学型大学，与研究型大学一起将我国的高校分作三种类型，有时还在教学研究型大学的基础上进一步细分出研究教学型大学。由于在首轮本科教学工作水平评估过程中，仍只沿用原来的三种基本类型，因此所有高校也必须在这三项中做出选择。

从代表行业型院校的 16 所农林院校的现状来看，选择其自身定位为研究型大学的有 3 所，分别是 2 所"985 工程"院校和 1 所"211 工程"院校（北京林业大学）。选择其现有类型为教学研究型大学的有 8 所院校，包括剩下的 3 所"211 工程"院校（东北林业大学、华中农业大学、四川农业大学）和 5 所省属院校（华南农业大学、南京林业大学、河北农业大学、吉林农业大学、黑龙江八一农垦大学）。选择其现有类型为教学型大学的是其余 5 所省属院校（山西农业大学、新疆农业大学、莱阳农学院/青岛农业大学、浙江林学院/浙江农林大学、天津农学院）。

相对而言，类型定位由于选择项的限制，在六种定位里是区分度最不明显的，特别是同样选择教学研究型大学的 8 所院校其办学水平跨度较大，同一种类型定位无法彰显各校特点。

另外，在这 16 所高校的发展目标定位中，有 8 所学校没有提及类型定位一事，如中国农业大学提出建设"世界一流的农业大学"，四川农业大学提出建设"高水平'211 工程'大学"，华南农业大学、河北农业大学、黑龙江八一农垦大学、莱阳农学院（青岛农业大学）、浙江林学院（浙江农林大学）、天津农学院只提出了学校综合实力和/或整体水平的发展要求，其余 8 所均提到了类型定位，其中 3 所未来发展类型定位为"研究型大学"，即西北农林科技大学、北京林业大学和华中农业大学，5 所定位为"教学研究型大学"，包括东北林业大学、山西农业大学、南京林业大学、吉林农业大学和新疆农业大学。

类型定位虽然是自首轮本科教学工作水平评估才开始有了明确要求，各校也都按要求选择了各自的类型，但从部分学校的发展定位目标中缺乏类型定位这一现象来看，类型定位虽是"必选项"，却未必是受到重视的选项。从另一个角度来看，类型定位的标准并不够清晰明确，研究型、教学研究型和教学型的本质差异没有体现出来。

对比之前的现状类型定位和发展类型定位，可以发现，保持两者一致的有5所院校，即西北农林科技大学、北京林业大学、东北林业大学、南京林业大学和吉林农业大学，其余3所对类型定位均上升了一个层次，比如华中农业大学从"教学研究型"大学跃至"研究型"大学，山西农业大学和新疆农业大学从"教学型"大学跃至"教学研究型"大学。考虑到西北农林科技大学和北京林业大学已定位在"研究型大学"，无法继续跃升类型层次。莱阳农学院（青岛农业大学）、浙江林学院（浙江农林大学）和天津农学院在发展目标中未提到类型层次问题，多少可以视为不愿做或不甘心做"教学型"的意思。由此可见，相当多的院校在类型定位上存在一定程度的向上"攀比"的风气。

国内目前对于大学类型层次的研究进行得如火如荼，但至今仍未有明确的中国标准来对国内的所有高校进行指导。国人向来对荣誉热衷有加，尽管卡内基对美国高校研究型与非研究型的分类只是单纯对学校的类别加以某种形式的区分以便于学术研究，在中国却迅速演变成对大学层次的名誉之争。除了根本没有研究生学位授予权的本科院校只能作为"教学型"院校外，其他高校都卷入了这一类型分层浪潮中。而即使这些没有研究生学位授予权或刚获得硕士学位授予权的本科院校多数也不愿意直接明确地提出成为"教学型"院校，已有硕士学位授予权的院校通常都提出要做"教学研究型"大学，已有博士学位授予权的院校为了区分与一般"教学研究型"大学的不同，则将目标大致锁定在"研究教学型"，早已获得博士和硕士学位授予权的重点院校往往都要做"研究型"大学。而"教学研究型"大学与"研究教学型"大学的具体区别到底在哪里，也没有人能说得清楚，更没有获得学校、社会或政府的认同。由于修订后最新版本卡内基标准中只涉及了学科领域和授予博士学位人数，而中美在学科领域划分上的差异以及国内接受研究生教育人数的迅速增多，直接套用这一标准是没有任何实际意义。所以目前在中国，关于"研究型大学"判定标准的不确定是可以理解的。但由于这一概念已深入人心，并由于大学排行榜的推波助澜，在学校发展目标上已成为难以回避的障碍。

对应卡内基高等教育机构分类标准，除莱阳农学院（青岛农业大学）和浙江林学院（浙江农林大学）只有硕士学位授予权外，其他14所农林院校都是博士学位授予大学，亦即研究型大学，这又与人们的构想并不一致。研究型大学应该是精英型的少数院校，主要承担培养研究生特别是博士研究生的任务。

抛开对"研究型""研究教学型""教学研究型""教学型"四种类型大学的确切概念、内涵、指标的学理探讨，可以简单地按照学校的发展历史和实力将农林院校分作以下几类：首先是"985 工程"院校，即中国农业大学和西北农林科技大学两所，代表了国内农林院校发展的顶尖水平；其次是在 20 世纪 80 年代就获得博士学位授予权，并在 1988 年首次国家重点学科评审中获批的 1981 年首批获得博士学位授予权的全国重点农林院校且建有研究生院的学校，包括华中农业大学、北京林业大学、四川农业大学、东北林业大学、华南农业大学、南京林业大学 6 所学校；其余具有博士学位授予权，但博士研究生教育的历史相对较短的河北农业大学、吉林农业大学、黑龙江八一农垦大学、山西农业大学、新疆农业大学、天津农学院 6 所是一类；只有硕士学位授予权的莱阳农学院（青岛农业大学）和浙江林学院（浙江农林大学）2 所学校是一类。

事实上，卡内基基金会已经发现其分类体系被排行榜所利用而导致争相"往上提升"和高校"同质同种化（isomorphism）"，使所有高校失去个性特点。因此在最新修订的卡内基高等教育机构分类中，单一的分类体系被多元的平行分类体系所取代，对高等教育机构从"规模与环境""学生背景""大学课程"等五个角度进行分类。其结果只用于分类统计，并无高低之分。它为研究美国的学院和大学提供了不同的视角，更灵活地满足研究者不同的分析需要。这一分类体系实际围绕三个基本问题展开，首先教什么（即研究生和大学生教育计划的分级），其次学生是谁（入学和学制），最后是背景（即学校大小和是否住宿制）。原来的卡内基分类框架现称为基本分类，也做了修订。① 在基本分类中，大学被分作授予博士学位的大学、授予硕士学位的学院或大学、授予学士学位的学院、大专学院、专门学院和部落学院六种类型②，前三者每种各再分为三种小的类型。

既然美国的这一分类框架和标准都在根据时代发展而不断变化，我国的高等农林院校实在没有必要执着于研究型或非研究型大学的层次类型，

① The Carnegie Classification of Institutions of Higher Education, http：//www. carnegiefoundation. org/classifications/index. asp.

② Basic Classification Description, http：//www. carnegiefoundation. org/classifications/index. asp? key＝791.

应当结合本校的实际情况与国内农林院校的整体情况，还有所在区域社会经济发展的需要，设定自己的具体发展目标，这才是切实可行的办法，并不需要在"研究型""研究教学型""教学研究型""教学型"这些称谓的字眼上纠缠不休。

四　行业院校科类定位的特点

高等学校的分科性质也许最早的明确规定可以追溯到 1912 年北洋政府教育部颁布的《大学令》，其中第二十二条规定："……大学分为七科：文科、理科、法科、商科、医科、农科、工科，而以文理两科为主；须合于下列各款之一，方得称为大学：文理两科并设者；文兼法、商二科者；理科兼医、农、工三科或二科一科者……"[1] 这可以视为综合性大学的最早标准，只设立了单科的学校只能称为专门学校，而不能称为大学。其后的《修正大学令》中允许单设一科者称为某科大学，[2] 这是单科性院校的起源。1929 年南京国民政府颁布了《大学组织法》，规定："大学分文、理、法、教育、农、工、商、医各学院；凡具备三个学院以上者始得称为大学，不具备三个学院者为独立学院。"这一规定沿用至解放初期。1955 年院系调整完成后，我国的大学分为文理、工科、农科、林科、医药、师范、语言、财经、政法、艺术、体育、民族 12 种类型。必须指出的是，学校的分科性质与学科的分类并不是一个概念。从此，我国的院校性质发生了较大的变化，只有苏联模式的文理科大学才是所谓的综合性大学，即人文科学、社会科学、自然科学在一起的理论性大学，而没有各国通常有的多学科的综合大学。改革开放后，在第二次本科专业目录调整过程中，理工农医各类专业相互结合、相互渗透；在工、农、医等院校中增设了一些理科和应用理科类专业，有利于加强这些院校的基础理论；在综合性大学理科中增设了一批应用理科和技术科学类专业，有利于理科面向实际，加强应用。从这时开始，其实不管是综合性院校还是单科性院校都在走向多科化，并在此基础上走向综合化。在这一过程中，显然综合性院校的综合化比单科性专门学院更深入更迅速，因为单科的专门院校只能在原有一

---

① 璩鑫圭、唐良炎：《中国近代教育史资料汇编——学制演变》，上海教育出版社 1991 年版，第 663 页。
② 同上书，第 815 页。

个学科的基础上逐步向相关学科延伸，而综合性院校本已有文理两科基础。

从历史角度来看，多数行业型院校在 20 世纪 50 年代至 80 年代一般属于单科性院校，自 80 年代后逐步从原来的单一学科向多个学科乃至综合方向发展。在行业型学校的定位中，关于科类定位方面，一般包含两个方面的内容：一是现有优势或特色以及传统学科；二是未来重点发展的学科。下面以农林院校为代表，对行业型院校的科类定位做简要分析。

（一）"985 工程"行业院校科类定位的特点

中国农业大学和西北农林科技大学都提出了本校的优势学科或主要学科，西北农林科技大学只简单表述为"以农为主"。中国农业大学的表述相对具体，"以农学、生命科学、农业工程为优势和特色"。在学科发展方面，中国农业大学提出了 9 个学科"协调发展"，西北农林科技大学则是 8 个学科"综合发展"，表述大同小异，两者重合的学科包括农、工、文、理、经、管、法 7 个。此外，中国农业大学还强调了医学与哲学，西北农林科技大学强调的则是教育学。这既反映了学校在发展过程中的学科变化，也反映了学校在区域经济中发挥作用的不同侧重，同时这 7 个重合的学科也可以视作农林院校所普遍具有的学科特征。

（二）"211 工程"行业院校科类定位的特点

4 所"211 工程"农林院校毫无例外，均提到了本校的优势学科以及重点发展的学科。有意思的是，两所林业大学（北京林业大学和东北林业大学）在学科优势方面都提出了林科/林学和林业工程，两所农业大学则提出的是农科/农业科技，显然与学校的发展历史息息相关。在前述的农林类行业型院校建设背景中，可以看到，当初国家建设农林类行业型院校时，是分开农、林、牧、水这几个狭义农业建设对应的单科性院校，因此，除了各大行政区重点建设的农业院校里开设林学类专业外，一般在林业发达省份单独建立有林业院校，通常林业院校里的林学类专业数更多、分支更细。在院校调整刚完成的时候，农林类行业型院校的科类范围仅局限于农林学科，经过多年的发展和沉淀，农林学科作为农林类行业型院校的学科优势是非常明显的。

在学科发展方面，4 所学校提出的都是"协调发展"，华中农业大学和东北林业大学都提到了 7 个普遍学科，北京林业大学还加上了哲学，四川农业大学则加上了医学与教育学。

（三）其他行业院校科类定位的特点

在学科优势定位方面，各校表述均有高度的相似性，均强调农业科学或生命科学特色、传统与优势，略有不同之处在于，华南农业大学的地域特征"热带、亚热带"，这也反映了农林院校与其他类型高校相比所具有的独特性。这与农业的地域性差异是直接相关的，虽然其他农林类行业型院校在科类定位中未突出强调地域特征，但各校的农林学科的地域差异是客观存在的，这也是当初国家教育主管部门在规划农林类行业型院校区域布局时的依据和基础。

在学科发展定位方面，各校表述也只是略有差异，在 7 个普遍学科基础上稍有个别出入，如山西农业大学提到了教育学、南京林业大学提到了哲学、河北农业大学提到了医学，而莱阳农学院（青岛农业大学）没有提到法学，浙江林学院（浙江农林大学）没有提到经济学与法学，天津农学院没有提到法学等。这与学校在经历 1998 年的扩招后所增设的本科专业所属学科密切相关。

值得注意的是，在 16 所农林院校中，有 7 所（东北林业大学、河北农业大学、吉林农业大学、新疆农业大学、黑龙江八一农垦大学、莱阳农学院/青岛农业大学、浙江林学院/浙江农林大学）明确提出要建设"多科性"大学，有 1 所更明确提出要建成为"综合性"大学，即华中农业大学。在前述单科性院校由来与发展过程中，可以清晰看到农林院校的综合性与多科性与综合性大学的区别和差距。从这个意义上来看，农林院校不必在综合性这个问题上与综合性院校一争高低，在学校的发展中一味强调向综合性院校看齐和学习。由于农林院校在文学、哲学、法学、教育学、医学等学科和专业建设的历史很短，难以在几年内达到综合性院校几十年的历史积淀，可以根据农林科发展的需要适当增设这些学科类别的专业，在此基础上慢慢形成专业群和学科群。

还需指出的是，农林院校多数是在 20 世纪 90 年代之后，才开始大步向多学科领域发展。特别是国家从 1999 年起开始扩招后，农业院校里的新办专业大量增加，而这些新专业大多数都是非农学类的文学、管理学等专业。其背后具有多种原因，其中一条是扩招使学校的基础建设显得滞后，在教学条件不宜满足的情况下只能尽量开办一些不需要太多实验教学环节的专业。还有一点是由于学费制度改革，大学实行缴费上学，而农林科专业是实行优惠政策，比其他学科专业的学费要低许多，这就从经济上驱使农林大学开办了相当数量的非农学类专业。这些专业的历史短，学术积淀少，难以在短期内形成良好的学科群。如果要建设综合性院校，必须花更多的力量用于这些学科的师资建设、基础条件建设等。因此，就大多数农林院校而言，还是在多科性的道路上稳步前进，顺应社会政治经济的变化适当调整或增设相关专业，而不必在"综合性"问题上大费周章。否则，资源与实力分散反而容易导致原有优势和特色的丧失。

五 行业院校办学层次和类型定位特点

在普通高等本科院校的教育工作中，通常可以按照教育对象的不同，在办学层次上划分为专科教育、本科教育和研究生教育，在办学类型上划分为普通高等教育、继续教育或成人教育、职业高等教育、留学生教育或国际教育等，而普通本科高等教育毫无疑问处于基础与核心地位，其他层次和类型的教育则依据学校发展规划以及学科实力的不同而地位各异。

以 16 所农林院校作为行业型院校的代表，可以发现，所有学校都提到了以本科教育为主或为基础，大力或积极发展研究生教育，这反映出不同学校对本科教育和研究生教育在学校发展规划中其主体地位和基础作用的把握。此外，提出适度或努力发展继续教育、成人教育、职业教育的有9 所，占 56.25%，提出积极拓展国际教育、留学生教育、合作办学的有7 所，占 43.75%。这反映出各校对继续教育、成人或职业教育以及对国际或留学生教育的重视程度，而这一重视程度又取决于学校所处区域的社会发展与国际交流的水平以及学校对促进区域社会发展与国际交流的认知。

另外，还有一组数据表明不同类型教育在不同学校教育工作中的地位。只提出本科教育和研究生教育的学校有 4 所，其中华南农业大学和山西农业大学是原全国重点院校，而浙江林学院（浙江农林大学）和天津农学院则是相对而言在农林院校里属于学科实力较弱的学校。华南农业大学提出的是"本科与研究生教育并重"，山西农业大学提出的是"以本科教育为主，积极发展研究生教育"，这反映出两所学校对研究生教育的重视程度是不一样的。而浙江林学院（浙江农林大学）和天津农学院提出的教育层次定位与山西农业大学完全一致，不过文字表面相同不能掩盖文字背后意义的差异。对于只有硕士学位授予权的浙江林学院（浙江农林大学）而言，"积极发展研究生教育"恐怕更多是为了将来申报博士学位授予权做准备。而对于已有博士学位和硕士学位授予权的山西农业大学而言，"积极发展研究生教育"的重点应在于稳定扩大研究生教育的招生规模，提高研究生教育水平与质量。

与之形成鲜明对比的是，在教育层次定位中涉及全部四种类型的学校也有 4 所，分别是中国农业大学、北京林业大学、四川农业大学和吉林农业大学。以中国农业大学在高等农林院校中的翘楚地位，它以基础、稳步发展、积极拓展、努力发展四组词汇对应了本科教育、研究生教育、留学生教育和继续教育，言简意赅，并反映了学校对不同教育层次/教育对象在未来发展规划中所处的位置。北京林业大学和四川农业大学均为"211工程"院校，也是高水平或发展势头较为强劲的农林院校，它们对发展四种类型教育层次的表述也反映出学校的实力与发展方向。比如，北京林业大学提出的"大力发展研究生教育，适度发展继续教育"，与中国农业大学提出的"稳步发展研究生教育，努力发展继续教育"有明显区别，这说明研究生教育和继续教育在两所学校中的地位和发展方向并不相同，这既是学校学科实力的具体表现，也是学校对其自身在区域经济发展和社会服务方面的角色定位的一个注脚。吉林农业大学提出的"以本科教育为主体，大力发展研究生教育，积极发展留学生教育，适度发展职业教育和成人教育"，无疑也与学校目前的学科实力以及服务于吉林省三农建设的能力相互匹配。

其余的 8 所学校在教育层次定位方面涉及的都是三种类型，其中 5 所在本科教育和研究生教育外只提到了继续教育、成人教育、职业教育，包括西北农林科技大学、河北农业大学、新疆农业大学、黑龙江八一农垦大学和莱阳农学院（青岛农业大学）；另外 3 所则是在本科教育和研究生教育外只提到了留学生教育、国际教育、合作办学，包括北京林业大学、华中农业大学和南京林业大学。这充分反映了各校因应所处的不同地域环境和不同经济背景在教育类型方面规划差异及其在服务地方经济发展过程中的优势职能。相对而言，西部农林院校和传统农业大省的省属农林院校更重视继续教育、成人教育、职业教育，因为这种类型的教育对于当地农业生产和农村建设具有重要推动作用。而经济发达省份和流通发达地区的农林院校则更强调留学生教育、国际教育、合作办学，这是区域经济发展的需求所决定的。

从上述 16 所农林院校的教育层次定位的文字表述中，只看到了各校对各教育层次定位的模糊定性说明，其中并未涉及各教育层次的规模与质量，甚至不能清晰反映各校在未来发展过程中对各种类型教育对象的不同重视程度。

其实我国高校受现实条件制约，对于不同教育层次的发展规模而言其掌握和控制力度不大，可以自行运作的空间极其有限。从这个角度上来看，要求高校表述其各教育层次规模的发展定位并不实际。不过，随着国内高等教育形势的变化，落实高校办学自主权的呼声日益高涨，政府和管理部门适当放权的理念已逐步深入，同时随着适龄人口的减少和招生规模的持续扩大，提早规划各教育层次的规模对于各高校而言具有重要的指导意义，可促使学校及时谋划各种资源合理配置。

与暂不可完全自控的各教育层次规模问题相比，不可否认的是，高校对于各教育层次的质量具有绝对的自主权，完全可以通过教学改革和其他管理配套改革全面提高教学水平与教学质量。因此，在定位教育层次的过程中，高校不应回避其质量问题，还应清晰表述各教育层次的质量目标。

六　行业院校人才培养目标定位的特点

高校在人才培养目标上的定位不仅反映了学校的办学水平与特色，也反映了学校的教育理念与教育改革方向。一般而言，在人才培养目标中至少包括三个方面内容，即规格、层次与类型。规格指学生接受相应教育成才后应具备的知识结构与能力结构，层次指学生所处的相应教育层次，类型指学生在培养过程中所接受教育的典型特征。

（一）"985 工程"行业院校人才培养目标定位的特点

中国农业大学在人才培养方面，将目标定为"培养具有……知识技能……的高素质人才。"西北农林科技大学在人才培养目标方面定位较为详细，提出"为……单位培养……人才，本科（研究生、职业与成人）教育以培养……人才为主。"

可以看出，中国农业大学在人才培养目标中没有区分层次，只提到了规格与类型；西北农林科技大学则对应不同教育层次提出了人才培养类型目标，却忽视了规格要求，各有所缺。虽然这只是人才培养目标的定位，不能代表人才培养工作的全部，但在定位中某些部分的缺失，也可说明在人才培养过程中，学校的工作重点有可能不够全面，从而对人才培养的最终质量产生影响。

（二）"211 工程"行业院校人才培养目标定位特点

将北京林业大学、东北林业大学、华中农业大学和四川农业大学这四所"211 工程"高等农林院校的人才培养目标进行缩略的话，可以看到，不外乎培养"创新型人才""应用研究型人才""应用型、研究型和复合型高素质人才"和"高素质复合型人才"。

可以看出，四所学校的表述相互重复，与其说缺乏学校特色，不如说对于人才培养目标本身的定性过于模糊。目前国内大多数高校的情况基本与此类似，一谈到人才培养，离不开的几个关键词都是高素质、创新型、复合型、应用型、研究型等，只是彼此的组合略有差异而已。但究竟怎样才算高素质？创新型、复合型、应用型、研究型之间究竟是怎样的定义？相互之间存在怎样的区别？彼此的逻辑关系究竟如何？这些问题估计没有一所学校可以明确给出回答。这固然也是高等教育研究工作者的问题，却也反映出高等学校在制定人才培养目标时，定位不够清晰和明确的特点。其实，这也是我国高校在人才培养中的突出问题，缺乏具体的、可以衡量的培养目标。虽然，从某种意义上说，人才培养不同于生产线上的产品制造，产品制造必须有严格的参数控制以保持品质始终如一，人才培养似乎难以制定出定性定量的标准。但从学校自身工作的角度出发，还是有必要厘清本区域经济发展所需人才的实际需求，结合学校的现状，提出培养学生的基本特质要求，并尽量避免使用模糊或概念不清的口号式词语。

就人才培养目标定位中的规格、类型、层次三个要素而言，这四所"211 工程"农林院校，均提出了规格与类型要求，但均忽视了层次要求，当然这也可以理解为其规格与类型要求是不同教育层次均需达到的目标。然而本科教育与研究生教育就其培养过程、未来就业等各方面而言均具有不同特点，不宜套用相同的规格与类型，应加以区分表述。

（三）其他行业院校人才培养目标定位特点

与"211 工程"的四所学校相似，其余农林类行业院校在人才培养目标定位中，也不断出现几个词汇，如"高素质人才""复合型、应用型人才""复合型、应用型高级专门人才""复合型、应用型高级人才""应用型、复合型和研究型人才""应用型专门人才""高素质应用型人才""应用型高级专门人才""应用型人才""高素质应用型人才"等，概括起来，人才的类型包括复合型、应用型、研究型三种，人才的形式包括高素质、高级、专门和高级专门四种。

可以看到，剩余的其他10所农林院校在人才培养目标定位方面都提出了各自的规格与类型要求，但同样存在忽视不同教育层次的培养目标定位问题。同时，在人才培养规格与类型目标方面存在表述较为笼统、不够清晰明确的问题，规格方面基本都以"创新精神、实践能力、综合素质、全面发展"等为关键词，类型方面则以"复合型、应用型"等为关键词，相互雷同，缺乏特色。

此外，在16所行业型院校的人才培养目标定位中，有3所学校特别提到了面向不同区域和行业培养相应规格与类型的人才，这是在规格、层次、类型三个基本要素基础上，对人才培养目标定位的进一步细化，值得重视与推荐。

七　行业院校服务面向定位特点

高等学校具有三大基本职能，即人才培养、科学研究与社会服务。随着高等学校作为社会发展和进步的发动机功能的不断凸显，其社会服务职能越来越受到学校与社会的重视，其服务面向定位的重要性也就不言而喻。这一定位的组成要素包括三个方面：服务的空间、服务的领域和服务的岗位类型。

（一）"985工程"行业院校服务面向定位特点

中国农业大学在服务面向定位方面，提出"面向国际竞争，服务农业现代化，服务农村发展，服务国家经济和社会建设。"显然表现出学校对于服务空间和服务领域的重视，但由于缺乏对服务的岗位类型的必要说明，显示学校在服务面向定位方面有一定疏漏。

西北农林科技大学提出，"立足西北，面向全国，以推动旱区农业发展为主要任务。"这表明了学校的服务面向空间定位与服务领域定位，同样缺乏对服务岗位类型的表述。

可以看到，两所"985工程"院校在服务面向定位中都强调了服务空间与服务行业或领域，这也是一般行业院校在制定服务面向定位中特别留意的地方，因为行业型院校的一个特点就是与服务行业和领域的紧密连系，这也是行业院校之所以成为行业院校的根本所在。但谈到服务的岗位类型，或许"985工程"院校的理念是其培养的学生具有更强的能力，包括更强的适应性，应能适应各种类型岗位的需要，因此在服务的岗位类型方面并未加以说明和区分。

（二）"211 工程"行业院校服务面向定位特点

从高等学校服务面向定位的三个要素空间、领域和岗位类型来看，4 所"211 工程"院校的服务面向定位中都提到了服务空间定位，四川农业大学则只提到了服务空间定位，对服务行业领域和服务岗位类型都缺乏表述，另外 3 所学校则缺乏服务岗位类型方面的表述。从文字上看，"立足"二字出现 4 次，"面向全国"出现 3 次，"国家经济社会发展"则出现了 2 次。换言之，4 所学校的服务面向定位都存在表述不完整以及表述相互重叠两大问题。

缺乏服务岗位类型也许可以视为学校既服务于研究与开发工作，也服务于生产与管理一线的实际工作，属于全方位服务社会的类型。不过就学校的实际情况而言，不同的学科具有不同的实力，服务地区经济或产业/行业能力也各有高低，一般情况下一定会有所侧重，因此还是应大致区分服务的岗位类型，有助于学校集中有限力量更好地服务社会。缺乏服务行业领域也许同样可以视为学校可服务于该区域的各种产业与行业。同理，在现实情况下，行业型院校之所以成为行业型院校，正是因为与某行业的联系紧密程度大大超过非本行业的其他行业型院校和非行业型院校，在服务面向定位中才更应强化其行业领域定位，更好地促进行业或领域发展，同时反过来促进学校的进一步发展。

从 4 所"211 工程"学校的整体实力以及所处地理区域而言，简单判定其服务面向定位的表述相互重叠也许有失偏颇。然而从学校发展定位的战略高度而言，学校定位必须拥有自身特色，唯有特色才能保证学校在高校林立、竞争激烈的环境中保持优势，对服务面向定位的文字表述应更清晰明确，不宜大而化之。

（三）其他行业院校服务面向定位特点

从表述完整性来看，其余 10 所高等农林院校中，华南农业大学和四川农业大学一样在服务面向定位中没有提及服务领域和岗位类型问题。南京林业大学、河北农业大学、吉林农业大学、新疆农业大学、黑龙江八一农垦大学、莱阳农学院（青岛农业大学）、浙江林学院（浙江农林大学）、天津农学院 8 所院校在服务面向定位中没有提及岗位类型问题，只谈到了服务空间和服务领域。山西农业大学则是唯一一所在服务面向定位中相对全面表述了其服务空间、服务行业和领域以及服务的岗位类型。从文字上来看，以立足某省或某业，面向、服务、辐射全国/社会为基本表述的有

9 所学校，表述的相互重叠状况也很突出。

第三节　改进和完善行业院校定位策略

科学定位与规划是一项复杂的系统工程，定位是否全面是否清晰是对学校定位规划工作的考验，科学、合理、清晰、全面的定位有助于学校的未来发展。作为农林院校而言，我国农业发展的现实状况和未来发展目标是其定位的背景依据。我国农业正在由传统农业向现代农业加速转变过程之中，党的十六大以来，尽管取得了令世界瞩目的成就。但是，与快速推进的工业化和城镇化相比，我国的农业现代化明显滞后，面临着一系列严峻挑战。自然灾害多发重发，农业基础设施薄弱，抗灾减灾能力低的问题更加凸显；农业生产成本不断上升，产业化水平低，比较效益偏低的矛盾较为突出；农产品市场需求刚性增长，资源环境约束加剧，保障主要农产品供求平衡难度加大；农业劳动力素质有待提高，科技创新和推广应用能力不强，转变农业发展方式的任务极为艰巨；农户生产经营规模小，农业社会化服务体系不健全，组织化程度较低，小生产与大市场的矛盾依然明显；全球粮食能源化、金融化趋势明显，国际农产品市场投机炒作及传导影响加深，我国现代农业发展面临更多的外部不确定性。这一系列问题的解决，无论是完善现代农业产业体系、强化农业科技和人才支撑、改善农业基础设施和装备条件，还是增强农产品质量安全保障能力、提高农业产业化和规模化经营水平，以及大力发展农业社会化服务、加强农业资源和生态环境保护等，[①] 均需要农林院校为其提供坚实的保障。因此，在全面纵向与横向调查研究的基础上，学校应从发展目标、类型、科类、教育层次、人才培养目标和服务面向六个维度做进一步细化，特别参考战略制定的相关理论，从差异化和集中化发展两种思维角度，从合作和竞争两种模式出发，确定发展目标的时限、参照物与具体目标，进一步明确学校类型，强化不同学科的定位，提出不同教育层次的规模与质量目标，区分不同规格、层次、类型的人才培养目标，明确学校的服务空间、服务行业与服务岗位类型，充分发挥行业型院校与行业联系紧密的特点与优势，取得

---

① 《国务院关于印发全国现代农业发展规划（2011—2015 年）的通知》，http://www.gov.cn/zwgk/2012‑02/13/content_ 2062487. htm。

更好更快的发展。

同时，从高等学校发展的普遍情况来看，一般面临着两种类型的关系，即竞争与合作。所谓竞争，包括了同类型学校与同层次学校之间的竞争，就行业型院校而言，其竞争即来自同类行业型院校之间的竞争，也来自于国内与之发展水平与整体实力相近的其他非同类行业型院校以及非行业型院校的竞争。所谓合作，同样也包括了与同类型院校之间的合作以及与非同类型院校之间的合作。下面分别从竞争与合作这两种角度，谈谈如何制定行业型院校发展策略。

一　从竞争角度改进行业院校定位的策略

如前所述，行业型院校之所以成为行业型院校，其根本原因在于其与行业的密切联系，这也是区别行业型院校与非行业型院校的显著外部特征。就行业型院校内部而言，各学校也应具有自身的典型特征，唯有如此，才可在同类型院校中脱颖而出。如何凸出不同学校的不同特征，就必须在学校定位过程中实施差异化策略与集中化策略，这是行业型院校在定位过程中基于同类型院校以及同层次不同类型院校进行对比而通常采用的基本策略。

（一）改进行业院校定位的差异化策略

以农业行业型院校为例，为凸显自身特色，定位时宜实施差异化策略。所谓差异化策略，即在广泛调研国内所有高等农业本科院校发展现状与未来趋势的基础上，寻找和确立本校与其他学校之间的差异，并进一步扩大此差异，以求得差异最大化，并将此差异作为区分本校与其他学校的明显标志。实施差异化策略的好处显而易见，它可以彰显学校的品牌，有助于形成更加广泛的社会认同感，对于招生、就业、科技推广与服务等均有较大的促进作用，是应对来自于同类行业型院校之间竞争的有效手段。

行业型院校实施差异化策略定位的前提条件是对本行业内所有行业型院校的现状及其定位情况进行全面而充分的调研，以此为基础做深入分析，结合学校实际情况、所处地域、区域经济社会环境等各种因素，确定本校与其他同行业型院校的差异在何处，并力争在定位中不断扩大这一差异。

首先，在发展目标定位中，从时限、参照物与具体目标这三个维度进行比较，可以发现比较适合实施差异化策略的部分是针对参照物与具体目标两个维度进行分解。以"985 工程"院校为首，加上"211 工程"院校均应具有更为开阔的视野。如果说"985 工程"梯队里的高等农林院校必须赶上世界农业科技发展潮流，引领中国农业发展，那么"211 工程"梯队里的高等农林院校就应该在部分学科领域处于世界农业科技发展的前列，引领区域农业的良性发展，在解决区域农业、农村和农民问题方面发挥关键性作用。除了参照物方面的差异外，在具体目标方面更应体现出校际差别，尤其避免大而化之、冠冕堂皇、放之诸校而皆准的套话，这无疑对于学校的规划定位和校本研究提出了极高的要求。

在类型定位中，因为国内高校对于研究型、教学研究型以及教学型大学的内涵定义并不清晰，标准也不明确，与其在这种情况下来制定学校发展类型，不如仔细思考学校的教学、科研和社会服务等职能中，究竟本校与同类行业型院校相比，这些基本职能中的具体差别在哪里，差别的利弊如何，再决定应扩大还是缩小这一差别，然后如何实施以达到预期目标。

在科类定位中，由于行业型高校从当初的建设目标与发展历史和其从属行业有着密不可分的关系，比如，高等农林院校与农业及其相关产业的联系较为密切，所以各校的现有优势或特色以及传统学科都与行业直接相关，相互之间有较为类似的情况出现，即大多数农林院校均以农/林业科学和/或生命科学为特色或优势。而未来重点发展的学科则依据学校的地位、实力以及所处区域等实际情况有所不同。因此在执行差异化策略时，应分开两个方面考虑。

针对彼此有所重合的优势学科、特色学科以及传统学科，学校有必要再做深入调研与分析。即使是同一个学科，不同的学校也存在研究领域或特长领域的不同，即使是同一个专业，不同的学校也存在生源、就业去向和培养过程的差异。换言之，行业型院校必须在同类院校名称相同的优势或传统学科中，综合历史发展、现状梳理和未来方向等多重因素，寻找差异并确立自身特色，并努力将这种特色发扬光大。

针对彼此未必重合的重点发展学科，学校有必要再做深入探索与讨论。由于学校发展历史的不同，特别是在国家改革开放后这三十多年的时间里，各校在国家和省市不同的政策环境背景下结合学校实际情况与区域经济发展的特定需求，选择了不一样的发展道路，必然导致学校未来发展的重点学科有所不同。由于每一个选择都是基于特定历史背景下的决策，当社会经济发展不断前进时，学校有必要适时检讨以往战略选择的适切性，结合当前的最新情况作出必要调整。尤其是在学校的教育资源仍较为紧缺的情况下，更需要对未来优先发展的重点学科实施差异化策略，以保证充分利用有限的资源条件获得最大的发展利益。

在教育层次定位中，由于本科教学在普通本科高等学校的教学工作中居于基础与核心的地位，其中心定位毋庸置疑。至于研究生教育、继续/成人/职业教育和留学生/国际教育方面如何体现学校的集中化定位策略，是需要认真考虑与分析的问题。比如，作为"985 工程"和"211 工程"的 6 所高等农林院校，其研究生教育，或者部分实力较强学科的研究生教育基本处于与本科教育并重的地位，尤其对于研究水平已经居于世界前列的学科而言，其留学生/国际教育也必然处于非常重要的地位，甚至对这部分学科专业而言，可能出现本科教育规模小于研究生教育与国际教育规模的情况。因此，不仅对于不同学校的不同教育层次应体现整体差异化策略，更重要的是对同一学校不同学科专业之间的个体差异化策略。

在人才培养目标定位中，规格、层次与类型三个要素里，相对较为容易区分差异的是层次要素，而规格和类型两个要素在表述中较容易走入趋同误区，无法体现学校之间的差异。首先，毕业生的知识与能力结构以及学校教育的典型特征固然确实难以清晰表述；其次，学校对于人才培养的规格与类型的研究也确实不够深入具体；最后，国内高校在人才培养过程中也确实存在预期目标不明确，执行过程不科学，反馈评价不及时等问题。可以说，人才培养目标定位的不同是实施差异化策略的重要部分，也是学校体现校本特色方面最具影响力的部分。因为人才培养目标定位将对学校的所有学生和教师产生作用，并通过毕业生将学校的特色烙印显现于社会大众面前，所以学校不仅应凸显人才培养目标的差异，更应逐步放大这一差异。当然前提是仔细研究同类行业型院校的人才培养目标定位，同时细致梳理本校的人才培养现状与目标，根据本校的整体发展目标定位，结合科类定位与教育层次定位，分解人才培养目标，分别从规格、层次和类型三个维度构建本校人才培养工作的基本要求，从而最大限度地体现本校人才培养目标定位与其他同类行业型院校的差别。

在服务面向定位中，由于服务空间、服务领域和服务岗位类型三个要素区分较为清晰明确，且一般而言，国内高校的服务空间均有较为鲜明的行政区划或地域区划，而行业型院校的服务领域也有明确的行业区划，相较于其他类型的定位实施差异化策略更为便利。需要注意的是，目前高等农林院校普遍在服务岗位类型方面缺乏深入思考与清楚表述，在这一要素中如何实施差异化策略需要进一步探讨。由于服务岗位类型与人才培养目标定位具有密切关系，学校需要在人才培养目标定位差异化的基础上，对历年毕业生的就业情况进行详尽调查，结合区域经济社会发展需要的前瞻性调研结果，对本校服务岗位类型做出细致分析，并与同类行业型院校以及区域内其他高校的服务岗位类型进行比较，寻找确定最适合本校实际的不同服务空间和服务领域内的服务岗位类型。

（二）改进行业院校定位的集中化策略

所谓集中化策略是指行业型院校在资源配置有限的现实条件下，在广泛调研区域内同层次院校发展现状与未来趋势的基础上，寻找和确立本区域内亟须人才、科技和服务的领域，集中优势力量于此，大力和迅速推动其发展，力争求得先机并逐步辐射至其他领域。实施集中化策略的好处是，科学合理地调动资源，将有限的资源集中于最需要发展的地方，从而最大限度地发挥效益。

行业院校实施集中化策略定位的前提条件是对区域内所有院校的现状及其定位情况进行全面而充分的调研，以此为基础做深入分析，结合区域经济社会环境发展趋势，确定同层次院校在区域内人才培养、科学研究和社会服务方面的薄弱甚或空白之处，通过外部引进和内部发展等途径，集中校内可调动的资源，使学校可以快速填补这一薄弱甚或空白领域。当然，这一薄弱甚或空白领域有可能在行业内，也有可能在行业外，实施集中化策略并不意味着一定要集中资源于传统或优势领域进行发展，而是集中资源于效益最大化的领域进行发展。

对高等农林本科院校而言，实施差异化策略需要从发展目标、类型、科类、教育层次、人才培养目标和服务面向多个方面对同属农业性质的行业型院校进行全面横向梳理和比较，而实施集中化策略更多需要对同区域内不同类型不同层次的高校进行全面横向梳理和比较，同时对自身发展历史和现状进行纵向梳理和比较，更多是从学科专业角度入手，细致分析目前以及未来一段时间内本区域经济发展趋势及其对人才、科技以及服务方面的需求，尤其是某个或某些细微领域内存在的空白，而其他高校又暂未能满足这一需求。在之前对行业型院校科类定位的现状、特点及问题分析中，可以看到，农业型行业院校在新中国成立后经过六十多年的发展，特别是改革开放后在世纪之交经历了高等教育大规模扩招，基本已从过去单一的学科发展成为多科性大学，但不同学科之间的发展水平差异较大。实施集中化策略，有助于学校在一段时间内迅速提高某个学科专业的实力，对学校的整体发展具有巨大的推动作用。

以华南农业大学为例，学校瞄准珠三角地区作为国内服装设计与生产重要基地和毗邻港澳紧随时尚潮流的地位，自1996年起以创办服装设计与工程专业为契机，引进人才，调配资源，大力发展与之相关的学科专业，并主动面向市场推广各种服务。目前学校艺术学院不仅成为省内服装及相近专业的重要人才培养基地和社会服务基地，更带动了广播电视编导、音乐等相关艺术类专业在校内的发展，为学校的多科性发展发挥了重要作用，也大大促进了学校整体形象与校园氛围的改变。

二　从合作角度改进行业院校定位的策略

就我国高等教育发展的现状来看，一方面，随着高等教育规模的不断扩大，高校数量不断增加；另一方面，随着人口政策的变化，高等教育适龄人口从过去的增长趋势变为逐年减少。同时，随着社会经济环境的变化，对高等教育的需求也呈现多元化趋势，尤其是国外高等学校也不断加大国际化招生力度。高等学校确实面临着较大的竞争局面。但与其他行业有所不同，高等学校长期以来公认具备的人才培养、科学研究和社会服务职能决定了高校在更大程度上处于彼此合作的态势，并且合作越为广泛，学校的发展前景越为广阔。

目前，在国外已经存在不少类型的大学联盟，分享教育资源，共同开展科学研究，共同承担社会服务项目。国内近期也有大学开始联合组建类似机构，但多限于自主招生选拔，在人才培养方面基本限于校级之间的互换项目，在科学研究方面也只限于同类学科专业之间基于研究人员私人关系之间的联系与合作，在社会推广与服务方面的校际合作更为罕见。在推动高等学校的广泛与深入合作方面，行业型高校因其与产业的紧密联系而具有更多的机会，同时，就学校自身发展而言，争取与更多院校的合作无疑应成为学校定位策略的重要方针。

（一）与国内同行业院校合作的求同存异策略

同行业型院校之间固然存在典型的竞争关系，但从另一角度来看，合作应更显重要，且由于同类同性的关系，其合作不管从深度还是从广度来看，较之与非同行业型院校的合作显然程度更高。由于我国在新中国成立之初的院系调整政策，同行业型院校的发展历史相互交织，彼此存在着千丝万缕的联系，在与行业紧密相关的学科领域里的合作也更容易展开，因此在合作策略上宜采取求同存异策略。

以高等农林院校为例，国内现有的 39 所院校承担了高等农林教育的基本任务。这些院校可以按高校发展水平与实力区分层次，也可以按所处省份区分地域，还可以按管理归属区分主要服务对象。合作的时候，更多的是在相同学科专业领域里的深入交流，尤其是在传统优势或特色学科领域的长期持续合作，不仅可以相互促进，共同提高科学研究水平，还可以开展诸如学分互认、交换实习等更多类型的合作。这也是高等教育发展的潮流，目前方兴未艾的慕课就是高水平大学面向社会大众分享其课程资源的一种方式。高等农林院校也可以借鉴这一做法，由"985 工程"大学、"211 工程"大学和其他高水平大学在农业科学及生命科学等学科领域开放更多的课程资源，供国内所有高等农林院校的学生学习和考核，这不仅对于提升学生的整体素质和水平具有极大的好处，还可以帮助其他农林院校的教师提高教学水平。此外，同一地理区域内的高等农林院校也可以结成联盟，共同承担科学研究与社会服务或推广项目，由区域内高水平大学的优势学科带动联盟内其他高校的同类学科快速发展，从而更好地适应区域社会经济的需要。

广东省教育厅在最新开展的高等教育"创新强校工程"实施方案中，已将区域性行业型大学联盟纳入建设内容，重点在体制机制改革与协同创新方面，将突破制约高等学校创新能力提升的内部机制障碍，打破高等学校之间的体制壁垒，在办学过程中注重相互结合，协同育人，将协同创新思想贯穿于高校人才培养、科学研究、社会服务和文化传承创新的全过程，建立能统筹整合和发挥人才、学科与资源优势的协同创新组织模式，建立开放、高效的教育资源共建共享机制。

（二）与区域内其他院校合作的取长补短策略

在有限的时空区域范围内，所有高校在不同层面之间均存在一定的竞争关系，从优质生源的争取到高水平教师的引进不一而足。不过，由于不同行业型院校其优势学科的分布不尽相同，不同层次的高校教育层次分布与服务面向也存在较大差异，在特定的区域内，同一层次的高校之间存在更多的学科互补关系，体现在人才培养和社会服务方面更多的是合作关系。在这种情况下，学校采用取长补短的定位策略就显得十分必要，这既包括与其他类型的行业型院校的合作，也包括与综合性院校的合作。

高等农林院校多以农业科学为优势，生命科学为特色，农学类以及与农学相关的工学类、理学类和管理类学科专业实力较为雄厚，扩招后才发展起来的学科专业历史较短，积累较为薄弱，尤其是哲学、历史、教育、医学等学科在农林院校中专业数量较少，学科实力单薄，相对在校内处于较为边缘化的位置。通过与区域内其他类型高校的合作，可以弥补农林高校在这方面的不足，促进各学科专业的协调发展。

目前，国内的大学联盟仅限于高水平大学的自主招生考试联盟，在同行业型大学内也只有松散的部门或学科联系，一般也限于水平相近的院校之间，跨类型的大学联盟则至今尚未见先例。但从国外高等教育发达国家的经验来看，这是高等教育发展的必然趋势。美国高校之间建有形式多样的联盟，一方面，学生可在规定条件下根据自身需求灵活转换学校和专业，另一方面，教师可在联盟平台上广泛进行交流与合作，促进了教育资源的合理分配与流动。

国内高校在制定本校发展定位时，也应具有前瞻性，将建立大学联盟纳入规划，特别是在区域内的跨行业型院校联盟方面先行先试，探讨在协同创新机制下的学分互认、联合培养、教师发展、科研交流、社会服务等具体措施，并通过这些措施的深入与推广，建立起新型的人才培养与教师评聘模式，为建立现代大学制度奠定坚实的基础。

教育部在2002—2007年第一轮本科教学工作水平评估基础上，现已着手在2014—2018年开展第二轮本科教学工作审核评估。在审核评估总体要求中，特别强调主体性、目标性、多样性、发展性和实证性这五项基本原则。其中目标性原则注重以学校办学定位和人才培养目标为导向，关注学校目标的确定与实现。换言之，审核评估的一项重点内容就是考察学校办学定位的科学合理性，以及这一定位的落实情况与实现情况。这对本科院校的定位研究人员而言，既是压力，也是动力，同时要求学校必须高度重视定位的研究规划工作，并在此基础上加强定位实施工作的过程性评价与阶段性评价，从而更好地实现学校的良性发展。

第七章 研究型大学定位

　　有这样一些现象，非常值得无论是学者、高等教育工作者还是社会普通民众深思，即：尽管演讲内容与大学、与高等教育没有什么直接关系，可是国家元首出访时往往喜欢到知名大学去演讲甚至将其视为一种荣誉和接待规格。美国的多名总统即使是在国内，也在一些重要的时间节点上或者是在重要的事件中到知名大学去发表自己的主张。与其相类似的事情是，尽管大学所给予的酬金远远无法与其本职工作所获薪酬相比，但一些社会名流仍喜欢到知名大学做兼职教授；一些社会名流包括总统往往对知名大学的荣誉学位感兴趣；一些著名企业家和慈善家往往喜欢给知名大学捐款。为什么会出现这些现象呢？诸如此类的事例又说明了什么呢？

　　我们无法去考证其中的缘由，这里只能作一些猜想。这些事例也许表明大学集中了人类社会的全部知识、智慧和思想，是社会最纯洁、最高尚的机构，承载着人类社会文明进步的希望。知名大学是大学的优秀代表，在此演讲可以提高演讲者或者演讲者所代表的国家的身价；也许是知名大学集中了社会学术精英，是追求真理、探索真理、坚守真理的殿堂，是闪耀思想自由、人格独立精神的伊甸园，对先进思想与文化更容易理解与把握而不至于产生非议；也许是知名大学相对其他社会机构更具有中立性，更能够充分体现自由、中立、卓越的学术精神，且以学术研究为主要目的，可以在更广泛的范围内代表各种立场与观点，也便于演讲者发表各种思想和主张；也许知名大学较其他社会机构具有更悠久的历史，且在社会发展进程中"出淤泥而不染"，进而是人类社会发展与进步的象征；也许大学为人类社会发展进步做出了不可磨灭的贡献，不仅促进了经济的增长，也有力地促进了社会文明进步，知名大学只是众多大学的代表。正如美国著名的历史学家康马杰所说："大学是美国生活中最为崇高、最少腐败的机构。在我们的全部历史中，大学和教会一直是为全人类的利益和真理服务的，或者试图为人类的利益和真理服务的机构。没有什么机构能担当起大学的职能，没有什么机构能够占据这个大学已长久地注入了如此多的才智和道德影响的位置。"① 可能正因为如此，演讲者期望在代表真、善、美的地方演讲能够将更多的真、善、美的思想广泛地传播给世界人民，在代表真、善、美的地方传道授业或者为其捐资可以为培养更多真、善、美的人才，创造出更多人类社会发展进步所需要的真、善、美的东西。与其说这些现象是社会对大学发展历史的褒奖，我更希望是社会对今天的大学乃至大学未来发展的期待。

面对社会的期待，今天的大学该做出怎样的选择呢？这不仅仅是一个学术命题，更是一个非常严肃的现实话题，因为今天的大学面对的是一个更加纷繁复杂的社会。由于资源紧张局势的加剧，各种利益群体之间的关系变得更加尖锐，人类的实践活动也变得更加功利性，作为社会发展终极目标的社会公平与正义受到极大挑战。有些国家的大学，例如中国的大学还面临着社会转型的特殊时期，社会层级多极化、社会价值多元化、社会矛盾加剧化，使今天的各种社会问题比以往任何一个时候都要复杂得多。这些现象无疑为我们今天大学使命的选择与履行蒙上了一层阴影，遮蔽办学者的视线，甚至将大学办学引向歧途。今天，中国社会出现的弃考留学、弃考务工现象说明了我们今天的大学出现了信任危机；学术腐败、校长落马说明大学作为学术组织其肌体受到腐蚀；科研论文数量世界排名第一、引用率百名之外②说明大学学者的学术浮躁。中国大学所出现的这些问题与其社会期待之间的差距着实令人深思。

社会期待是大学发展的动力之一，也应是大学发展的一个风向标，而大学所处的社会环境又深刻地影响着其使命的选择与履行。大学如何在二者的博弈中作出既合乎理想性又合乎现实性的选择，是对大学人智慧的考验。抱守理想而无顾现实、直面现实而抛弃理想，都不是一个明智的选择。就目前的中国大学而言，笔者无法就大学或者每一所大学给出全面具体的令人满意的答案，仅就作为大学之领头羊的研究型大学该如何担当历

---

① ［美］约翰·S. 布鲁贝克：《高等教育哲学》，王承绪等译，浙江教育出版社 2001 年版.
② 雷宇：《中国论文数量居世界第一引用率排在 100 名开外》，新华网（http：//news. xin-huanet. com/edu/2011－02/10/c＿121059214. htm）

史使命，谈些自己的思考。

众所周知，大学具有人才培养、科学研究和社会服务职能，但这一认定是基于所有的大学、是将大学视为高等教育机构群体而言的，是群体性职能。而每一所高校作为个体都有其个体性职能，其个体性职能不意味着与群体性职能完全重合，有的大学三项职能都有，有的大学具有教学与科研职能，有的大学具有教学和社会服务的职能，有的大学可能只有教学一项职能，还有的大学可能因其所处的特殊社会环境而具有群体性尚不具有的其他职能。同时，即使是教学或科研与社会服务职能，也不意味着每所大学都履行同样的人才培养的职责，或同样的科研和社会服务的职责，不同类型的大学应该承担不同的职责。就人才培养来讲，有的以培养学术性人才为主，有的以培养技术性人才为主，有的以培养职业性人才为主；就科研而言，有的以基础研究为主，有的以应用研究为主；就社会服务而言，有的以思想引领为主，有点以技术开发为主，有的以社会公益活动为主。只有这样，高等学校才能充分发挥各自的优势，在职能上实现分工与合作并办出特色，进而更好地实现高等教育的多样化，促进高等教育整体功能的强化。

那么，作为大学之杰出代表的研究型大学，在人才培养、科学研究和社会服务职能中应该扮演怎样的角色呢？回答这一问题还需从研究型大学的特有属性出发。有学者指出，"研究型大学是以知识的传播、生产和应用为中心，以产出高水平的科研成果和培养高层次精英人才为目标，在社会发展、经济建设、科教进步和文化繁荣中发挥重要作用的大学"[①]。这一对研究型大学的解读，在某种程度上道出了研究型大学的职责，但因是定义性表述而过于抽象，人们尚无法从定义中得到具体答案。基于中国社会和高等学校的现实情况，我国的研究型大学应该较一般本科高校有更多、更大、更高层次的担当，在人才培养上承担起培养既有知识又有文化的社会精英的使命，在科学研究上以学术为志向并承担起开展基础研究的使命，在社会服务上承担引领社会文明进步的使命，这是中国社会发展赋予中国研究型大学的神圣历史使命。

---

① 王战军：《什么是研究型大学——中国研究型大学建设基本问题研究（一）》，《学位与研究生教育》2003 年第 1 期。

第一节 研究型大学的功能定位

自我国实施"211 工程"和"985 工程"大学建设以来，关于研究型大学的研究日渐增多，有的关注研究型大学的建设问题，有的关注研究型大学的定位问题，有的关注研究型大学的内涵问题。但到目前为止，关于何谓研究型大学，尚无令人信服的一致结论：有的用科研经费或项目的数量来考量，有的以研究生教育的规模来判断，有的凭学科的多寡来辨别。不过有一点可以肯定的是，由于研究型大学的本质属性尚没有得到深刻的揭示并取得广泛共识，导致高校的分类与定位、研究型大学建设等出现诸多问题。例如，目前在我国高校类型定位中，就存在将研究型大学作为高校类型定位终极目标的倾向。笔者从教育部评估中心网站获得 350 所本科高校第一轮本科教学工作水平评估自评报告，对此进行考察后发现，有 197 所高校定位为教学型，占总数的 56.3%；有 96 所高校定位为教学研究型，占总数的 27.4%；有 6 所高校定位为研究教学型，占总数的 1.7%；有 51 所高校定位为研究型，占总数的 14.6%。在高校类型定位中，有一种现象特别值得关注，即一些高校类型定位的动态性。目前定位为教学型，今后发展目标是教学研究型的学校 39 所，占总数的 11.1%；目前定位为教学研究型，今后发展目标是研究教学型的 4 所，占总数的 1.1%；目前定位为研究教学型，今后发展目标是研究型的 5 所，占总数的 1.4%；目前定位为教学研究型，今后发展目标是研究型的 11 所，占总数的 3.1%。以上具有动态性定位的高校共计 58 所，占总数的 16.6%。另外，通过对"985 工程"和"211 工程"高校的考察，发现 92.3% 的"985 工程"大学明确定位为研究型大学，另有 3 所大学关于类型的定位不详（中山大学、中南大学和国防科技大学）；56.8% 的"211 工程"大学明确定位为研究型，另有 12.7% 的"211 工程"大学定位为研究教学型或教学研究型。这一系列现象表明，"由教学型发展为教学研究型，进而建成研究教学型，直至成为研究型"已经成为我国高校发展的一条常规性技术路线。如果这一现象不能得到有效遏制，适应我国经济社会发展需要的高等教育体系就难以建成。这些问题的根源在于对研究型大学本质属性的曲解，因为何谓研究型大学的问题是高校分类与定位、研究型大学建设的逻辑起点。本书试图通过讨论研究型大学"不是什么"，来揭示研究型大学到底"是什么",以期识得研究型大学之"庐山真面目"。

一　研究型大学不是以科研为主的大学

随着高等教育的发展,人们对高等教育的思考越来越多,似乎也越来越理性,这一点从高等学校所实施的发展战略中便可窥见一斑。定位是高等学校发展战略的一个重要组成部分,是高等学校顶层设计的一项重要内容,但从目前高校定位实践中可以看出,仍存在一些模糊认识,尤其是在学校类型定位问题上显得尤为明显。第一轮本科教学工作水平评估显示,目前我国高等学校关于学校类型的划分与定位基本是研究型、教学型、研究教学型和教学研究型四种。在这四种类型中,有两个关键词,一个是教学,另一个是研究。在这四种学校类型中,要么是"教学"或"研究"某一关键词的独立存在,要么是这两个关键词的不同排列组合。然而,这两个关键词显然是一对具有相同的属性、不同的内涵、共同反映同一事物不同特征的词语。这一对词语来源于高等学校的职能,教学对应于人才培养,研究对应于科学研究。由此,我们可以对四种类型高等学校的内涵理解如下:研究型高校就是科研占绝对主导地位的高校;教学型高校就是教学占绝对主导地位的高校;研究教学型高校就是以科研为主、以教学为辅的高校;教学研究型高校就是以教学为主、以科研为辅的高校。这一高校类型划分方法是广东管理科学研究院《中国大学评价》课题组创立的。[①]那么,这一类型的划分和定位有什么问题呢?

世界大学发展史告诉我们,大学自中世纪后期诞生到18世纪中叶,一直是作为专门的、相对独立的教学与学术机构而存在的,其唯一的职能是通过传授知识培养人才;进入18世纪中叶以后,随着资本主义工业革命的兴起,在大学对社会的"直接影响"越来越大这一背景下,洪堡在1810年创办和改造柏林大学时,提出了教学与科研相结合的原则,这一原则逐步演变为大学的科研职能;19世纪第二次工业革命后,受社会急需大量实用人才和技术的影响,美国威斯康星大学以其独特的办学思想,开创了教育直接为社会服务的先河,进而产生了大学的第三个职能——社会服务。由此,大学成为人才培养、科学研究和社会服务的统一体。也正

---

① 陈厚丰:《中国高等学校分类与定位问题研究》,湖南大学出版社2004年版,第114—116页。

是由于大学职能的逐步扩展和演进，才导致一些大学在履行大学职能的过程中出现了一些混乱甚至是本末倒置的现象。

从大学职能不断扩展和演进的三个历史阶段看，虽然说三项职能都是经济社会以及科技发展、生产力进步的结果，都有其存在的合法性基础，但万变不离其宗。三项职能之间的关系并非并列的等同关系，而是有主次之分的。人才培养仍是高等学校的基本职能，人才培养是大学最本质的属性，所有的高等学校都是以教学为主的，人才培养是其根本任务。这也是高等学校有别于其他社会机构或组织的根本所在。严格来讲，依据教学和科研等这些关于高等学校职能方面的标准对高等学校进行类型划分和定位本身就是不科学的，任何一所高校都可以在教学的同时开展科学研究，二者并不矛盾，相反应是相辅相成的，尤其科研是要促进教学的。科研虽然是高等学校的一个职能，但只是高等学校的一个次要职能，科研成果也不是高等学校的主要产品，只是一个次要产品，甚至是"附带产品"。社会服务亦是如此，科研和社会服务都不能超过教学，否则，一方面高等学校就"变质"了，另一方面，"离开高等教育目标去直接满足实际部门的技术需求，以高校科研取代其他社会机构的研究工作，不但是行不通的，而且对科学、社会以及高等教育自身的发展，都是有害的"[1]。如果大学因职能的拓展而颠覆了其人才培养的核心地位，大学将不能称之为大学。因此，大学类型的划分也必须以人才培养为依据。

在高等学校定位上之所以出现这样的问题，除了在一些理性认识上存在模糊性因素外，还有一个重要原因，那就是在相当一部分人中存在歧视教学的现象，认为科研比教学重要，科研对社会的作用更大，办大学没有大量的高水平的科研成果不足以体现学校的水平。甚至有相当一部分人认为，我国大学与世界一流大学的差距主要体现在科研水平上，我们没有获得过诺贝尔奖，我们每年在 *Science* 和 *Nature* 上发表的论文太少，等等。正是在这种不科学认识的导引下，许多高等学校才通过量化的措施极力地追求科研的数量，而忽视了科研的本质，其实这是一种严重扭曲了的认识和做法。目前，在一些大学里，许多教授将全部精力都用在了科研上，别说根本不参与本科教学了，就是连他所指导的研究生平日里也难得见上一面。当然，我们不反对大学积极开展科学研究，我们只是反对将科学研究

---

[1] 潘懋元：《多学科观点的高等教育研究》，上海教育出版社 2001 年版，第 191 页。

作为大学的目的；科研只能是大学的一个次要职能或辅助职能即实现人才培养的一个重要途径和载体。

我们在考量研究型大学的科研活动时，不仅要看科研项目和经费的多少，更要看科研活动在学术型人才培养中所发挥作用的大小。理想的科研活动是学生参与其中，在科研实践中学生得到科研意识、科研能力和科研精神的训练与培养，在知识创造过程中让学生了解和掌握前沿知识。即便对于没有学生参加的科研活动也需要教师将科研成果通过教学的方式让学生分享，进而实现科研的目的。"将科学研究和研究生教育紧密结合，既创造出高水平的科研成果又培养出优秀的创新拔尖人才，被认为是美国一百多年来研究生教育最为成功的经验。"[1] "我国研究型大学当前开展的本科生科研活动还远远不能满足这些学生的学习需求。因此，我国研究型大学应充分利用校内外各种资源，为本科生提供更多的尽早熟悉和参加科研活动的机会。"[2] 为此，我们在建设世界一流大学进程中，有必要进一步强化教学的核心地位，突出人才培养的首要意义，把主要工作集中到人才培养这个中心上来。无视教学而专注于科研的大学无异于专门的科研机构。就人才培养而言，目前我们的水平与世界一流大学的差距是很大的，这一点仅从国内一流大学与世界一流大学的定位中即可窥见一斑。美国麻省理工学院（MIT）的使命是"增进知识，在科学、技术及其他学术领域把学生培养成在 21 世纪服务于国家和世界的最优秀的人才"[3]。牛津大学的目标是："在教学和科研的每一个领域都达到和保持卓越；保持和发展作为一所世界一流大学的历史地位；通过科研成果和毕业生的技能而造福于国际社会、国家和地方。"[4] 而我们国内数一数二的某大学则是"致力培养高素质、高层次、多样化、创造性的拔尖创新人才"[5]，显然缺少那种面向世界的"鸿鹄之志"。由此表明，世界一流大学更需要培养出世界

---

[1] 彭安臣：《德国与美国博士生资助制度比较》，《华南高等工程教育研究》2010 年第 2 期。

[2] 庄丽君、刘少雪：《我国研究型大学资优学生本科生学习经历的调查报告》，《清华大学教育研究》2009 年第 12 期。

[3] The Mission of MIT. [EB/OL]. http://web.mit.edu/facts/mission.html, 2010-11-24.

[4] 刘宝存：《如何创建研究型大学：牛津大学和哈佛大学的经验》，《教育发展研究》2003 年第 2 期。

[5] 顾秉林：《校庆致辞》（http://www.tsinghua.edu.cn/qhdwzy/board_ xxgk2.jsp? boardid = 12&bid2 = 1201&pageno = 1）。

一流的人才，仅靠世界一流的科研恐怕难以成为世界一流大学。"世界著名的研究型大学之所以能在国际上享有很高的声誉，就在于它能培养出一批社会公认的优秀探索型人才。"① 美国卡内基教育促进基金会关于高校的分类体系，以及联合国教科文组织批准的《国际教育标准分类法》（1997 年修订稿）所遵循的都是人才培养这条主线而非科学研究。

二　研究型大学不是学科多的大学

20 世纪 90 年代，针对我国高等教育中存在的低水平重复建设和专业偏窄、科类单一等影响办学质量和效益的问题，国家对高等教育进行了以"共建、调整、合作、合并"为基本思路的改革实践，其中合作与合并均与学科有关，目的在于发挥学科优势，实现互补，实现多学科合作开展科研。② 这一改革对今天仍具有深刻的影响，许多高校都在追求学科门类的齐全，试图以此来提升办学水平，从而形成了"单科性—多科性—综合性"的高校发展路径。据初步考察，目前还没发现我们国内有哪所大学将自己定位为单科性的研究型大学，基本上都是综合性研究型大学，至少也是以某学科为主的综合性研究型大学。据刘向东等学者对教育部直属和省部共建的 94 所高校学科设置的研究表明，有 17 所高校学科覆盖了除军事学以外的所有学科门类，近 90% 的高校学科覆盖了 7 个以上学科门类，拥有 4 个及以下学科门类的高校只有 4 所。③ 那么，学科门类的多少与研究型大学到底是怎样的关系呢？

我们知道，学科是知识的划分与分类，是一种知识体系。学科建设的重点从知识的角度来讲，主要是通过多学科的交叉与融合，实现知识的创造，其核心是科学研究；从人才培养的视角来看，主要是培养具有多学科知识背景的学术型人才，学术型人才对知识的完整性和系统性都有较高要求，否则不可能培养出高水平的学术型人才。由此可见，无论是知识的创造还是学术型人才的培养，都需要多学科的交叉与融合，从这一点来讲，多学科的设置无疑为研究型大学建设提供了更多的机会。现在的问题是：第一，是不是所有的学科都需要进行交叉融合、又都能

---

① 梁彤、李驹：《美国研究型大学及其基础研究》，《清华大学教育研究》2005 年第 2 期。
② 李岚清：《李岚清教育访谈录》，人民教育出版社 2003 年版，第 81—85 页。
③ 刘向东、吕艳：《高等学校分类的实证研究——基于 75 所教育部直属高校和 19 所省部共建高校的分析》，《清华大学教育研究》2010 年第 4 期。

进行交叉融合？第二，是不是设置了多的学科就能实现交叉与融合，怎样才能真正实现学科的交叉与融合？例如，许多学校为没有医学和农学而苦恼，可是有了医学又如何与其他诸如工学、法学、文学等学科进行交叉融合呢？与工学融合是为了培养制造医疗器械的人才？与法学融合是为了培养懂得医学的律师？如果是这样的话，我们根本没有必要花这么大的力气这样去做，只需在原有学科基础上开设几门其他学科相关的课程就足矣了。事实上，就人才培养而言，这种方式是实现学科交叉与融合比较好的一种途径，但将多个学科设置在一个校园内（甚至是不同的校园内）而彼此之间没有任何联系对于人才培养而言其意义仅仅是环境熏陶，只有将多学科的知识融于一个人的头脑之中，在学生体内产生"化学反应"才能实现学科交叉与融合的目的，而实现多学科的知识融于一个人的头脑之中的基础就是对其进行多学科知识的传授，也就是要面向学生们开设多学科的课程，而课程的开设未必需要相应的学科；就知识创新而言，学科的交叉融合体现在不同学科教师之间的合作科研上，而这种合作起决定作用的是教师的意愿与主动性，而非外部的这种制度性安排。在今天的许多大学里，且不说不同学科之间的这种合作少之又少，就是在同一学科内实现资源共享都是一件非常难的事情。而对于那些有真正需求且又有较强自主性的教师来说，即使本校没有可以合作的学科，他们即便是"跋山涉水"也会到其他高校寻找到合作伙伴。由此可见，多学科与研究型大学并没有必然的联系，多学科并不是研究型大学的必要条件，学科的多少也不是评判研究型大学与教学型大学的依据。学科的多少只是学校办学范围的一个表征，学科多并不意味着办学实力就强，更不意味着办学水平就高。实力强弱与水平高低不是通过横向截面的"宽窄"来表现的，而是通过纵向的"深度"或"高度"来体现的。综合性大学未必就能办成研究型大学，单科性高校未必就办不成研究型大学。哈佛大学虽然在2006年才建立了工程和应用科学学院，但较弱的工科并没有影响其成为世界公认的一流研究型大学。麻省理工学院目前也没有医学院和农学院，但它同样也是公认的世界一流研究型大学。从这个角度而言，单科性、多科性和综合性大学的划分其实没有太多的实际意义，更不可能成为甄别一流大学的依据。之所以有人经过统计发现，世界一流研究型大学几乎都是综合性大学，这是因为这些世界一流研究型大学往往都是历史悠久的大学，在长期的办学过程中，随着学科

的发展与分化以及办学规模的不断扩大，学科数量的增加是一种再正常
不过的事情，但决不能因此而得出世界一流研究型大学的本质特征就是
学科的综合化，或学科的综合化是世界一流研究型大学的必要条件这样
的结论；有可能恰恰相反，世界一流研究型大学之所以大多为综合性大
学，正因其是世界一流研究型大学而导致学科的快速分化，进而发展成
为综合性大学。不过需要我们注意的是，这种学科分化应该是学科发展
的一种自然过程，其遵循的是学科发展的规律，而远非像今天我们国内
的大学所刻意追求的那样。

我们国内很多高校之所以在学科设置上热衷于追求门类的齐全，除了
在认识上所形成的偏差外，也不排除教育管理部门在一些制度设计上的缺
陷以及现有一些高校分类体系及排名的误导。教育部就曾明确规定，大学
必须要有 3 个以上学科门类，其背后的理论依据和指导思想是显而易见
的。某学者在其设计的高校分类体系中指出，研究型大学的"明显特征
是学科综合性强"①，直接道出了研究型大学与学科多少的关系。这对高
校学科设置的影响是不可小觑的。

三　研究型大学不是研究生多的大学，而是以培养学术型人才为主的大学

如上所述，研究型大学不是以科研为主的大学，也不是学科多的大
学，研究型大学应该以人才培养为核心。那么，研究型大学是不是研究生
多的大学呢？教育部关于大学设置的标准中规定，研究生不低于全日制在
校生的 5%；上海智力开发研究所在其 1996 年所编制的高校分类体系中，
明确要求研究型大学其研究生的比例占学校在校生总数的 25% 以上。从
一些大学盲目追求研究生数量以及一名导师同时带几十名在读研究生的现
象来看，认为研究型大学就是研究生多的大学仍大有人在。教育部大学设
置标准以及上海智力研究所的高校分类，其结论依据也是研究型大学就是
研究生多的大学。

有学者认为，"所谓研究型大学，就是那些以知识传播、生产和应用
为中心，以培养高层次精英人才并产出高水平科研成果为目标，在社会发

---

① 马陆亭：《如何实现高等教育资源的优化配置——对我国高等学校层次类别的一项剖
析》，《高等教育研究》1997 年第 2 期。

展、经济建设、科教进步和文化繁荣中发挥重要作用的大学"①。这一定义虽然也抓住了人才培养这个核心，但用"高层次精英人才"来描述未必准确，强调研究型大学发挥"重要作用"也未必妥当。大学类型只是关于高等学校职能外在表现形式的一种划分，不是关于其职能实现程度的划分，因此研究型、应用型与技能型不含有质量的成分，即办学水平的高与低、好与差之意。高水平、一流才是办学质量好、质量高的表述方式，研究型可能是一流，也可能不是一流，教学型可能是低水平，也可能是高水平。人们之所以更多地将研究型大学等同于一流，主要原因在于目前国内外的一流大学往往都是研究型的，研究型大学大多是高水平大学。事实上，这二者之间只是一种统计学意义上的关系，而非实质性的必然联系。由于研究型大学要实现学术型人才培养的目标，因此，其必须具备以下显著特征：一是具有一支高素质和高水平的教师队伍；二是承担大量的高层次的科研项目、取得大批高水平的科研成果；三是具备卓越的学术文化与管理制度环境；四是拥有丰富的优质教育资源，包括比较充足的教育经费、优良的图书资料和实验条件等。在这样一种情况下，研究型大学的实力往往强于应用型大学，进而成为国家经济社会发展的"智力库"和"推动器"。也正因为如此，在形式上形成了研究型与一流的简单对应关系。

　　对高等学校进行分类与定位应从高等学校的本质属性出发，即依照人才培养的逻辑，按照人才培养类型的不同划分高等学校的类型并进行定位。研究型大学首先是大学，大学就必须保持人才培养的本质属性而不能变，只是其人才培养的类型有别于其他学校而已。通常我们将高校所培养的人才划分为学术型、应用型和技能型三种，因此，从大的方面讲，以培养学术型人才为主的大学即可称为研究型大学，这也应是平时我们所称的研究型大学的真正内涵；以培养应用型人才为主的大学即可称为应用型大学；以培养技能型人才为主的高校可称为技能型高校。对于三种类型人才内涵的界定，可以说是仁者见仁、智者见智。笔者认为，学术型人才是指以探索事物规律为主要工作内容和目标的人才，其外部表现就是知识的创造，其身份是科学家；应用型人才是指以运用专门的知识或技术于实践以

---

　　① 赵伟、赵永庆：《试论研究型大学与研究生教育》，《学位与研究生教育》2005 年第 4 期。

推进生产力提高为主要工作内容和目标的人才，其外部的表现就是知识的运用，其身份是工程师（包括律师、中小学教师、医师、药师、会计师等）；技能型人才是指充分发挥现代劳动技能，以提高劳动生产效率为本位的人才，其外部表现是专门技术、先进经验或技巧的熟练运用，其身份是高级技师。

过去，我们往往认为研究生就是学术型人才，本科生就是应用型人才，现在看来这个认识是有失偏颇的。首先，从我国研究生教育来看，经过 30 多年的发展，已经从当初的单一学术型发展为现在的学术型和应用型两种，当然应用型的研究生并不意味着不开展研究性工作，只不过研究性工作不是主体或所研究的内容偏向应用研究而已。在西方一些发达国家，研究生教育早已分化为学术型和专业型，学术型研究生颁发哲学学位，而应用型研究生颁发专业学位。其次，从本科生教育来看，目前我们确实存在着人才培养定位不清的问题。一方面，不仅是一般普通本科学校将本科人才培养定位为应用型，即便是许多将学校定位为研究型的大学也将其本科人才培养定位为应用型；另一方面，在没有厘清学术型人才和应用型人才的本质内涵的前提下，就用"高层次""高素质"等这样的模糊概念进行人才培养的定位。这个问题值得探究。本科教育是高级人才培养的一个重要阶段，通过本科教育将大部分人才输送到社会，从事技术、管理等工作，同时也输送一部分人才继续接受更高层次的教育，即研究生教育。由此，我们可以将本科人才培养划分为两种类型：一方面是应用型人才，即毕业就参加工作的大部分学生；另一方面是准学术型人才，即为最终的学术型人才培养做准备的那部分学生。这部分学生需要继续深造，因为学术型人才的培养仅靠本科阶段来完成是比较困难的，本科教育应是学术型人才培养的一个初级阶段。因此，大学毕业时还不能将他们称为真正的学术型人才，但学术型人才是他们发展的归宿。当然，在准学术型人才中也有一部分学生经过分流后成为应用型研究生，这部分人才可以称为更高层次的应用型人才。

人才培养规格不是一个简单的类型划分问题，人才培养目标的最终实现也不是定位定出来的，而是在定位的前提下，依据人才成长和教育发展的规律选择不同的人才培养模式培养出来的。学术型人才是国家创新的主体，其核心使命是知识创新。因此，学术型人才需要学生掌握厚实的理论基础，需要完整的知识体系，包括深厚的文化底蕴，因此这类人才的培养应该采用学科的范式；应用型人才面对的是技术与管理，重在知识的应用，因此其需要的是专门的知识和技能，需要较强的实践能力，因此这类人才的培养需要专业的模式，二者之间由于人才培养目标指向的不同而在课程设置和教学方法上存在着明显的区别。正因为如此，才会有法学家与律师、科学家与工程师之别。新中国成立后，我们学习前苏联的专业人才培养模式，培养了大批技术人才，可以说较好地适应了当时我国恢复生产和较低的生产力发展水平的需要。随着改革开放和生产力发展水平的极大提高，以及西方发达国家的影响，我们一些人觉得专业人才培养已经不适合经济社会发展水平的现实需要，应向西方学习创新型人才培养的经验，因此培养宽口径和复合型人才的教学改革就全面地展开了。由于我们在人才培养的顶层设计方面仍存在一些模糊的认识，因此可以毫不掩饰地讲，目前我们的人才培养既不是专业模式，也不是学科范式。正因为如此，才会出现用人单位的普遍抱怨——我们现在的学生，既没有之前学生的那种"上手快"的表现，也没有出现人们期望的创新能力。我们现在培养出来的学生既不是"法学家"，也不是"律师"；既不是"科学家"，也不是"工程师"。为此，有学者撰文指出："通识教育与专业教育'两张皮'的教育模式以及由于通识课程质量问题所导致的研究型大学本科教学未能实现与课程资源的有机结合，这直接影响本科生知识体系的架构和自主选择的空间，导致本科教学质量的下降。"[1] 解决这一问题的出路在于，各个学校必须明确自己的办学定位，并长期坚持下去而不动摇，在此基础上选择相应的人才培养模式。清华大学副校长汪劲松通过对世界一流大学的分析后，归纳出研究型大学人才培养的特点："一是坚持教学和研究相结合，强调以探索和研究为基础的教学模式。二是坚持本科教育和研究生教育的协调发展，形成研究型人才的培养体系。三是坚持利用学科的综合优势，建立有助于综合素质培养和交叉学科发展的人才培养环境和运行机制。"[2] 这一归纳非常精彩，其意蕴深刻至极，对我国研究型大学学术型人才培养具有极其重大的意义。首先，道出了研究型大学教学与科研的关系，明确了研究型大学科研为教学服务的思想；其次，道出了学术型人才

---

① 付景川、姚岚：《研究型大学本科人才培养模式：问题及改进策略》，《教育研究》2010年第6期。

② 汪劲松：《研究型大学如何加强本科人才培养》，《中国高等教育》2005年第13期。

培养的路径。本科阶段是学术型人才培养的一个重要阶段，学术型人才的培养需要将本科阶段的教育与研究生阶段的教育结合起来，进而形成一个体系；最后道出了学术型人才培养的模式，即学科的范式，这一范式不同于专业的模式。这三点可以成为研究型大学学术型人才培养的基本原则。研究型大学应在"研究"二字上下功夫，"研究的目的是为了揭示和发现真理"①。对于以学术型为目标的本科生，要按照学科的要求打好坚实基础，而对于具有相同目标的研究生来讲，要在本科良好基础之上通过一系列的研究性教学培养后而实现最终的学术型人才培养目标。研究型大学应该主要采用学科的范式来培养学术型的研究生或本科生，辅之以专业的模式培养应用型的研究生或本科生，但学术型的研究生或本科生是学校的主体，当然也可以只培养学术型人才；应用型高等院校应该主要采用专业的模式来培养应用型研究生或本科生，辅之以学科的范式培养学术型的研究生或本科生，但应用型的研究生或本科生仍是学校的主流，当然同样也可以只培养应用型人才。

由此可见，研究生多的高校未必就是研究型大学，没有研究生的学校也未必就不是研究型大学。我国高等教育应按照学术型、应用型、技能型人才培养划分为相应的三个普通高等教育系列，分别对应着学科教育、专业教育和职业教育三种类型，承载着三种教育目的，即：学科教育以学科发展为目的，促进科学繁荣与进步；专业教育以发展生产力为目的，促进科学技术的转化与应用；职业教育以提高劳动生产效率为目的，促进人的劳动技能的提升，并以此分别构建各自的教育体系，共同构成国家高等教育人才培养体系，以全面适应经济社会发展的需要。将具有质的区别的两种或三种类型人才糅合到一起，试图通过一种公用模式实现不同的培养目标，无异于想用一个锅同时炒出几个菜，那将是徒劳的，也是愚蠢的。

第二节　研究型大学人才培养定位

一　社会精英的特点与价值

当代精英理论认为，精英是指那些在各行各业中占据高级位置的人。

---

① ［西班牙］奥尔特加·加塞特：《大学的使命》，徐小洲等译，浙江教育出版社2001年版，第11页。

由此可见，社会精英是一个外延十分广泛的概念，既包括掌握独门绝技、出入乡野的山人，也包括胸怀天下、韬光养晦的大思想家和政治家。本书所指社会精英特指那些各行各业既有高深学问又有深厚文化底蕴，且高深学问与深厚文化底蕴与所受高等教育息息相关、并为社会作出杰出贡献的人。这一关于社会精英的界定具有四个方面的特征：一是必须具有某一专业领域的高深学问和深厚的文化底蕴；二是分布在各行各业，不是传统精英理论所指的政治精英，而是包括政治精英、经济精英、产业精英、管理精英、教育精英、体育精英等；三是已经为社会作出了杰出贡献；四是精英人才的成长、贡献与高等教育密不可分，在某种程度上可以说，精英人才的素质、能力、贡献是高等教育的结果。

精英人才不仅是具有高深知识的人才，还应是具有较高文化水准和较强领导力的人才，是既有知识又有文化还有领导力的人才。精英人才具有很强的认知能力，不仅能够在本学科内部进行思维，还能跨学科进行思考，是新思想、新观念、新理论的缔造者，其承载着发展社会核心价值观与社会伦理道德标准的神圣使命；精英人才需要具有宽阔的国际视野、强烈的国际意识和人类意识，能够深刻认识和牢牢把握人类社会发展的终极目标并以此指导自己的行为；精英人才需要具有强烈的社会责任感，具有较强的社会批判意识、批判精神和批判能力，能够对社会发展的重大问题给出方向性建议。社会精英是引导社会发展进步的主导力量，缺少精英的社会注定是一个没有前途的社会。

人们把识别万物实体与性质的是与不是，定义为知识，知识是人们在实践中获得的认识和经验；文化是精神文化与物质文化的总称，这里特指精神文化，是一个群体（可以是国家、也可以是民族、企业、学校、家庭）在一定时期内形成的思想、理念、行为、风俗、习惯、代表人物，及由这个群体整体意识所辐射出来的一切活动。通常情况下，我们不把二者加以区分，认为有知识就是有文化，而事实上，二者是截然不同的两个概念。有知识不等于有文化，有文化一定要有知识。知识是文化的基础，文化是知识的升华。文化的价值是广泛且巨大的，就人才培养而言，其功能是化人，化人的过程其实就是一个从知识到文化升华的过程。不经过这个过程的人是一个知识人，实现了化人过程的人才是文化人，即"既有知识又有文化"的人。就解决自然和社会问题而言，文化的价值在于将普遍的知识联系起来寻找解决问题的方法和途径，没有文化的人只能仅凭某一具体方面的知识来解决现实问题，其结果可能是问题暂时得到解决，但留下了一些潜在的更大的问题。西班牙20世纪著名的思想家和社会活动家奥尔特加·加塞特在揭示文化的内涵与价值时指出，"生活就像一个混乱的世界，人类犹如在混杂纷乱的密林中迷失了方向。但是，人类的精神对困惑混乱的感觉做出了相对抗的反应：人类会努力在密林中寻找'出路'和'方法'，在形式上表现为某种认识宇宙世界的明确、坚定的思想，认识事物本质的、积极的信念。这些思想的整体或体系就是'文化'一词的真正含义。确切地说，这是与把它作为外表装饰性知识的特征截然相反的。文化使人类生活免于陷入纯粹的灾难之中，它能够使人类过上不会发生无谓悲剧或内心感到耻辱的生活。"[①]"没有文化的生活是有缺陷的生活，是遭到破坏、不真实的生活。未能跟上时代要求的人的生活将是不正常、不健全的。"[②]

文化的作用是巨大的，缺少先进文化的人类实践活动是可怕的。当今，高等教育已经成为社会的中心，与经济社会发展的关系十分密切，越来越成为影响经济社会发展的核心要素。通过考察近一两个世纪以来高等教育和经济社会发展的实践后可以发现，高等教育对经济社会的影响既包括对经济增长和社会文明进步的积极作用，也包括因过分注重科学教育而导致人的不全面发展进而给经济社会发展所带来的消极影响。今天，人类社会所面临的诸如环境污染问题、全球变暖问题、能源枯竭问题、动植物灭绝加速问题、异常气候问题、食品安全问题等不可持续发展问题，均与人类自身的不恰当行为有关。人类的不恰当行为根本原因在于人们的"无知"，是人类对生活方式的不恰当追求所致，直接原因在于人类无先进文化指引地使用科学技术。人们对生活方式的不恰当追求源于人们生存与生活的观念，而这种观念的落后与教育尤其是高等教育息息相关，是作为实施高等教育的大学未能与时俱进地向社会输送先进的思想与理念、以及价值观所致。人类的不恰当使用科学技术亦与教育尤其是高等教育密不可分，是高等教育培养造就了大量的有知识而无文化的人所导致，是人片面的、功利性的发展而非全面发展的结果。这就是本书为什么强调精英人

---

① ［西班牙］奥尔特加·加塞特：《大学的使命》，徐小州等译，浙江教育出版社2001年版，第55页。

② 同上书，第87页。

才既要有知识又要有文化的原因所在。

二　研究型大学人才培养的缺憾

马克思关于人的全面发展有过深刻阐释，他认为人的全面发展，就个人而言，是指由自然和社会长期发展而赋予每个人的一切潜能的最充分、最自由、最全面的调动。它包括个人才能的全面发展和个性的充分自由发展。就内容而言，人的全面发展包括平等、完整、和谐和自由四个环节，即由人的平等发展、人的完整发展、人的和谐发展和人的自由发展所构成。人的平等发展是指每个人都应该得到机会平等的发展；人的完整发展是指人的需要、活动、能力、社会交往关系和个性都能得到充分发展；人的和谐发展是指人的社会关系的和谐发展，包括个人和人类的和谐发展、个人和集体的和谐发展、个人和他人的和谐发展以及个人自身内部各个方面的和谐发展；人的自由发展是指作为目的的人的个性的自由发展，包括个人从某种束缚中解放出来和个人可以按照自己的意图自主地做事两个方面，其是人的全面发展的最高形式、目标和成果。

纽曼在谈其自由教育的思想时指出，"我们不仅只是学习，而且把所学的知识与早已掌握的知识进行对照。惟其如此，我们才会真正感觉到，我们的心智在生长、在扩展。才智启示不是指知识的单纯增加，而是要使我们的才智中心不断向前移动。我们正在学习的知识，随同我们已经掌握的知识，也即我们正在积累的大量知识，都会朝这一才智中心转移"[1]。"知识不仅仅是万事万物，知识也是万事万物之间互相而真实的联系。知识不单单被视为学到的东西，而且被看做哲学体系。"[2] "有些人满脑子都是观点或见解，但很少能领悟到这些观点或见解相互之间的实际关系……如果他们只是博览群书的人，或只是见多识广的人，那他们就不配获得'造诣高深'的美名，也不能算是接受了那种自由教育。"[3]

尽管马克思关于人的全面发展的阐述仍有需要完善的地方，例如没有认识到人与自然的和谐发展等，纽曼自由教育的思想今天看来多了一些浪漫主义色彩，但不争的事实是，我们关于人的德、智、体、美、劳全面发

---

① ［英］约翰·亨利·纽曼：《大学的理想》，徐辉等译，浙江教育出版社 2001 年版，第 54 页。

② 同上。

③ 同上书，第 55 页。

展的理解与马克思关于人的全面发展的理解差距甚大，只是马克思关于人的全面发展内涵中的一小部分。我们的教育思想与理念且不说与自由教育的思想理念有较大差距，就是与现代西方的教育思想与理念也存在较大距离，进而我们在处理知识、能力、素质关系的时候，偏向了知识的获得和所谓能力的训练而忽视了素质的提升。正是我们对人的全面发展内涵的片面理解、我们对先进教育思想与理念的误读，才导致我们今天的教育过于注重所谓的科学教育而忽视了人文教育，尤其是忽视了历史文化、忽视了科学文化，培养出的都是有知识而无文化的人。理工科院校及其所培养的人尤为明显，绝大多数工程师不了解工程哲学，不懂得工程伦理。正是如此，我们所培养出来的人才只能是工匠，而不可能成为大师，也就难有卓越成就，甚至给人类社会的可持续发展埋下严重危机。正如奥尔特加·加塞特所言："全面发展的完人是不会从像'工程师'这样只具备细小·部分的局部技术知识的人身上找到的。"① 有学者研究后发现，包括理工科在内的美国研究型大学其人才培养的核心理念是培养各个领域的领军人物，而我国一流大学其所培养的人才基本定位在"工匠"上。这种差距表面上看，仅仅是一个人才培养目标问题，而更深层次来看，其实是教育思想与理念问题，是研究型大学在高等教育体系和经济社会发展中的战略定位与作用问题，是强大的工具理性在高等教育领域的具体体现。由此也表明，我们虽然是后发外生型国家，但并没有充分发挥好后发外生型国家的优势，而是在重蹈发达国家的覆辙。也正因如此，我们今天的国人才对自己的高等教育失去信心，进而每年有大量的学生到海外求学。"据统计，中国已经成为全球最大的留学输出国之一，从 1978 年到 2010 年年底，中国各类留学出国人员总数达到 190.54 万人，出国留学人数平均增长 25.8%，出国留学规模扩大了 313 倍。""近两年来，北京、上海、南京等城市中，放弃高考选择出国留学的学生，以每年约 20% 的速度递增。国家教育部公布的数据也表明，2010 年因出国留学而高考弃考的学生近 20 万人，占弃考总人数的 21%。数据表明，低龄学生留学在留学市场中占的分量在逐渐增加。"② 我们不否认留学的价值，更不排斥留学，但作

---

① ［西班牙］奥尔特加·加塞特：《大学的使命》，徐小州等译，浙江教育出版社 2001 年版，第 60 页。

② 《2012 年出国留学趋势报告》（http://wenku.baidu.com/view/bb4b38513c1ec5da50e2704d.html）。

为高等教育研究者我们更关注留学的动因。俗话说，尺有所短寸有所长，学习和借鉴发达国家经验是一种再正常不过的事情。但是，因为我们应该办好而没有办好大学进而导致大量人员出国留学则不仅仅是我们大学的悲哀，也是国家的悲哀，那就应了胡适先生所言：　"留学者，吾国之大耻也！"①

三　研究型大学应培养社会精英

面对科学技术日益加剧地在更广阔的领域实现技术集成以及自然科学、社会科学、人文科学相互融合的趋势，面对经济社会发展和高等教育所存在的突出问题，西方发达国家的一些世界一流大学和一些著名学者从 19 世纪初叶就开始思考如何解决高等教育专业人才培养问题。由于经济社会发展和高等教育实践均已进入了一个新时代，完全按照纽曼自由教育的思想和理念培养高等教育人才不仅不可能，也无必要，因为那样所培养出来的人才对于今天的经济社会发展而言也非"完人"，今天的"完人"应当既包括个性的充分自由发展，也包括职业技能在内的个人才能的全面发展。

我们国家于 20 世纪 80 年代，在对原来传统专业教育所导致的人才培养知识面过窄、无法实现人的全面发展等问题进行深刻反思的基础上，开始探索和实施文化素质教育，90 年代中期开始使用通识教育的概念。尽管已有 20 多年的实践，走过了学习引进阶段，但时至今日，可以说我们国家的通识教育，仍然停留在吸收消化阶段，少数几所大学取得了一定的效果，大多数高校只是在一二年级设置一些毫无联系且仅仅作为知识层面的人文类课程而已。而且，无论是综合性大学还是理工科大学抑或是人文社会科学类大学，其通识教育的模式与内容基本相同，尚没有从通识教育理念的层面，针对不同类型的高校和人才培养目标构建具有密切联系的课程体系、教学制度和教学模式，也就无法培养学生多学科的视野、思维方法和价值观念，学生的学识、心智、智慧等没有从通识教育中得到提升。随着我国生产力发展水平的快速提升，经济和社会开始转型并进入新的发展阶段，同时，党和国家也提出了中华民族复兴的伟大梦想。经济社会转型升级以及社会发展新的目标需要精英人才予以支撑。目前研究型大学和

---

① 转引自朱鲜峰：《一流大学之梦：四十年代"学术独立"论战回顾》，《读书》2013 年第 2 期。

一般本科高校所培养的人才只适应我国经济社会发展的大众化需求，但不适应经济社会发展对精英人才的需求。

在今天，让所有的大学都培养既有知识又有文化的社会精英人才，恐怕是一件奢侈的事情，不仅做不到，也没有这个必要，因为社会精英毕竟是社会中很小的一部分。但作为大学之精英的研究型大学是责无旁贷的，是最有理由承担这一使命者。因为研究型大学从其办学资源投入上来看，具有较大的优势。第一，研究型大学汇聚了众多的社会精英和高质量的生源，即高质量的师资队伍和高素质的学生。这些社会精英都是各个行业或领域的杰出人才，如学术精英就掌握着本学科的前沿理论，具有最先进的思想与理念，具有深厚的文化底蕴，而且具有不断创造新思想、新观念、新理论的能力；第二，研究型大学为科学研究提供了完善的教学科研设备以及相对充足的科研经费，能为人才培养和科学研究做好物力资源和财力资源上的保障；第三是研究型大学一般具有优越的学术环境。因此，研究型大学应充分利用自身优势培养既有知识又有文化的社会精英人才，成为为社会源源不断地输送先进思想与理念和核心价值观的大学。哈佛大学的学生就普遍认为，"哈佛大学给予他们的不仅是与具体知识相联系的东西，还包括价值观、道德观、荣辱观、思维方式、行为习惯等"[1]。

那么，如何培养既有知识又有文化的精英人才呢？由于我们国家高等教育大众化发展所采取的是一种存量发展模式，即高等教育规模的初期扩张不是通过新举办高等学校，而是主要利用原有高等学校通过提高学校办学规模来实现的，因此我们国家的高等学校无论是研究型大学还是一般本科高校，都在大众化进程中实现了较大规模扩张，有的研究型大学规模扩张的幅度甚至超过一般本科院校，从而将许多不具备学术潜质的学生招进了研究型大学，这是导致我们国家精英人才培养质量大大下降的一个重要因素，这一因素甚至可以导致精英高等教育体系的逐步瓦解。而一个国家或者说一个社会的发展既需要技术性人才，也离不开精英人才，尽管精英人才是少量的，但其对社会的作用和价值可能比一般技术性人才还要大。因此，精英高等教育体系的丧失对于国家和社会而言是非常危险的，当下必须恢复或重新构建精英高等教育体系，培养既有高深知识、又有高水准文化的社会精英人才。研究型大学应以培养学生的认知能力为核心使命，

---

[1]　韩延明：《高等教育学新论》，山东人民出版社2012年版，第234页。

通过卓有成效的通识教育，使学生"掌握人文知识，获得处理人类自身内部关系的能力，以达到改善人的精神世界，并指导人们运用正确的价值观准则去认识和改造物质世界的目的"[1]。由于高深学问和高水准文化不是所有的人都有能力进行传播与探索的，而研究型大学恰恰应该更多地专注于高深学问和高水准文化，因此，研究型大学拒绝不具备这一潜质的人入学也在情理之中。

第三节　研究型大学科学研究定位

一　我国科研现状

通常情况下，人们依据科研的目的即科研成果的性质和作用将科学研究划分为基础研究、应用研究和试验发展三类，其中基础研究是"指为了获得关于现象和可观察事实的基本原理的新知识（揭示客观事物的本质、运动规律，获得新发展、新学说）而进行的实验性或理论性研究，它不以任何专门或特定的应用或使用为目的"。应用研究是"指为获得新知识而进行的创造性研究，主要针对某一特定的目的或目标。应用研究是为了确定基础研究成果可能的用途，或是为达到预定的目标探索应采取的新方法（原理性）或新途径"。试验发展则是"指利用从基础研究、应用研究和实际经验所获得的现有知识，为产生新的产品、材料和装置，建立新的工艺、系统和服务，以及对已产生和建立的上述各项作实质性的改进而进行的系统性工作"[2]。显然，试验发展仅指自然科学，基础研究和应用研究则既包括自然科学，也包括人文科学和社会科学。总体来讲，三者之间表现出这样一种关系，即基础研究是应用研究的前提，应用研究是试验发展的前提；应用研究是基础研究的延伸和拓展，试验发展是应用研究的延伸和拓展；基础研究的水平往往制约着应用研究的水平，应用研究的水平制约着试验发展的深入开展。

在邓小平同志"科学技术是第一生产力"论断的指引下，我们国家的科学技术事业得到了较快发展。但用世界科学技术发展水平以及我国未

---

① 韩延明：《高等教育学新论》，山东人民出版社 2012 年版，第 230 页。
② 国家统计局科学技术部编：《中国科技统计年鉴 2010》，中国统计出版社 2010 年版，第 289 页。

来经济社会发展的需求来衡量我们国家科学研究，我们的科学研究整体水平还偏低、高水平的研究成果数量偏少。究其原因有两点非常值得关注。

第一，我们的科学研究经费投入水平偏低。据《世界统计年鉴 2011》显示，2007 年研究与开发经费支出占国内生产总值比重全世界平均为 2.21%、美国为 2.67%、日本为 3.44%、韩国为 3.47%、加拿大为 2.03%、法国为 2.10%、德国为 2.56%、英国为 1.84%，我们国家为仅 1.49%，不仅远远低于发达国家水平，也低于世界平均水平。这一结论仅仅是从数量的维度得出的，尚没有考虑经费使用效益因素。由于体制机制等原因，我们的科研仪器设备存在重复购置和利用率低以及项目重复研究等问题，导致我们的科研经费使用效益可能还要低于发达国家，若将这一因素加进去，我国科研资金的实际投入水平更低。

第二，我们对基础研究重视不够，基础研究经费投入水平偏低。据有关资料显示，2008 年，美国基础研究经费支出占研究与试验发展（R&D）经费总支出的 17.39%，应用研究支出经费占总经费支出的 22.28%，试验与发展经费支出占总经费支出的 60.33%。整体来看，基础研究支出经费所占比例处于上升趋势，比 1980 年提高了 3.56 个百分点。最低年度 1985 年为 12.86%，最高年度 2003 年为 18.86%，历年平均为 16.01%；日本 2009 年基础研究经费占总经费的 12.46%、应用研究经费占总经费的 22.34%、试验发展经费占总经费的 60.49%，从 1981 年至 2009 年，基础研究经费占总经费的比例处于略显下降趋势，下降了 1.04 个百分点。这期间最低年份为 2008 年的 11.39%，最高年份为 1995 年的 14.17%，历年平均为 12.69%；中国的统计资料从 1995 年开始，2009 年基础研究经费支出占总经费支出的 4.66%、应用研究经费支出占总经费支出的 12.60%、试验与发展经费支出占总经费支出的 82.74%。从历年的数据来看，基础研究经费支出占总经费支出的比例整体上处于下降趋势，2009 年已较 1995 年的 5.18% 下降了 0.52 个百分点。这期间，最高年度 2004 年为 5.96%，最低年度 2009 年为 4.66%，历年平均为 5.23%。见图 7 - 1。通过三个国家的比较可以看出，美国的基础研究经费支出占 R&D 总经费支出的比例一直处于较高的水平，平均水平不仅远远高于中国 10.78 个百分点，也大大高于日本，这一数据表明美国十分重视基础研究，我国较为忽视基础研究。通过比较后发现，美国和日本的应用研究经费支出比例多年来基本都保持在 22% 左右，而我们国家的这一数字则由 1995 年的

26.39%下降到 2009 年的 12.60%。从这一点来看，我们国家的应用研究经费支出也存在不足的问题。这也许是美国之所以取得世界瞩目科技成果而我国较为落后的秘密所在。

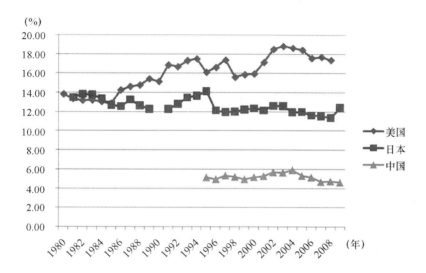

图 7 – 1　美国、日本、中国历年基础研究经费支出占经费总支出的比例变化情况

备注：美国资料来源于美国人口普查局《美国统计摘要：2011》第 522 页；日本资料来源于 OECD 官方网站①。原资料 1981 年至 1985 年数据中，总和与各项之和不等，本文按照各项之和进行百分比计算。1990 年无数据；中国数据来源于《2010 年中国科技统计年鉴》，中国统计出版社 2010 年版，第 6 页。

二　我国高校科研的主体作用

目前，我们国家科学研究的主体主要有高等学校、研究与开发机构和企业三类机构。通过比较各个国家这三类科研机构在科研方面所发挥的作用情况，可以发现我们国家高等学校在科研职能发挥上还存在一些突出问题。

首先，高等学校科研主体作用发挥得不够好。从表 7 – 1 中我们可以看出，在 18 个国家中，只有中国、韩国和俄罗斯三个国家高等学校 R&D 经费占全部 R&D 经费的比例低于研究机构，而其他 15 个国家高等学校 R&D 经费占全部 R&D 经费的比例均高于研究机构，瑞士高等学校 R&D

① http：//stats. oecd. org/Index. aspx.

经费占全部 R&D 经费的比例是研究机构的 34.6 倍，这表明这些国家的高等学校在科学研究与试验发展上比研究机构承担了更大的责任，成为排在企业之后的第二科研主体。中国在高等教育规模上虽已经成为世界第一大国，但中国高等学校科研能力并没有与其规模在同一个能级上，其作用的发挥并没有表现出其规模所应发挥的作用。当然，这一现象可能与国家的科研体制有关，比如我国和俄罗斯都设立了大量的专门科研机构。

表 7-1　　　　　　　　部分国家 R&D 部门经费执行情况　　　　　　单位:%

国家	企业	研究机构	高等学校	私人非盈利部门	数据年份
中国	76.2	15.0	7.6	1.2	(2012)
美国	68.3	12.1	15.2	4.3	(2011)
日本	77.0	8.0	13.0	1.0	(2011)
英国	61.5	9.3	26.9	2.4	(2011)
法国	63.4	14.1	21.2	1.2	(2011)
德国	67.3	14.7	18.0		(2011)
澳大利亚	58.0	12.4	26.6	3.0	(2010)
加拿大	51.3	10.1	38.1	0.5	(2011)
意大利	54.2	13.7	28.6	3.5	(2011)
瑞典	69.3	4.3	26.0	0.3	(2011)
瑞士	73.5	0.7	24.2	1.6	(2008)
土耳其	43.2	11.3	45.5		(2011)
奥地利	68.1	5.3	26.1	0.5	(2011)
比利时	67.1	9.0	22.9	1.0	(2011)
捷克	60.3	17.5	21.6	0.5	(2011)
丹麦	67.6	2.2	29.8	0.4	(2011)
韩国	77.0	12.0	10.0	2.0	(2011)
俄罗斯联邦	61.0	29.8	9.0	0.2	(2011)

资料来源：国家统计局科学技术部编：《中国科技统计年鉴 2013》，中国统计出版社 2013 年版，第 248—249 页。

其次，从发达国家的经验来看，企业是技术创新的主体，高校是基础研究和应用研究的主体。从表 7-2 中我们可以看出，我们国家的情况与此基本相同，企业承担了 87.95% 的试验发展研究，成为试验发展研究的绝对主体；研发机构承担了 40.39% 的应用研究和 39.68% 的基础研究；高等学校承担了 34.66% 的应用研究和 55.26% 的基础研究。研究机构和高等学校成为基础研究和应用研究的共同主体。但是，如果我们进一步深入考察高等学校在承担基础研究和应用研究职责分担情况后就会发现，"985 工程"大学在基础研究使命承担方面存在缺位现象。通过对《2012 年高等学校科技统计资料汇编》有关数据统计分析后发现，教育部直属 32 所"985 工程"大学当年的基础研究经费支出占该 32 所大学 R&D 总经费支出的 35.86%、应用研究经费支出占 49.79%、试验发展经费支出占 14.36%。1993 年，这一组数字分别是 8.61%、45.93% 和 45.46%。《2012 年高等学校科技统计资料汇编》有关数据显示，教育部直属 32 所"985 工程"大学当年的基础研究经费支出占高等学校基础研究经费总支出的 44.1%、占全国基础研究经费总支出的 17.4%。由此可以看出，教育部直属"985 工程"大学尽管基础研究的比例呈逐年上升趋势（见图 7 - 2），但其应用研究的份额基本保持在 45%—50%，且远远高于基础研究的份额，时至今日，整体来讲教育部直属"985 工程"大学仍以应用研究为主。众所周知，"985 工程"大学是我们国家的一流大学，基本定位为研究型大学，是重点中的重点，代表着我们国家大学的最高水平，"985 工程大学"不以基础研究为主的事实与"985 工程"大学的"身份"相悖。

这一现象表明，尽管基础研究具有十分重要的基础性作用，但由于基础研究往往不直接面向生产实际，也无法直接创造经济价值，加之基础研究的难度和风险性较大，因此大多数科研人员对基础研究的积极性不高。由于"985 工程"大学在面对基础研究和应用研究课题时，较其他大学均具有明显优势，因此其科研人员有更多的机会选择自己钟情的应用研究，从而将基础研究让渡给了那些并无优势的大学。有学者通过对我国研究型大学的研究之后得出结论，认为研究型大学在科学研究中存在着过度功利主义倾向，重视应用研究，视实用技术为唯一目的，甚至以能否商品化作为衡量学术有无价值的标准。[①] 这一点与美国的研究型大学恰恰相反，据资料显示，"美国 65% 的基础性研究是由研究型大学进行的"[②]。这恐怕也

---

① 候光明等：《中国研究型大学理论探索与发展创新》，清华大学出版社 2005 年版，第 65 页。

② 陈贵梧：《美国研究型大学的核心使命及其演变研究：基于使命陈述中关键词的词频分析》，《复旦教育论坛》2013 年第 1 期。

是导致我们国家基础研究水平不高的一个原因。

表 7 - 2　　　2012 年执行部门研究与试验发展（R&D）经费内部支出情况

项目	R&D 内部支出 总计/百分比 （亿元/%）	基础研究		应用研究		试验发展	
		亿元/%	%	亿元/%	%	亿元/%	%
全国	10298.41	498.81	4.84	1161.91	11.28	8637.63	83.87
	100	100		100		100	
企业	7842.24	7.09	0.09	238.86	3.05	7596.29	96.86
	76.15	1.42		20.56		87.95	
研究与 开发机构	1548.93	197.93	12.78	469.30	30.30	881.70	56.92
	15.04	39.68		40.39		10.21	
高等学校	780.56	275.65	35.31	402.70	51.59	102.20	13.09
	7.58	55.26		34.66		1.18	
其他	126.68	18.13	14.31	51.11	40.35	57.44	45.34
	1.23	3.64		4.40		0.66	

　　资料来源：国家统计局科学技术部编：《中国科技统计年鉴2013》，中国统计出版社2013年版，第6页。

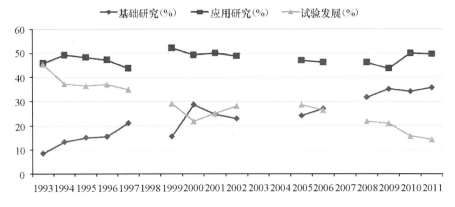

图 7 - 2　历年教育部直属"985 工程"大学基础研究、应用研究、
试验发展经费支出构成

　　说明：资料来源于历年教育部科技司编《高等学校科技统计资料汇编》。因缺少1997年、1998年、2003年、2004年和2007年年度数据而曲线不连续。1993年—1997年为25所高校数据、1999年为29所高校数据、2001年和2002年为31所高校数据、2005年以后为32所高校数据。

三 基础研究的价值

虽然我国的基础研究水平不高，但截至目前，似乎并没有明显地影响到我们国家应用研究和试验发展的开展。之所以如此，主要是因为我们的经济社会乃至科学技术发展处于相对较低的发展阶段，世界已有的公开的基础研究成果基本满足了我们之前应用研究和试验发展的需求。但随着我们国家经济社会发展水平的提升，对科学技术水平的需求也在逐步提升，企业创新能力的不断增强势必对基础研究的需求不断提高，再不改变这一状况，在不久的将来必将因基础研究不足而严重制约应用研究和试验发展，薄弱的基础研究将成为应用研究和试验发展的瓶颈，进而制约现代企业的技术升级与转型，因为基础研究是高新技术的源头。据统计，在 1900—1960 年重大科技成果中，即科技的重大突破有 4/5 是由基础科学研究所推动和实现的。[①] 今天的新兴战略产业如节能环保、新能源、新材料、新一代信息技术、生物、空间、海洋、高端装备制造产业等，无一不是建立在开创性的基础研究成果之上。一个国家的新兴产业，将成为这个国家产业结构调整、产业转移、技术转移的重心。未来综合国力的竞争力主要取决于具有自主知识产权的基础研究成果的水平。20 世纪上半叶，在形成由量子力学和相对论为核心的物理学、宇宙大爆炸模型、DNA 双螺旋结构、板块构造理论、计算机科学共同确立的现代科学体系的基本结构进程中，我们国家几乎没有一席之地。进入 21 世纪以来，一些重要科技领域发生革命性突破的先兆已经初见端倪。若在这场新科技革命中，我们国家仍无所作为的话，中华民族复兴之梦将彻底破灭。目前发达国家在某些基础研究领域对先进成果的封锁，已经显露出我们基础研究不足所带来的后果。在基础研究领域我们不能总是跟在人家的后头、利用人家的二流成果，那样我们永远也不可能在技术领域走在人家的前头。在这一方面，即使一些发达国家也在进行反思。例如作为发达国家的日本，尽管其已经拥有一批科研实力较强的大学，但政府仍然明确地意识到，"由于长期以来日本政府和工业界支持的重点是工程及技术应用，因此日本大学的科研力量弱于工业界的技术力量、基础研究弱于技术开发，这一状况正通过调整投资、建立类似研究型大学的

---

① 罗利建：《答钱学森之问》，中国经济出版社 2011 年版，第 192 页。

体制逐渐有所改变"①。这应该是日本经过工业化和现代化发展之后所取得的经验和教训。

基础研究的价值,不仅仅在于促进高科技的发展,对于一个国家来讲还具有更大的意义,正如我国著名的科学家师昌绪院士撰文所指出的:"基础研究不仅是高新技术的源头,而且是培养创新人才的最佳途径,因为基础研究可以培育人们的思维方法、推理能力。基础研究又是实现可持续发展的重要保证和培育先进文化的重要基础,因为基础研究成果往往具有系统性、长远性和继承性。基础研究重视逻辑推理、探索真理、坚持真理,有利于促进'百花齐放,百家争鸣'氛围的形成。"② 可以说,基础研究的水平不仅制约着应用研究和试验发展的水平,同时还制约着学科建设水平,制约着高水平创新型人才的培养。目前我们鲜有世界排名靠前的学科、缺少能够与世界比肩的各个学科的领军人才与团队与此不无关系。世界一流大学首先要有世界一流学科,我们要建设世界高等教育强国和若干所世界一流大学,都必须强化学科建设。如果说基础研究水平对高技术开发的影响具有暂时性影响的话,那么基础研究水平对学科建设和高素质人才的培养则是一种长远的战略影响。除此之外,开展基础研究,对于研究型大学树立学术独立之精神、对于国家的学术独立、对于提升整个国家的认知水平均具有极其重要的意义。这些足以成为我们重视和加强基础研究的原由。

另外,从基础研究与工业化水平之间的关系来看,"国际经验表明,一个国家的基础研究投入强度与其经济发展阶段具有对应关系并呈现出一般的规律性:当一个国家处于工业化初期时,其 R&D 投入大多用于试验与发展,随着工业化的进一步发展,将会有更多的经费投入到基础研究中来"③。我们国家正处于工业化转型提高时期,这也意味着我们必须改善科研投入结构以适应工业化转型升级的需要。

---

① 侯光明等:《中国研究型大学理论探索与发展创新》,清华大学出版社 2005 年版,第81—82 页。

② 师昌绪:《是到了该重视基础研究的时候了》,《科技导报》2005 年第 8 期。

③ 冯英、张璐杰:《近十年来我国高校基础研究经费投入状况分析》,《国家教育行政学院学报》2013 年第 1 期。

四　研究型大学应以基础研究为主

综合以上各方面因素，我们的结论是，必须高度重视基础研究，将基础研究置于重要的战略地位。那么如何重视基础研究呢？我们认为，国家除了加大对基础研究的投入力度并承担基础研究的风险外，另一个重要的工作就是对科研的主体功能进行重新划分和定位，并通过政策鼓励和引导研究主体发挥各自优势，积极承担历史使命。

"纵观世界各国科学研究的情况，基础研究都有明确的分工，如美国的基础研究都是由研究型大学和部分国家实验室承担，俄罗斯是由科学院和国立大学承担，德国是由马克斯·普朗克学会下属的研究所和研究型大学承担，其他国家的情况大体类似。"① 对此，基于我们国家目前的科研体制和专门科研机构的实际情况，本书认为，我国的研究型大学和专门的科研机构均应以基础研究为主、以应用研究为辅，研究型大学作为学术机构其学术自由和学术中立的特性与不考虑实用性和功用性目的的基础研究十分吻合，研究型大学的知识生产应以满足学术系统正常运行对知识增长的需求为首要任务，而非经济等外部系统对知识增长的需求；一般本科高校以应用研究为主，其知识生产主要是为了满足经济社会等外部系统对知识增长的需求；企业以试验发展和应用研究、以满足自身需求为主。这样既弥补了基础研究的不足，也可以充分发挥研究型大学的价值，并为企业和一般本科高校的发展提供充足的空间，避免研究型大学对一般本科高校科研的冲击，避免大学和研究机构作为技术创新主体给企业所带来的不利影响。美国科学技术的发展和研究型大学的卓越贡献均得益于美国的科技政策，"正由于'二战'后美国的科技政策始终把支持大学开展科学研究作为重点内容，才使得研究型大学获得了空前的发展机遇，承担主要基础研究工作，并逐渐成为美国教育和科研系统的至关重要的中心。"② 这一点是值得我们学习的。

这里需要说明的是，研究型大学开展基础研究，不意味着其开展不了应用研究而做出的无奈选择。过去，研究型大学从事应用研究，无疑对于

---

① 刘道玉：《论一流大学的功能定位》，《高教探索》2010 年第 1 期。
② 候光明等：《中国研究型大学理论探索与发展创新》，清华大学出版社 2005 年版，第 85 页。

迅速提升国家的技术能力起到了重要的作用，其价值不可低估。今天提出研究型大学在科学研究上的角色转换与重新定位，是相比较而言，研究型大学在基础研究方面更具优势，而企业的技术创新更具有优势，企业可以围绕着自身的需要开展技术创新，并将技术创新的成果直接用于企业的技术升级和转型，这一点是大学所无法比拟的。研究型大学以基础研究为主体是社会分工在高等教育领域的具体体现，这一分工是各自优势与特长的优化组合，因为没有其他任何大学比研究型大学在基础研究方面更具有这样的优势与能力。

通过前面的分析可知，今天的中国大学在面向社会所承担的科学研究职责方面尚不够充分，存在着科研职能履行不足问题；可是，在现实当中还存在另一种现象，即在一些大学里确实存在科研冲击教学、人才培养质量没有得到很好保障的现象。甚至有些大学的科研对大学的核心任务——教学产生了致命影响。一些人将研究型大学视为科研的大学，一些大学出台了各种向科研倾斜的政策，包括财力资源和人力资源的配置以及教师职务的晋升等方面。有的学校甚至想让教师通过卓有成效的科研成果来合理获得学校报酬，使科研成为教师提高福利待遇的有效途径。更有甚者，有的学校将科研职能视为学校的首要职能，一味追求科研成果的数量和档次。社会上的一些排行榜又进一步助长了这一行为，导致大学对核心职能——教学的漠视，现在一些研究型大学里面教授较少上讲台就是一个有力证明，我们今天有好多大学只能通过出台强迫教授上讲台这样的硬性措施来满足本科生对教授上讲台的渴望。我们不得不承认以上这些做法对于促进科研产量的提高起到了积极的作用，但我们也实在无法对这种本末倒置的行为给大学的本质属性所带来的危害以及人们对大学信任的动摇熟视无睹。

如何协调处理好教学与科研之间的关系，研究型大学必须予以认真对待，既要充分履行科研的职能，又要保证人才培养的质量。

一是可以采取扩充教师队伍、降低生师比的措施，实施教学教师与科研教师分类设置与分类管理，保证有足够的人力和精力从事科学研究且不影响教学工作。基础研究的特点决定了研究型大学在成为基础研究主体之后，必须改变现有的科研管理体制和教师考核机制。当今我国大学的科学研究也确实陷入了一种浮躁状态，甚至处于非常危险的境地。一方面，几乎所有的大学都在极力追求科研经费的数量、项目的数量和档次，而对于科研的实质内容和价值关注得很少,因此在衡量教师科研成就的时候,往往采用的都是数量计量手段,甚至为了获得学校满意的结果,还都采取了激励措施,这无疑加剧了教师的浮躁心态;另一方面,教师为了达到学校的指标要求,同时满足自己晋升、评奖等需要,大都采取急功近利的方法来迎合经费提供者所提出的要求。表面上看,这种做法既满足了社会发展的需求,也满足了学校提高所谓办学实力的目的,还满足了教师个人的需求,这似乎是一个完美的结局,其实不然。因为这种科研的结果是:一方面存在大量的重复劳动,创造了大量的"垃圾",浪费了大量的钱财;另一方面,也更重要的是败坏了学风,甚至助长了弄虚作假、剽窃等学术不端行为,长久下去必定腐蚀科学精神、损害学术自由,损伤国家的创新能力。这种危害的持续性可想而知,目前我们之所以难以取得世界水平的科研成果与此不无关系。

开展基础科学研究必须坚持学术自由、学术自治和学术中立原则,坚守学术道德和学术规范是处理通过科学活动促进社会发展、同时避免科学精神丧失的一剂良药。正如前哈佛大学校长博克所指出的:"大学必须考虑研究结果对于捐赠者的重要性、公正的程度、在研究中能否自由地选择和决定、研究者未来可能被支持的范围和依靠于捐赠者长期的良好意愿才能持续下去的财政福利等一系列条件。"[1] "大学经常会尽力避免在捐赠者与研究结果有明显利害关系,和研究者有明显抱有想让捐赠者继续支持的私心时,接受对研究的资助和捐赠。"[2] 以基础研究为主,尽可能不参与或少参与产业行为的科技活动,也是避免丧失科学独立精神的有益举措。大学应改变对从事基础科学研究教师的考核机制,给从事基础研究的教师创造一个真正的学术氛围,切实让教师愿意从事基础研究、安心基础研究、献身基础研究。

二是充分利用科研培养高素质人才,尤其是在科学研究中培养博士和硕士研究生。研究型大学必须坚持人才培养的第一要务,要将基础研究与创新型人才培养密切结合起来,利用基础研究培养高素质的创新型人才,尤其是培养创新型人才的创新能力和科学精神。这也是研究型大学与专门

---

① [美]德里克·博克:《走出象牙塔——现代大学的社会责任》,徐小州等译,浙江教育出版社 2001 年版,第 302 页。

② 同上。

科研院所的根本区别所在。

第四节　研究型大学社会服务定位

一　研究型大学社会服务的主要内容

社会服务是如今高等学校的职能之一。可是，在社会服务成为高等学校职能之时，对于大学是否应该为社会服务这个问题，却有两种几乎截然相反的观点。激进主义者认为："首先，某些有价值的资源几乎是大学所独有的。仅凭此类资源就可以使学生获得若干理想职业所不可或缺的学位。此外，这些资源所赋予的专门知识和教学、科研能力是其他任何社会机构难以达到的。因此，……大学应该利用其独特的资源去满足重要的社会需求，正如公用事业单位有义务向所有顾客提供所需要的服务那样。"① "再者，高等教育机构从政府那里得到了大量的经费补贴，州立大学大部分的业务性收入是依靠纳税人缴纳的公益基金获得的。……正是因为有了这种大量的公共资助，大学有理由承担自己的义务，应该向公众提供有助于解决重大社会问题的服务，回报于社会。"② 传统主义者则认为："随着新的服务和活动的不断增加，大学已滋生了像许多庞大机构一样的麻木不仁的官僚主义作风。多元化大学模式的贬低者们经常谴责它们是在诸多互不相干的专科学校、中心和社会项目的一片混杂中迷失了目的性和团结性。在众多错综复杂的活动中，大批的学生显得漫无目的，被教授们所忽视。因为教授们对提供经费的政府机构的忠诚要胜过其暂时栖身的大学。……大学的方向迫切需要作出极大的改变。大学必须从其自身利益出发，减少对社会问题的关注，把更多的时间和精力放在教学和学术研究上。否则，大学接受越来越多的、其他机构易于完成的'相关'任务，却在发挥极其重要的独特的功能的过程中无法保持高质量的标准。"③ "大学社会性事务的迅速增加最终能毁掉整个学术事业。"④

传统主义者和激进主义者所列举的各种现象，在当今中国的大学里

① ［美］德里克·博克：《走出象牙塔——现代大学的社会责任》，徐小州等译，浙江教育出版社2001年版，第73页。

② 同上。

③ 同上书，第74页。

④ 同上书，第77页。

普遍存在着。作者不想就传统主义者和激进主义者的观点作出谁是谁非的判断，只想就我们今天的现实进行必要的讨论。目前，在我们国家，关于大学要不要参与社会问题的解决以及如何参与社会问题的解决似乎不是一个什么问题，或说是一个较少有人关注的问题。而事实上，这既是一个深刻的高等教育哲学命题，也是一个现实的高等教育实践问题，甚至可以视为具有前瞻性的社会问题，只不过没有引起政府、社会、办学者、学术界等各方对此的关注而已。之所以出现这种状况，一方面是因为我们的高等教育实践历程较短，而且一直是在为社会服务的思想理念中办学，将大学为社会服务看作一件再正常不过的事情（但事实上我们现在做得并不好，没有哪一所大学主动声称图书馆、运动场是社区的公共设施，允许社会人员在学生不上课的情况下自由使用）；另一个重要原因在于，我们的各方人士较少将智慧用于这个问题的思考，因而也就不具有辨别什么样的服务可以开展、什么样的服务不可以开展等这样的思想与理念，也就等同于没有衡量做这些事情的标准，因而也就无从知晓这样做的严重后果是什么。这不能不说是我们高等教育理论工作的一个空缺。

广义而言，高等学校向社会输送人才和科研成果都属于高校社会服务的范畴，本书所说的社会服务特指狭义的社会服务，即高等学校直接向社会提供的服务，也称为直接社会服务。从社会服务的内容来看，我们可以大致将其划分为技术服务、文化服务和社区服务三种类型。所谓技术服务是指向企业等以直接提供技术为主要内容的服务，包括管理咨询和法律服务等；所谓文化服务是指以向社会提供道德伦理标准、先进思想观念和核心价值观等为主要内容的服务；所谓社区服务是指以开放校园资源、一般的知识讲座、志愿者活动等为主要内容的服务。新中国成立以来，理工科类高校的社会服务基本限于技术服务，人文社会科学类高校的社会服务基本限于管理咨询。现如今，随着社会的发展与进步，社会对高等学校服务的需求层次越来越高，领域越来越宽。

面对当今世界形势的大发展、大变革与大调整，世界范围内的生产力、生产方式、生活方式、经济社会发展格局正在发生着全面而又深刻的变革。要实现现代化和中华民族的伟大复兴，仅靠经济发展这个硬实力是远远不够的，还必须提升我们国家的软实力，即通过文化的传承与创新，使我们的民族文化成为世界多元文化的重要组成部分，甚至成为世界的主流文化。对于此,《中共中央关于深化文化体制改革推动社会主义文化大发展大繁荣若干重大问题的决定》指出:"文化越来越成为民族凝聚力和创造力的重要源泉、越来越成为综合国力竞争的重要因素、越来越成为经济社会发展的重要支撑","没有文化的积极引领,没有人民精神世界的极大丰富,没有全民族精神力量的充分发挥,一个国家、一个民族不可能屹立于世界民族之林。"在当前的国际环境下,国与国之间综合国力的竞争主要是硬实力和软实力的竞争,以长远的眼光来看,软实力对于一国综合国力的提升显得尤为重要。社会的发展进步呼唤大学为其提供与以往不同的服务。那么,面对社会发展的重大需求,今天乃至未来的中国研究型大学应该以怎样的姿态融入到广泛的社会服务之中呢?

大学以何种社会服务为主,应该由大学的特性所决定。学术自由、学术自治、学术中立是学术的本质特性,因此从大学尤其是研究型大学是学术机构这样一个视角来看,研究型大学的责任更多地应该体现在社会的前瞻性需求即为社会文明进步服务上,包括为社会建立公共道德秩序、构建核心价值体系等。对此,一方面,大学要不断地审视现行社会道德标准和价值观的有效性,及时地铲除有碍于社会发展进步的落后的道德标准和价值观,同时也应及时地建立有利于社会发展进步的新的道德标准和价值观;另一方面,大学还要通过对社会道德标准和价值观以及为什么要建立这样的标准和价值观等的阐述,使学生树立正确的道德标准和价值观,具备较高的道德认知能力与价值判断能力。让那些"愿意按道德规范行事的学生在面对社会"时,不会"因不了解其中潜在的道德问题而无法作出符合道德规范的行为"[①]。这才是我们大学应该做的,也是我们大学所能够做到的。研究型大学不仅要通过基础研究来推动科学技术的发展,通过科学技术来促进社会生产力水平的提升,进而改善人们的物质生活,研究型大学更应该是人们的精神家园,进而成为社会核心价值观的引领者,成为社会思想的发源地,成为开启人们智慧的殿堂。

1998 年 10 月,世界高等教育大会主题报告《21 世纪的高等教育:展望和行动》指出:高等教育及其师生应当完全独立和充分负责地就文化和社会等问题坦率地发表意见,成为社会的知识权威,以帮助社会去思

---

① [美] 德里克·博克:《走出象牙塔——现代大学的社会责任》,徐小州等译,浙江教育出版社 2001 年版,第 140 页。

考、理解和行动，通过不断分析社会、经济、文化和政治趋势，增强批判功能和前瞻功能。"教育和研究也许不是抨击社会丑恶现象最明显、最英勇的手段，但从整体上看，它们却是最可靠的方法，因为大学能够以此解决在一个充满苦难和非正义行为的世界里继续默默探索知识时所涉及到的道德问题。如果大学能以旺盛的斗志和坚定的决心遵循此项方针，那么即使是最愤怒的批评者最终也逐渐会体会到大学对社会所作贡献的全部价值和影响力。"① 研究型大学的确应该对目前尚未形成规范道德标准的社会道德行为进行思考，如活熊取胆汁、遗弃宠物、安乐死、同性恋、克隆人等，以便形成社会道德标准，推进社会进步。

二　研究型大学社会服务的原则

"大学的学术活动并非只是大学自己的个人事务，它也是一项公共事业，具有重要的社会意义和自身的道德价值。因此，如果没有令人信服的理由可以保证大学在时间和金钱上的付出更能促进公众利益，那么大学就不应该采取任何行动。"② 那么，研究型大学应该遵循怎样的原则开展社会服务呢？下面就几个具体的社会服务的事例进行讨论。

事例一："曼哈顿计划"，即美国联邦政府支持的以芝加哥大学为中心实施的原子弹研制计划。该计划聚集了众多的科学家在哈佛、MIT、芝加哥、康奈尔、普林斯顿和加州等多个大学的实验室进行联合攻关。原子弹的发明和使用使美国赢得了战争。③

事例二：日本某知名大学在二战时曾经为本国军队在国外作战取得胜利而搞庆祝活动。

事例三：某研究型医科大学的教授、博导带领学生到社区开展疾病预防知识宣传。

事例四：某知名研究型大学教授参与了政府工作报告的解读，消除了公众的疑虑，树立了政府形象。

事例五：某研究型大学教授研制了一种新产品并获得了发明专利，教授在学校的鼓励和支持下开办了一家公司专门生产销售这个产品，教授任

① ［美］德里克·博克：《走出象牙塔——现代大学的社会责任》，徐小州等译，浙江教育出版社 2001 年版，第 350 页。

② 同上书，第 279 页。

③ 韩延明：《高等教育学新论》，山东人民出版社 2012 年版，第 190 页。

董事长兼总经理。

事例六：30 名院士联名反对中式卷烟入围国家科技奖。①

对以上事例，我们作如下简单分析：

关于"曼哈顿计划"，从表面上看，大学及其教授们为尽快结束反法西斯战争、消灭法西斯立下了赫赫战功。但原子弹的发明无疑为人类长远的发展带来了无穷的灾难，以至于我们今天的世界面临着严重的核威胁。而且在使用原子弹结束战争之时，又有多少无辜百姓死于非命。利用屠杀制止屠杀显然不是一种好的办法，更不是代表人类文明进步的大学及其教授们所应该采取的行动。这一切远比尽快取得战争胜利更为值得关注。

"二战"期间，日本的海外作战是一场侵略战争，是一种反人类行为。作为人类文明和真理象征的大学却从本民族、国家狭隘的功利主义出发去公然喝彩，显然有违大学精神和人类的共同理想与价值观。面对这样的事情，大学应超越民族和国家的利益，树立人类主义的思想，从全人类福祉出发，做一些有利于世界和平、符合全人类共同利益的事情，而不是仅仅为本民族的利益服务。从这一点来看，高校的社会服务活动必须不仅面向局部的某一具体的团体，而且应超越主体，因为正义具有宇宙伦理的意义，它要超出民族、国家和宗教的局限，将全人类的正义视为服务活动的正义范畴。②

研究型医科大学教授的职责不是去社区开展疾病预防知识宣传，这样简单的事情一般高校的教师足以完成得很好，作为医学教育的顶级教授其职责恰恰应该在实验室里寻找新型疾病的解决方案，这一点是一般院校的教师很难完成的。研究型医科大学教授到社区开展疾病预防知识宣传是一种"大材小用"的表现，也是一种"不务正业"的行为。

前面提到的"某知名研究型大学教授参与了政府工作报告的解读，消除了公众的疑虑，树立了政府形象"，这一结果存在着因公众对知名大学教授良好社会形象的高度认可而使公众信服其所言这一可能性，而非一定是因教授的理解力强于一般公众而促使公众理解，若是那样，政府的工作报告撰写就成问题了。大学或教授不应该成为政府的代言人，而恰恰应该站到社会一方对政府的工作进行监督。因为政府或社会各种组织机构及

---

① http://news.163.com/12/0411/02/7UPCKQI300014AED.html.

② 韩延明：《高等教育学新论》，山东人民出版社 2012 年版，第 203 页。

事业的发展进步取决于对问题的发现与深刻反思，而不取决于功劳簿的薄厚，大学教授的价值不在于总结和宣传政府的业绩，而在于发现问题并提出解决问题的建议。

大学是否应该鼓励和支持教授利用自己的科研成果举办公司？持有肯定观点并已经付诸实践的人现在不在少数。这样做的唯一好处是教授可以以最快的速度将自己的科研成果转化为产品，如果经营得好，教授和学校还可以获得高额回报。但这样做的负面影响不容忽视。首先，经营公司与开展科研是性质完全不同的两码事，教授的优势在于科研而不在于经营，教授经营公司显然是在利用自己的短板，很难说会经营的好，当然不排除有特殊经营才能的教授；其次，教授经营公司势必要占用大量的科研和教学时间，从而不可能再像从前那样开展研究，而研究一旦中断，要想继续取得新的成果是一件很难想象的事情，很多教授从此弃学经商，由学者的身份转为商人，对学术来讲，这不能不说是一件令人遗憾的事情；再次，在公司经营过程中，教授和学校管理人员难免与官僚机构人员以及市场部门打交道，此时教授和学校的管理人员极有可能成为社会不良风气向校园传播的一个渠道。原来一向清高的教授，自从经营了公司后，经常出入于酒吧、歌厅，也开始说些阿谀奉承之类的话，这样的人大有人在，而他的言行对他的学生和年轻教师不产生影响是难以令人信服的；最后，教授举办公司与学校不可能没有一点关系，否则学校也不会鼓励和支持，因此学校也要投入一定的精力，公司多了，势必需要学校投入更多的人力进而影响到学校的主体。还有一点也是值得关注的，即有些公司经营不善，常常是官司缠身，甚至是拖累到学校，学校领导不得已拿出很多精力处理这样的问题，对学校正常教学科研的影响是很大的。大学的价值观体现在对学术的追求而非对经济利益的追求上，鼓励和支持教授办公司与大学的价值观相悖。

2012 年 4 月，钟南山等 30 名院士联名反对"中式卷烟"入围国家科学技术进步奖一事引起了轰动。这一事件表面上看，仅仅在于抵制烟草，而事实上其是一个社会价值观构建问题。卷烟无论怎样降焦减害其总归是百害而无一利，不仅损害吸烟者的健康，对被动吸烟者同样造成身体伤害。而降焦减害可能导致吸烟者吸入更多的烟或者是有更多的人吸烟，其危害可能更大。30 名院士的联名抵制其意义不仅在于这 30 名著名学者具有良好的学术良知，敢于向社会说明是非，更在于这 30 位院士具有代表社会发展方向的价值观，其传递的正是一个社会所应具有的核心价值体系的重要内容，是社会不断迈向更加文明的源泉。这一行为是学者较高层次的一种社会服务方式与内容，对于推动社会文明进步意义重大。大学及其教授们就应该多做一些这样的社会服务性工作，因为我们今天的社会太需要这样的服务了。

"大学最终应该采取的正确方针，不是要利用任何一项建议来攻击社会不公正现象，不是要拒绝承认对此类情况应承担的各种责任，而是要认真进行思考，要考虑应如何对要求表明道德立场的呼吁作出最有效的利弊评估。"[1] 高等学校社会服务的目的，一方面要为社会带来经济效益，另一方面也要求自我文化的充分觉醒，保持学术中立、追求学术自由，担当起反思社会和引领社会的使命，追求社会效益，二者缺一不可。事实上，我们今天的大学都自觉地将社会服务的目光集中到了前者而忽视了后者，甚至出现了空位。我们今天不缺少大学，缺少能够并自觉地"对社会的最令人困扰的问题进行尽可能深刻的思考，甚至思考那些无法想象的问题"[2] 的大学，其中原因不言自明。在这样一种情况下，要想所有的高等学校都转向反思社会和引领社会的使命上来既不现实，也无必要，现实和必要的做法是选择相比较可以做得更好的研究型大学来承担这一使命，来填补这一空位。这一使命体现的是对大学精神、大学理想和大学理念的坚守，也是对大学精神、大学理想和大学理念的弘扬，体现的是大学发展的内在逻辑。这一点与研究型大学的本质要求是一致的，也是研究型大学存在的合法性基础。

如今的大学不参与社会问题的解决是不可能的，也是不应该的，关键是对参与范围与参与程度的把握。在这一点上，大学应该做到收放自如，而不是陷入泥潭而不能自拔。我们比较赞同前哈佛大学校长博克提出的大学参与社会服务的几条原则。"第一，研究型大学不应该承担其他组织或机构同样能够出色完成的任务。""第二，新增的每一个项目都应该使大学的教学和科研活动得到加强。""第三，新项目如果一开始就无法激发现有教师们的热情，无法博得他们的积极支持，那么通常就不应

---

① [美] 德里克·博克：《走出象牙塔——现代大学的社会责任》，徐小州等译，浙江教育出版社2001年版，第279页。

② [美] 约翰·S. 布鲁贝克：《高等教育哲学》，王承绪等译，浙江教育出版社2001年版，第14页。

该得到批准。"① 同时，我们认为以下几条原则也不可或缺：第一，如果你的项目仅仅是服务个体对象并获得好处，而不具有示范意义，那么这样的项目不应得到立项；第二，服务的结果具有不确定性，可能有积极的意义，也可能有负面的消极影响，这样的项目也不应得到立项；第三，即使项目的结果是明确的，可以预期为学校带来丰厚的经济回报，但同样也可以预见的是其会冲击大学的教学与学术，甚至危害到学术，那么这样的项目更不应得到立项；第四，服务的内容应限于自己擅长的业务范围内，那些不属于自己擅长业务内的服务项目，不管是什么理由都不应得到开展。

三　研究型大学社会服务的路径

随着国家"211 工程"的实施，伴随着若干所世界一流大学建设项目的进程，高校"升格风"愈演愈烈。目前，在全国的高等学校定位中普遍存在一种现象，即相当部分学校把自己定位成了高水平大学或一流大学，几年来关于高水平大学的讨论成为高教界一个热点话题。而到底什么是高水平大学或一流大学？对这一概念的理解尚无统一或权威的说法，可谓仁者见仁、智者见智。有的从学校的实力方面予以考虑，比如有多少个国家重点学科、有多少个国家重点实验室、有多少名院士、有多少个博士点、被检索论文多少、年科研经费多少等；有的从学校的办学质量方面予以考虑，如学生获得全国性的比赛奖项有多少、毕业生就业率多少等；有的从学校的传统与特色方面予以考虑，如办学的悠久历史、学校在某一方面曾经取得过的成绩、在学科专业方面的一些个性化等；有的是从排名榜的角度予以考虑，排在前面的就是高水平大学；有的是从在校生规模和学科门类齐全以及占地面积、建筑面积等角度予以考虑，等等。这些考虑问题的角度不能说没有道理，在一定程度上确实能够反映出一些高校在办学水平方面的成就，但笔者认为，无论从上述所说的哪个角度或整个集合来思考问题都存在较大的局限性，甚至在有些项目上不仅没有触及事物的本质，相反还会掩盖本质的属性。如实验室的问题，很简单，如果在一定时期内无法通过该实验室研发出有影响的科研成果、不能培养出有影响的人

---

① ［美］德里克·博克：《走出象牙塔——现代大学的社会责任》，徐小州等译，浙江教育出版社 2001 年版，第 87—88 页。

才，那它的作用就名存实亡，它的存在就代表不了学校的水平，它只是成为一个招牌。再比如论文的问题，被某某检索意味着什么？除了第二次发表提高了被引用的几率外，其他并不代表着什么，真正的价值要看其成果是否得到其他学者的引用（为其他学者的学术研究起到了基础作用）甚至是转化及转化后的实效，即使是基础理论研究，也要看其是否为更深入的研究起到了铺垫作用。再如科研经费的问题，这项指标就更不能说明什么问题了，且不说其中含有多少水分。还有人的问题，目前全国高校铺天盖地的人才招聘广告说明了学校对人才的重视，但是不是有了教授就能成为高水平的大学？如果把全国的院士都集中到北大或清华，北大或清华是不是就立马成为了世界高水平大学？我看不一定。那么，到底用什么来衡量大学的水平高低呢？大学之大，不在于大楼，亦不在于大师，更不在于大规模，在于对社会的贡献大。

我们知道，大学有三个功能，人才培养、科学研究和社会服务。高等学校通过其培养的人才参与到经济和社会发展的实践中去，促进经济和社会的发展。高等学校通过知识创新，利用其研发的科研成果间接地为经济和社会发展服务。高等学校通过其社会服务，直接作用于经济和社会的发展。三项功能其目的都是一个，即促进经济发展和社会进步，只不过是各自的途径与方式不同罢了，即使是中世纪的大学，人文教育的结果也是促使社会文明程度提高。三者的共同目的构成了办学目的，也就是教育的目的。这一点也可以从教育的外部关系规律和我国的教育方针中得到印证。因此，衡量一所学校水平的高低应与其目的实现的程度紧密联系在一起，脱离了目的性就脱离了本质。在大学走出象牙塔由社会的边缘成为社会中心的时期，大学已成为社会大系统中的一个必不可少的组成部分，其与社会的关系越来越密切，大学再也不会像先前那样"与世隔绝"。大学与社会的结合，这是当今大学发展的必然。经合组织（OECD）的研究认为，发达国家经济增长的25%应归功于教育，因此考核大学水平高低的视角应从全社会的角度，跳出大学来看大学，即考察其对社会的影响或贡献。因为无论是实力也好、质量也好、特色也罢，也无论是人才培养、科学研究、还是社会服务，其最终的落脚点都是对经济和社会的影响与贡献，仅考核实力、质量和特色等是不全面的、不深刻的，它们不是高校办学水平最本质的属性；对经济和社会的影响或贡献是学校全方位作用于社会的结果，是一个综合指标，这才是高校综合功能的体现。大楼、大师和大规模只是为社会作出大贡献的基础和条件，且只是必要条件而非充分条件，把基础和条件当作结果来考核评价显然是片面的。由此我们可以认为，对社会影响或贡献大的大学就可称为高水平大学，影响或贡献越大则可称为水平越高。若这种影响或贡献只限于某一地区，则可称为地区性高水平大学，若在一个国内，则可称为国内高水平大学，若这种影响或贡献在整个世界范围内，则可称为世界高水平大学。这一点从世界高水平大学和我国的高水平大学中可以得到印证。我们国家的北大、清华之所以没有成为世界高水平大学，其主要原因就是因为他们没有对世界的政治、经济、科技、文化、教育等发展产生重大影响，而这一点真正的世界高水平大学做到了。只有 2000 名学生的美国加州理工学院之所以成为世界一流大学，主要在于它是美国火箭设计的发源地，虽然仅培育了两万两千余名学生，却有 31 人 32 次获得诺贝尔奖，在物理、行星科学、地理学领域被公认为全美第一，世界第一，足可见其对世界的影响和贡献。大学对社会的影响包括政治、经济、科技、文化、军事等方方面面，同时还包括对教育本身的影响。这种影响往往是通过培养的人才、科学研究成果和社会服务活动等共同作用于社会而实现的，只不过不同类型的高校其侧重点不同而已，教学型高校主要是通过其培养的人才对社会产生影响，研究型高校除了人才之外，另一个主要途径是通过科学研究的新成果对社会产生影响。这种影响体现为促进社会进步与发展，而非阻碍社会进步与发展。通过培养的人才对社会产生影响往往需要较长的时间才能表现出来，也就是说，学校现在的影响来源于学校若干年前所做的工作。因为人才的培养本身需要一个较长的周期，人才到社会后为社会作出贡献仍然需要一个漫长的过程，换句话说，学校现在工作的成就要经过若干年以后才能表现出来，具有滞后性，但这种方式的影响往往很大且比较长远。通过科学研究对社会产生的影响往往立竿见影，具有即时性，但这种影响往往限于少数的人身上，影响面比较窄。最为直接的影响还是社会服务，但高校毕竟不同于企业，社会服务是其次要功能，因而高校往往在此方面不具有较强的能力。作为一所大学，寻求其对社会的影响是学校不断发展的动力源，而形象包装虽然也能在短期内产生一些轰动效应，但不会形成对社会的真正影响，真正的影响还是要靠上述方式来实现，几种方式的有机结合会更加有效。在这里，值得我们注意的是，如果一所大学一味地按照社会的需要办学，亦步亦趋地跟随社会，那么他对社会的影响要小于那些有自己独立的办学理念，甚至是在某些方面要引导社会进步、促进社会发展、对社会进行批判的大学对社会的影响。作为一所大学，其与社会的关系应是适应而不随从，超越而不脱离。我们说，大学之大不在于大楼、大师和大规模，并不意味着大学建设不需要较好的软硬件条件，较好的软硬件条件仍然是建设高水平大学的必要条件，我们衡量学校水平高低不应考核其办学条件而应注重办学结果，各个高等学校可以根据不同的类型定位而选择各自的为社会发展作出贡献的途径和方式，追求对社会更大的贡献是高校永恒的命题。

"大学自诞生以来，经历了漫长的时间和历史的考验，逾千年而不衰。大学之所以能在时空发展上超越其他任何组织，皆因大学满足了人类社会培育新人以保持其可持续发展进步的永恒需要。正是因为如此，人才培养亦即育人成为大学最基本的价值和无须证明的公理与天职。"[1] 研究型大学仍是大学，大学就必须坚守人才培养这个本位。因此，研究型大学不是以科研为主的大学，不是学科多的大学，也不是研究生多的大学，而是以培养学术型人才为主的大学。学术型只代表大学人才培养的类型不同，学术型、应用型和技能型人才划分的依据是不同的工作指向，在于侧重开发和利用人的不同方面的潜质，而非人才的层次，故人才培养类型的差异不决定学校水平的高低。研究型大学也不应成为学校发展的目标，它只是学校发展的一种路径选择，培养出高规格、高水平的学术型人才才是学校发展的一种目标设计。

本研究关于研究型大学职能的讨论，主要基于目前人们对于研究型大学的认识以及我国研究型大学建设过程中的各种实践活动与大学本质属性相悖这一现象。这一现象是关于高等学校教学与科研职能关系认识的外部直接表现，其背后折射出的是高等教育的本位性理论问题。本位性理论问题不搞清楚，势必影响到高等教育发展的质量。

政府将高等教育视为经济发展的助推器甚至是引擎，高等教育希望在促进经济发展服务中获得更多的资源，二者就像磁铁的 N 极与 S 极，不仅拉近了距离，还紧密地结合到一起，且有越来越紧密的趋势。这种关系

---

① 眭依凡:《教学评估：大学人才培养质量的保证》，《高等工程教育研究》2010 年第 3 期。

的现实结果是，经济得到了增长，大学因得到了相应的资源而红火起来。笼统来讲，高等教育与经济相结合未必不妥，但若所有的高等教育机构都与经济如此紧密，甚至走向经济至上主义或唯经济主义，那么我们可以预见的另外一种结果是：一方面，整个社会的发展因只注重经济增长而使以核心价值观和道德标准建设为主要内容的社会文明建设受到削弱，社会文明难以进步，甚至会倒退；另一方面，无论是大学的人才培养，还是科学研究，乃至社会服务，其必将走向实用性，单一的实用性价值追求必将导致学术自由、学术中立、学术卓越等学术性的丧失，而学术性是大学尤其是研究型大学赖以生存和发展的根基，根基的丧失意味着大学已经步入了深渊。

研究型大学作为一个学术共同体，其成员应以认知理性为核心价值观，坚持学术自由、学术自治、学术中立原则是其之所以成为研究型大学的基本原则，维护这一原则并通过培养既有知识又有文化的社会精英人才、以学术为志向并向社会输送大量的高水平的基础科研成果，促进社会可持续发展是研究型大学的基本使命；研究型大学利用其特有的智慧，对社会发展状况尤其是社会主流价值观、社会道德标准等进行诊断并适时提出必要的修正建议以促进社会文明进步是时代赋予研究型大学的光荣使命。研究型大学承担这一使命，是社会分工条件下对现有社会功能不足的弥补，是完善和提高社会功能的必不可少的重要举措。

培养既有知识又有文化的社会精英、以学术为志向开展基础研究、以引领社会文明进步为社会服务的主旨，只是研究型大学群体性职能的基本定位，作为个体的研究型大学可以依据自己的历史基础和现实条件作出各自的具体选择，以便形成自己特色和保持研究型大学的多样性。

教学、科研和社会服务是研究型大学不可或缺的三项职能，且三项职能并不是彼此割裂的，而是相互渗透和相互促进的，但教学仍是研究型大学的核心职能。因此，研究型大学必须注重协调好三者之间的关系，在教学中引入科研和社会服务的最新成果，在科研和社会服务中实现教学，通过科研和教学提升社会服务的水平，在社会服务中选择科研的方向并修正科研的成果。

这里所强调的研究型大学的使命，既是研究型大学面向社会发展所应承担的职责，也是我们今天考量一所大学是否是研究型大学的一种标准，更是对我们今天的研究型大学内涵的解读。我们不期望研究型大学是完美的教育机构，因为世上从来没有今后也不会有那样的机构，但我们希望研究型大学是所有教育机构乃至社会机构中最完美的，因为它曾经有过这样的骄傲。只有这样，才无愧于社会的期待。

第八章　高校定位综合分析

第一节　高校定位影响因素分析

一　理性视域中的高校定位影响因素分析

从理论上来讲，影响大学定位的因素有很多，既有内部的也有外部的。就内部而言，大学办学治校者即校长的办学理念是最为重要的影响因素；从外部来看，高等教育发展环境和政策是最为重要的影响因素。

（一）大学校长在大学定位中起着关键作用

从世界上许多知名大学和国内一些优秀大学的发展历史来看，校长在大学发展的过程中起着举足轻重的作用。毫不夸张地说，一个好校长是带好一所好大学的前提，假如没有华莱士·斯特林和弗莱德里·克特曼就不可能有斯坦福大学的今天之发展。同样，如果没有克拉克·科尔，可能就没有加州大学伯克利分校的今天；北大没有蔡元培，就不可能成为文化创新的中心；清华没有梅贻琦，不可能在短期内名扬海外。这些大学的声望之所以能与时俱进，关键就在于其拥有一批优秀的领导者，拥有一整套科学的选举机制。那么，经过完整选举机制选出来的校长到底应该具备哪些素质呢？这恐怕只能因国、因地、因时、因校而不同，标准实难统一。在弗莱克斯纳眼中，他是一个英雄人物，"勇敢的拓荒者"。他担当了一个"难以应付的职务"，而他的某些成就"简直就是奇迹"[1]；在索尔斯坦·维布伦（Thoristein Veblen）眼中，他是"博学首领"[2]；赫钦斯则特别强

---

[1]　眭依凡：《大学校长的办学定位理念与治校》，《高等教育研究》2001 年第 4 期。
[2]　同上。

调校长的领导问题，认为大学需要有一个目的，"一个最终远景"（Vision），校长就必须绘出这一"远景"，如果没有"远景"，就是"无目标性"，就将导致"美国大学的极端混乱"。"管理者必须对讨论、说明、确定和宣布这一目的负起特殊的责任"。他必须是一个"麻烦制造者，因为教育的每一次变革都是某些教职员习惯的改变"。因此，他需要具备"勇敢""刚毅""公正"及"谨慎"几大美德。① 而克拉克·科尔则认为"多元化巨型大学的校长是领导者、教育家、创新者、教导者、掌权者、信息灵通人士；他又是官员、管理人、继承人、寻求一致的人、劝说者、瓶颈口。但他主要是一个协调者"②。这些校长往往经过严格的民主选举产生，他们必须对全体选民负责，因为他们的去留与否是根据大多数选民的意愿决定的，而且学校教师通过教授会和评议会对校长权力发挥着制约作用，这样校长做出的决策就可能更加符合广大教师的意愿，从而也更容易调动广大教师的积极性，从而转化为教师自觉的实际行动。

大学校长对一所大学的发展如此之重要，遴选一位优秀的、能够带领大学不断前进、追求卓越的校长显得非常关键。美国大学在遴选校长时十分注重全方位考察校长的办学治校能力，主要遴选指标包括性格特点、教育情况、学术水平、管理经验、领导能力等方面，尤其看重校长候选人的管理经验、领导能力、学术水平及其对应聘大学的了解情况（包括大学发展远景的描绘及实现情况）。③ 而遴选标准的确立，则是依据各大学未来 10 年的发展目标和发展需要来具体制订的。麻省理工学院 1990 年校长遴选委员会提出的候选人资格表到今天仍是美国许多大学确定校长候选人基本条件所主要考察的方面。

表 8－1　　　　　　　　　　　MIT 1990 年校长候选人资格表

Ⅰ. 个性情况	（1）领导才能；（2）正直；（3）人际关系；（4）活力；（5）风度；（6）发展能力；（7）对 MIT 社区成员的接受程度；（8）对工作的热情

---

① ［美］克拉克·科尔：《大学的功用》，陈学飞等译，江西教育出版社 1993 年版，第 23 页。

② Thorstein Veblen, *The Higher Learning in America*, Academic Reprints, 1954, p. 85.

③ ［美］克拉克·科尔：《大学的功用》，陈学飞等译，江西教育出版社 1993 年版，第 44—45 页。

续表

Ⅱ. 智力情况	（1）对 MIT 的想象和洞察力；（2）智慧的广度和深度；（3）对学习的好奇心和能力；（4）对 MIT 问题和机会的把握；（5）学术成就和地位；（6）国内外的声望
Ⅲ. 学术情况	（1）教育哲学与教育优势；（2）对多样性的认同；（3）对本科和研究生教育的认同；（4）对 MIT 作为研究型大学的认同；（5）相关的经验和成就
Ⅳ. 管理情况	（1）管理风格和适应对 MIT 的有效性和适应性；（2）有管理经验和管理业绩；（3）深思熟虑和决策果断的平衡；（4）对校长管理角色的适应性；（5）募集基金的经验和能力；（6）对 MIT 校长职位的理解

　　资料来源：黄俊杰：《大学校长遴选》，北京大学出版社 2006 年版，第 143—144 页。

　　大学定位属于学校的一项重大决策，应该持续一个较长的时期。确立大学定位需经过充分的调查研究，科学的论证，一旦确定下来，就不应轻易改变，学校的各项工作都要依据定位进行部署。大学校长可以更换，而大学定位应该相对稳定发展，不能因为校长的个人去留而影响学校决策的延续性。美国哈佛大学、麻省理工大学、斯坦福大学等世界一流大学一直就是这么做的。

　　（二）时代性因素影响大学的人才培养定位

　　时代性因素是指一定社会大背景下的某一时间阶段的政治、经济、文化发展的现状及趋势。众所周知，人类社会已经经历了自然经济社会、工业经济社会两个阶段，现正处在工业经济和后工业经济相交替的阶段，一些发达国家逐步进入知识经济社会。在农业经济时代，人们梦想着占有土地，以土地的多寡来衡量财富；在工业经济时代，人们则希望拥有资本，资本是致富的重要因素；在知识经济时代，知识成为重要的生产要素，人们渴望掌握知识，衡量财富的标准在于拥有知识的多寡和运用知识的能力。根据人们价值取向的不同，在不同的时代，大学发挥的功能亦是不同的，进而大学的定位自然也不同。在农业经济时代，大学游离于社会之外，是精神贵族的栖息地，被誉为"象牙塔"，社会对大学是排斥的；在工业经济时代，大学徘徊于社会的边缘，社会对大学是若即若离的；在后工业经济时代，大学已成为社会的"轴心机构"，社会对大学是渴求的。特别是随着经济全球化、政治多元化的逐步推进，我国的教育市场将面向国际市场开放，高等教育的国际化已成为一种必然趋势，人才资源的配置也将面临市场化，高层次人才竞争越来越激烈。在这种时代大背景下，政治经济文化发展的需求反映到高等教育领域内，就是它必然要影响到大学人才培养目标和规格的重新定位。在传统社会里，大学教育基本上是一种传承式的教育，偏重于知识的传授，忽视能力培养和素质的提高，特别是不重视创新能力的培养。诚如诺贝尔奖获得者杨振宁教授所说，中国传统教育强调按部就班的教育方式，提倡严谨认真的学习态度，老师循循善诱，学生亦步亦趋，这种方法有利于学生积累知识，打下扎实的根基，但是，相对来说在进行科学创造的时候缺少创新意识。由此可见，在后工业经济时代以前的大学大多是以培养继承性的人才为主的；而在知识经济时代，在知识和科技已经成为推动我国生产力发展的首要因素、创新更是成为我们中华民族的灵魂和我国兴旺发达的不竭动力的今天，为了适应时代的需求，培养高素质的创新人才成为了众多大学人才培养的首要目标。但具体来说，不同层次的大学在创新人才培养的具体要求上是不同的。例如，我们国家为了应对 21 世纪激烈的国际竞争的挑战，提出以高校为依托建立国家创新体系，大学必须要深入地考虑自身在国家创新体系中所肩负的历史使命，发挥其在国家创新体系中应有的作用。为了支撑创新型国家和人力资源强国建设，2012 年 3 月教育部、财政部正式启动实施高等学校创新能力提升计划，面向科学技术前沿和经济社会发展的重大需求、行业产业经济社会发展的核心共性问题、区域发展的重大需求以及我国社会主义文化建设的迫切需要，构建协同创新模式，全面提升高校人才、学科、科研三位一体的创新能力，各类大学应准确定位，发挥特色，有所作为。借鉴国外一些著名大学的成功经验，我国"211 工程""985 工程"重点建设大学应该在科学技术的"原创性"和"开创性"上发挥其中流砥柱的作用，以培养学术型和研究型的人才为主，以满足我国全面建设小康社会的需要，其他一般性大学也应积极参与国家科技创新体系的建设，力争在传统技术的换代更新、技术开发等层面上发挥骨干作用，以培养实用型和应用型的人才为主。

（三）区域性因素影响大学的服务面向定位和办学特色定位

区域性因素包括高等教育的区域性结构和经济发展的区域性特征。高等教育的区域结构是指高等学校的地区分布，即它们的数量、类型在不同地区分布的比例。高等教育的区域性结构分布会影响到大学的服务面向定位，地方的高等院校首先要立足地方，为本地的经济社会发展服务，进而辐射周边或者全国；部委属的大学在定位时，则除了考虑要为全国经济、社会发展服务之外，同样也要为办学所在地的区域经济发展服务。例如，"985 工程" 32 所部省共建高校在努力为全国的经济发展服务的同时，直接对接地方，积极为区域经济社会发展提供智力支持，从而也得到了地方政府的大力支持，在 "985 工程" 下一阶段建设中，地方政府配套资金高达 186 亿元，地方配套与中央投入比为 0.7：1。[①] 所谓经济发展的区域性特征是指由于我国生产力发展水平的不均衡，导致我国东部、中部和西部三大地区的经济发展具有较大的差异性特征。这些特征势必会导致这些地区的人才需求总量、科类结构和人才培养规格等具有很大的差异性。东部发达地区经济发展大都进入了工业化中后期，知识经济方兴未艾，高新技术产业发达，这些地区需要的学术型、应用型人才也就比较多。而中西部落后地区的产业结构尚处在较为原始的发展序列上，农业经济依然占据着主导地位，第三产业不发达，相对来说，这些地区需要更多的实用型、技术型人才。因此，处于这三类地区的大学无论在人才培养的规格以及层次上，还是在学科专业的设置以及办学特色的形成上，都要与该地区的产业结构相协调，大力促进该地区的主导产业的发展。只有如此，各大学才能因地制宜，发展所长，也才能办出特色、办出水平。即使在同一地区办学的大学也要注意协调、分工，避免低水平重复建设，力争在各自的层次上办出特色、办出水平。

（四）政策性因素影响大学的发展目标定位、办学层次定位和办学类型定位

政策性因素包括一个国家的高等教育方针、政策以及相关财政拨款、质量评估等。《中华人民共和国宪法》第 19 条明确指出："国家发展社会主义的教育事业，提高全国人民的科学文化水平。国家举办各种学校，普及初等义务教育，发展中等教育、职业教育和高等教育，并且发展学前教育。" 从基本法的角度规定了我国高等教育由国家或省市举办，大部分高校由国家或省市提供财政拨款和负责管理。政府对高校的财政拨款或激励政策好比指挥家中的指挥棒，对高校的定位和发展起着非常关键的作用。例如，长期以来，国家和省市对高等学校的财政拨款都是按照本科、硕士

---

① 蔡克勇：《创建世界一流大学需要什么样的办学理念?》，《中国教育报》2004 年 1 月 2 日，第 4 版。

和博士在校生人数来计算和划拨的，不同层次学生的拨款系数不同，博士生要比本科生高出好几倍；不同学科拨款系数也不尽相同，工科要比文理科高，艺术学科要比历史学科高，等等。这本来有其合理性，因为培养博士和工科、艺术学生的成本较高，但部分高校并没有把国家下拨给博士、硕士生那部分经费真正用于博士、硕士生培养，而是用于填补学校经费缺口，而为了争取国家或省市政府更多的经费，条件不够的学科也拼命地争上硕士点、博士点，而不顾人才培养质量，盲目提高学校办学层次，不利于学校进行准确定位。又如，基于我国穷国办大教育的国情，为了解决国家重大需求，加快提高办学水平，常对高校采取专项重点投入的方式，包括国家重点学科、人才培养基地、"211 工程""985 工程"等，这些重点主要是基于高校的办学层次、科学研究成果的"高、精、尖"来确定的，由于资源的稀缺性，高校为了获得这种难得的额外投入，会想方设法进入重点范围，力争成功升级而不顾实际建设效果。再如，我国对高校办学有诸多规范性和一致性的要求，实行统一的学科专业设置、采用相同的评价指标体系等，导致不同类型和层次的高校相互攀比，丧失特色和个性，造成办学的趋同化。①

当然，制约大学定位的因素远远不止这些，这只是一些主要的方面，其他诸如国家教育主管部门的重大决策部署，高等教育市场机制的完善程度、大学办学历史、内部治理结构等对大学定位也会产生重要影响。例如，国家教育行政部门关于高等学校的重组、合并或升格的决定势必使得原有大学定位做出相应的调整。另外，学校已有的历史积淀、现有的办学条件和办学水平等对大学定位无疑也会产生重大影响。通过以上对影响大学定位的一些主要因素的探讨，我们有如下一些认识：第一，在科技与人才竞争越来越激烈的今天，在我国由高等教育大国向高等教育强国迈进之际，在我国加快建设世界一流大学和高水平大学之时，要进一步落实和扩大高等学校的办学自主权，促进高等学校多样化发展，每所大学要在切合学校发展实际的基础上进行准确定位，突出特色，避免盲目攀高，抑或办学趋同化现象的产生。第二，广大办学治校者应与时俱进，紧紧把握时代脉搏，主动适应社会对人才的多样性要求，增强市场意识和国际意识，增

---

① An update on the presidential search, http：//web. mit. edu/newsoffice/2012/presidential-search-update – 0508. html.

加紧迫感和危机感，立足国内现实，着眼世界和未来，形成自己学校的办学理念，力争办出特色，办出水平。第三，加强分类管理和指导，中央和地方各级政府和教育主管部门要制订高等学校分类标准，完善分类体系，并为高等学校的多样化定位创造一个"依法行政，依法治教"的良好制度环境和营造一种和谐、公平、有序的竞争氛围，使每所大学都能在各自的层次上办出特色，办出水平。

二　文献视域中的高校定位影响因素分析

高校定位是指大学决策者从大学的现状（办学条件、办学质量、所处的环境等）出发，根据社会、政治、经济、文化发展的需要，遵循高等教育发展规律，按照一组定位特征合理确定大学在整个社会系统以及在整个高等教育中的位置，并确定学校的服务面向、发展目标及任务而进行的一系列的战略思考和规划活动。[1][2] 随着我国高等教育大众化进程的深入推进，国内学者对高校定位的相关问题越来越重视，与高校定位相关的研究也越来越多，研究内容包括高校定位的主体、高校定位的动因、高校定位的策略等。当然，学者们对高校定位的影响因素也纷纷提出了自己的观点，涉及的影响因素有很多，从高校内外部维度可以分为高校内部因素和高校外部因素，从物质与非物质的维度则可以分为物质条件因素、政策制度因素和思想观念因素。本书尝试从已有的文献中关于高校定位的影响因素着手，对各种影响因素进行聚类并按其影响程度的大小进行排序，试图找出影响高校定位的核心因素、重要因素与一般因素，并据此进行深入分析。

（一）高校定位影响因素聚类

1. 文献的收集和影响因素的确立

为了了解当前我国学者对高校定位影响因素的研究现状，笔者首先在中国学术期刊网知网上选中"篇名"并输入关键字"高校定位""大学定位"，搜索到了数目可观的与高校定位相关的文献，然后通过阅读文献查找其中与高校定位影响因素有关的文献，通过反复整理得到研究内容中包含高校定位影响因素的文献 27 篇，其中有硕士学位论文 6 篇，期刊文献

---

① 　肖海涛：《大学的理念》，华中科技大学出版社 2001 年版，第 4 页。
② 　陈厚丰：《浅论分类与定位的若干理论研究》，《中国高教研究》2003 年第 11 期。

21 篇。同时，笔者还找到了两本关于高校定位的专著，一本是陈厚丰的《中国高等学校分类与定位问题研究》，另一本是严燕、张继龙的《高校定位研究》，这两本专著也指出了高校定位的影响因素。

接下来是把 27 篇文献和两本专著中的有关高校定位的影响因素——梳理出来，经过反复分析，把表述意思相近的因素整合，得出 40 个影响高校定位的因素。最后按照所有学者在 27 篇文献以及专著中提及这 40 个影响因素的频次对所有影响因素进行排序，如表 8 - 2 所示。

表 8 - 2　　　　　高校定位影响因素频次以及聚类和分类结果

序号	高校定位影响因素	频次	聚类结果	分类一结果	分类二结果
1	高校质量评估	16	1	B	C
2	政府经费拨款模式	14	1	B	T
3	大学校长的政绩观	11	2	A	D
4	"重学轻术"的文化传统	11	2	B	D
5	人才市场机制	9	2	B	T
6	政府对办学自主权的干预程度	8	2	B	T
7	高校领导干部任用制度	7	2	A	C
8	高等教育管理体制和高度集中的运行机制	7	2	B	T
9	大学排名的评估指标	7	2	B	T
10	地区经济发展状况	6	3	B	T
11	高校资金来源渠道	5	3	A	T
12	高校办学理念	5	3	A	D
13	高校内部的等级观念（盲目追求高层次）	5	3	A	D
14	急功近利的社会文化心理	4	3	B	D
15	政府的教育规章制度	4	3	B	C
16	学校的发展历史、发展特色、发展优势	4	3	A	T
17	社会的人才需求	4	3	B	T
18	高校的管理模式	4	3	A	T
19	盲从、攀比的社会风气	4	3	B	D
20	两种经济体制的影响	4	3	B	T
21	高校领导的"官本位"思想	3	3	A	D
22	学校自身的办学资源	3	3	A	T

续表

序号	高校定位影响因素	频次	聚类结果	分类一结果	分类二结果
23	学校的规模、学校的学科门类、学校可以授予学位数量	3	3	A	T
24	政府激励政策	3	3	B	C
25	政府教育规划和改革	3	3	B	C
26	社会的时代特征（社会发展程度及产业结构）	3	3	B	T
27	领导的面子文化心理	2	3	A	D
28	入学选拔标准以及招生体制	2	3	A	T
29	和谐、统一的民族价值观（强调整体忽视个体）	2	3	B	D
30	高等学校的地区分布	1	3	B	T
31	转学机制（高校横向联系机制）	1	3	A	T
32	文化产业的发展	1	3	B	T
33	高校的社会地位	1	3	B	T
34	精英教育思想	1	3	B	D
35	不同社会背景的传统文化	1	3	B	D
36	地方人口数量	1	3	B	T
37	高等学校分类方法	1	3	A	T
38	高等学校职能划分	1	3	A	T
39	文凭本位的社会风气	1	3	B	D
40	高校分工合作意识	1	3	A	D

2. 高校定位影响因素的聚类

本研究主要运用 SPSS 16.0 软件，按照各影响因素的频次，把所有的因素进行聚类。聚类分析是统计学常用的分类统计分析方法，主要包括层次聚类分析、快速聚类分析和判别分析，本书主要采用层次聚类分析方法（Hierarchical Cluster Analysis）。层次聚类分析的实质是建立一种分类方法，它能够将一批样本数据按照他们在性质上的亲密程度在没有先验知识的情况下自动进行分类，这里所说的类就是一个具有相似性的个体的集合，不同类之间具有明显的区别。样本若有 k 个变量，则可以将样本看成是一个 k 维的空间的一个点，样本和样本之间的距离就是 k 维空间点和点之间的距离，这反映了样本之间的亲疏程度。聚类时，距离相近的样本属于一个类，距离远的样本属于不同类。[①] 首先把频次输入 SPSS 并建立数据库，然后进行聚类分析，具体步骤：Analyze-Classify-Hierarchical Cluster Analysis，分别设置聚类数为 3、4、5，通过 SPSS 对数据的处理分别得出了影响因素聚类结果 CLU3_ 1、CLU4_ 2 和 CLU5_ 3，如表 8 - 3。通过比较聚类结果，发现 CLU4_ 2 和 CLU5_ 3 的第二层聚类中只有两个样本，没有代表性，而 CLU3_ 1 的聚类值能够更好地反映样本的特点，比较适合当前的频次分类。CLU3_ 1 把所有的因素按照频次的大小分成了三类，频数大于等于 14 次的为第一类；频数大于等于 7 小于等于 11 的为第二类；频数大于等于 1 小于等于 6 的为第三类。

本研究主要运用了频次分析法，通过文献中影响因素出现的频次来判断影响因素的重要程度。当然，该研究方法的局限性会在一定程度上影响文章结论的准确性，比如，可能某些重要影响因素由于受到主观因素的影响而频次减少，因而在本研究中表现为一般影响因素，但是总体上，频次分析能够较好地反映高校定位影响因素的现状。根据频数的多寡，我们可知该因素的支持率，现在假设支持的人越多，该因素对高校定位的影响越大，反之，支持的人数越少说明该因素对高校定位的影响比较小。因此，我们把第一类因素视为高校定位的核心影响因素；第二类因素视为高校定位的重要影响因素；第三类因素视为高校定位的一般影响因素。各个高校定位影响因素的聚类结果见表 8 - 3。

表 8 - 3　　　　　　　　　　　　　影响因素聚类过程

序号	频次	CLU3_ 1	CLU4_ 2	CLU5_ 3	序号	频次	CLU3_ 1	CLU4_ 2	CLU5_ 3
1	16	1	1	1	21	3	3	4	4
2	14	1	1	1	22	3	3	4	4
3	11	2	2	2	23	3	3	4	4
4	11	2	2	2	24	3	3	4	4
5	9	2	3	3	25	3	3	4	4
6	8	2	3	3	26	3	3	4	4
7	7	2	3	3	27	2	3	4	4

---

① 杨晓明：《SPSS 在教育统计中的应用》，高等教育出版社 2004 年版，第 5 页。

续表

序号	频次	CLU3_1	CLU4_2	CLU5_3	序号	频次	CLU3_1	CLU4_2	CLU5_3
8	7	2	3	3	28	2	3	4	5
9	7	2	3	3	29	2	3	4	5
10	6	3	4	4	30	1	3	4	5
11	5	3	4	4	31	1	3	4	5
12	5	3	4	4	32	1	3	4	5
13	5	3	4	4	33	1	3	4	5
14	4	3	4	4	34	1	3	4	5
15	4	3	4	4	35	1	3	4	5
16	4	3	4	4	36	1	3	4	5
17	4	3	4	4	37	1	3	4	5
18	4	3	4	4	38	1	3	4	5
19	4	3	4	4	39	1	3	4	5
20	4	3	4	4	40	1	3	4	5

（二）高校定位影响因素成因分析

高校定位的影响因素是多方面的，既有历史原因，也有现实原因；既有传统文化的自发因素，也有政府政策的强制因素；既有高校自身的原因，也有高等教育行政部门的原因，还有社会的原因。那么，这些因素是如何影响高校定位的呢？为了便于分析，本书主要从两个维度进行分析：一是从高校内外部维度划分为两种类型，内部因素用 A 来代表，外部因素用 B 来代表；二是从物质条件、政策制度、思想观念维度将影响因素分为三种类型，物质条件因素用 T 来表示，政策制度因素用 C 表示，思想观念因素则用 D 表示。具体分类结果如表 8 - 3 所示。

1. 核心影响因素

由表 8 - 3 的聚类分析结果可知，"高校质量评估"是影响高校定位的核心因素之一，那么它是如何影响高校定位的呢？从高等教育质量评估的发展过程来看，我国高等学校本科教学工作主要经历了五次评估：1994 年开始的合格评估、1996 年开始试点的优秀评估、2000 年开始的随机性评估、2002 年开始的水平评估、2006 年开始的独立院校评估。① 早期进行的合格评估、优秀评估按照综合性大学、工科院校、师范院校、财经政法院校及医药院校等学校类型，制定了多个评估方案。随机性评估吸取了前几次评估的优点，将评估等级分为优秀、良好、合格、不合格，但不分科类设计评估方案。水平评估的主要成就是出台了《普通高等学校本科教学工作水平评估方案》，在使用一个方案评估的同时，还制定了一个对财经政法、师范、医药、外语类院校以及"211 工程"学校指标调整的补充说明，体现了分类指导思想。独立院校评估主要是以之前的评估方案为基础，并根据独立学院的具体特点做相应的调整。

虽然我国教育评估工作在理论层面和实践层面上都在不断进步，但是从评估模式和评估结果中可以发现教育评估深刻影响高校定位。首先，评估指标过于单一，促进大学办学特色形成的教育评估体系尚未建成。《普通高等学校本科教学工作水平评估方案》的评估结果分为优秀、良好、合格、不合格，一级指标设定后，根据二级指标来进行等级评估，二级指标共 19 项，其中又分为 11 项重要指标和 8 项一般指标。这种评估体系实质上是单一的，重视标准的统一性，而对差异性或特色关注不够，容易造成高校办学雷同。不同类型和不同层次的高校办学条件和办学方向都是不一样的，单一的、以学术性和投入水平为导向的评估体系很难兼顾不同高校的特色，而且民办高校和公办高校，重点高校和非重点高校，高职高专和普通高校，成人高校的职能和全日制高校的办学重点也是完全不相同的。② 其次，评估后的大学排名决定了大学的声望，学校的知名度又决定了优秀生源、政府拨款、企业捐助等。大学对声望的竞争是一场传统意义上的较量，并且很大程度上是一场对投入进行的攀比的竞赛，尽管学校的知名度和学校的科研水平、学生教育质量、学生学习成果等不一定成正比的关系，实际上这种知名度的竞争早就是一个公开的秘密。③ 为了竞争各种优势资源，各高校都相当关注自己在全国大学中的排名，有的院校办学特点原本十分鲜明，但为了迎合评估体系，保全自己在这种评估体系中的

① 刘鑫：《我国高等教育质量和评估体系研究》，硕士学位论文，郑州大学，2006 年。
② 张继龙：《高等教育大众化背景下的高校定位研究》，硕士学位论文，扬州大学，2006 年。
③ ［美］弗兰克·纽曼、莱拉·科特瑞亚等：《高等教育的未来——浮言、现实与市场风险》，李沁译，北京大学出版社 2012 年版，第 1 页。

地位，也被迫办起了综合性大学，从而失去了原有的特色。再次，评估成果过于理想化，未能达到明确办学思想的真正目的。比如，2003 年至2005 年间教育部对我国 171 所本科院校进行评估，其中有 93 所高校被评为优秀，66 所为良好，仅 12 所被评为合格。殊不知，同国外高校相比我国大学办学仍然处于比较低的水平，而评估结果告诉我们参与评估的绝大部分高校都拥有良好以上的教学水平，这和我国高校的实际水平有很大的出入，所以评估结果的可靠性和准确性耐人寻味。最后，在现行的教育管理体制下，行政部门主要利用评估结果对高等学校实施教育资源的分配、经费的划拨等，许多高校也把评估看作是对自己办学水平的鉴定。[①] 因此，在这种不成熟的评估模式下，各大高校纷纷去应付这个评估标准，从而争取政府的教育资源，因而出现高校类型不清、定位模糊、目标趋同等现象可以说是一种必然。

"政府经费拨款模式"是另一个核心因素。政府拨款是我国高校的主要资金来源，对高校的建设起到至关重要的作用。我国中央和地方政府教育部门对高校的经费划分主要分为两类：以"综合定额"和"专项补助"的方式提供教育事业费、学校基本建设投资。其中确定"综合定额"的标准是在校生数和生均成本，"专项补助"主要是依据学校的特殊需要。[②] 这种拨款政策存在着很多不合理的因素。首先，高校在校生数的标准容易造成高校盲目扩大招生规模，而不考虑师资、基础设施等条件，造成人才培养质量下滑。其次，生均成本也是拨款的基本依据，研究生的培养成本要比本科生高得多，本科生的培养成本又要比专科生高，所以这个标准造成高校盲目升级自己的人才培养层次。最后，专项拨款政策主要是针对我国重点高校建设的，而那些一般的高校则"不达标"，没有资格拥有等同的待遇。虽然这一项拨款政策是短期内提高我国高等教育质量的有效举措，但是，随着社会经济竞争的愈演愈烈，政府的这种投资倾斜严重缺乏规范性和公正性，不利于高校间的公平竞争。高校为了寻求更多的教育资源，不得不想方设法扩大规模、提高办学层次，进而对高校定位产生直接的影响。

2. 重要影响因素

相对而言，"人才市场机制""高校办学自主权""高等教育管理体制

---

① 刘尧：《中国高等教育评估的历史与现状述评》，《高教发展与评估》2005 年第 5 期。
② 严燕、张继龙：《高校定位研究》，江苏人民出版社 2009 年版，第 12 页。

和高度集中的运行机制""大学排名等社会评估指标""重学轻术""高校领导干部制度"等因素属于高校定位的重要影响因素。那么，这些因素又是如何成为高校定位重要影响因素的呢？

在完善的市场经济体制下，社会对各类人才的长期或短期需求总会在市场上较好地反映出来，市场对各类人才的需求也总有一定规律，比如高层次的领导型人才的需求量比较少，中等层次的管理型人才和技术指导型人才的需求量较多，而一线的生产劳动者的需求量是最大的。然而，我国市场经济仍然不完善，市场对社会反映出来的对各类人才的短期和长远需求信息往往是不准确的。[①] 具体表现在我国还没有建立起"量才录用"的聘用机制，过分强调学历层次的高低，"人才过度培养"导致的"高才低用"、"报酬不称"等现象随处可见。再加之人才反馈机制滞后，人才公平竞争机制远未形成，这些因素在一定程度上都会对高校定位造成影响。因为在计划市场经济体制下，虽然就业中有一定的筛选，但获得工作时没有公开的市场竞争，也没有市场经济体制下存在的失业之忧，是否受过高等教育对个人是否获得工作的影响比较小，个人即使受到过高等教育并拥有较高的劳动生产率也很难获得相应的回报。[②]

政府过度干预，高校办学自主权弱是我国高校普遍存在的问题，由于受原苏联模式的影响，我国高等教育长期处于政府高度集中管理体制之下，高校的办学主体地位未能得到充分的体现。高校本应该是一个极具创造力的组织，然而这种内在的潜能却长期处于压抑之中，这直接影响到高校合理定位。高校的发展离不开政府的宏观指导，但是发达国家给我们的经验是政府可以对高校的发展进行监督和指导，但是绝不是直接干预高校的内部事务，办学自主权应该属于高校自身。大学排名的出现其实是我国高等教育评估工作的一大进步，因为以前我国高等教育评估主要是高等教育管理者对自己工作的一种评价，大学排名则更多的是社会上的人或组织对我国高等教育机构的评定。然而，大学排名在我国起步比较晚，仍然很不完善，主要表现在指标体系不科学，所用数据不准确，对高校的定位难

① 罗燕：《大学排名：一种高等教育市场指引制度的构建——新制度主义社会学的分析》，《江苏高教》2006 年第 2 期。

② 姜尔林：《市场转型背景下我国高等教育夸张的社会动力研究》，《北京大学教育评论》2013 年第 3 期。

免会产生错误的引导。"重学轻术"是一种比较传统的思想观念，属于高校内部的观念文化范畴，主要是指"重理论，轻应用"。由于受到这种观念影响，高校领导和教职员工普遍重视科学研究而忽视教学，更看重学术性人才的培养而不是应用型人才的培养。这种观念无形中就把学术型人才崇高化了，不论什么，只要和学术性沾上边都是最好的。殊不知，当前社会上最缺的不是学术型人才而是应用型人才，"重学轻术"思想无疑是一种误导。

我国现行的高校领导任用制度也对高校定位造成了一定的影响，主要是因为我国高校的领导都是由上级直接任命的，而且一届任期一般只有短短四年。然而高等教育的发展具有自身的规律，人才培养具有长期性、滞后性等特点，其成效在短期内显现不出来。高校领导迫于上级的压力往往会急功近利地做一些见效比较快的工作，比如扩大学校规模、争取升格、争博士点和硕士点等，只为追求自己的"辉煌"政绩。这样做不但违背了高校发展的规律，而且也造成了高校的趋同发展。

3. 一般影响因素

影响高校定位的一般因素比较多，在这里就不作详细分析，虽然它们在高校定位过程中没有发挥主导的作用，但都或多或少地影响着高校的发展定位，当然也不排除某些核心影响因素和重要影响因素受人为因素的影响，导致其在高校定位过程中的地位下降，从而变成一般影响因素，因此准确认识和把握这些因素还是相当必要的。

首先，高校所在地区的经济发展状况会对高校培养人才的方向产生影响。因为高校培养的人才是为经济服务的，高校也希望扩大自己在区域经济发展中的影响力。随着社会发展会产生一些新兴的产业，一些不符合实际需要的产业则会慢慢消亡，比如环保产业就被人们称为朝阳产业，而造纸业随着电子信息化的发展和环保意识的增强就变得衰落了，那么高校在专业设置上肯定会相对应地开设与环保相关的学科，而且会招收大量该专业的学生，而与造纸相关的研究只会相应减少，也会减少其专业招生规模。政府的政策及规章制度以及政府教育规划和改革对高校定位产生的影响主要表现在它们对高校的约束、激励和指引上。没有规章制度的约束，高校的发展就会无条理；没有政府政策的刺激，高校的发展则缺乏动力；没有政府规划和改革，高校的发展就没有方向。但是这些相关的政策制度和规划必须针对不同类型高校的特点，否则只会对高校发展产生负面影响。

其次，办学理念是大学发展愿景与方向的最高指导原则，是对大学的精神、使命、宗旨、功能与价值观等基本思想的概括性论述。[①] 办学理念涉及到大学在自身发展和社会发展中的角色定位问题，它从根本上回答了大学是什么的问题，揭示了大学的性质，反映人们对大学的追求，是一所大学发展的纲领。然而由于受到经济利益的驱动，人们为了满足自身的需求和眼前的利益，宁可放弃大学的办学理念，大学的办学理念逐渐离我们越来越远。由于缺少办学理念和卓越教育思想的指导，办学者只会更加地盲目攀比、相互复制办学模式。办学理念对高校发展的引导作用的缺失是导致高校办学"趋同化"的一个因素。

最后，高校资金来源渠道主要是依靠学费收入和政府的拨款，而当前又存在学费"倒挂"现象，很多高校纷纷举办"成人班""进修班"，只是为了收取高额学费。等级观念、从众心理、规模及效益、急功近利、"官本位"等都是影响高校定位的文化因素，中国人比较看重"名分"，要面子，喜欢"一窝蜂"地做事情，盲目追求大规模等因素都会导致高校领导人在决策上犯错误。当然，高校定位也离不开对高校自身的发展历史、发展特色、发展优势的考量，这是高校定位的基础，缺乏对自身的认识就会造成其发展方向上的偏离。

（三）结论与讨论

通过图 8-1 的内外部因素分类，可知两个核心影响因素都属于高校的外部影响因素，七个重要影响因素中只有两个因素是属于高校内部影响因素，相比而言，一般影响因素主要是高校内部的影响因素。所以，高校外部因素对高校定位的影响要比高校内部因素深刻。从表 8-2 中的物质条件因素、政策制度因素与思想观念因素的分类中我们可知，核心因素中有一个是物质条件因素，另一个是政策制度因素，而七个重要因素中有四个物质条件因素，有两个是思想观念因素，还有一个是政策制度因素，一般影响因素中思想观念因素占有很大的比重。由此可见，物质条件因素和政策制度因素对高校定位的影响相对较大，而思想观念因素对高校定位的影响相对比较弱。通过高校定位影响因素的分布情况，笔者得出如下结论

[①] 蓝劲松：《办学理念：东西方文化的比较》，《清华大学学报》（哲学社会科学版）2002年第6期。

并对此进行相应讨论。

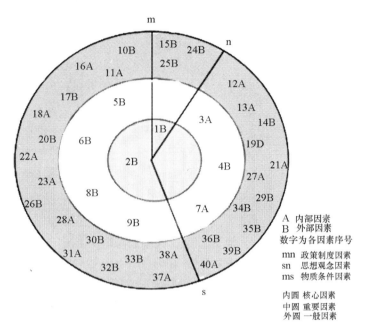

图 8 - 1　影响因素分类三维散点图

第一，外部因素主导高校定位这一事实表明，我国高校定位并没有按照高等教育的自身规律进行，进而意味着我国高校办学没有遵循教育的内在逻辑，高等教育与经济社会发展的关系处于非理性状态。

高校定位影响因素直接反映了高校定位的特点，而高校定位的特点又体现了高等教育与社会发展之间的关系。高校与社会经济的联系越来越密切，一方面有助于高校更好地为社会发展服务，高校培养出来的人才可以更好地融入社会、服务社会，高校的科研成果则可以为经济发展做出更大的贡献；另一方面，两者过度密切的关系严重干扰了高校的发展方向，近乎左右了高校的发展，使高校丢掉很多办学自主权。比如很多地方政府都会要求当地高校按照区域的产业结构来调整其专业结构，高校的专业也会根据用人市场的需求变化调整；与新兴产业相关的专业总是会招更多的学生，而且招生人数会在很长时间内保持一个庞大的数目，比如各大高校因物流业的发展都争相培养大批物流人才，而传统的制糖业、采矿业等招生规模则大大缩减。殊不知，曾经的热门专业"英语专业""计算机专业"等的就业前景已经"亮红灯"，因为相关的用人市场已经近乎饱和，而很多高校的此类专业还是维持以前的招生人数。

可见，高校的发展深受外部环境的影响，高校的外部因素严重地影响了高校定位，而且已经造成了不良后果，因此高校的合理定位必须把握好高校、政府和社会三者的关系。首先，高等教育管理机构应该合理制定多样化的高等教育质量评估体系，以满足我国当前多层次、多类型高校的切合实际的评估；在资金投入方面，政府也需要分层次地为不同类型高校拨款，鼓励相同层次高校为教育拨款展开合理的竞争。其次，政府应该弱化对高校的控制力，增强高校的办学自主权。同时，高校应该深刻认识到我国的人才市场仍然很不完善，不能完全根据市场反馈给高校的信息进行人才的市场定位。最后，高校定位离不开高校对自身的正确认识，只有对自己的历史传统、办学思想、师资力量、基础设施等一系列因素有比较深刻的认识，高校才能够正确地进行发展定位。总之，高校定位要在深刻认识自身特色的前提下，正确处理高校与外部之间的关系。

第二，政策制度和物质条件因素对高校定位的影响明显强于高校办学理念等因素，表明高校办学理念等因素对高校定位的影响十分有限，因而高校的办学特色难以凸显，办学雷同在所难免。

政府对高校的投入是有形的物质因素，在物质投入十分紧缺的条件下理所当然地成为影响高校定位的核心因素，在高校定位中扮演着关键角色。政策是指挥棒，在一定程度上也代表着资源，也成为影响高校定位的核心因素，这与目前我国的高等教育现实情况是吻合的。在非物质影响因素中，观念因素的影响本应该比较深刻，因为观念因素是潜移默化的东西，虽然它目前对高校定位的影响尚未特别显现，但其对高校定位的影响是深远的。但是，有一点的确值得我们深思，随着办学理念的缺失，物质因素、政策因素等严重影响高校定位，导致高校办学"趋同化"发展。

目前我国高校办学"趋同化"现象已经相当普遍，为了得到政府评估标准的认可，各大院校不顾自身特点，争相向综合性、学术型大学发展，高职高专以发展成为本科院校为目标，地方本科院校极力争取硕士点，非综合性大学努力扩大自己的学科群，非学术性的大学盲目申请和扩充自己的硕士点和博士点。结果，我国的高职高专院校没有切实履行为国家培养技术性人才的责任，地方本科院校没有很好地为当地培养应用型人才，综合性大学培养出来的人才没有自己的特色，导致目前我国就业市场上研究型人才过剩，技术型人才稀缺。一份本来只需要专科生就可以完成的工作，结果大批的本科生竞争这个岗位。从另一个角度上看，这可以被视为"人才过度培养"。因此"对不同层次、不同类型的学校不能用统一标准来衡量，更不能用精英教育的标准衡量大众教育的教育质量"①。

曾有人疑问为什么我国有这么多"211工程""985工程"重点大学，却没有一所世界一流大学？其实就是因为这些重点大学实际上达不到世界一流大学的标准。在政府的财力、物力支持下，它们在很多构成一流大学的指标上有突破性的提升，但是一旦脱离了政府的支持，这些重点高校的发展未必比普通高校的发展好，所以我国大学与世界一流大学的差距仍然很大。因为办学理念本应该成为影响高校定位的核心因素，而现在仅仅是一个一般因素，也就是说，在目前我国高校的定位实践中，存在着影响因素本末倒置的现象，那些本应该成为核心的影响因素作用没有得到发挥，那些不应该成为核心的影响因素却左右着高校定位。由此导致的结果必然是我们的办学违背教育规律，我们的教育价值观扭曲，最终使我们的高等教育不是离世界一流水平越来越近而是越来越远。

基于这一点，我们必须在高校定位的工作中高度重视办学理念的作用，真正地明确用什么来指导高校的定位工作，高校依据什么来进行定位工作。因为办学理念是一所学校的精神和灵魂所在，高校只有在发展过程中坚持这个理念不改变，它才能不断发展和进步。反之，如果在其发展中不断受到外界因素或人为因素的干扰，高校只会丧失它最本质的精神和灵魂，最后离"大学理想"越来越远。同时，在高校定位的过程中也要正确对待那些政策制度和物质因素。首先，完善人才市场机制以及各种高等教育体制；其次，建立符合我国高等教育现状的评价机制。针对政策因素中的高校质量评价体系标准则需要针对不同类型的高校制定不同的标准，做到标准的多样化与合理化，政府的拨款和投入倾向则要向着公平化和合理化的道路迈进，鼓励各高校之间的正当竞争，一味的政策倾斜只会伤及高校的竞争意识和创新意识。

---

① 潘懋元：《新时期中国高等教育的质量战略》，《中国大学教学》2004年第1期。

第二节 高校发展目标定位分析

随着高等教育规模的不断扩大，各种类型高等学校的陆续出现，以及经济社会发展对高等教育多样性的需求，高校定位成为高等教育实践中的一个重要问题和高等教育研究的一个重要领域。我国普通高等学校大范围的定位实践开始于第一轮本科教学工作水平评估之际，即 2003—2007 年之间。虽然教育部和大部分省级教育主管部门没有特意组织开展统一的高校定位工作，但由于本科教学工作水平评估指标体系中明确列出了高校定位项目，且提出了考察内容，因此普通本科高等学校围绕评估方案中的定位内容开展了定位实践活动。按照评估方案的设计，目前高校定位的内容主要有：发展目标定位、人才培养目标定位、科类定位、类型定位、层次定位、服务面向定位和特色定位。发展目标定位是指学校整体办学水平在某一高等学校群体中所处的位置，是高校定位的核心，起到统领作用。因此，基于现有研究不足，为了更好地揭示高校定位的现象，并通过对现象的分析来深入地探究高校定位的有关理论与实践问题。本研究从教育部教育评估中心收集了 350 所普通本科高等学校第一轮本科教学工作水平评估自评报告，选取发展目标定位表述内容和国家重点建设高校与一般普通本科高校两个视角，采用文献研究的方法对我国普通本科高等学校发展目标定位进行研究。

一 研究发现

（一）发展目标定位概况

据统计，在本研究所分析的 350 所高校定位中，有 244 所提出了明确的发展目标定位，占总数的 69.7%。归纳其表述有如下共性特点：有明确的发展比较参照系，即以相对于其他学校发展水平为主要衡量标准、兼顾自身未来发展状态的表述。

从这些高校目标定位的表述语言结构来看，通常由两部分组成，一是采用以下一些概念来反映办学要达到的目标，如用"一流""领先""先进""高水平"等概念来反映办学要达到的水平，用"知名""特色""有影响"等概念来反映办学要形成的社会声誉和影响力，等等；二是采用以下一些概念对目标的比较范围进行界定，如用"省内""国内""国际"等区域概念进行界定，用"教学型""教学研究型""研究教学型""研究型"等类型概念进行界定，用"农业""体育""艺术""矿业""多科性""综合性"等学科属性概念进行界定，有的还用"部属""省属"等举办者性质概念进行比较范围界定，等等。高校的目标定位表述大多是将上述其中一些能反映学校特质的概念组合在一起，典型如：一些"985 工程"建设高校通常将办学目标定位为"国内一流、世界知名的高水平研究型大学"，突出了学校在国际范围的定位；新疆某高校的办学定位是"力争把学校基本建设成为国内先进、中亚一流、国际知名的研究型大学"，突出了学校在某一特定区域的定位；上海某两所高校的发展目标定位分别是"国内一流、国际知名的现代体育大学"、"国内一流、国际著名的综合性演艺类艺术大学"，突出了学校在同类高校的定位；这些目标定位表述对办学水平、社会影响力、学校类型进行了明确界定，容易理解。

从目标定位选取的参照系来看，可以将高校的目标定位划分为三个层次如表 8 - 4 所示：一是以世界高校发展水平为参照系的表述，分为世界一流和国际知名两种。统计表明，在 350 所高校中定位为世界一流的 16 所，占总数的 4.6%；定位为国际知名的 80 所，占总数的 22.9%，在定位为国际知名的高校中，大多同时定位为国内一流。二是以国内高校发展水平为参照系的表述，可分为国内一流、国内知名（含有影响或先进）、国内同类一流（含高水平）、国内同类先进（含有影响）四种，其中定位为国内一流（此时的国内一流不包括定位为国际知名同时又定位为国内一流的高校）的 15 所，占总数的 4.3%，定位为国内知名（含有影响或先进）的 54 所，占总数的 15.4%，定位为国内同类一流（含高水平）的 14 所，占总数的 4.0%，定位为国内同类先进（含有影响）的 46 所，占总数的 13.1%。三是以省内高校发展水平为参照系的表述，可分为省内一流（含先进或领先）和省内知名（含有影响），其中定位为省内一流（含先进或领先）的 9 所，占总数的 2.6%，定位为省内知名（含有影响）的 10 所，占总数的 2.9%。用这一类方式表述学校发展目标定位的高校，大多办学历史相对较长、有较强的办学实力和扎实的办学基础、与其他学校相比具有一定竞争力的高校。利用这类表述方式，在一定程度上是对办学实力和办学信心的显示。

表 8 - 4　　　　　　　　　　高校发展目标定位状况一览表

类别		具体内涵	学校数（所）	占总数之比（%）
参照系	国际	世界一流	16	4.6
		国际知名（含有影响、高水平）	80	22.9
	国内	国内一流	15	4.3
		国内知名（含有影响、先进）	54	15.4
		国内同类一流（含高水平）	14	4.0
		国内同类先进（含有影响）	46	13.1
	省内	省内一流（含先进、领先）	9	2.6
		省内知名（含有影响）	10	2.9
总计			244	69.8

（二）存在的一些现象和问题

1. 一些高校没有明确的发展目标定位

在本文所分析的 350 所高校中，有相当一部分高校的定位表述以学校今后自身发展状况为主要内容，这些表述基本是学校人才培养目标定位、科类定位、类型定位、层次定位、服务面向定位和特色定位的复合表述，不含有与其他高校发展水平的比较。这类定位高校大约为 106 所，占总数的 30.3%。用这一类方式表述学校发展目标定位的高校，大多是办学历史较短、办学实力相对不强、学校基础比较薄弱、与其他高校缺少竞争力的高校。利用这类表述方式，这类高校比较巧妙地回避了自己的劣势，但同时也表明这部分高校缺少明确的发展目标定位。学校发展目标定位是定位的核心内容，没有明确的发展目标定位显然会降低定位的价值，对学校的长远发展是不利的。

2. 一些高校定位内涵表述存在难以准确理解、比较和评价的问题

表现形式之一是，目标概念过于多样，比较维度过度多元。如江苏某省属工学院的发展目标定位是"努力建成在国内外有一定影响、在江苏同类院校中处于领先地位、具有鲜明特色的多科性教学型大学"，这一表述包含了国际、国内、省内三个层次的区域范围定位，多科性、教学型两种性质的类型定位，领先地位、一定影响和鲜明特色两类维度的目标定位。如何理解才算是正确的，如何才能进行有效的比较和评价，恐怕很难

准确回答，将如此众多的概念和比较维度搭配放在高度浓缩与概括的目标定位语句里，其效果可能适得其反。又如，某省属地方高校的目标定位是"努力把我校建设成一所学科建设和人才培养有特色，服务地方经济社会发展有实力，同类高校中有影响的多科性本科院校"，由于这所学校的名称是"地名＋学院"，这类学校校名的特殊性导致定位中的"同类高校"让人不好理解，是指多科性高校、本科高校、还是指地方所属高校、抑或是其他类型高校？我们很难从这样的表述中获得准确的信息，如果是师范院校或医学院校、农林院校、理工院校，"同类院校"这样的表述可能还比较好理解一些。

表现形式之二是，目标定位表述模糊，如某高校办学目标定位为"把学院建设成为富有特色和一流水平的涉外多科性教学研究型大学"，这种表述就存在着"富有特色"没有具体内涵、"一流水平"没有外延、"多科性"没有界定的情况。

表现形式之三是，把不属于目标定位的内容加了进来。如某高校的发展目标定位是"把学校建设成为审计学科优势突出，经济学基础厚实，管理学主体厚重，法学、文学、理学、工学等学科各具特色、协调发展，在国内外有重大影响的一所特色名校"，该表述突出了学科发展定位而弱化了目标定位；又如，某高校的发展目标定位是"大师名流荟萃、莘莘学子神往、栋梁之材辈出的世界一流研究型大学"，该表述带有强烈的文学色彩，给人想象的空间过大，导致无法对具体的内涵进行衡量和评价，等等。

3. 学校发展定位与国家战略布局存在不一致

一是一批没有进入"985 工程"建设序列的高校提出了世界一流或国际知名大学的发展目标定位。如在该 350 所学校中，"985 工程"建设的高校只有 24 所，而发展目标定位为世界一流和国际知名的高校却达到 96 所，占了总数的 27.5%，表明有 72 所非"985 工程"序列的高校其发展目标定位是世界一流或国际知名；二是 111 所没有进入"211 工程"（含"985 工程"）建设序列的高校提出了国内一流或国内知名的发展目标定位。具体如表 8-5 所示。

表 8 – 5　　　　　重点建设高校与一般本科院校发展目标定位情况

学校类型	发展目标定位	学校数（所）	占同类高校总数之比（%）
"985 工程"	小计	25	100.0
	世界一流	10	40.0
	国际知名（含有影响、先进）	14	56.0
	国内一流	1	4.0
"211 工程"（不含"985"工程）	小计	38	100.0
	国际一流	4	10.5
	国际知名（含有影响、先进）	22	57.9
	国内知名（含有影响、先进）	3	7.9
	国内同类知名（含有影响、先进）	1	2.6
	无参照系定位	8	21.1
一般本科	小计	287	100.0
	世界一流	2	0.7
	国际知名（含有影响、先进）	44	15.3
	国内一流	14	4.9
	国内知名（含有影响、先进）	51	17.8
	国内同类一流（含高水平）	14	4.9
	国内同类知名（含有影响、先进）	45	15.7
	省内参照系或无参照系	117	40.7

　　众所周知，我国的高等教育历史比较短，高等教育真正的发展历史也只有百年余，而西方发达国家的高等教育历史从中世纪就已经开始了，因此，且不说我国高等教育的整体实力，就是一批最好高校的办学实力都远不及西方发达国家。为了加快把我国一批办学基础比较好的高校建设成为高水平大学，国家分别于 1995 年和 1998 年启动了"211 工程"和"985工程"建设项目，共有 117 所大学进入"211 工程"建设序列，后又从中遴选了 39 所大学进入"985 工程"建设序列，希望通过重点倾斜支持，率先把这批大学建设成世界一流大学或者国际知名大学。但是，从高校发展目标定位来看，提出在未来十年或更长时间内成为世界一流或国际知名的高校数量远远多于国家层面的战略布局。显然，如果得不到国家政策的

大力倾斜与资金的大力支持，凭借自身努力将自己的大学建设成世界一流或国际知名是不太切合实际的。当然也可能有个别例外，如音乐、美术、体育等艺术体育类专业型高校，其中一些具有良好的基础，它们虽然没有被列入国家"985工程"和"211工程"建设序列，但并不表明其不能够成为有国际影响的同类专业性院校，但总体来看，这些高校毕竟是少数。因此可以说，目前我国高校办学目标定位总体有偏高之势。

4. 一些高校在短期内就对发展目标定位进行了调整

笔者通过对本科教学工作水平评估报告中发展目标定位与现在一些高校网站上发展目标定位进行比较后发现，在5年左右的时间里，一些高校的发展目标定位已经发生了明显的变化，通常是发展目标定位更加高远。如教育部直属某大学之前的发展目标定位是"国内一流、国际上有较大影响的高水平研究型大学"，现改为"世界一流大学"；教育部直属某大学之前的发展目标定位是"以产学研紧密结合为特色、国际知名的高水平研究型大学"，现改为"突出产学研紧密结合办学特色、创建世界一流农业大学"；安徽某高校之前的发展目标定位是"把学校建成人才培养特色鲜明、科学研究优势明显、服务社会基础雄厚、具有自主创新能力的高水平大学"，现改为"国内先进、国际知名的创新型高水平大学"；教育部某直属大学之前的发展目标定位是"学科建设、人才培养、科学研究、社会服务和学校管理等方面居于国内先进行列，矿业工程学科达到世界先进水平，在能源科技与工程技术方面特色鲜明、优势明显，若干新兴交叉学科方向取得重大突破，国内外有重要影响的多科性、研究型的高水平大学"，现改为"特色鲜明、国际一流的高水平矿业大学"；等等。这其中不乏之前的目标尚未实现就已经进行了新的发展目标定位的高校。由于我们现在无法对350所高校一一进行对比，因此无法知道具体有多大比例的高校存在这一现象，但这一现象是客观存在的。

二　引发的思考

高校定位是学校的顶层设计，学校发展目标定位又居于学校定位的顶层，具有统领其他定位的作用。因此，高校发展目标定位具有极其重要的意义，在制定学校发展目标定位时必须予以格外重视。高校发展目标定位现象，引起笔者对如下几个问题的思考，笔者在此对其进行简要的说明并加以探讨，以期能够为合理进行高校发展目标定位提供借鉴。

（一）学校发展目标定位的表述方式问题

学校发展目标定位是学校对整体办学水平的规划，是学校综合办学实力、对经济社会发展贡献以及学校社会声誉的集中体现。从近年来高校发展目标定位实践来看，一般都采用比较参照系这一方式进行表述。这一方式的优点是发展方向和目标比较明确清楚，但也存在不足，主要表现在评估学校发展状态时，往往是通过采用一些具体的教学科研指标与参照系学校进行比较来衡量，这就容易陷入唯指标论而忽略了大学发展的根本目的。一流的大学不仅具有一流的办学指标，更有一流的大学精神，而大学精神是无法用指标衡量的，即使那些看得见、摸得着的办学指标经过努力达到或超过了，也未必表明大学实现了发展目标。一流大学其本质是声望和信誉的一流，一流的声望和信誉可以使其在市场上具有一流的生源和经费的竞争力，这就是每所大学都想成为一流大学的根本原因所在。基于这样一种考虑，本书认为采用"社会知名度"作为主要概念来表述大学的发展目标定位可能更有利于大学的健康发展。所谓"社会知名度"是指社会对学校的综合评价，是对学校办学认可的程度，是学校社会贡献、办学声誉和办学实力的集中体现。因此，作为一种代表着人类科学、技术与文化先进方向的组织，在社会上取得高知名度无疑是一种特殊荣誉，也应该成为高校这类组织的追求与志向之一。由于学校社会知名度的提升并非一朝一夕之事，需要日积月累，高校只能老老实实地通过人才培养、科学研究和社会服务等来赢得社会的赞誉，因此，将社会知名度作为一种目标是合情合理的。

社会知名度可以依据区域的范围进一步划分为国际知名度、国内知名度和省内知名度三个类别，每个类别下可以依据知名度的大小划分为著名高校、闻名高校、知名高校和一般高校。学校在表述发展目标定位时，既可以是"著名高校"或"知名高校"的表述，也可以用知名度绝对值来表述，还可以用未来几年知名度提高值的表述。由于知名度没有具体的衡量指标体系，只是凭借人们平时的了解和印象，这就避免了现行各种大学排行榜所产生的误导高校追逐评价指标而扭曲教育价值观的现象，同时也可以避免那些办学实力不够强大的高校无法采用比较参照系的方式进行目标定位表述的尴尬局面。

对于社会知名度的测算，本研究提出一个初步设想。国际知名度的认定需要在国际范围内调查获得，国内知名度的认定需要在全国范围内调查获得，省内知名度的认定需要在全省范围内调查获得。比如我们随机调查1000人，请你说出心目中的好大学，若其中600人（占60%）认为大学A好，400人（占40%）认为大学B好，则A大学的社会知名度为60，B大学的社会知名度为40，A大学的社会知名度高于B大学。同时，我们将社会知名度在85以上的高校视为著名高校；社会知名度在75—85之间的高校视为闻名高校；社会知名度在65—75之间的高校视为知名高校；社会知名度在65以下的高校视为一般高校。高校社会知名度的测算是一项复杂的工程，为了保证公正公平，不宜由政府或高校来做，由社会中介机构定期开展此类工作比较合适。

（二）学校发展目标定位的调整问题

高校发展目标定位与高校类型定位有明显区别，类型定位可以长期保持稳定甚至是永远不变，而发展目标定位是可以发生变化的，应该是一个动态的过程，尤其是在我们国家高等教育体系尚未稳固形成之际，各校发展目标定位根据变化的情况做出适当的调整是正常的。但是，发展目标定位的调整必须经过充分的论证和深入的思考，是慎重的决定。这是因为大学的发展进步是一个长期和潜移默化的过程，不像企业那样投入资金后就有可能立即取得显著的经济效益；不仅大学核心竞争力和大学文化的培育需要较长的时间，人才培养目标的实现也同样需要较长的时间。如果一所大学的发展目标在短短5—6年间就进行了调整，要么表明这所高校当初的发展目标定位就存在着一些问题，要么表明现在的调整存在着问题。但不管怎样，现有目标还没有实现就放弃原定目标而确立新的目标，这样做的结果是势必要打乱原有的工作安排而根据新的发展目标重新进行战略部署。从目标的设计，到战略规划的编制，再到思想发动，最后到工作计划的编制和落实，整个环节需要耗费大量的行政成本，同时，这样一个环节和过程也极易给人造成一种"不安"的心理，影响信心和工作效率，降低了发展目标定位的价值和作用。因此，这样的事情不是越多越好，而是越少越好。为了避免和克服这样事情的发生，需要对学校发展目标进行慎重定位。

（三）高校定位的主体问题

在高校定位过程中，可能还存在一种现象，即每所学校的定位都是准确的，且其定位的效果也都是很好的，但整个高等教育系统的定位却是不合理的。正如协同学所揭示的一样：每个子系统都是有序的，但系统未必是有序的；每个子系统都是无序的，但系统未必是无序的。因此，在高校定位过程中就有一个是以高校自身的合理定位为第一位还是以高等教育系统的合理定位为第一位的问题。如果是以高校自身的合理定位为首位，那么，每所高校在定位过程中就无须考虑整个高等教育与经济社会发展的关系，只需考虑自身的实际情况就可以了，目前的高校定位恐怕就是这样一种情况。但这样的结果是我们可以预见的，即某些高等教育子系统如专科层次、职业教育、教学类型等高校可能就会受到削弱，进而导致整个高等教育系统满足国家经济社会发展需要这一功能的下降，近些年的"升格风"就证明了这一点。如果是以高等教育系统的合理定位为首位，那么各个高等学校在定位时就首先需要考虑高等教育与经济社会发展的关系，就不可能所有的高等学校都按照自己的意愿进行定位，甚至有些高等学校必须牺牲自己的定位。这样就出现了一系列新的问题，即谁去干预或指导高等学校的定位？按照什么样的原则和方式方法去干预或指导？干预或指导哪些高校？这一系列问题的核心是高校定位的主体到底是谁的问题。之前一些研究都认为，高校定位的主体是高校自身，只有这样才能充分体现高校的办学自主权，也只有这样才能实现高校办学的特色和多样化。现在来看，这一观点是值得商榷的，因为从国家举办高等教育的目的来看，我们需要的是高等教育系统的合理定位。

不管怎样，作为高校定位的主体之一，各种不同形态的高等教育机构应该在政府或既定的高等教育科学分类体系框架的指导下，着眼于长远发展，积极回应时代和社会发展的现实需要，培养自身对于高等教育事业发展的责任感和使命感。根据自身的实际情况，在教育哲学的指导下，具体问题具体分析，科学定位，扬长避短，提升自身的核心竞争力，树立自主品牌意识，通过向社会提供各具特色的高质量教学、科研和社会服务，实现自身结构的优化和功能的完善，进而促进整个多样化的高等教育体系的实现。

第三节　高校类型定位分析

定位是高等学校发展战略的一个重要组成部分，是高等学校顶层设计的重要内容。我国高校广泛开展定位工作始于第一轮本科教学工作水平评估期间。目前，就我国普通高校定位情况来看，存在许多问题，已经影响到国家完善的高等教育体系构建，尤其是高校类型定位存在的问题尤为突出。因此，《国家中长期教育改革和发展规划纲要》中提出："建立高校分类体系，实行分类管理。发挥政策指导和资源配置的作用，引导高校合理定位，克服同质化倾向，形成各自的办学理念和风格，在不同层次、不同领域办出特色，争创一流。"就高校类型定位而言，问题首先是源于不合适的学校类型分类标准。为此，在高等教育迈向更高水平的大众化之际，对高校类型进行重新分类并进行定位显得十分紧迫。

一　国内外高校类型分类及其局限

国外关于高校类型的权威划分莫过于美国卡耐基的《高等院校分类》标准，在其 2010 年版的标准中，将高等院校划分为 6 个大类，即：博士学位授予大学；硕士学位授予院校；学士型学院；副学士型学院；专业型院校；部落学院。[①] 我们国家关于高校类型的划分，目前得到广泛认可的是广东管理科学研究院课题组所作的教学型、教学研究型、研究教学型、研究型的学校类型划分。

国内外关于高校类型的划分，较多基于高校的现状，包括学科的多少、研究生的培养情况，以及科研的情况等为依据而进行划分，是用教育的语言、在教育的范围内、对高校的教育行为所作出的描述。尽管分类的主体可能是社会中介性组织，这种对高校类型进行的划分，对高等教育系统有一定意义，对高等教育内部管理、对学校之间的横向比较也可以起到一定的积极作用，例如卡耐基的高等教育分类目的就是"为更多的进行高等教育研究的个人和组织提供帮助"[②]。但这种划分由于没有与社会需要紧密结合，在社会上很难体现出其价值来，甚至在一定程度上还会误导社会。例如，按照授予学位的类别将高校划分为博士学位授予高校、硕士学位授予高校和学士学位授予高校，突出的是学位价值，其意想不到的结果是公众潜意识地将博士学位授予高校、硕士学位授予高校、学士学位授予高校等进行等级排序，由此就会严重误导人们到具有博士授予权的高校去读本科，而不仅仅是告诫人们不要到没有博士授予权的高校去读博士。

---

① http://classifications.carnegiefoundation.org/lookup_listings/
② 赵婷婷、汪乐乐：《高等学校为什么要分类以及怎样分类？——加州高等教育规划分类体系与卡耐基高等教育机构分类的比较》，《北京大学教育评论》2008 年第 10 期。

事实上，具有博士授予权的高校其本科教学质量未必就高，没有博士授予权的高校其本科教学质量未必就低。这样的事例不仅在西方发达国家大量存在，在我们国家也是不胜枚举。

如果说美国卡耐基的高校分类标准其危险在于校外的话，那么我们目前所流行的高校分类标准其危险就不止于校外，对教育自身的危险可能更为严重。因为这一学校类型划分的依据是高校的科研，将教学占主导地位的学校视为教学型，将以教学为主、以科研为辅的高校视为教学研究型，将以科研为主、以教学为辅的高校视为研究教学型，将科研为主导的高校视为研究型。这一划分加剧了将学校的中心由教学引导到科研上去，使越来越多的高校脱离了人才培养这个核心职能，使更多的尤其是优良的教育资源转移到科研上去，严重地削弱了教学的中心地位，淡化了教学工作。这种颠倒教学与科研职能位次的理论，使处于改革和大众化进程中的本已有些不知所措的办学者更加迷茫。这种内部的危险，对高等教育的发展更为不利。与此相关，那种以科研为导向的各种排行榜，其危险程度不亚于此。

我们国家近年来又出现了一种新的学校类型划分方法，即研究生院大学、普通本科院校和高等职业院校。浙江大学课题组在将具有研究生院的大学视为一种类型时强调了四点理由：一是由于我们国家的研究生规模已经很大，传统的将普通高校分为本科、高职院校已经不合适；二是可以较好地解决国家教育统计中将高校分为研究生培养机构（普通高校、科研机构）和普通高校（本科院校、高职院校），进而造成子项相容、交叉重复的问题；三是大学的研究生院依据相关规定严格设立；四是我国《行业分类标准》（GB/T4754—2002）中，在"8441普通高等教育"条目下，研究生院与本科院校、专科院校是并列的。[①] 事实上，若从研究生培养的角度来划分学校类型，倒可以依据有无研究生划分为有研究生院大学和无研究生院大学，因为研究生教育与普通本专科教育确实有实质性差别。这样划分不仅带来教育思想与理念的变化，更重要的是带来人才培养模式的变革，以及资源配置方式等内部管理制度的改变，这些无疑引起学校质的变化。但是，由于研究生院目前是高校内部管理的一个普通机构，还没有

---

① 浙江大学课题组：《中国高等学校的分类问题》，高等教育出版社2009年版，第30—39页。

因研究生院的设置而引起学校内部管理体制尤其是人才培养机制的革命性变化。因此，有无研究生具有实质性意义，而有无研究生院并不具有实质性意义。因而我们国家的研究生院目前还不能成为划分学校类型的依据。

对高校进行类型划分与定位的目的应从两个方面来考虑，一个方面是教育的内部，即为了便于高等学校处理学校之间的联系问题，如分工与合作的问题、错位发展的问题、互相学习借鉴问题等，进而高校之间能够和谐发展，实现建立完善高效的高等教育系统的目标。高等学校内部的核心标志是人才培养，只有人才培养才能成为学校的合法"身份"，因此，学校类型分类的主要依据也只能是人才培养；另一个方面是教育的外部，这一点同样十分重要，因为高等教育作为社会的一个重要组成部分，与各个部门的联系只能加强而不能削弱，"象牙塔"已经不复存在。因此，对高校进行类型划分与定位必须考虑到社会的需求。社会对高等教育的最大需求莫过于人才，社会需要从学校类型中了解到它所关心的最多的信息莫过于关于人才的信息，如学校培养的是研究型人才还是应用型人才，是高级研究型人才还是一般研究型人才，是高级应用型人才还是一般应用型人才等。这样的信息无论对于政府的规划和宏观调控、还是公众都是至关重要的，而这一点目前显然无法从现有的学校类型分类中得到答案，但其恰恰是高校与社会相衔接的一个重要信息管道，学校为社会输送的主要是人才，社会对高校的需求也主要是人才。

二　我国高校类型定位状况、问题与成因

（一）类型定位现状

目前我国普通高等学校的类型定位均是按照教学型、教学研究型、研究教学型、研究型进行定位的。前面我们已经讨论了这种类型划分的不科学性，现在我们要揭示的是，即便这种类型划分是科学的，在目前的高校类型定位中仍然还有一些令人匪夷所思的问题，这种普遍存在的问题背后所反映出的深层次问题会对我们国家高等教育的发展产生至关重要的影响。

本研究从教育部教育评估中心网站上共收集了350所普通本科高校第一轮教学工作水平评估自评报告，其中"学院"数为181所，"大学"数为169所。通过考察发现，350所高校全部按照教学型、教学研究型、研究教学型、研究型"四分法"对学校的类型进行了定位，其中有197所

高校定位为教学型，占总数的56.3%；有96所高校定位为教学研究型，占总数的27.4%；有6所高校定位为研究教学型，占总数的1.7%；有51所高校定位为研究型，占总数的14.6%。另外，通过对"985工程"和"211工程"高校的考察，发现92.3%的"985工程"大学明确定位为研究型大学，另有3所大学关于类型的定位不详（中山大学、中南大学和国防科技大学）；56.8%的"211工程"大学明确定位为研究型，另有12.7%的"211工程"大学定位为研究教学型或教学研究型。

从"学院"与"大学"定位情况来看，定位为教学型的"学院"157所，占总数的44.9%，占教学型学校的79.7%。定位为教学型的"大学"40所，占总数的11.4%，占教学型学校的20.3%；定位为教学研究型的"学院"22所，占总数的6.3%，占教学研究型学校的22.9%；定位为教学研究型的"大学"74所，占总数的21.1%，占教学研究型学校的77.1%；定位为研究教学型的"学院"0所，占总数的0%，占研究教学型学校的0%。定位为研究教学型的"大学"6所，占总数的1.7%，占研究教学型学校的100%；定位为研究型的"学院"2所，占总数的0.6%，占研究型学校的3.9%。定位为研究型的"大学"49所，占总数的14%，占研究型学校的96.1%。

具体定位情况如表8-6所示。

表8-6　　　　　　　　　各类型高校定位情况

类型＼类别	"学院"			"大学"			合计		
	校数	比率1	比率2	校数	比率1	比率2	校数	比率1	比率2
教学型	157	44.9%	79.7%	40	11.4%	20.3%	197	56.3%	100.0%
教学研究型	22	6.3%	22.9%	74	21.1%	77.1%	96	27.4%	100.0%
研究教学型	0	0.0%	0.0%	6	1.7%	100.0%	6	1.7%	100.0%
研究型	2	0.6%	3.9%	49	14.0%	96.1%	51	14.6%	100.0%
合计	181	51.8%		169	48.2%		350	100.0%	

说明：比率1表示占总体被调查高校总数中的比例；比率2表示占同类型高校中的比例。

以上数据说明，"学院"和"大学"与教学型和研究型有着密切的相关性，"学院"是教学型高校的主体，"大学"是与研究型有关的高校主体。这一点也证明了"学院"之所以要升格为"大学"的目的，因为只有先升格为"大学"才有可能实现进一步转型的目的，升格只是阶段性目标，实现研究型才是最终目标。就目前我们国家关于"学院"与"大学"设置的有关要求而言，"大学"的办学实力确实要强于"学院"，包括学科门类的多少、研究生的招生规模等，但以此来界定或作为学校类型定位的依据是不恰当的。

（二）定位存在的问题

定位中的问题不止以下三点，以下三点只是其中的主要方面。

第一，不断变化的学校类型定位不符合教育发展规律。在我们所考察的 350 所高校中，目前定位为教学型，今后发展目标是教学研究型的 39 所，占 11.1 %；目前定位为教学研究型，今后发展目标是研究教学型的 4 所，占 1.1 %，今后发展目标是研究型的 11 所，占 3.1 %。；目前定位为研究教学型，今后发展目标是研究型的 5 所，占 1.4 %；以上动态定位的共计 58 所，占 16.6%。由于这一定位恰逢本科教学工作水平评估，为了充分体现学校端正的办学思想与理念，一些学校对待定位是比较理性的，也就是说这一数字是比较保守的，事实上，评估之后可能会明显地高于这一数字。

高校类型定位是学校的顶层设计，是牵一发而动全身的事情，因此是一件非常严肃的事情，一旦确定，对人才培养模式以及资源配置方式要随之进行相应设计，整个过程需要一定的时间。可见，学校类型的定位及其人才培养目标的实现不是一朝一夕的事情，由此也决定了学校类型的转型不是一件容易的事情，不可能也不应该在几年或十几年内就做出调整。因此，学校类型的定位要保持足够长时间的不变，甚至是永远不变。只有这样才能够真正实现定位的目的，那种几年就由一种类型转向另一种类型的企图不仅是不可能的，也是对高等教育思想的亵渎。

第二，将研究型大学作为学校类型定位终极目标的倾向有违事物发展的客观规律。上面的一系列数字表明，"由教学型发展为教学研究型，进而建成研究教学型，直至成为研究型"已经成为我国高校发展的一条常规技术路线。这不仅是不可能的，也是不应该的。之所以说是不可能的，原因就在于任何事物的发展都需要多样化，只有多样化才能实现生态的平衡，否则就是灭亡；之所以说是不应该的，原因就在于，经济社会的发展需要各种类型的人才和功能各异的高校，只有学校的多元才能满足经济社会发展多样化的要求。其实这点道理任何一位大学校长都是明白的，只不过是每一位校长都想把自己的学校建成研究型，而不想别人的学校如此，正是都出于这种个人主义的竞争才有了今天的局面。尽管个人主义的竞争符合各自的学术发展志向，但这不符合整个高等教育学术发展的抱负。这种现象不足为怪，在20世纪50年代的美国，"当时全国的州立学院都想成为羽毛丰满的研究型大学""有些社区学院喜欢成为四年制学院，他们也想扩大到包括全州"①。现在的关键是要尽快有效地采取措施以遏制这一现象的蔓延，否则将严重影响到我国完善高效的高等教育体系的建立。

第三，将学校类型作为学校发展目标与学校类型定位的本质相悖，因为各种类型学校是"定"出来的，而不是建出来的。之所以这样讲，原因就在于三种类型的学校其根本区别在于人才培养目标的不同，其外在的表现在于人才培养模式的不同以及资源配置方式的不同，不同的人才培养目标决定了不同的人才培养模式以及资源配置的方式。而人才培养目标不是通过建设才明确的，是通过定位明确的，是因为有了明确的人才培养目标，才有了与之相适应的人才培养模式和资源配置方式。人才培养目标是顶层设计，培养模式和资源配置方式则是建设过程。在人才培养目标确定之后，虽然选择了与之相适应的人才培养模式和资源配置方式，但此时可能还会出现一种情况，即不同高校其人才培养质量差异较大，这应属于人才培养质量问题，是一种正常情况，是一种质量规格多样化的表现，因为各个学校的生源不同、校园文化环境不同、资源配置的效率不同等诸多因素都会导致人才培养质量的差异；在人才培养目标确定之后，由于无法选择与之相适应的人才培养模式和资源配置方式，导致人才培养目标无法实现，这不应简单归结为人才培养质量问题，而是学校类型定位即学校人才培养目标选择问题，这一问题无法在建设过程中去解决，只能通过重新定位来解决。因此不应将某种类型作为建设目标，学校类型只是学校发展的一种路径选择。

（三）导致定位问题的原因

我国高校类型定位过程中存在的高校不断变换类型定位、把研究型大学作为终极目标来追求的现象，以及把学校类型作为学校发展目标等问题，其背后蕴含着深层次的原因。

---

① ［美］克拉克·克尔：《高等教育不能回避历史——21世纪的问题》，王承续译，浙江教育出版社2001年版，第137页。

一是高校定位的理论对高校定位实践的指导力十分有限。我国高校分类与定位的理论研究刚刚起步，目前已出版的学者专著只有陈厚丰的《中国高等学校分类与定位问题研究》、浙江大学课题组编著的《中国高等学校的分类问题》和邱德雄的《我国普通高校定位的理性选择》三本，前两本主要研究的是分类问题。另外，利用"高校定位"关键词在 CNKI 中搜索到有关论文 109 篇，其中博士论文 1 篇，硕士论文 9 篇。国内学者对高校定位的研究主要集中在三个方面：一是高校定位内涵分析，二是高校定位意义探索，三是高校定位原则与方法探讨。这些研究虽已取得一些成果，但不足仍比较突出：一是高校定位研究的内容窄且浅，对于一些基本理论问题揭示不够，尚未形成高校定位理论；二是研究方法单一，基本限于思辨性研究，对目前高校定位问题的揭示只是凭借个人的直觉或单一现象的考察，没有大范围的实证研究，没有揭示清楚高校定位问题的程度及其对高等教育系统的深远影响；三是研究内容过于宏观，对具体高校定位缺乏指导；四是存在将分类与定位视为一体、重视分类而忽视定位，甚至以分类代定位的现象。由于人们认识上的局限，在高校分类与定位的理论研究中，甚至还出现了错误的地方，如将科研职能作为类型划分的依据，进而导致高校定位的混乱。

二是源于学校和社会对待学校类型分类与定位认识的偏差。我国实行的是中央和省（自治区、直辖市）两级管理高等教育的体制，相应地将高等学校分为教育部（或其他部委属）和省属高校，这种划分的初衷本来是为了明确管理权限和责任，提高高等教育的管理效率和办学效益。但是在具体的执行过程中，却被扭曲为国家级和省级之间的层级属性之分，实为等级高低贵贱之分。在人们传统的观念中，研究型大学水平就比应用型高。这样的认识也给部委属、研究型高校带来更多好处，包括社会地位的提升、社会资源的获得、学生就业的优势等。事实上，国家在重点建设一部分高校的政策下，也着实造成不同类型高校之间以及同一类型不同级别的高校之间贫富差距越来越大，造成贫者愈贫，富者愈富的"马太效应"。教育资源充裕的高校其教育质量和学校发展相对有保障，资源贫乏的高校教育质量和学校发展就得不到有效的保障。在这样一种背景下，学校为了更好地生存和发展，向着有利于获得更多更好教育资源的方向努力，进而形成攀比之风便是一种自然现象。

三是与政府的宏观指导与调控力度不够有关。据初步考察，到目前为止，我们国家就没有相关的高校分类与定位的法律法规以及专门的文件，也没有从国家层面做出相关的工作部署，全国性的有关高校定位的要求只出现在本科教学工作水平评估指标体系中。尽管个别省的教育主管部门如黑龙江省教育厅，在进入本世纪之初曾经组织普通本科高校开展过这项工作，但定位并没有形成最终的具有法律效力的文件，包括校内和校外的文件。因此，可以讲目前的高校定位基本处于高校各自为战的状况，都是学校依据自己的传统、现实发展状况所做出的判断而进行的，这其中缺少各级政府对高校定位的基本要求，而这一点恰恰应是高校定位的一个重要遵循。

高校类型分类与定位所反映出的这些问题，并不是高校决策者们对高校类型分类与定位的单一认识问题或技术问题，而是高校决策者们教育思想与教育理念的一种折射，也是他们教育态度与责任的一种外在反映。

三　高校类型分类标准的重构与定位策略

高校混乱的定位现状，严重影响着我们国家完善高效的高等教育体系的建立。随着高等教育规模的进一步扩大，这些问题将进一步凸显。因此，加强高校分类与定位理论研究、加强政府对高校定位的宏观指导与调控、加强高校定位的科学性，显得十分紧迫。基于目前我国高校类型分类与定位存在的这些问题，我们必须首先对学校类型分类进行解构与建构，然后引导高校重新进行定位。

（一）高校类型分类标准重构

前面已经阐述，人才培养是高校的基本职能，高校类型的划分也只能以此而非科研为核心，因此本研究依据人才的类型对高校类型进行划分。本研究将人才划分为三种类型，即研究型、应用型和技能型。研究型人才是指以探索事物规律为主要工作内容和目标的人才，其外部表现就是知识的创造，其身份指向是科学家；应用型人才是指将科学原理转化为专门的知识与技术，或者以运用专门的知识或技术于实践以推进生产力提高为主要工作内容和目标的人才，其外部的表现就是知识的运用，其身份指向是工程师（包括律师、中小学教师、医师、药师、会计师等），对于应用型人才，我们可以视前者为创新性应用型人才，视后者为一般性应用型人才；技能型人才是指充分发挥现代劳动技能，将技术发挥到极致、以提高劳动生产效率为本位的人才，其外部表现是专门技术、先进经验或技巧的熟练运用，其身份指向是高级技师，这应是学校类型划分的核心依据。为此，本研究将学校类型划分为研究型、应用型和职业型三大类型。在此基础上，我们从学位与学历的视角进一步将三大类型划分研究型Ⅰ和研究型Ⅱ；应用型Ⅰ、应用型Ⅱ和应用型Ⅲ；技能型Ⅰ、技能型Ⅱ和技能型Ⅲ。各种类型人才之间并不具有严格的界限，甚至他们之间还存在一定的交叉，他们之间总体上反映的是一种理论与技能之间结构关系的变化。研究型人才不意味着没有技能，技能型人才也不意味着没有理论。从研究型到技能型意味着理论成分的减少而技能成分的增加，从技能型到研究型，意味着技能成分的减少而理论成分的增加。

具体分类标准如表 8-7 所示：

表 8-7　　　　　　　　　　高校类型划分标准

学校类型		内涵	具体标志	特征
研究型	Ⅱ	以培养研究型人才为主，即研究型人才占在校生总数的60%以上。研究型人才是指以探索事物规律为主要工作内容和目标的人才，其外部表现是知识的创造，其身份指向是科学家。	研究生层次的研究型人才占研究型人才总数的60%以上。	学生入学要经过严格的选拔；面对优秀分子实施的是学科教育；本科是研究型人才培养的一个基础阶段，与研究生阶段共同完成最终目标；颁发相应等级的学术学位；学生主要面向全国甚至是世界；学校的招生规模受到来自于学校自身办学条件和社会需求两方面的严格限制；着重开展基础研究。
	Ⅰ		本科层次研究型人才占研究型人才总数的60%以上。	
应用型	Ⅲ	以培养应用型人才为主，即应用型人才占在校生总数的60%以上。应用型人才是指以运用专门的知识或技术于实践以推进生产力提高为主要工作内容和目标的人才，其外部表现是知识的运用，其身份指向是工程师等。	研究生层次的应用型人才占应用型人才总数的60%以上。	学生经过选拔才能入学；面对大众学生实施的是专业教育；本科生与研究生是两个独立的阶段；颁发相应等级的专业学位；为有需要的学生提供获得执业资格证书的机会；学生主要面向地区或行业；学校的招生规模主要受到学校办学条件的限制；着重开展应用研究。
	Ⅱ		本科层次应用型人才占应用型人才总数的60%以上。	
	Ⅰ		专科层次应用型人才占应用型人才总数的60%以上。	

续表

学校类型		内涵	具体标志	特征
职业型	III	以培养技能型人才为主，即技能型人才占在校生总数的60%以上。技能型人才是指充分发挥现代劳动技能，以提高劳动生产效率为本位的人才，其外部表现是专门技术、先进经验或技巧的熟练运用，其身份指向是高级技师等。	研究生层次技能型人才占技能型人才总数的60%以上。	除了本科及以上层次的人才入学需要选拔外，为已完成中学教育且有职业技能需求的人开放；面对广泛的社会大众实施的是职业教育；专科、本科研究生或非学历教育都是独立的阶段；达到必要要求的学生可以获得相应等级的专业学位或职业资格证书；学生主要面向地方。
	II		本科层次技能型人才占技能型人才总数的60%以上。	
	I		专科层次技能型人才占技能型人才总数的60%以上。	

　　研究型、应用型和技能型人才划分的依据是不同的工作指向，在于侧重开发和利用人的不同方面的潜质，而非人才的层次，故人才培养类型的差异不决定学校水平的高低。之所以仅仅依据人才的类型对学校进行划分，原因就在于高校的核心职能就是人才培养，必须也只能牢牢抓住这个中心，否则会对人才培养造成不利冲击。这种划分也是高等教育对所处经济社会发展环境需要的呼应，正如阿什比所言："任何类型的大学都是遗传与环境的产物"[1]，如果我们将经济社会对大学的核心诉求置之不理，那将是大错而特错。之所以将人才划分为三种，主要是出于目前社会对人才的需要大致体现在这三个方面，如果进一步细分既不便于操作，即不可能将高等学校的人才培养与社会对人才规格的需求一一对应，也难符合高等教育多样化人才培养的规律要求。

　　在此需要说明的是，表中所列60%这个数字，不具有统计学意义，只是传统意义上的大于一半这样一个概念，代表着量变到质变这个过程，并不具有绝对意义。

　　（二）高校定位方略举例

　　高校类型分类与定位是高等学校人才培养职能分化的必然结果，高等教育功能包括人才培养功能的分化是高等教育由精英向大众乃至普及化发

---

　　[1]　［英］阿什比：《科技发达时代的大学教育》，滕大春、滕大生译，人民教育出版社1983年版，第9页。

展进程中的客观规律。对人才和学校进行类型划分与定位，其目的在于建设更加完善、更加适应经济社会发展需要的高等教育体系。因此，国家对高等学校的类型定位，一方面要依据科学的理论和方法进行引导，引导高等学校自觉进行科学定位，并通过学校章程和事业单位法人证书等形式予以固化，在校内和社会形成法律认同，避免因人或因事而随时改变的现象。事实上，学校类型定位的价值也就在于其长期性，只有长期保持不变才是真正的定位，也才能真正实现定位的目的。另一方面，要对各种类型的学校数量以及各种类型的在校生规模进行控制，因为不同的社会发展阶段需要不同的教育体系予以支撑。在社会发展处于比较低级阶段时，研究型高校（研究型人才）、应用型高校（应用型人才）和职业型高校（技能型人才）组成一个金字塔形，社会需要少量的研究型人才和大量的技能型人才，因此研究型高校（研究型人才）处于塔尖，应用型高校（应用型人才）处于塔身，职业型高校（技能型人才）处于塔基；当社会发展处于相对比较高级阶段时，社会大量需要的是应用型人才，对技能型人才的需求萎缩，但对研究型人才的需求尚未超过应用型人才，因此研究型高校（研究型人才）、应用型高校（应用型人才）和职业型高校（技能型人才）组成一个纺锤形，研究型高校（研究型人才）和职业型高校（技能型人才）各处一端，应用型高校（应用型人才）处于纺锤体的中间；当社会发展处于高级阶段时，社会对研究型人才的需求可能成为首要，其次是应用型人才，再次才是技能型人才，因此此时职业型高校（技能型人才）、应用型高校（应用型人才）和研究型高校（研究型人才）组成一个金字塔形，职业型高校（技能型人才）处于塔尖，应用型高校（应用型人才）处于塔身，研究型高校（研究型人才）处于塔基。在一定的社会发展阶段，各类型的人才以及各类型学校的结构应处于相对稳定状态，所发生的变化与调整也是在有序的状态下进行的，而非全员指向某一类型学校，或将某一类型学校作为终极目标。就目前我国经济社会发展阶段而言，研究型高校（研究型人才）、应用型高校（应用型人才）和职业型高校（技能型人才）应组成一个金字塔形，社会需要少量的研究型人才和大量的技能型人才，因此研究型高校（研究型人才）处于塔尖，应用型高校（应用型人才）处于塔身，职业型高校（技能型人才）处于塔基。根据目前我们国家经济社会发展水平以及发达国家的历史经验，三种类型的在校生结构可以大致掌握在研究型人才为10%—20%，应用型人才为

30%—40%，技能型人才为 40%—60% 这样一个范围内。各种类型学校数量及其在校生规模很难通过学校自身予以协商解决，只能依靠政府依据经济社会发展情况所作出的对高等教育需求的判断进行宏观调控，这既是政府的责任，也是政府的权利。

实施新的学校类型分类标准，既需要国家制定并实施与之配套的制度，如学位制度，需要对学位制度进行改革，学位证书由单一的博士学位、硕士学位、学士学位，分为学术博士学位和专业博士学位，学术硕士学位和专业硕士学位，学术学士学位和专业学士学位。再如，需要设计并选择高等教育功能分化的模式，通常有三种模式可供选择：一是设立专门培养一种类型人才的学校；二是在学校内部设置专门培养不同类型人才的机构；三是在同一学校的同一机构里划分不同类型的学生，分别进行不同的培养。第一种模式属于学校外功能的划分，第二、三种模式属于学校内功能的划分。第一种模式会影响到其他学校办学的积极性和优势特色学科功能的发挥，第二、三种模式将导致学校内部管理的复杂程度大大提升。比较合理的办法是选择一部分学校进行学校外功能划分，选择一部分学校进行学校内功能划分；同时，也需要高等学校改革内部管理制度，因为此时同一所学校里可能同时存在两种或三种类型的人才（不建议超过两种），由于每种类型的人才必须建立与之相适应的人才培养模式，这就给学校的管理带来诸多挑战，须配套与之对应的管理模式，尤其是资源的配置方式，甚至形成各自独立的管理系统。如学生入学时须明确自己的"身份"，即是研究型还是应用型，抑或是技能型的；教师在教学等方面也需要有所侧重，即侧重研究型人才的教学，或是侧重应用型人才的教学。二者对教师的要求也是有明确区别的，面向研究型人才的教师需要有比较深厚的学科理论基础和较强的科研能力，面向应用型人才的教师则需要具有较强的实践能力和丰富的实践经验；在课程教学方面，也要按人才的不同分类建立不同的系统并进行分类组织实施。例如，同样是《大学物理实验》课程，针对研究型人才应按照培养其发现问题的能力的目的来设计教学内容和教学组织，针对应用型人才则应按照培养其解决问题的能力的目的来设计教学内容和教学组织。由于二者的目的是有明显区别的，前者属于认知的范畴，后者属于实践的范畴，因此二者的教学内容和教学组织也就明显不同。诸如此类的事项还有很多，在此不一一赘述。

第四节 基于高等教育系统的高校定位分析

一 基于高等教育系统的高校定位问题与成因

中国高等教育体系建设的目标就是建立一个"规模、结构、质量、效益"协调发展的高等教育系统。由于我们国家经济的改革是从 20 世纪 70 年代末才开始，目前我们国家的社会发展仍处于转型期，因此用科学发展观来审视我们现在的高等教育体系，可以说适应经济和社会发展需要的、功能完善的高教体系还没有真正建立起来，这恐怕也是我们国家虽然已经成为世界高等教育大国但不是强国的一个重要原因。高等教育强国不仅仅体现在拥有多少所世界一流大学上，更体现在高等教育体系对整个国家经济和社会发展的支持程度上。在目前的高等教育体系建设中，一个非常突出的问题就是高校的分类与定位问题，我国目前高校的分类与定位，可以说处于一种无序状态，或者说处于一种过于"有序"的状态。这种无序状态可以用"三个一致"来概括，即目标一致、路径一致、后果一致。所谓目标一致，就是绝大多数高校都把自己定位为综合性的研究型大学，尽管有的学校现在的定位是教学型，现在办的是高职高专，但"综合性的研究型大学"这一目标仍然作为长远目标而对办学者的实践起着潜移默化的影响，这一目标仍然是他们的向往和理想境地。显然这一定位是与我们的大众化乃至普及化高等教育的发展背道而驰的，也是不现实的。现实社会所要求的是人才的多样化与教育的多样化。所谓路径一致，即从办专科那天起，学校就惦记着什么时候升本科，升上本科的学校就开始琢磨怎么才能尽快申请到硕士学位授予权，硕士学位授予权到手后就开始研究博士学位授予权了。只要踏上一个"台阶"，那么上一个"台阶"必定成为其下一个目标，这似乎已经成为一个通则了。而且学校类型的转变只有一个方向，只有"升"而没有"降"。所谓后果一致，即由于学校发展的主要动力来源于"升格"，势必导致学校将相当部分的精力用在追求量的扩张，包括学生规模、专业数量、学科门类、硕博学位点的数量以及科研经费、科研成果的数量等上面，从而采取一些有悖于教育规律的所谓"跨越式"发展的举措，最终导致各个学校办学空间、办学活力、办学特色的丧失，进而导致整个高等教育无多样化可言，这是一个非常可怕的后果。目前重点大学办独立学院已经对一般本科学校产生较大冲击，本科学校办专科同样对高职高专学校造成了不利影响。

造成这种无序状态的原因是多方面的，概括起来主要有三个方面：

一是社会意识的主导。目前社会上学位虚高现象十分突出，人们的基本判断是学历越高水平越高，博士就比硕士强，硕士就比本科强，本科就比专科好。重点大学就比一般院校好，研究型大学就比教学型大学好，本科院校就比高职高专强。因此学历越高待遇越高、社会地位越高。重点大学的毕业生就比一般院校的毕业生受重视。从而导致人们追求高学历，上重点大学的热情有增无减，理所当然研究型大学就成为人们心目中的"圣地"。

二是本位利益的驱动。由于现行的中国大学存在严格的等级制度，部分重点大学是副部级，一般大学是正厅局级，专科学校是副厅局级，对于政绩观不够科学的办学者来说这难免不成为其将学校"升格"的动力。另外，学校所谓"级别"的不同确实在教育资源的获得上存在一定的差别，如政府的投入、师资的选择范围、学生入学的条件、科研项目的获得、科研成果的获得、校企合作成功的几率、获得捐赠的可能等等，就连银行贷款也要选择那些综合性研究型大学。除此之外，教职工和学生对于研究型大学与应用型大学的感受也是不同的，在研究型大学中工作和学习会感到更加荣耀。重点大学的教授比一般院校教授的社会地位高，重点大学的毕业生在就业方面明显地比一般院校的毕业生有优势。这些都可能成为促使学校升格的利益驱动因素，从而造成不顾学校实际、不顾社会发展需要的实际，总想让别人去充当职业技能型人才培养的学校、应用型人才培养的学校而自己充当研究型大学的现象。

三是政府管理的缺位甚至误导。目前国家对于高校的类型划分还没有科学的规范体系，对高校的定位既没有规范性的要求，也缺乏相应的指导。政府部门只在高校的建立、学校的更名上予以"把关"，而缺乏宏观的分类规划与指导。在政府部门的宏观管理当中甚至也存在一些误导，如"211工程"和"985工程"。国家的目的是建设一批国内一流和几所世界一流的大学，但这些大学都是研究型大学，至少也是研究教学型大学（这些大学无不在积极努力将"教学"二字尽早去掉），政府的这一强力主导作用就导致人们不得不认为只有研究型大学才是最好的，不得不将研究型大学作为自己奋斗的目标。在这样一种背景下，大学校长作出向研究型大学迈进的目标就不应该再有非议，反而恰恰体现出了大学校长的一种责任心和事业心。以上三个原因的核心在于我们缺乏学校分类与定位的理性思考与分析，在现实工作中缺乏理论的指导。

二　基于高等教育系统的高校特性

大学分类与定位的依据应来源于大学的社会职能。在大学人才培养、发展科学和社会服务三个主要社会职能中，人才培养是首要的，因此大学的分类与定位其中一个主要依据应是人才的分类与定位。从政治论哲学的视角看大学所培养的人才，其质量水平大致由以下几个方面构成：学术水平、技能水平、道德水平、文化水平等，人才的质量或水平是这几个方面的"集合"，作为大学毕业生，每一个人都不存在哪一个方面为零的状况。文化水平与道德水平作为人和社会的基本需要，作为通识教育的结果，属于普通教育或基本教育的范畴，大学毕业生经过十几年的教育与培养，其差别是不大的。大学毕业生的主要差别在于学术水平与技能水平的差异，这一点恰恰也是社会衡量人才水平高低的主要依据之一。作为培养高级专门人才的大学，学生学术水平与技能水平的提高是大学教育的核心任务之一。由此，因学术水平与技能水平的构成不同可以将大学培养的人才分成几种类型。以学术为标志的或者说学术水平大大高于技能水平的人才，可以称为研究型人才，学术水平与技能水平没有一方突出能作为标志的或者说学术水平与技能水平相差不大的人才可以称为应用型人才，以技能为标志或者说技能水平大大高于学术水平的人才可以称为技能型人才。从这一分类可以看出，学术型人才不意味着没有或不需要技能，技能型人才也不意味着不需要或没有学术。人才的类型只是一个相对的概念，学术与技能是无法用量来界定的。无论哪种类型的人才均是经济和社会发展所需要的，尤其是在新知识、新技术、新文化高速发展，新兴学科、交叉学科、边缘学科有力地促进经济和社会的发展，社会分工越来越向综合化与单一化两个方向发展时期，人才的类型更趋多元化。事实上，人才类型的划分其本身就是依据经济和社会发展的需要而划分出来的。根据中国目前的经济和社会发展以及高等学校的实际状况，更多的还是需要应用型与技能型人才，发达国家的历程也证明了这一点。

从上面的分析我们可以看出，高校的分类其类型与人才培养的类型是相对应的。研究型大学主要是通过开展学科教学培养研究型人才，教学型本科院校主要是通过专业教学培养应用型人才，而高职高专院校则主要是通过课程教学培养技能型人才。由此我们可以得出这样的结论：

　　一是各种类型的高等学校之间和各种类型人才之间不能进行笼统的比较，因为要比较就需要有尺度有标准，而不同类型的学校和人才其尺度与标准是不同的，衡量研究型人才主要要用学术标准，衡量技能型人才主要要用职业标准，衡量应用型人才的标准则要用一种介于学术与职业之间的标准，姑且我们先将其称为准学术职业标准。显然，只有相同类型的学校和相同类型的人才之间才有可比性，才能进行比较。类型间不是一种高低层次的关系，而是一种互补关系，类型内是一种高低分层关系，这也正如有的专家学者反对目前的综合评估和大学排名而主张学科专业等单项评估与排名一样。对于此，我们还可以通过一个具体例子来加深理解。比如评价苹果和梨谁好谁差的问题。虽然二者都是水果，但只有在考核糖分或水分或口感或其他营养成分的时候，我们才能得出哪个好哪个差的结论，笼统地说苹果好或梨好都是不科学的。

　　二是从狭义上讲，高等教育系统是由各种类型的高等学校构成的，不同类型的学校具有不同的分工、不同的职责与任务。类型结构是由经济和社会发展的需要决定的。研究型大学所培养的研究型人才，主要是面向国家基础研究工作的，是属于"知识增量"范畴的工作，这一点就决定了即使到知识经济时代，从事这方面工作的人才总量仍然是少量的，是精英人才。而将基础研究成果转化为应用技术是实现科研成果转化为现实生产力的重要环节。基础研究成果的特点是往往不局限于某一生产领域，也就是说，一项研究成果可以应用到许多的生产领域。这其中的关键在于，生产技术人员的二次开发与利用的程度。这项工作是纷繁的，需要大量的技术人才作支撑。这一"知识应用"范畴的人才培养恰恰应该是教学型本科院校的主要职责。职业技能型人才是工业化社会所大量需要的人才，因为工业化社会的一个显著特征就是技术密集型，只有拥有了满足需要的掌握了现代生产技术的职业技能型人才，才能实现工业化。目前，我们国家工业化水平不高的一个重要原因就是缺少掌握现代技术的职业技能人才。因此，从我们国家目前的工业化水平及发展需要情况来看，对三种类型人才的需求情况应是一种塔形结构，即研究型处于塔尖，技能型处于塔基。只有这样才能形成一个适应经济和社会发展需要的功能完善的教育体系。这也好比水中的鱼一样，是分层而居，如果它们都跑到一个层面去了，就失去了生存的空间。

三是各种类型的学校与各种类型的人才不是一成不变的，是可以相互转变的，只有一定的相互转变才有活力。应用型高校经过多年的"积累"后，其学术水平也会大幅度提高，达到培养研究型人才的水平。研究型高校如果"不思进取"，安于现状，其学术水准也会下降，无法实现研究型人才培养的目标。作为人才个体而言，也同样存在这样的过程。正是由于这个原因，才出现了专科升本科、单一性本科升多科性大学、多科性大学升综合性大学这种升格现象。转型应该是一种正常现象，但不管怎么转，其塔形的结构是不变的，也就是说其内部结构是不变的，因为这种结构是由经济和社会的发展需要决定的。只有经济和社会发展需要发生变化，这种结构才能随之发生变化。目前的问题是，正如前面所及，相当一些学校的转型根本不顾及自身的状态，也不是出于提高学术水准的角度，这是非常危险的。

四是由于高等学校与企业组织在本质属性上是有区别的，企业组织的建立与废除以及组织间的关系在市场经济体制下主要靠市场的手段与机制，而作为公益性或非营利性组织的高等学校之间的关系显然不能像企业组织那样主要靠市场机制来协调。因此，高校的分类与定位不能完全靠市场机制而自由发展，尤其是在许多法律、政策、制度不是十分健全的情况下更是如此，而必须要有政府的宏观规划与调控。政府应该在高校的分类与定位方面发挥重要的作用，这不是政府在干预学校办学，而是根据经济和社会发展的需要在规范和引导高校办学。但政府的规范不意味着高校就没有自己的活动空间、高校之间就不存在竞争。高等学校仍然可以在法律法规允许的范围内进行自主办学，竞争机制仍是处理学校之间关系的一种辅助调节手段，没有竞争也会失去活力。

五是由于不同类型学校之间的不可比性，导致好与差之分仅存在于同种类型的学校之间，各种类型的学校之间都有一流与末流之分。也就是说，各种类型的学校在本类型内都有可能建成一流大学或高水平大学的机会，而并非唯有研究型大学才能如此。高校之间的竞争更多地是同类型内部学校之间的竞争，而并非各类型学校之间的竞争。各类型学校之间是一种分工合作关系。

三　政府在高校定位中应扮演的角色

基于以上分析，除了高等学校要按照科学发展观进行合理的定位外，政府在高等学校定位以及高等教育系统的建立当中应当承担一个什么角色呢？本书认为，作为起宏观调控作用的政府部门应该科学地利用好流动机制，通过合理的流动，既能调动起高等学校办学的积极性，又能形成科学的高等教育体系，避免目前的混乱局面。政府在高校合理定位以及高等教育系统的建立上应发挥规范、引导和调控作用。

一是利用政府的特殊权力，根据经济和社会发展的需要对高等教育系统进行科学的设计与安排，从而实现高等教育系统结构的解构与重构。一个完善高效的高等教育系统，其主要标志至少应该有如下两点：首先是系统的完整性，即高等教育形式、类型、层次等的完整性和合理性，从而实现高等教育的人才培养、知识创新和社会服务的功能。其次是系统的开放性，学生可以通过选择性入学，也可以通过开放式入学。学生可以不受时间和地域的限制而随时接受任何形式、任何类型的高等教育。目前，我们国家的高等教育体系是不完善的，办学体制与办学形式均比较单一。从入学的选择性和开放性来看，我们国家的学历教育都是选择性入学，这样就限制了那些目前学习成绩不好的学生进入高等学校接受学历教育。从学制上看，我们国家的高等学历教育都在三年以上，与美国相比缺少短期的高等教育系列，而短期的高等学校为地方服务的功能更加明显。由此可以看出，我们国家的人才培养层次不够多样，高等教育功能的发挥受到限制，满足不了国家和社会发展的需要。由此，国家应该在宏观的高等教育系统的建立上作出科学的规划设计，比如建立二年制的高等学校问题等。

二是创造一个环境，通过这个环境来引导高校进行合理定位。如果国家的教育管理部门在应用型高校中也来个"3050工程"（即30年内重点建设50所应用型大学），同样重点建设一批相应类型的高水平大学，让确实水平高的应用型大学能够在本类型范围内享受到较高的地位与荣誉，甚至应用型的大学校长有一天也能与北大、清华的校长平起平坐（如副部级待遇、得到几个亿的资金），他们还会像现在这样向研究型大学看齐吗！照此类推，在职业型院校中再来一个某某工程，同样可以解决这类学校的定位问题，从而为科学合理地规划和形成区域的、国家的高等教育体系提供一个必要的制度安排。要通过政策和媒体来鼓励和宣传社会大量需要的是应用型与职业型学校和应用型与技能型人才，为其有更多的人选择创造氛围。应大力提倡并鼓励个性化办学，避免用一个模式一个标准来评估考核各个学校，倡导学校形成自己的办学特色，寻求自己的生存与发展空间。

　　三是发挥政府的调控能力，采取一些强制性措施来规范高校的设置与办学定位。比如，对各类型高校的设置条件作出明确规定，符合哪一个条件就在哪一个类型上办学，还可以作出一些相应规定，如虽然允许学校"升格"，但只能允许在一定时期内的少量几所学校可以通过公开、公平、公正的竞争途径"升格"，同时对于上一层位的学校还要实行淘汰制，即向另一个相反方向流动。要进一步明确各类型学校的职责、任务与性质，并通过招生指标等途径予以监控。对于新建的学校只能从基础的最底层做起。各种类型的学校要按一定比例设置，这一比例既要考虑学生规模，还要考虑经济和社会发展的需要，从而形成一个功能完善的高等教育系统。

　　对于处于转型期的我国经济和社会的发展、对于刚刚处于大众化初级阶段的我国高等教育而言，无论是对于国家还是区域，建立一个功能完善的、能够极大地促进经济和社会可持续发展的高等教育系统都是十分紧迫的。

第九章　高校定位绩效评价

第一节　高校定位绩效评价方法

　　高校定位作为高校一项纲领性规划，包括办学水平、办学职能和办学特色定位等内容。其中，办学水平定位包括发展目标定位和人才培养目标定位等。高校发展目标定位是高校整体办学水平在某一高校群体中所处的位置，是高校定位的核心，起着统领作用。[①] 人才培养目标定位是人才培养的规格、类型和层次及所要达到的标准，是人才培养的总体设计和规划，反映一所高校的价值取向、办学理念和办学特色。[②] 目前国内学者关于高校定位问题研究已较多，但多局限于定位本身，探讨定位内涵、意义、目的、功能、内容、特点、依据、原则、影响因素、现状、成就、问题、动因、经验、方法和策略等，对定位过程、定位实施、定位效果和定位前景等与定位本身密切相关的问题则较少涉猎，高校发展和人才培养目标定位相关研究更是寥若晨星。同时，现有研究虽注重以某一所或几所高校为案例开展实证分析，但往往集中于定性的分析与判断，较少采用定量研究方法，难免陷入定性研究方法本身的不足，即缺乏度量概念，难以得出精确结论。此外，现有研究较少从绩效角度对我国高校定位问题进行考察和评价，缺乏对高校定位工作进行检验和评估的理念。由此可见，从绩效评价视角对我国高校定位问题开展定量研究十分必要。

　　公共部门绩效评价最早可追溯到 1906 年美国纽约市设立市政研究局

[①]　向兴华、赵庆年：《基于文本的高校发展目标定位研究》，《东北大学学报》（社会科学版）2004 年第 3 期。

[②]　蓝汉林：《省部共建高校人才培养的定位及其思考》，《高等农业教育》2010 年第 5 期。

以提高政府效率的探索，而美国政府提高公共部门生产力的努力则可以上溯到19世纪早期。[①] 国内有学者指出，学界对公共部门绩效的界定可分为四种类型。第一类强调绩效的"结果导向"，即所谓公共部门绩效，是指公共部门履行其职责而产生的结果；第二类强调绩效的"过程导向"，即所谓公共部门绩效，是指公共部门履行其职责过程的效率性与规范性，进而言之，绩效管理有着优化过程管理和强化内部控制的作用；第三类强调绩效的"能力导向"，即所谓公共部门绩效，是指公共部门进行社会管理和供给公共产品的能力；第四类强调绩效的"综合导向"，即所谓公共部门绩效，是一个具有多维度、综合内涵的概念，包含投入、过程、结果和能力等方面的含义。综上，该学者认为公共部门绩效是指公共部门履行其社会管理和公共服务等职责的成效，表现为效益、效果、效率、回应性、公平性、质量等方面。[②] 公共部门绩效评价是指对公共部门履行职能的效率、效果、经济性、回应性、公平性与服务质量的测量、评判以及评级的活动与过程。[③]

高等学校作为公共部门的一部分，高校定位绩效指高校制定和落实定位的成效，表现为效益、效果、效率和合理性等方面。高校定位绩效评价指对高校制定和落实定位取得成效的测量、评判和评级的活动与过程。可以从定位过程、定位合理性、定位实施、定位效果和定位前景几个方面考察。同时，这几个方面在评价高校定位绩效中的重要性或权重是不一样的，需要对指标的权重值进行测算。不同权重值的指标在定位制定和实施过程中需要区别对待，对重要性较大的项目应予以重点关注和重点落实。

一　高校定位绩效评价指标体系构建

高校定位绩效评价指对高校制定和落实定位取得成效的测量、评判和评级的活动与过程。依据绩效评价的一般理论，笔者在阅览相关文献，咨询若干位高等教育领域专家学者基础上，最终形成两个层次、五个维度的高校定位绩效评价指标体系，简称 PRIEP 评价。

第一层为高校定位绩效评价一级指标，由 5 个项目构成；第二层为高

---

① ［美］尼古拉斯·亨利：《公共行政与公共事务》，项龙译，中国人民大学出版社2002年版，第284—287页。

② 李文彬、郑方辉：《公共部门绩效评价》，武汉大学出版社2010年版，第1—3页。

③ 同上书，第6页。

校定位绩效评价二级指标，由 12 个项目构成。五个维度分别为高校定位过程、高校定位合理性、高校定位实施、高校定位效果和高校定位前景。高校定位过程（Process of positioning）指高校确立定位所经过的程序或阶段，包括定位确立和普及等；高校定位合理性（Rationality of positioning）指高校定位符合高等教育和高等学校发展客观规律的程度，主要体现在高校定位具有特色情况，是否与经济社会和高等教育发展及高校自身办学传统和现实办学条件等相契合；高校定位实施（Implementation of positioning）指高校定位由目标到实现的过程，包括定位显示情况以及定位实施过程与结果等；高校定位效果（Effect of positioning）指高校定位产生的结果和影响，主要体现在定位促进高校办学环境改善及办学实力和社会影响力提升作用等方面；高校定位前景（Prospect of positioning）指人们对高校定位发展趋势的看法和预期，主要体现在定位信任程度及实现定位的努力程度等。五个一级指标形成一个体系，其中，定位过程是高校定位工作的初始阶段和确保定位科学合理的先决条件；定位合理性是定位工作的基本原则与内在要求；定位实施是推动定位由目标向现实转化的必要环节和根本途径；定位效果反映了定位工作的本质特点和根本要求；定位前景反映了人们对定位工作的主观看法和预期。实际工作中，这些环节紧密相连、相辅相成，从而构成一个完整的评价系统。

二 高校定位绩效评价指标权重评定

高校定位绩效评价指标权重评定采用了专家调查法和统计分析法。其中，权重数据收集采用了专家调查法，为使权重评定结果更具科学性和代表性，本研究调查对象除高等教育领域的专家学者外，还包括高校领导干部、专任教师以及学生等，有效样本容量达到 121 人。以华南理工大学、暨南大学、华南农业大学、广西民族大学和黑龙江科技大学相关人员为调查对象。共发放问卷 130 份，收回问卷 125 份，问卷回收率为 96.2%，其中有效问卷 121 份，问卷有效率为 96.8%。问卷内容包括两部分，第一部分为背景信息，包括填表说明和被试身份信息等。第二部分是高校定位绩效评价指标权重评价，分为两项内容。第一项为高校定位绩效评价一级指标权重评价，由 5 个题目组成。第二项为高校定位绩效评价二级指标权重评价，由 12 个题目组成。一级指标与二级指标是高校定位绩效评价的基础部分。

（一）高校定位绩效评价指标权重计算

高校定位绩效评价指标权重数据处理采用了统计分析法，以 SPSS 16.0 为统计分析软件，所有变量均采用李克特五级正向计分法，非常重要计 10—9 分、重要计 8—7 分、一般计 6—5 分、不太重要计 4—3 分、不重要计 2—1 分，不能确定计 0 分。

高校定位绩效评价指标权重计算参照了德尔菲法中的权重计算方法。德尔菲法又名德尔斐法、特尔斐法或特尔菲法等，是由调查者拟定调查表，按照规定程序通过函件征询专家组成员意见，专家组成员之间通过调查者的反馈材料匿名地交流意见，经过若干轮反馈，专家们的意见逐渐集中，最后获得有统计意义的专家集体判断结果。目前，德尔菲法已成为预测及评价研究领域最常用的方法之一。[①] 自 20 世纪 60 年代由美国兰德公司提出以来，被广泛地应用到各个领域的综合评价实践中。

采用德尔菲法计算评价指标权重过程如下：首先对各项指标权重赋分进行均值计算，求出各项评价指标权重均值；在此基础上，进行指标权重均值的方差计算，得出各项评价指标权重均值方差 σ^2；再计算出指标权重均值的均方差（标准差）σ，之后进行检验，当某项指标均方差大于 5 时，组织评价主体进行下一轮赋分或舍弃该项指标。进行第二轮赋分时，置信区间为 95% 给定各评价主体取值区间，直到各项指标权重均值的标准差小于或等于 5；之后计算各指标权重均值矫正值，用各项指标权重均值除以同维度相应指标权重均值和；之后计算各项指标权重最大值和最小值，最大值为指标权重均值加上 2 倍均方差，最小值为指标权重均值减去 2 倍均方差（当权重最小值小于零时将 2 倍均方差改为 1 倍均方差）；最后计算指标权重值，对各项指标均值矫正值进行四舍五入，保留 4 位小数，即得到各项指标权重值。

前面已述，采用德尔菲法确定评价指标权重过程中需检查各项指标权重均值的标准差 σ，当 σ 小于或等于 5 时，表明各评价主体对评价指标的权重赋分符合要求，权重计算结果有效，若某项指标权重均值标准差 σ 大于 5，表明评价主体之间对该指标权重的分歧较大，需重新组织专家赋分或舍弃该项指标。经过检验，案例高校各评价主体对各项指标权重赋分

---

① 袁勤俭、宗乾进、沈洪洲：《德尔菲法在我国的发展及应用研究——南京大学知识图谱研究组系列论文》，《现代情报》2011 年第 5 期。

均值标准差最大为 1.70，均小于 5，表明评价主体对高校定位绩效评价各项指标权重赋分符合要求，权重统计结果有效，计算结果如表 9 – 1 所示。

表 9 – 1　　　　　　　高校定位绩效评价指标及权重一览表

一级指标		二级指标	
项目	权重	项目	权重
定位过程	0.192	定位确立	0.522
		定位普及	0.478
定位合理性	0.217	定位契合经济社会发展程度	0.325
		定位契合高等教育发展程度	0.333
		定位特色及契合高校办学传统和现实办学条件程度	0.342
定位实施	0.210	定位显示程度	0.312
		定位实施过程	0.352
		定位实施结果	0.336
定位效果	0.198	定位改善高校办学环境	0.483
		定位提升高校办学实力和社会影响力	0.517
定位前景	0.183	定位信任程度	0.484
		实现定位努力程度	0.516

三　高校定位绩效评价指标体系评价

信度和效度是检验问卷或量表测量结果可靠性和准确性的指标，所有使用问卷或量表的调查研究在进行资料的统计分析前均应检测其信度和效度，以确保收集到的资料和其后的统计分析可靠、准确。同时，实践是检验真理的唯一标准，信度和效度评价仅从理论上检测了指标体系的稳定性和有效性，对指标体系科学性的进一步检验需将其应用到实践中进行检验。

（一）信度检验

信度主要评价量表测量结果的一致性、稳定性和可靠性，检测测量过程中随机误差造成的测定值变异程度的大小，反映了调查对象填写调查问卷的可信程度，即是认真填写的，还是随意填写的，多以内部一致性表示。常用的信度指标有重测信度、复本信度、折半信度、同质性信度和评价者信度等，相应信度评价方法有重测信度法、平行信度法、折半信度法和克伦巴赫 α 系数法等。

如果同一个问卷或量表在相同条件下重复施测，或将一个问卷或量表随机分为两半后分别对同一组调查对象施测，测量结果具有很高的一致性，那么，该问卷或量表具有较高的内部一致性，即具有较高的信度。因此，有两个常用的表示信度的统计量：一致性 α 系数（coefficient alpha）和分半信度系数（split-half reliability）。以 SPSS 16.0 软件对高校定位绩效评价量表进行同质性信度检验，获得表9-2和表9-3结果。

表9-2　　　　高校定位绩效评价指标权重量表同质性信度检验结果一览表

Cronbach's Alpha	Cronbach's Alpha Based on Standardized Items	N of Items
0.869	0.870	17

表9-3　　　　高校定位绩效评价指标权重评价量表分半信度检验结果一览表

Cronbach's Alpha	Part 1	Value	0.789
		N of Items	9[a]
	Part 2	Value	0.747
		N of Items	8[b]
	Total N of Items		17
Correlation Between Forms			0.762
Spearman-Brown Coefficient	Equal Length		0.865
	Unequal Length		0.865
Guttman Split-Half Coefficient			0.851

a. The items are：学校定位过程，学校定位实施，学校定位前景，学校定位普及，学校定位与高等教育发展适应程度，学校定位显示度，学校定位实施结果，学校定位对提升办学实力和学校社会影响力的积极作用，为实现学校定位努力程度。

b. The items are：学校定位合理性，学校定位效果，学校定位确立，学校定位与经济社会发展适应程度，学校定位特色及与自身办学传统和现实办学条件适应程度，学校定位实施过程，学校定位对改善学校办学环境的积极作用，对学校定位信任程度。

经过检验，如表9-2、表9-3所示，高校定位绩效评价指标权重量表同质性和分半信度系数均大于0.8，表明量表具有较高内部一致性，各指标基本测量了相同的内容和特质,量表信度较高。

(二)效度检验

效度主要评价问卷或量表的准确性、有效性和正确性,显示心理测验测量到它所要测量的事物属性的程度,反映了测定值与目标真实值的偏差大小。常用效度指标包括内容效度、结构效度、效标效度、聚合效度和区分效度等。相应效度检验方法有专家评价法、因子分析法、相关分析法和M-M矩阵法等。其中,内容和结构效度是检测问卷或量表效度的最常用方法和最有效方法,本研究也采用了这两种检验方法。

内容效度指测验目的代表所欲测量的内容和引起预期反应所达到的程度,检测方法主要为专家评价法。在指标体系设计过程中,笔者查阅了大量国内外有关高校定位方面的期刊文章、学位论文、报刊资料和专著等,经过向数十位专家学者请教咨询体现高校定位绩效的因素,在此基础上初步确定高校定位绩效评价指标体系。经过专家学者评议和课题组根据专家建议修正完善,使各项指标最大限度反映高校定位绩效问题。经过专家学者认可,最终形成高校定位绩效评价量表。因此,本量表具有较高内容效度。

结构效度指一个测验实际检测到所要测量的理论结构和特质的程度,反映测验分数能够说明心理学理论的某种结构或特质的程度,显示了实验与理论之间的一致性。结构效度主要检测方法是因子分析法和相关分析法等,本研究采用相关分析法。同样以 SPSS 16.0 软件检验高校定位绩效评价指标权重量表结构效度,获得表9-4结果。

表9-4   高校定位绩效评价指标权重量表结构效度检验结果一览表

项目		定位过程	定位合理性	定位实施	定位效果	定位前景	总权重	N值
定位过程	相关系数	1.000	0.538	0.551	0.412	0.496	0.756	121
	显著性水平		* * *	* * *	* * *	* * *	* * *	
定位合理性	相关系数	0.538	1.000	0.599	0.457	0.490	0.776	121
	显著性水平	* * *		* * *	* * *	* * *	* * *	
定位实施	相关系数	0.551	0.599	1.000	0.531	0.657	0.865	121
	显著性水平	* * *	* * *		* * *	* * *	* * *	

续表

项目		定位过程	定位合理性	定位实施	定位效果	定位前景	总权重	N 值
定位效果	相关系数	0.412	0.457	0.531	1.000	0.601	0.737	121
	显著性水平	＊＊＊	＊＊＊	＊＊＊		＊＊＊	＊＊＊	
定位前景	相关系数	0.496	0.490	0.657	0.601	1.000	0.820	121
	显著性水平	＊＊＊	＊＊＊	＊＊＊	＊＊＊		＊＊＊	
总权重	相关系数	0.756	0.776	0.865	0.737	0.820	1.000	121
	显著性水平	＊＊＊	＊＊＊	＊＊＊	＊＊＊	＊＊＊		

　　＊＊. Correlation is significant at the 0.01 level (2 – tailed).

　　注：＊代表小于 0.05；＊＊代表小于 0.01；＊＊＊代表小于 0.001。

　　Pearson 相关性分析结果表明，由表 9 – 4 可见，在 0.01 的显著性水平下，高校定位绩效评价总量表与各分量表平均值相关系数均大于 0.7，各分量表平均值相关系数均大于 0.4，p ＜ 0.01，均呈显著正相关，表明量表结构效度符合要求。

　　（三）实践检验

　　用高校定位绩效评价指标体系检测 HL 大学和 HK 大学发展目标和人才培养目标定位实际工作绩效发现，在高校发展目标定位方面，HK 大学整体较高，加权平均分为 8.80 分，处于很好水平，HL 大学整体较低，加权平均分为 7.04 分，处于较好水平，经过理论分析和实践调查可知与实际情况基本相符。

　　在高校发展目标定位各分项中，HK 大学在定位过程、定位合理性、定位实施、定位效果和定位前景方面加权平均分分别为 8.68、8.79、8.66、8.60 和 8.83 分，均处于很好水平，HL 大学分别为 6.63、7.12、6.84、6.89 和 7.13 分，均处于较好水平。其中，高校发展目标定位过程在各结构维度中绩效最低，高校发展目标定位确立和普及工作都有待改善。具体而言，定位确立过程中主要问题是教师尤其专业课教师参与定位制定程度不足；定位普及过程中主要问题是专业课教师对学校发展目标定位了解程度较低；定位合理性方面主要问题是发展目标定位与高校现实办学条件及国家和区域经济社会发展契合程度较低；定位实施方面主要问题是高校对定位实施情况进行监督、检查、反馈及定期总结等落实不到位，发展目标定位实现水平较低;定位效果方面主要问题是发展目标定位整体效果不显著,尤其激励师生员工和提升学校办学实力作用较小;定位前景方面主要问题是案例高校教职员工对本校发展目标定位前景预期过于乐观。

高校人才培养目标定位方面,HK 大学整体较好,加权平均分为8.72 分,处于很好水平,HL 大学相对较低,加权平均分为 7.22 分,处于较好水平,经过理论分析和实践调查可知与实际情况基本相符。在各分项中,HK 大学在人才培养目标定位过程、定位合理性、定位实施、定位效果和定位前景方面加权平均分分别为 8.70、8.67、8.61、8.62 和 8.87 分,均处于很好水平,HL 大学分别为 6.84、7.09、7.01、7.12 和 7.28 分,均处于较好水平。在观测点方面,在定位过程中,案例高校存在专业课教师参与学校人才培养目标定位工作程度较低问题,与当前我国高校人才培养目标定位多由高校领导层制定,普通师生员工参与程度较低现状相符。在定位合理性方面,案例高校人才培养目标定位存在注重沿承历史办学传统相对忽视办学条件问题,与现实情况基本相符。同时,与当前我国高校人才培养目标定位相互效仿、盲目攀高,忽视学校现实办学条件情形相符。定位实施方面主要问题在于案例高校对人才培养目标定位实施情况进行监督、检查、反馈及定期总结等落实不到位,高校人才培养目标在学校规划或年度工作计划中显示程度较低。此外,不同层次目标显示程度具有差异性,案例高校学校人才培养目标在专业人才培养目标和课程教学目标中体现程度依次降低,与理论分析和实践调查结果基本相符。高校人才培养目标定位效果首先体现为外部效应即提升学校社会知名度作用,其次体现在促进高校内部治理和改革作用,与高校现实情况基本相符。定位前景方面主要问题与高校发展目标定位相似,即案例高校专业课教师表现出对人才培养目标定位作用功能和可实现性的信心及较高的实现定位的努力程度,同时,存在一定程度盲目乐观问题。

综上所述,理论分析和实践结果充分说明,高校定位绩效评价指标体系检测结果与案例高校现实情况基本相符,高校定位绩效评价指标体系较准确地检测出案例高校定位工作现实状况及存在问题,指标体系科学性与适用性较好。

四　高校定位绩效评价指标权重分析

整体而言，如图9－1所示，高校定位绩效评价五项一级指标中，最重要的是定位合理性。不难理解，合理性是对高校定位的首要要求，一项定位如果不准确、不合理，这样的定位即使实现了也没有意义，只会使高校偏离了它本应有的发展方向，甚至可能导致比没有定位更大的危害。其次是定位实施，定位实施是促进高校定位由目标向现实转化的必要环节和根本途径，定位确立后不予以切实落实而束之高阁，定位工作就会流于形式；定位确立后不予以规范落实，定位在实践工作中就会变形、走样，偏离最初目标；定位确立后不予以彻底落实，定位就会出现落实程度不充分、不到位以至无法实现，同样失去定位意义。再次是定位效果，定位效果既是高校开展定位产生的客观结果，同时反映了高校开展定位工作的主观目的，是对定位工作成果的一种检验，定位效果不显著，定位的实际意义就不强。之后是定位过程，定位过程合理是定位本身合理的前提条件之一，定位过程合理同时有利于定位顺利实施、定位效果提升以及人们对定位前景的准确预期等。最后是定位前景，定位前景是人们对学校定位的主观看法和预期，是依据现实状况对高校定位未来趋势的预测和展望。开展顺利的高校定位能使人们产生积极的前景预期，开展情况不良的高校定位则会使人产生消极的前景估计，因而定位前景评价从侧面反映了高校定位工作进展情况。同时，作为人们的主观看法和预期，相对其他指标，此项指标检验高校定位实际开展情况途径相对间接，作用相对较小，因而权重值相对较小。

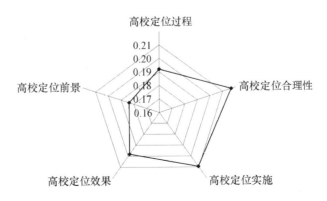

图9－1　高校定位绩效评价一级指标权重图示

从高校定位绩效评价各分项看，在定位过程方面，如图9－2所示，定位确立相对普及更为重要。确立是普及的前提，对没有得到合理确立的定位予以普及是没有意义甚至是有害的。此外，高校定位本身的科学性很大程度上取决于定位过程的民主性、规范性和全面性，而定位确立过程作为高校定位过程的重要组成部分，对定位本身合理性影响更大，因而相对而言更为重要。

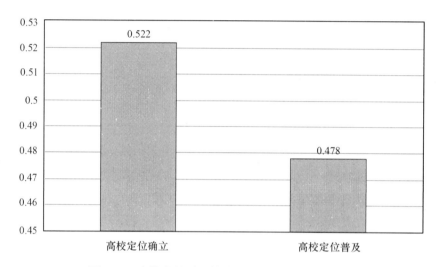

图9－2　高校定位过程绩效评价二级指标权重图示

在高校定位合理性方面，如图9－3所示，教育内外部关系规律表明，教育发展既要与社会政治、经济、科技和文化发展相适应，同时也要与高校自身状况相契合。合理的高校定位应与经济社会和高等教育发展以及高校办学传统和现实办学条件等都适切，没有绝对轻重之分，因此在定位合理性方面各二级指标重要程度相差不大。其中，高校定位特色是高校定位工作的价值追求和定位合理性的重要体现。办学传统是高校对以往办学理念、办学思路和办学模式等的传承，是高校定位的历史依托。办学条件是高校确立定位的现实基础和依据，也是当前我国高校在确立定位时较容易忽视的方面。只有独具特色、契合办学传统和现实办学条件的定位才是科学合理的定位，同时也是扭转当前我国高校定位盲目"攀高"和"趋同"等问题的重要措施和策略，因而相对其他二级指标更为重要。

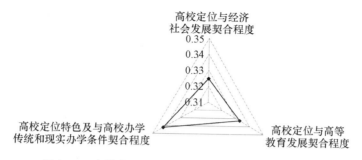

图 9 - 3　高校定位合理性绩效评价二级指标权重图示

　　在高校定位实施方面，如图 9 - 4 所示，相对更为重要的是定位实施过程。定位实施作为一项系统的实践活动，主要体现在实施过程中，定位实施优劣很大程度上取决于实施过程是否规范、合理、有序和深入。其次是定位实施结果，定位实施结果是定位实施过程产生的客观影响和后果，是定位实施工作的价值追求及定位过程和效果的内在要求，能够反映定位实施工作落实程度以及定位本身合理程度等。相对而言，定位显示程度重要程度低一些。因为尽管定位显示是高校定位实施过程和结果的前提条件，能在一定程度上促进高校定位的实施和落实，但离开了定位实施过程，高校定位就失去了从目标向现实转化的必要环节和根本途径，定位显示将失去意义。离开定位实施结果，高校定位工作将失去实际意义。定位本身没有实现，定位效果难以发挥，定位显示同样失去意义。因而定位显示程度相对前两者重要程度稍低。

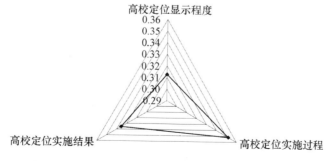

图 9 - 4　高校定位实施绩效评价二级指标权重图示

在高校定位效果方面,如图9－5所示,更重要的是提升高校办学实力和社会影响力作用,其次是改善办学环境作用。办学实力和社会影响力体现了一所高校整体办学水平和综合竞争能力,改善办学环境目的之一是提升高校的办学实力和社会影响力。没有办学实力和社会影响力的提升,高校办学环境改善难以体现现实意义和终极目的。

在高校定位前景方面,主要体现在对高校定位的信任程度以及实现定位的努力程度等。相对其他几项指标,此项属于主观层面指标,重要程度稍低。其中,较为重要的是实现定位努力程度,如图9－6所示。如前所述,对高校定位的信任只有转化为实现定位的切实努力才能促进定位落实和效果发挥。在定位信任方面,更重要的是对定位实际作用的信任。其次是对定位可实现程度的信任。因为只有具有实际效用的定位才是有价值和意义的定位,才值得为其实现而付出努力。因此,主观上应首先明确定位实际作用,之后才能考虑定位可实现性。

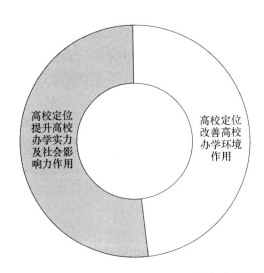

图9－5　高校定位效果绩效评价二级指标权重图示

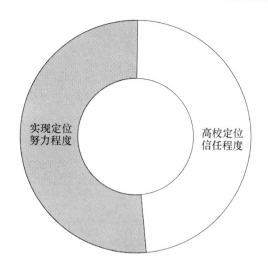

图9-6 高校定位前景绩效评价二级指标权重图示

五 研究方法及案例高校介绍

（一）高校定位绩效评价研究方法

1. 文献综述法

通过查阅中国知网数据库、图书馆以及网页检索等方式，查阅国内外有关高校定位方面期刊文章、学位论文、报刊资料和专著等，对它们进行梳理、分类、整理和综述，以了解研究现状，把握相关信息，为探索我国高校定位绩效评价这一研究课题提供理论依据。

2. 案例分析法

本章以 HL 大学和 HK 大学两所高校为案例高校，运用前一部分绩效评价方法，分析当前我国高校定位工作现状、存在问题、产生原因及解决对策。

3. 问卷调查法

案例高校发展目标和人才培养目标定位绩效现状调查采用了问卷调查法。其中，案例高校发展目标定位绩效评价以 HL 大学和 HK 大学领导干部、公共课教师和专业课教师为调查对象，共发放问卷 500 份，收回问卷 483 份，问卷回收率为 96.6%。其中，有效问卷 447 份，问卷有效率为 92.6%。高校人才培养目标定位绩效评价以 HL 大学和 HK 大学全日制本科生专业课教师为调查对象，共发放问卷 350 份，收回问卷 336 份，问卷回收率为 96.0%。其中，有效问卷 316 份，问卷有效率为 94.1%。

4. 访谈调查法

通过约访案例高校若干定位制定者和实施者，了解案例高校定位有关情况，与统计研究结论进行比较，检验研究结论的准确性和可靠性。

5. 比较研究法

通过对 HL 大学和 HK 大学校际和同校不同研究对象对本校发展和人才培养目标定位整体及各环节绩效的评价进行比较分析，以揭示不同高校、不同评价主体间高校定位绩效存在的差异及其产生原因。

6. 统计分析法

本研究调查数据处理采用了 SPSS 16.0 作为统计分析软件，所有变量均采用李克特五级正向计分法，非常不好计 1—2 分、不太好计 3—4 分、一般计 5—6 分、比较好计 7—8 分、非常好计 9—10 分，不知道或无法评价计 0 分，将量表涉及问题分类后进行了加权处理。

（二）案例高校定位介绍

参与调查的两所高校中，HL 大学是教育部直属的国家重点综合性研究型大学，组建于 1952 年我国高校院系调整时期。该校以工见长，理工结合，管、经、文、法等多学科协调发展。现有各类学生 10 万余人，有 25 个学院及 1 个独立学院，现有理学、工学、管理学、经济学、法学、医学、哲学、文学、教育学和艺术 10 个学科门类共计 78 个本科专业。学校人才培养层次涵盖专科生、本科生和研究生，人才培养体系涵盖学士、硕士、博士。该校以"重人品、厚基础、强能力、宽适应"作为人才培养指导思想，以高素质、"三创型（创新、创造、创业）"、具有国际视野的创新型与复合型拔尖创新人才作为人才培养目标定位，着力培养创新型、复合型人才。以建设成为国内一流、世界知名的高水平研究型大学为发展目标定位。

HK 大学始建于 1947 年，原属国家煤炭工业部，1998 年高等教育管理体制改革后，实行中央与地方共建，以黑龙江省管理为主，是一所具有矿业特色的多科性普通高等学校。该校以工学、管理学和社会学为主干学科，兼具理学、经济学和人文学科等。现有全日制在校生 2 万余人，15 个学院，拥有理学、工学、管理学、经济学、文学和法学 6 个学科门类共计 51 个本科专业。学校人才培养层次涵盖专科生、本科生和研究生，人才培养体系涵盖学士、硕士、博士（工程博士）。该校以"大德育、大工程、大实践"为办学理念,以"学生全面发展、成人成才需求、企业与社会发展需求"为人才培养体系构建导向,以培养具有"一高一强(思想道德素质高、工程实践能力强)"的高素质应用型专门人才为人才培养特色,以"重德育、重工程、重实践"为办学特色,以建设成具有国内同类院校一流水平的服务能力强、特色鲜明的新型科技大学为学校发展目标定位。

第二节 高校发展目标定位绩效评价

高校发展目标定位指高校整体办学水平在某一高校群体中所处的位置,是高校定位的核心。本节以第一节内容为研究基础,是对第一节高校定位绩效评价方法的实际应用,以一所"985 工程"大学和一所一般地方本科高校为例,对案例高校发展目标定位工作进行绩效评价,管窥我国高校发展目标定位现实情况、存在问题、产生原因以及解决对策。

一 高校发展目标定位绩效评价指标体系

(一)高校发展目标定位绩效评价指标体系构建

高校发展目标定位绩效评价指对高校制定和落实整体办学水平在某一高校群体中所处位置所取得成效的测量、评判和评级的活动与过程。依据绩效评价的一般理论,本研究在第一节高校定位绩效评价一级和二级指标体系基础上,构建三级指标,即观测点,进而形成了高校发展目标定位绩效评价指标体系,并对案例高校发展目标定位工作开展绩效评价。

高校发展目标定位过程(Process of positioning)是高校确立发展目标定位经过的程序或阶段,包括专门的定位工作和论证、高校发展目标定位纳入学校章程或以学校文件形式下发、定位解释宣传工作及教职工参与和了解定位程度等;定位合理性(Rationality of positioning)指高校发展目标定位符合高等教育和高等学校发展客观规律的程度,体现在高校发展目标定位具有特色情况及与国家、区域、行业经济社会和高等教育发展以及本校办学传统和现实办学条件的契合程度等方面;

定位实施（Implementation of positioning）是高校发展目标定位由目标到现实的过程，包括高校发展目标定位在学校规划或工作计划中显示程度，对高校发展目标定位实施情况进行监督、检查、反馈和定期总结以及定位实现情况等；定位效果（Effect of positioning）指高校发展目标定位导致的结果和影响，如高校发展目标定位深化学校改革、加大办学经费投入、激励师生员工及提升学校人才培养质量、科学研究水平、社会服务能力和社会影响力作用等方面；定位前景（Prospect of positioning）指高校教职员工对高校发展目标定位的主观看法和预期，如对定位可实现性和功能作用的信任程度以及落实定位的努力程度等。见表9－5。实际工作中，这些环节紧密联系、相辅相成，从而构成一个完整的评价系统。

（二）高校发展目标定位绩效评价指标权重评定

高校发展目标定位绩效评价指标权重评定采用了专家调查法和统计分析法。共发放问卷130份，收回问卷125份，问卷回收率为96.2%。其中，有效问卷121份，问卷有效率为96.8%。

高校发展目标定位绩效评价指标权重数据处理采用了统计分析法，以SPSS 16.0为统计分析软件，所有变量均采用李克特五级正向计分法，非常重要计10—9分、重要计8—7分、一般计6—5分、不太重要计4—3分、不重要计2—1分，不能确定计0分。

高校发展目标定位绩效评价指标权重计算参照了德尔菲法中的权重计算方法，计算结果如表9－5所示。

表9－5　　　　　高校发展目标定位绩效评价指标及权重一览表

一级指标		二级指标		观测点	
项目	权重	项目	权重	项目	权重
定位过程	0.192	定位确立	0.522	定位专门工作和定位专门论证	0.353
				教职员工参与定位工作程度	0.333
				定位纳入学校章程或以学校文件形式下发	0.314
		定位普及	0.478	定位解释宣传工作	0.489
				教职员工定位了解程度	0.511

续表

一级指标		二级指标		观测点	
项目	权重	项目	权重	项目	权重
定位合理性	0.217	契合经济社会发展	0.325	定位契合区域或行业经济社会发展程度	0.511
				定位契合国家经济社会发展程度	0.489
		契合高等教育发展	0.333	定位契合国家高等教育发展程度	0.505
				定位契合区域高等教育发展程度	0.495
		定位特色及契合高校办学传统和现实办学条件	0.342	高校发展目标定位特色	0.356
				定位契合高校办学传统程度	0.313
				定位契合高校办学条件程度	0.331
定位实施	0.210	定位显示程度	0.312	定位在学校规划或年度工作计划中显示度	1.000
		定位实施过程	0.352	对定位实施进行监督检查、反馈及定期总结	1.000
		定位实施结果	0.336	高校发展目标定位实现程度	1.000
定位效果	0.198	改善办学环境	0.483	促进学校改革	0.348
				促进办学经费投入	0.331
				激励师生员工	0.321
		提升办学实力和社会影响力	0.517	提高人才培养质量	0.260
				提升科学研究水平	0.246
				提高社会服务能力	0.244
				提升学校社会影响力	0.250
定位前景	0.183	信任程度	0.484	相信定位能够促进高校办学实力提升	0.520
				相信定位能够实现或更好地实现	0.480
		努力程度	0.516	为实现高校发展目标定位努力程度	1.000

（三）高校发展目标定位绩效评价指标体系评价

1. 信度检验

信度的评价对象可以是整个问卷或量表，也可以是问卷或量表各个方面或领域（分量表），还可以是具体的条目（指标或项目）。一般认为，如果是标准化测定量表，通常应分别进行总量表和各领域的评价，对包含各种条目的一般问卷，很难进行整个问卷的考评，一般就对某些条目或领域进行考评，并以此间接说明整个问卷的好坏。[①] 本研究所用量表为李克特五级标准化测定量表，故采用同质性信度和分半信度两种方法分别对总量表和各分量表进行信度检验，总量表信度检验结果如表9-6、表9-7所示。

表9-6　高校发展目标定位绩效评价指标权重量表同质性信度检验结果一览表

指标名称	Cronbach's Alpha	Cronbach's Alpha Based on Standardized Items	N of Items
高校发展目标定位绩效评价	0.942	0.943	38

表9-7　高校发展目标定位绩效评价指标权重量表分半信度检验结果一览表

Cronbach's Alpha	Part 1	Value	0.882
		N of Items	19[a]
	Part 2	Value	0.895
		N of Items	19[b]
	Total N of Items		38
Correlation Between Forms			0.920
Spearman-Brown Coefficient		Equal Length	0.958
		Unequal Length	0.958
Guttman Split-Half Coefficient			0.958

a. The items are：学校定位过程，学校定位实施，学校定位前景，学校定位普及，学校定位与高等教育发展契合程度，学校定位显示度，学校定位实施结果，学校定位对提升办学实力和学校社会影响力作用，为实现学校定位努力程度，教职员工参与学校发展目标定位工作程度，学校开展发展目标定位解释宣传工作，学校发展目标定位与区域或行业经济社会发展契合程度，学校发展目标定位与国家高等教育发展契合程度，学校发展目标定位特色，学校发展目标定位与学校现实办学条件契合程度，学校发展目标定位对加大办学经费投入作用，学校发展目标定位对提高人才培养质量作用，学校发展目标定位对提高学校社会服务能力作用，相信学校发展目标定位能够促进学校办学实力提升。

① 蒋小花、沈卓之、张楠楠、廖洪秀、徐海燕：《问卷的信度和效度分析》，《现代预防医学》2010 年第 3 期。

b. The items are：学校定位合理性，学校定位效果，学校定位确立，学校定位与经济社会发展契合程度，学校定位特色及与自身办学传统、现实办学条件契合程度，学校定位实施过程，学校定位对改善学校办学环境作用，对学校定位信任程度，学校开展过专门学校发展目标定位工作，经过专门论证，学校发展目标定位纳入学校章程或以学校文件形式下发，师生员工对学校发展目标定位了解程度，学校发展目标定位与国家经济社会发展契合程度，学校发展目标定位与区域高等教育发展契合程度，学校发展目标定位与学校办学传统契合程度，学校发展目标定位对深化学校改革作用，学校发展目标定位对师生员工激励作用，学校发展目标定位对提升学校科研水平作用，学校发展目标定位对提升学校社会影响力作用，相信学校发展目标定位能够实现或更好地实现。

　　由于当分量表项目数小于 10 时一般不适于进行分半信度运算，因此对高校发展目标定位绩效评价指标权重分量表信度检验只采用了同质性信度检验方法，检验结果如表 9 - 8 所示。

表 9 - 8　　　　　　高校发展目标定位绩效评价指标权重分量
表同质性信度检验结果一览表

Index Items	Cronbach's Alpha	Cronbach's Alpha Based on Standardized Items	N of Items
高校发展目标定位过程	0.783	0.791	5
高校发展目标定位合理性	0.785	0.783	7
高校发展目标定位实施	0.618	0.635	3
高校发展目标定位效果	0.839	0.839	7
高校发展目标定位前景	0.764	0.767	3

　　经过检验，案例高校发展目标定位绩效评价指标权重总量表克伦巴赫 α 信度系数为 0.942（如表 9 - 6 所示），分半信度系数为 0.958（如表 9 - 7 所示）。各分量表克伦巴赫 α 系数如表 9 - 8 所示，高校发展目标定位过程分量表克伦巴赫 α 系数为 0.783，定位合理性分量表为 0.785，定位实施分量表为 0.618，定位效果分量表为 0.839，定位前景分量表为 0.764。可见，除定位实施分量表克伦巴赫 α 系数介于 0.6 至 0.7，高校发展目标定位绩效评价指标权重总量表和其余分量表信度系数均大于 0.7，表明高校发展目标定位绩效评价指标权重量表具有较高的内部一致

性，量表信度较高。

2. 效度检验

效度主要评价量表的准确性、有效性和正确性。其中，内容和结构效度一般被认为是检验效度的最常用和最有效方法，本研究也采用这两种方法。

内容效度方面，在量表指标体系设计过程中，笔者查阅了大量国内外相关文献，经过向数十位专家学者请教咨询，初步确定了高校发展目标定位绩效评价指标体系。经过专家学者评议和自身多次修正完善，使指标最大限度反映高校发展目标定位绩效问题。经过专家学者认可，形成最终量表。因此，量表具有较高的内容效度。

结构效度方面，采用了相关分析方法，检验结果如表9－9所示。

表9－9　高校发展目标定位绩效评价指标权重量表结构效度检验结果一览表

项目		定位过程	定位合理性	定位实施	定位效果	定位前景	总绩效	N值
定位过程	相关系数	1.000	0.638	0.688	0.630	0.700	0.855	121
	显著性水平		＊＊＊	＊＊＊	＊＊＊	＊＊＊	＊＊＊	
定位合理性	相关系数	0.638	1.000	0.630	0.635	0.606	0.842	121
	显著性水平	＊＊＊		＊＊＊	＊＊＊	＊＊＊	＊＊＊	
定位实施	相关系数	0.688	0.630	1.000	0.678	0.644	0.821	121
	显著性水平	＊＊＊	＊＊＊		＊＊＊	＊＊＊	＊＊＊	
定位效果	相关系数	0.630	0.635	0.678	1.000	0.761	0.883	121
	显著性水平	＊＊＊	＊＊＊	＊＊＊		＊＊＊	＊＊＊	
定位前景	相关系数	0.700	0.606	0.644	0.761	1.000	0.855	121
	显著性水平	＊＊＊	＊＊＊	＊＊＊	＊＊＊		＊＊＊	
总绩效	相关系数	0.855	0.842	0.821	0.883	0.855	1.000	121
	显著性水平	＊＊＊	＊＊＊	＊＊＊	＊＊＊	＊＊＊		

＊＊. Correlation is significant at the 0.01 level (2 - tailed).

注：＊代表小于0.05；＊＊代表小于0.01；＊＊＊代表小于0.001。

Pearson 相关分析结果表明，由表9－9可见，在0.01的显著性水平下，高校发展目标定位绩效评价总量表与各分量表平均值相关系数均大于

0.8，各分量表平均值相关系数均大于0.6，p < 0.01，均呈显著正相关，表明量表结构效度较高。

二　高校发展目标定位绩效评价指标体系应用

（一）研究评价

1. 信度评价

本研究所用量表为李克特五级标准化测定量表，故采用同质性信度和分半信度两种方法分别对总量表和各分量表进行信度检验，总量表信度检验结果如表9-10、表9-11所示。

表9-10　　　　高校发展目标定位绩效评价量表同质性信度检验结果一览表

Cronbach's Alpha	Cronbach's Alpha Based on Standardized Items	N of Items
0.981	0.982	25

表9-11　　　　高校发展目标定位绩效评价量表分半信度检验结果一览表

Cronbach's Alpha	Part 1	Value	0.964
		N of Items	13[a]
	Part 2	Value	0.958
		N of Items	12[b]
	Total N of Items		25
Correlation Between Forms			0.982
Spearman-Brown Coefficient	Equal Length		0.991
	Unequal Length		0.991
Guttman Split-Half Coefficient			0.991

a. The items are：学校开展过专门学校发展目标定位工作，经过专门论证，学校发展目标定位纳入学校章程或以学校文件形式下发，教职员工对学校发展目标定位了解程度，学校发展目标定位与国家经济社会发展契合程度，学校发展目标定位与区域高等教育发展契合程度，学校发展目标定位与学校办学传统契合程度，学校发展目标定位在学校规划或年度工作计划中显示程度，学校发展目标定位实现程度，学校发展目标定位对加大办学经费投入作用，学校发展目标定位对提高人才培养质量作用，学校发展目标定位对提高学校社会服务能力作用，相信学校发展目标定位能够促进学校办学实力提升，今后为全面实现学校发展目标努力程度。

b. The items are：教职员工参与学校发展目标定位工作程度，学校开展发展目标定位解释宣传工作，学校发展目标定位与区域或行业经济社会发展契合程度，学校发展目标定位与国家高等教育发展契合程度，学校发展目标定位特色，学校发展目标定位与学校办学条件契合程度，学校对发展目标定位落实情况进行监督、检查和反馈，定期进行总结，学校发展目标定位对深化学校改革作用，学校发展目标定位对教职员工激励作用，学校发展目标定位对提升学校科研水平作用，学校发展目标定位对提升学校社会影响力作用，相信学校发展目标定位能够实现或更好地实现。

当分量表项目数小于 10 时一般不适于进行分半信度运算，因此对高校发展目标定位绩效评价各分量表信度检验只采用了同质性信度检验方法，所得结果如表 9 - 12 所示。

表 9 - 12　高校发展目标定位绩效评价分量表克伦巴赫 α 信度检验结果一览表

Index Items	Cronbach's Alpha	Cronbach's Alpha Based on Standardized Items	N of Items
高校发展目标定位过程	0.922	0.929	5
高校发展目标定位合理性	0.953	0.954	7
高校发展目标定位实施	0.930	0.930	3
高校发展目标定位效果	0.959	0.960	7
高校发展目标定位前景	0.922	0.922	3

经过检验，高校发展目标定位绩效评价总量表同质性信度系数为0.981（如表 9 - 10 所示），分半信度系数为 0.991（如表 9 - 11 所示），各分量表信度系数如表 9 - 12 所示，高校发展目标定位过程分量表克伦巴赫 α 系数为 0.922，定位合理性分量表克伦巴赫 α 系数为 0.953，定位实施分量表克伦巴赫 α 系数为 0.930，定位效果分量表克伦巴赫 α 系数为0.959，定位前景分量表克伦巴赫 α 系数为 0.922，总量表和各分量表信度系数均大于 0.9，表明高校发展目标定位绩效评价量表具有较高的内部一致性，量表信度较高。

2. 效度评价

内容效度方面，在量表指标体系设计过程中，笔者查阅了大量国内外相关文献，经过向数十位专家学者请教咨询，初步确定了指标体系，经过专家学者评议和自身多次修正完善，使指标最大限度反映高校发展目标定位绩效问题，经过专家学者认可，形成最终量表。因此，量表具有较高的内容效度。

结构效度方面，采用了相关分析方法，检验结果如表9-13所示。

表9-13　　　高校发展目标定位绩效评价量表结构效度检验结果一览表

项目		定位过程	定位合理性	定位实施	定位效果	定位前景	总绩效	N值
定位过程	相关系数	1.000	0.638	0.688	0.630	0.700	0.852	121
	显著性水平		＊＊＊	＊＊＊	＊＊＊	＊＊＊	＊＊＊	
定位合理性	相关系数	0.638	1.000	0.630	0.635	0.606	0.841	121
	显著性水平	＊＊＊		＊＊＊	＊＊＊	＊＊＊	＊＊＊	
定位实施	相关系数	0.688	0.630	1.000	0.678	0.644	0.82	121
	显著性水平	＊＊＊	＊＊＊		＊＊＊	＊＊＊	＊＊＊	
定位效果	相关系数	0.630	0.635	0.678	1.000	0.761	0.880	121
	显著性水平	＊＊＊	＊＊＊	＊＊＊		＊＊＊	＊＊＊	
定位前景	相关系数	0.700	0.606	0.644	0.761	1.000	0.862	121
	显著性水平	＊＊＊	＊＊＊	＊＊＊	＊＊＊		＊＊＊	
总绩效	相关系数	0.852	0.841	0.820	0.880	0.862	1.000	121
	显著性水平	＊＊＊	＊＊＊	＊＊＊	＊＊＊	＊＊＊		

＊＊. Correlation is significant at the 0.01 level (2－tailed).

注：＊代表小于0.5；＊＊代表小于0.05；＊＊＊代表小于0.01。

Pearson 相关分析结果表明，由表9-13可见，在0.01的显著性水平下，高校发展目标定位绩效评价总量表与各分量表平均值相关系数均大于0.8，各分量表平均值相关系数均大于0.6，$p < 0.01$，均呈显著正相关，表明量表结构效度较高。

（二）数据分析

1. 案例高校发展目标定位整体绩效分析

案例高校发展目标定位绩效整体水平一定程度上反映了高校发展目标定位绩效水平，有利于从整体上把握和考察我国高校发展目标定位制定和落实情况。同时，各分项绩效作为整体绩效的组成部分，有助于具体反映案例高校发展目标定位各环节落实情况，同时，也便于高校管理人员和任课教师具体和直观评价。对变量赋值并加权处理后，我们得到整体及各分量表绩效加权平均分，1 分最低，10 分最高，如表 9 - 14 所示。

表 9 - 14　案例高校发展目标定位整体及各维度绩效单样本 T 检验结果一览表

指标名称	均值	标准差	标准误	N 值	T 值	自由度	显著性水平
整体绩效	8.002	1.595	0.083	371	30.215	370	＊＊＊
定位过程	7.713	1.904	0.098	382	22.712	381	＊＊＊
定位合理性	7.989	1.649	0.080	422	30.998	421	＊＊＊
定位实施	7.771	1.830	0.089	426	25.612	425	＊＊＊
定位效果	7.771	1.777	0.086	426	26.371	425	＊＊＊
定位前景	8.007	1.882	0.090	438	27.888	437	＊＊＊

＊ The mean difference is significant at the 0.01 level.

注：＊代表小于 0.05；＊＊代表小于 0.01；＊＊＊代表小于 0.001。

由表 9 - 14 可见，案例高校发展目标定位绩效整体平均分为 8.00 分（保留两位小数，以下同），刚好达到很好水平。同时，各分量表绩效平均分均超过 5.50 分这一理论中值。单样本 T 检验结果显示，在 0.01 的显著性水平下，各分量表绩效平均分与理论中值之间存在显著性差异，表明各分量表绩效平均分均显著高于理论中值即一般水平。其中，定位前景加权评分最高，加权平均分为 8.00 分，定位过程最低，加权平均分为 7.71 分。如果将平均分在 0—2 分之间定义为很差，2—4 分之间定义为较差，4—6 分之间定义为一般，6—8 分之间定义为较好，8—10 分之间定义为很好的话。可以看出，目前案例高校领导干部、公共课教师和专业课教师认为本校发展目标定位实施情况整体很好。同时也可看出各分量表绩效平均分均介于 7.71—8.00 分之间，整体绩效平均分刚好达到 8.00 分，绝大部分没有超过 8 分，即没有达到很好水平，表明案例高校发展目标定位绩效仍有较大提升空间。

2. 不同学校发展目标定位绩效比较分析

所选案例高校分别代表了于院校调整时期成立的有 60 年左右建校历史的教育部直属国家重点高校和 1978 年后新升格的地方普通本科院校，

通过比较分析，以揭示不同高校发展目标定位方面的差异。

（1）整体绩效方面

高校领导干部和任课教师是高校发展目标定位的主要策划者、实施者和直接感知者，对所在高校发展目标定位绩效的整体评价，很大程度上反映了该校发展目标定位工作开展的整体水平。因此，在进行校际间比较分析时，首先应比较整体绩效，它是比较分析各分项指标的基点，能使我们从宏观上把握不同高校在发展目标定位方面的差异。经过独立样本 T 检验分析，得出案例高校发展目标定位绩效各自均值及差异显著性情况，如表 9 – 15 所示。

表 9 – 15　　　　不同案例高校发展目标定位总绩效独立样本 T 检验结果一览表

指标级别	指标名称	案例高校	N 值	均值	标准差	标准误	T 值	显著性水平
总指标	高校发展目标定位绩效	HL 大学	170	7.0589	1.59257	0.12214	– 12.086	＊＊＊
		HK 大学	201	8.7990	1.08045	0.07621		

＊ The mean difference is significant at the 0.01 level.

注：＊代表小于 0.05；＊＊代表小于 0.01；＊＊＊代表小于 0.001。

由表 9 – 15 可见，HK 大学发展目标定位整体绩效较高，加权平均分为 8.80 分，处于很好水平；HL 大学发展目标定位整体绩效较低，加权平均分为 7.06 分，处于较好水平。独立样本 T 检验结果显示，在 0.01 的显著性水平下，案例高校发展目标定位整体绩效存在显著性差异，HK 大学发展目标定位绩效显著高于 HL 大学。进一步分析发现，如表 9 – 16 至表 9 – 20 所示，除在整体上，在各一级与二级指标方面，HK 大学发展目标定位绩效均显著高于 HL 大学。下面具体分析一、二级指标情况。

（2）定位过程方面

高校发展目标定位过程是高校确立发展目标定位所经过的程序或阶段，包括定位确立和普及等方面。定位本身合理程度很大程度上取决于定位过程合理程度。经过独立样本 T 检验，得出案例高校发展目标定位过程绩效加权平均分及显著性差异情况，如表 9 – 16 所示。

表9-16　不同案例高校发展目标定位过程绩效独立样本 T 检验结果一览表

指标级别	指标名称	案例高校	N 值	均值	标准差	标准误	T 值	显著性水平
一级指标	定位过程	HL 大学	180	6.6232	1.89643	0.14135	-12.273	＊＊＊
		HK 大学	202	8.6841	1.28849	0.09066		
二级指标	定位确立	HL 大学	181	6.6718	2.02967	0.15086	-11.286	＊＊＊
		HK 大学	202	8.7066	1.40329	0.09874		
	定位普及	HL 大学	215	6.3574	2.05367	0.14006	-12.590	＊＊＊
		HK 大学	219	8.5509	1.53366	0.10363		

　　＊ The mean difference is significant at the 0.01 level.

　　注：＊代表小于0.05；＊＊代表小于0.01；＊＊＊代表小于0.001。

由表9-16可见，HK 大学发展目标定位过程整体绩效较高，加权平均分为8.68分，处于很好水平。HL 大学发展目标定位过程整体绩效较低，加权平均分为6.62分，处于较好水平。独立样本 T 检验结果显示，在0.01的显著性水平下，无论一级指标还是二级指标，两校之间存在显著性差异，HK 大学发展目标定位过程整体绩效显著高于 HL 大学。

（3）定位合理性方面

高校发展目标定位合理性指高校发展目标定位符合高等教育和高等学校发展客观规律的程度，主要体现在高校发展目标定位是否具有特色，定位与国家、区域或行业经济社会发展契合程度以及定位与国家和区域高等教育发展及学校办学传统和办学条件的契合程度等。经过独立样本 T 检验，得出案例高校发展目标定位合理性绩效加权平均分及显著性差异情况，如表9-17所示。

表9-17　不同案例高校发展目标定位合理性绩效独立样本 T 检验结果一览表

指标级别	指标名称	案例高校	N 值	均值	标准差	标准误	T 值	显著性水平
一级指标	定位合理性	HL 大学	205	7.1368	1.68105	0.11741	-11.788	＊＊＊
		HK 大学	217	8.7931	1.13713	0.07719		
二级指标	定位契合经济社会发展	HL 大学	215	6.9350	1.86572	0.12724	-10.603	＊＊＊
		HK 大学	219	8.6594	1.49893	0.10129		

续表

指标级别	指标名称	案例高校	N 值	均值	标准差	标准误	T 值	显著性水平
二级指标	定位契合高等教育发展	HL 大学	216	7.2377	1.85721	0.12637	-9.693	＊＊＊
		HK 大学	220	8.7401	1.33135	0.08976		
	定位特色及契合办学传统和条件	HL 大学	215	7.0681	1.76477	0.12036	-13.030	＊＊＊
		HK 大学	220	8.9188	1.11868	0.07542		

＊ The mean difference is significantat the 0.01 level.

注：＊代表小于 0.05；＊＊代表小于 0.01；＊＊＊代表小于 0.001。

由表 9 - 17 可见，HK 大学发展目标定位合理程度整体绩效较高，加权平均分为 8.79 分，处于很好水平。HL 大学发展目标定位合理程度整体绩效较低，加权平均分为 7.14 分，处于较好水平。独立样本 T 检验结果显示，在 0.01 的显著性水平下，无论一级指标还是二级指标，两校之间存在显著性差异，HK 大学发展目标定位合理程度显著高于 HL 大学。

（4）定位实施方面

高校发展目标定位实施指高校发展目标定位由目标向现实转化的过程，包括发展目标在学校规划或年度工作计划中体现情况，对高校发展目标定位实施情况进行监督、检查、反馈及定期总结情况以及高校发展目标定位实现情况等。经过独立样本 T 检验，得出两校发展目标定位实施绩效加权平均分及显著性差异情况，如表 9 - 18 所示。

表 9 - 18　不同案例高校发展目标定位实施绩效独立样本 T 检验结果一览表

指标级别	指标名称	案例高校	N 值	均值	标准差	标准误	T 值	显著性水平
一级指标	定位实施	HL 大学	208	6.8377	1.71764	0.11910	-11.798	＊＊＊
		HK 大学	218	8.6608	1.45369	0.09846		
二级指标	定位显示度	HL 大学	216	6.9444	1.92817	0.13120	-10.453	＊＊＊
		HK 大学	220	8.6955	1.54476	0.10415		

续表

指标级别	指标名称	案例高校	N 值	均值	标准差	标准误	T 值	显著性水平
二级指标	定位实施过程	HL 大学	210	6.7190	1.90746	0.13163	−10.992	＊＊＊
		HK 大学	219	8.6347	1.69020	0.11421		
	定位实施结果	HL 大学	216	6.7361	1.82484	0.12416	−11.841	＊＊＊
		HK 大学	221	8.6425	1.52369	0.10249		

＊ The mean difference is significant at the 0.01 level.

注：＊代表小于 0.05；＊＊代表小于 0.01；＊＊＊代表小于 0.001。

由表 9 − 18 可见，HK 大学发展目标定位实施整体绩效较高，加权平均分为 8.66 分，处于很好水平。HL 大学发展目标定位实施整体绩效较低，加权平均分为 6.84 分，处于较好水平。独立样本 T 检验结果显示，在 0.01 的显著性水平下，无论一级指标还是二级指标，两校之间存在显著性差异，HK 大学发展目标定位实施整体绩效显著高于 HL 大学。

（5）定位效果方面

高校发展目标定位效果指高校发展目标定位导致的结果和影响，主要体现在高校发展目标定位深化学校改革、加大办学经费投入、激励师生员工以及提升学校人才培养质量、科学研究水平、社会服务能力和社会影响力作用等方面。经过独立样本 T 检验，得出案例高校发展目标定位效果绩效加权平均分及显著性差异情况，如表 9 − 19 所示。

表 9 − 19   不同案例高校发展目标定位效果绩效独立样本 T 检验结果一览表

指标级别	指标名称	案例高校	N 值	均值	标准差	标准误	T 值	显著性水平
一级指标	定位效果	HL 大学	207	6.8960	1.70833	0.11874	−11.177	＊＊＊
		HK 大学	219	8.5974	1.40952	0.09525		
二级指标	改善办学环境作用	HL 大学	207	6.8466	1.85696	0.12907	−10.935	＊＊＊
		HK 大学	219	8.6176	1.44779	0.09783		
	提升办学实力	HL 大学	217	6.8398	1.80265	0.12237	−11.152	＊＊＊
		HK 大学	221	8.5890	1.45871	0.09812		

＊ The mean difference is significant at the 0.01 level.

注：＊代表小于 0.05；＊＊代表小于 0.01；＊＊＊代表小于 0.001。

由表 9 - 19 可见，HK 大学发展目标定位效果整体绩效较高，加权平均分为 8.60 分，处于很好水平。HL 大学发展目标定位效果整体绩效较低，加权平均分为 6.90 分，处于较好水平。独立样本 T 检验结果显示，在 0.01 的显著性水平下，无论一级指标还是二级指标，两校之间存在显著性差异，HK 大学发展目标定位效果整体绩效显著高于 HL 大学。

（6）定位前景方面

高校发展目标定位前景是人们对高校发展目标定位发展趋势的主观看法和预期。主要体现在对高校发展目标定位可实现性和促进高校办学实力提升作用的信任程度以及为实现高校发展目标定位的努力程度等。经过独立样本 T 检验，得出案例高校发展目标定位前景绩效加权平均分及显著性差异情况，如表 9 - 20 所示。

表 9 - 20　不同案例高校发展目标定位前景绩效独立样本 T 检验结果一览表

指标级别	指标名称	案例高校	N 值	均值	标准差	标准误	T 值	显著性水平
一级指标	定位前景	HL 大学	217	7.1647	1.94058	0.13173	- 10.323	＊＊＊
		HK 大学	221	8.8345	1.39532	0.09386		
二级指标	定位信任程度	HL 大学	219	7.1463	1.93004	0.13042	- 10.335	＊＊＊
		HK 大学	221	8.7980	1.37313	0.09237		
	实现定位努力程度	HL 大学	217	7.1873	2.11066	0.14328	- 9.955	＊＊＊
		HK 大学	220	8.9091	1.43693	0.09688		

＊ The mean difference is significant at the 0.01 level.

注：＊代表小于 0.05；＊＊代表小于 0.01；＊＊＊代表小于 0.001。

由表 9 - 20 可见，HK 大学发展目标定位前景整体绩效较高，加权平均分为 8.83 分，处于很好水平。HL 大学发展目标定位前景整体绩效较低，加权平均分为 7.16 分，处于较好水平。独立样本 T 检验结果显示，在 0.01 的显著性水平下，无论是一级指标还是二级指标，两校之间存在显著性差异，HK 大学发展目标定位前景整体绩效显著高于 HL 大学。

由以上分析可知，案例高校发展目标定位整体绩效刚好处于很好水平，同时不同高校和不同定位环节之间存在诸多差异。经过独立样本 T

检验可知，如表 9 - 16 至表 9 - 20 所示，在 0.01 的显著性水平下，HL 大学发展目标定位绩效无论整体还是各分项均显著低于 HK 大学，可见办学层次和发展水平较高的大学其发展目标定位工作开展情况不一定好于普通高校。究其原因，客观上一方面可能因为重点高校虽然发展基础较好，层次水平较高，但多以国内著名、国内一流以至世界知名、世界一流为发展目标定位，其发展目标定位本身较高，定位实现难度相对较大，导致定位落实工作难度较大，定位实现程度较低。一般高校在根据自身现实情况基础上进行合理定位，避免攀高和趋同，虽然办学基础相对较弱，发展水平相对较低，但其发展目标定位实现难度可能相对较小，定位实现程度可能高于国家重点高校。另一方面以研究型大学为代表的国家重点大学其办学职能多元化特征更加突出，除教学外，科研和社会服务等也是其重要职能，较之以教学为主要任务的大学，其目标、精力和资源等更加分散，发展任务更加艰巨，导致发展水平与发展目标定位相比偏低。主观上，一方面，可能因为当前我国高校发展目标定位效仿其他高校现象严重，没有依据自身实际情况进行合理定位，导致定位缺乏特色且盲目攀高，定位合理程度和实现水平等固然较低。另一方面，可能因为一些高校对发展目标定位认识水平和重视程度有待提升。一些高校将发展目标定位视作提升学校内部凝聚力和外部影响力的一种工具或口号，没有予以认真制定和切实贯彻落实，导致学校发展目标定位绩效整体水平较低。

3. 不同评价主体高校发展目标定位绩效比较分析

本研究调查对象包括高校领导干部、公共课教师和专业课教师等。不同评价主体在工作对象、范围、内容和性质等方面存在诸多差异，对高校发展目标定位问题的感知与评价也可能存在不同。通过比较分析，以期更加全面、客观考察案例高校发展目标定位工作开展情况。依据工作内容、范围和视野不同，本研究将调查对象即评价主体分为两部分，一部分是高校领导干部和公共课教师，这部分人员负责全校范围教学、科研以及管理工作；另一部分是高校专业课教师，这部分人员一般只负责本专业教学和科研等工作。

（1）整体绩效方面

高校领导干部负责全校范围内管理工作，是高校发展目标定位的主要策划者和推动实施者，对高校发展目标定位相对更为了解；高校公共课教师一般负责全校范围教学和科研工作，工作视野相对较宽；高校专业课教师一般只负责本专业教学和科研工作，工作内容相对单一，工作范围相对较窄。三者同是高校发展目标定位主要落实者和落实情况直接感知者，比较分析其不同评价，有利于全面和深入考察案例高校发展目标定位工作开展情况。经过独立样本 T 检验，如表 9 - 21 所示，得出不同评价主体对案例高校发展目标定位整体绩效的评价及显著性差异情况。

表 9 - 21　　案例高校不同评价主体高校发展目标定位绩效评价
独立样本 T 检验结果一览表

指标级别	指标名称	评价主体	N 值	均值	标准差	标准误	T 值	显著性水平
总指标	高校发展目标定位绩效	干部、公共课教师	103	8.0808	1.69212	0.16673	0.592	0.554
		专业课教师	268	7.9712	1.55791	0.09516		
一级指标	定位过程	干部、公共课教师	107	7.8417	1.86247	0.18005	0.823	0.411
		专业课教师	275	7.6629	1.92146	0.11587		
	定位合理性	干部、公共课教师	127	7.9877	1.69321	0.15025	- 0.006	0.995
		专业课教师	295	7.9888	1.63275	0.09506		
	定位实施	干部、公共课教师	130	7.8589	1.84099	0.16147	0.659	0.510
		专业课教师	296	7.7319	1.82670	0.10617		
	定位效果	干部、公共课教师	130	7.8836	1.82744	0.16028	0.869	0.385
		专业课教师	296	7.7211	1.75552	0.10204		
	定位前景	干部、公共课教师	133	8.0773	1.94957	0.16905	0.514	0.607
		专业课教师	305	7.9767	1.85351	0.10613		
二级指标	定位确立	干部、公共课教师	107	7.9831	1.88158	0.18190	1.451	0.148
		专业课教师	276	7.6526	2.04397	0.12303		
	定位普及	干部、公共课教师	131	7.4830	2.16915	0.18952	0.121	0.903
		专业课教师	303	7.4561	2.09508	0.12036		
	定位契合经济社会发展	干部、公共课教师	129	7.7490	1.89976	0.16726	- 0.400	0.689
		专业课教师	305	7.8289	1.89767	0.10866		
	定位契合高等教育发展	干部、公共课教师	133	8.1202	1.69125	0.14665	0.967	0.334
		专业课教师	303	7.9412	1.81537	0.10429		

续表

指标级别	指标名称	评价主体	N 值	均值	标准差	标准误	T 值	显著性水平
二级指标	定位特色及契合办学传统和条件	干部、公共课教师	133	8.0312	1.86917	0.16208	0.216	0.829
		专业课教师	302	7.9921	1.68211	0.09679		
	定位显示度	干部、公共课教师	133	7.8647	1.92976	0.16733	0.260	0.795
		专业课教师	303	7.8119	1.96347	0.11280		
	定位实施过程	干部、公共课教师	131	7.8321	2.02353	0.17680	0.910	0.363
		专业课教师	298	7.6376	2.04401	0.11841		
	定位实施结果	干部、公共课教师	134	7.7537	1.97517	0.17063	0.385	0.700
		专业课教师	303	7.6766	1.91223	0.10985		
	改善办学环境作用	干部、公共课教师	130	7.8963	1.87947	0.16484	1.014	0.311
		专业课教师	296	7.6959	1.87919	0.10923		
	提升办学实力和社会影响力作用	干部、公共课教师	133	7.8463	1.88634	0.16357	0.923	0.357
		专业课教师	305	7.6684	1.84286	0.10552		
	定位信任程度	干部、公共课教师	134	8.1346	1.89290	0.16352	1.182	0.238
		专业课教师	306	7.9064	1.85149	0.10584		
	实现定位努力程度	干部、公共课教师	133	8.0226	2.09424	0.18159	-0.218	0.827
		专业课教师	304	8.0679	1.95595	0.11218		

* The mean difference is significant at the 0.01 level.

独立样本 T 检验结果显示，如表 9 - 21 所示，在 0.01 的显著性水平下，无论整体还是各结构维度，案例高校不同工作人员对本校发展目标定位工作绩效评价均没有显著性差异，表明不同工作人员对本校发展目标定位工作看法基本一致。同时，由表 9 - 21 可见，尽管 T 检验结果显示两者对整体与各分项的评价没有显著性差异，但案例高校领导干部和公共课教师整体绩效评价加权平均分为 8.08 分，按之前划定标准处于很好水平，专业课教师加权平均分为 7.97 分，按之前划定的标准处于较好水平。可见，在数值上虽没有较大差异，但层次上却相差一级。同时，在高校发展目标定位前景绩效评价中，案例高校领导干部和公共课教师加权平均分为 8.08 分，处于很好水平，专业课教师为 7.98 分，处于较好水平。在其他分项上，案例高校领导干部和公共课教师对本校发展目标定位工作绩效的评价均稍高于专业课教师，表明案例高校领导干部和公共课教师对本校发展目标定位工作评价普遍高于专业课教师。究其原因，一方面可能因为在当前我国高校管理体制下，高校发展目标定位多由高校领导层决策与制定，因而对定位落实及其作用发挥的评价可能具有主观的情感倾向性，导致评价相对较高。另一方面可能因为高校领导干部和公共课教师工作内容、范围和视野等相对较广，对高校发展目标定位了解程度较高，对其制定和落实情况以及作用发挥情况关注度较高，感触较深，因而评价相对较高。专业课教师由于主要负责本专业教学和科研等工作，对不直接指导其日常工作的高校发展目标定位认知和了解程度较低，对其贯彻落实以及作用发挥情况感触较少，导致评价相对较低。

（2）不同高校不同评价主体高校发展目标定位绩效比较分析

通过整体上的比较可以概括地了解高校不同工作人员对高校发展目标定位工作评价的差异情况。然而不同高校因其实际情况不同，其不同工作人员对本校发展目标定位评价的差异状况可能不同。为了深入了解高校不同工作人员对高校发展目标定位工作的评价，需要具体分析不同高校中不同工作人员的评价。

①HL 大学不同评价主体高校发展目标定位绩效评价比较分析

经过独立样本 T 检验，得出 HL 大学不同工作人员对本校发展目标定位整体绩效评价加权平均分及其显著性差异情况，如表 9－22 所示。

表 9－22　　　　HL 大学不同评价主体高校发展目标定位绩效评价
独立样本 T 检验结果一览表

指标级别	指标名称	评价主体	N 值	均值	标准差	标准误	T 值	显著性水平
总指标	高校发展目标定位绩效	干部、公共课教师	53	7.0992	1.65229	0.22696	0.221	0.825
		专业课教师	117	7.0407	1.57169	0.14530		
一级指标	定位过程	干部、公共课教师	57	6.8409	1.83021	0.24242	1.049	0.296
		专业课教师	123	6.5223	1.92531	0.17360		
	定位合理性	干部、公共课教师	68	7.0143	1.62084	0.19656	－0.734	0.464
		专业课教师	137	7.1976	1.71272	0.14633		
	定位实施	干部、公共课教师	71	6.8585	1.81760	0.21571	0.125	0.901
		专业课教师	137	6.8270	1.67025	0.14270		

续表

指标级别	指标名称	评价主体	N 值	均值	标准差	标准误	T 值	显著性水平
一级指标	定位效果	干部、公共课教师	70	6.9155	1.79039	0.21399	0.117	0.907
		专业课教师	137	6.8861	1.67150	0.14281		
	定位前景	干部、公共课教师	72	7.2016	1.93213	0.22770	0.197	0.844
		专业课教师	145	7.1464	1.95118	0.16204		
二级指标	定位确立	干部、公共课教师	57	7.0351	1.92489	0.25496	1.640	0.103
		专业课教师	124	6.5048	2.06214	0.18519		
	定位普及	干部、公共课教师	70	6.3810	2.13359	0.25501	0.117	0.907
		专业课教师	145	6.3460	2.02141	0.16787		
	定位契合经济社会发展	干部、公共课教师	70	6.8245	1.71062	0.20446	-0.603	0.547
		专业课教师	145	6.9884	1.93960	0.16107		
	定位契合高等教育发展	干部、公共课教师	72	7.2919	1.71306	0.20189	0.303	0.762
		专业课教师	144	7.2106	1.93045	0.16087		
	定位特色及契合办学传统和条件	干部、公共课教师	72	6.9077	1.76023	0.20745	-0.945	0.346
		专业课教师	143	7.1488	1.76770	0.14782		
	定位显示度	干部、公共课教师	73	6.8904	1.95478	0.22879	-0.294	0.769
		专业课教师	143	6.9720	1.92077	0.16062		
	定位实施过程	干部、公共课教师	71	6.7324	1.99254	0.23647	0.072	0.942
		专业课教师	139	6.7122	1.86984	0.15860		
	定位实施结果	干部、公共课教师	73	6.7808	1.98779	0.23265	0.257	0.798
		专业课教师	143	6.7133	1.74268	0.14573		
	改善办学环境作用	干部、公共课教师	70	6.9399	1.90561	0.22776	0.515	0.607
		专业课教师	137	6.7990	1.83685	0.15693		
	提升办学实力和社会影响力作用	干部、公共课教师	72	6.8436	1.80199	0.21237	0.022	0.982
		专业课教师	145	6.8379	1.80922	0.15025		
	定位信任程度	干部、公共课教师	73	7.2932	1.87380	0.21931	0.795	0.427
		专业课教师	146	7.0729	1.95977	0.16219		
	实现定位努力程度	干部、公共课教师	72	7.1250	2.12256	0.25015	-0.306	0.760
		专业课教师	145	7.2182	2.11142	0.17534		

* The mean difference is significant at the 0. 01 level.

　　由表 9 - 22 可见，在 0.01 的显著性水平下，无论整体还是各一级指标和二级指标，HL 大学领导干部和公共课教师对本校发展目标定位绩效的评价与专业课教师之间不存在显著性差异，表明 HL 大学不同工作人员对本校发展目标定位工作的评价基本一致。这也从侧面反映出本次调查所得数据的可靠性，以及应用本方法考察高校发展目标定位绩效的可行性。

　　进一步分析发现，HL 大学领导干部和公共课教师对本校发展目标定位工作多数指标的评价均稍高于专业课教师，尤其是定位过程和前景。这表明 HL 大学管理干部和公共课教师对实现本校发展目标定位的热情和信心稍高于专业课教师。专业课教师作为高校教职员工的主体，是高校发展目标定位的主要实施和落实者，高校发展目标定位只有为广大教师所感知、所内化、所支持，才能转化为日常工作的目标和动力，才能促进高校发展目标定位实现。HL 大学应加强发展目标定位的普及和宣传工作，提升教师对定位的了解程度，鼓励教师为实现学校发展目标定位而团结协作，努力奋斗。在定位合理性、定位实施中的定位显示程度以及定位效果中的提升高校办学实力和社会影响力作用方面，高校专业课教师评价稍高于领导干部和公共课教师，可能因为上述指标多属软指标，缺乏客观衡量标准，适宜于定性评价，是管理干部和任课教师可依据个人立场、见解和标准进行主观判断的结果。

　　②HK 大学不同评价主体学校发展目标定位绩效评价比较分析

　　经过统计分析可知，如表 9 - 23 至表 9 - 28 所示，同 HL 大学相仿，HK 大学领导干部和公共课教师对本校发展目标定位工作的评价无论整体还是各级指标均高于专业课教师。同时，独立样本 T 检验结果显示，在 0.01 的显著性水平下，HK 大学领导干部和公共课教师对本校发展目标定位整体绩效的评价显著高于专业课教师。在一级指标方面，在 0.01 的显著性水平下，前者对定位合理性、实施、效果和前景的评价显著高于后者。在二级指标方面，在 0.01 的显著性水平下，前者对高校发展目标定位确立、定位契合高等教育发展程度、定位特色、定位契合高校办学传统和现实办学条件程度、定位显示程度、定位实施过程、定位改善办学环境、提升办学实力及社会影响力作用以及实现定位努力程度的评价显著高于后者，具体情况如下。

　　<1>整体绩效方面

　　经过独立样本 T 检验，得到 HK 大学不同评价主体高校发展目标定位

整体绩效评价加权平均分及显著性差异情况，如表9-23所示。

表9-23　　　　　HK大学不同评价主体高校发展目标定位整体
绩效评价独立样本T检验结果一览表

指标级别	指标名称	评价主体	N值	均值	标准差	标准误	T值	显著性水平
总指标	高校发展目标定位绩效	干部、公共课教师	50	9.1213	0.95711	0.13536	2.464	0.015
		专业课教师	151	8.6922	1.10052	0.08956		

　　* The mean difference is significant at the 0.01 level.

　　由表9-23可见，HK大学领导干部和公共课教师对本校发展目标定位绩效评价加权平均分为9.12分，专业课教师为8.69分，均处于很好水平。独立样本T检验结果显示，在0.01的显著性水平下，两者之间不存在显著性差异。可见，在高校发展目标定位整体绩效评价方面，HK大学领导干部和公共课教师与专业课教师之间不存在显著性差异。

　　<2>定位过程方面

　　经过独立样本T检验，得出HK大学不同评价主体高校发展目标定位过程绩效评价加权平均分及显著性差异情况，如表9-24所示。

表9-24　　　　　HK大学不同评价主体高校发展目标定位过程
绩效评价独立样本T检验结果一览表

指标级别	指标名称	评价主体	N值	均值	标准差	标准误	T值	显著性水平
一级指标	定位过程	干部、公共课教师	50	8.9826	1.08737	0.15378	1.900	0.059
		专业课教师	152	8.5860	1.33681	0.10843		
二级指标	定位确立	干部、公共课教师	50	9.0639	1.08940	0.15406	2.093	0.038
		专业课教师	152	8.5891	1.47648	0.11976		
	定位普及	干部、公共课教师	61	8.7476	1.38452	0.17727	1.180	0.239
		专业课教师	158	8.4750	1.58511	0.12610		

　　* The mean difference is significant at the 0.01 level.

　　由表9-24可见，HK大学领导干部和公共课教师对本校发展目标定位过程绩效评价较高，加权平均分为 8.98 分，专业课教师评价相对较低，加权平均分为 8.59 分，均处于很好水平。独立样本 T 检验结果显示，在 0.01 的显著性水平下，两者之间不存在显著性差异，表明 HK 大学不同工作人员对本校发展目标定位过程的整体评价不存在显著差异。

在二级指标方面，在 0.01 的显著性水平下，HK 大学不同工作人员对高校发展目标定位确立和普及工作评价不存在显著性差异。进一步分析可知，在定位确立方面，在 0.01 的显著性水平下，两者对高校开展专门定位工作或经过专门论证以及定位纳入学校章程或以学校文件形式下发的评价存在显著性差异，对教职工参与学校发展目标定位工作程度的评价不存在显著性差异。在定位普及方面，在 0.01 的显著性水平下，两者对高校开展发展目标定位解释宣传工作以及教职工对高校发展目标定位了解程度的评价均不存在显著性差异。

<3>定位合理性方面

经过独立样本 T 检验，得出 HK 大学不同评价主体高校发展目标定位合理性绩效评价加权平均分及显著性差异情况，如表 9 - 25 所示。

表 9 - 25　　　　HK 大学不同评价主体高校发展目标定位合理性
绩效评价独立样本 T 检验结果一览表

指标级别	指标名称	评价主体	N 值	均值	标准差	标准误	T 值	显著性水平
一级指标	定位合理性	干部、公共课教师	59	9.1097	0.89556	0.11659	2.537	0.012
		专业课教师	158	8.6749	1.19624	0.09517		
二级指标	定位契合经济社会发展	干部、公共课教师	59	8.8460	1.49266	0.19433	1.119	0.264
		专业课教师	160	8.5906	1.50002	0.11859		
	定位契合高等教育发展	干部、公共课教师	61	9.0977	1.01266	0.12966	2.497	0.013
		专业课教师	159	8.6030	1.41390	0.11213		
	定位特色及契合办学传统和条件	干部、公共课教师	61	9.3573	0.84697	0.10844	3.704	0.000
		专业课教师	159	8.7506	1.16596	0.09247		

＊ The mean difference is significant at the 0.01 level.

由表 9 - 25 可见，HK 大学领导干部和公共课教师对本校发展目标定位合理程度评价较高，加权平均分为 9.11 分，专业课教师评价相对较低，加权平均分为 8.67 分，均处于很好水平。独立样本 T 检验结果显示，在 0.01 的显著性水平下，HK 大学不同工作人员评价之间不存在显著性差异。

在二级指标方面，在 0.01 的显著性水平下，HK 大学不同工作人员对高校发展目标定位与经济社会和高等教育发展契合程度的评价不存在显著性差异，对高校发展目标定位特色以及与本校办学传统和现实办学条件契合程度的评价存在显著性差异。

进一步分析可知，在 0.01 的显著性水平下，两者对高校发展目标定位与国家、区域或行业经济社会发展以及国家或区域高等教育发展和高校办学条件契合程度的评价不存在显著性差异，对高校发展目标定位特色以及与本校历史办学传统契合程度的评价存在显著性差异，HK 大学领导干部和公共课教师对学校发展目标定位特色及与本校办学传统契合程度的评价显著高于专业课教师。

可见，在 0.01 的显著性水平下，HK 大学不同工作人员对高校发展目标定位与经济社会和高等教育发展契合程度的评价不存在显著性差异，对高校发展目标定位与本校自身条件契合程度的评价存在显著性差异。

<4> 定位实施方面

经过独立样本 T 检验，得出 HK 大学不同评价主体高校发展目标定位实施绩效评价加权平均分及显著性差异情况，如表 9 - 26 所示。

表 9 - 26　　　　HK 大学不同评价主体高校发展目标定位实施
绩效评价独立样本 T 检验结果一览表

指标级别	指标名称	评价主体	N 值	均值	标准差	标准误	T 值	显著性水平
一级指标	定位实施	干部、公共课教师	59	9.0628	0.92275	0.12013	2.518	0.013
		专业课教师	159	8.5116	1.58336	0.12557		
二级指标	定位显示度	干部、公共课教师	60	9.0500	1.03211	0.13325	2.655	0.009
		专业课教师	160	8.1500	2.54568	0.20125		
	定位实施过程	干部、公共课教师	60	9.1333	1.06511	0.13751	2.721	0.007
		专业课教师	159	8.4465	1.84064	0.14597		

续表

指标级别	指标名称	评价主体	N 值	均值	标准差	标准误	T 值	显著性水平
二级指标	定位实施结果	干部、公共课教师	61	8.9180	1.17324	0.15022	1.666	0.097
		专业课教师	160	8.5375	1.62870	0.12876		

＊ The mean difference is significant at the 0.01 level.

　　由表 9 - 26 可见，HK 大学领导干部和公共课教师对本校发展目标定位实施工作评价相对较高，加权平均分为 9.06 分，专业课教师评价相对较低，加权平均分为 8.51 分，均处于很好水平。独立样本 T 检验结果显示，在 0.01 的显著性水平下，HK 大学不同工作人员之间评价不存在显著性差异。

　　在二级指标方面，在 0.01 的显著性水平下，HK 大学不同工作人员对高校发展目标定位显示程度和定位实施过程的评价存在显著性差异，HK 大学领导干部和公共课教师对学校发展目标定位显示程度和实施过程的评价显著高于专业课教师。两者对定位实施结果的评价不存在显著性差异。

　　进一步分析可知，在 0.01 的显著性水平下，HK 大学领导干部和公共课教师对高校发展目标定位在学校规划或年度工作计划中显示程度和高校对发展目标定位落实情况进行监督、检查、反馈及定期总结的评价显著高于专业课教师，对高校发展目标定位实现程度的评价不存在显著性差异。

　　<5>定位效果方面

　　经过独立样本 T 检验，得出 HK 大学不同评价主体高校发展目标定位效果绩效评价加权平均分及显著性差异情况，如表 9 - 27 所示。

表 9 - 27　　　　HK 大学不同评价主体高校发展目标定位效果
绩效评价独立样本 T 检验结果一览表

指标级别	指标名称	评价主体	N 值	均值	标准差	标准误	T 值	显著性水平
一级指标	定位效果	干部、公共课教师	60	9.0130	1.06956	0.13808	2.719	0.007
		专业课教师	159	8.4406	1.49121	0.11826		

续表

指标级别	指标名称	评价主体	N 值	均值	标准差	标准误	T 值	显著性水平
二级指标	改善办学环境作用	干部、公共课教师	60	9.0122	1.06064	0.13693	2.507	0.013
		专业课教师	159	8.4687	1.54614	0.12262		
	提升办学实力和社会影响力作用	干部、公共课教师	61	9.0298	1.16413	0.14905	2.817	0.005
		专业课教师	160	8.4210	1.52637	0.12067		

* The mean difference is significant at the 0.01 level.

由表 9 - 27 可见，HK 大学领导干部和公共课教师对本校发展目标定位效果绩效评价相对较高，加权平均分为 9.01 分，专业课教师评价相对较低，加权平均分为 8.44 分，均处于很好水平。独立样本 T 检验结果显示，在 0.01 的显著性水平下，HK 大学不同工作人员评价整体上存在显著性差异，该校领导干部和公共课教师对本校发展目标定位效果的评价显著高于专业课教师。

在二级指标方面，在 0.01 的显著性水平下，HK 大学不同工作人员对高校发展目标定位改善学校办学环境作用的评价不存在显著性差异，对高校发展目标定位提升学校办学实力和社会影响力作用的评价存在显著性差异。该校领导干部和公共课教师对高校发展目标定位提升学校办学实力和社会影响力作用的评价显著高于专业课教师。

进一步分析可知，在各观测点方面，在改善办学环境方面，在 0.01 的显著性水平下，HK 大学不同工作人员对学校发展目标定位深化学校改革和加大办学经费投入作用的评价不存在显著性差异，对学校发展目标定位激励师生员工作用的评价存在显著性差异，HK 大学领导干部和公共课教师的评价显著高于专业课教师。由于决策和制定高校改革规划的主要是高校管理人员，因而高校领导干部和公共课教师对高校发展目标定位深化学校改革作用的评价高于专业课教师。高校工作人员对办学经费投入情况及其影响因素较为了解，因而对其评价也较为一致。此外，高校发展目标定位对教师尤其专业课教师的激励作用并没有像高校领导干部和公共课教师想象的那样显著，如何促使高校发展目标定位具备凝聚力和向心力，切实发挥激励师生员工的作用仍有待探究。

在提升办学实力方面，在 0.01 的显著性水平下，两者对高校发展目标定位提升高校人才培养质量和科学研究水平作用的评价存在显著性差异，HK 大学领导干部和公共课教师的评价显著高于专业课教师，对高校发展目标定位提升高校社会服务能力和社会影响力作用的评价不存在显著性差异。可能因为两者工作内容和领域不同，高校专业课教师主要负责本专业教学和科研工作，对学校发展目标定位认知和内化程度较低，对学校发展目标定位与人才培养和科学研究工作之间的联系认识较少，因而评价相对较低。高校领导干部和公共课教师除教学和科研外，同时担负制定学校定位等高校治理及管理工作，对高校发展目标定位与人才培养质量和科研水平提升状况之间的联系认识可能更为深刻，因而评价相对较高。HK 大学不同工作人员对高校发展目标定位提升学校社会服务能力和社会影响力作用的评价不存在显著性差异，可能因为高校发展目标定位与学校社会服务能力和社会影响力关系的感知受工作内容和领域影响较小，不同工作人员感知程度近似，评价相对一致。

　　<6>定位前景方面

　　经过独立样本 T 检验，得出 HK 大学不同评价主体高校发展目标定位前景绩效评价加权平均分及显著性差异情况，如表 9-28 所示。

表 9-28　　　　HK 大学不同评价主体高校发展目标定位前景
绩效评价独立样本 T 检验结果一览表

指标级别	指标名称	评价主体	N 值	均值	标准差	标准误	T 值	显著性水平
一级指标	定位前景	干部、公共课教师	61	9.1108	1.39216	0.17825	1.827	0.069
		专业课教师	160	8.7292	1.38637	0.10960		
二级指标	定位信任程度	干部、公共课教师	61	9.1416	1.35524	0.17352	2.320	0.021
		专业课教师	160	8.6670	1.36132	0.10762		
	实现定位努力程度	干部、公共课教师	60	9.2667	1.14783	0.14818	1.997	0.047
		专业课教师	160	8.8125	1.61435	0.12763		

　　* The mean difference is significant at the 0.01 level.

　　由表 9-28 所示，HK 大学领导干部和公共课教师对本校发展目标定位前景预期较高，加权平均分为 9.11 分，专业课教师相对较低，加权平均分为 8.73 分，均处于很好水平。独立样本 T 检验结果显示，在 0.01 的显著性水平下，HK大学不同工作人员对本校发展目标定位前景的评价不存在显著性差异，该校领导干部和公共课教师对本校发展目标定位前景的评价与专业课教师之间不存在明显差异。

在二级指标方面，在0.01的显著性水平下，两者对高校发展目标定位信任程度和实现定位努力程度的评价均不存在显著性差异。进一步分析可知，在各观测点方面，在0.01的显著性水平下，两者对高校发展目标定位功能和可实现程度的预期以及实现定位的努力程度方面不存在显著性差异。HK大学领导干部及公共课和专业课教师都表现出了实现本校发展目标定位的较高热情和信心。同时，高校领导干部和公共课教师表现相对较为强烈。

通过上述分析可知，对高校发展目标定位的评价不仅在不同高校和不同定位环节间存在差异，在不同评价主体间同样存在差异。案例高校领导干部和公共课教师对本校发展目标定位的评价普遍好于专业课教师，并且在一些高校和一些环节上这种差异十分显著。整体上不同评价主体带来的评价差异不如不同高校间产生的差异显著。整体上这种差异不明显，一些方面这种差异不明显，尤其是对本校发展目标定位评价相对较低的高校。一些方面这种差异十分显著，尤其是对本校发展目标定位评价相对较高的学校。定位不同环节上这种差异在程度上也不相同，一些环节上这种差异不太明显，一些环节上较为明显，一些环节则非常明显，由此或许可梳理出以下几点。

一般而言，若对定位绩效"软指标"评价的差异较为显著，如对高校发展目标定位特色及激励师生员工作用的评价等差异较为显著，则对定位绩效"硬指标"评价的差异不太显著，如对教职工参与高校发展目标定位工作程度以及高校发展目标定位普及程度的评价等差异不太显著；若对定位隐形状况和功能评价的差异较为显著，如对高校发展目标定位提高学校人才培养质量和科学研究水平作用的评价等差异较为显著，则对定位显性状态和功能评价的差异不太显著，如对定位加大办学经费投入作用的评价等差异不太显著；若对微观层面指标评价的差异较为显著，如对高校发展目标定位与高校办学传统契合程度的评价等差异较为显著，则对宏观层面指标评价的差异不太显著，如对高校发展目标定位与国家和区域经济社会以及高等教育发展契合程度的评价等差异不太显著；若对主要由高校管理人员负责工作评价的差异较为显著，如对高校开展专门定位工作或经过专门论证、高校发展目标定位纳入学校章程或以学校文件形式下发、高校对发展目标定位实施情况进行监督、检查、反馈以及定期进行总结的评价等差异较为显著，则对教职员工参与工作评价的差异不太显著，如对教职员工参与高校发展目标定位工作程度、教职员工对高校发展目标定位了解程度、教职员工实现定位努力程度的评价等差异不太显著。不同高校、不同评价主体以及不同环节中高校发展目标定位绩效评价不同，或缘于高校自身条件，或缘于评价主体自身，或缘于定位工作，或缘于高校传统和文化，或缘于经济社会条件和环境，或缘于校际间影响，或缘于这以外的其他因素等，其中缘由有待进一步探讨。

4. 不同维度高校发展目标定位绩效分析

（1）高校发展目标定位过程

在高校发展目标定位绩效评价各分项中，如图9-7所示，案例高校整体加权评分最高的是定位前景，其次是定位效果，再次是定位合理性，之后是定位实施，加权评分最低的是定位过程。各案例高校中，如图9-8、图9-9所示，HL大学加权评分最低的是定位过程，其次是定位实施，再次是定位效果，之后是定位合理性，最后是定位前景。HK大学加权评分最低的是定位效果，其次是定位实施，再次是定位过程，之后是定位合理性，最后是定位前景。

整体而言，如表9-15至表9-20所示，案例高校发展目标定位整体和各分项绩效加权评分均大于7分，均处于较好或很好水平。其中，如图9-7所示，高校发展目标定位过程在高校发展目标定位各分项中整体评价最低，加权平均分为7.71分。其中，案例高校发展目标定位确立绩效加权平均分为7.74分，案例高校发展目标定位普及绩效加权平均分为7.46分。

此外，在高校发展目标定位确立方面，如图9-10所示，教职员工尤其专业课教师对定位工作的参与程度整体上是案例高校发展目标定位过程绩效评价各观测点中平均评分最低的项目，同时是案例高校发展目标定位绩效评价各观测点中平均评分最低的项目，平均评分为7.03分。其中，专业课教师平均评分为6.91分。HL大学教职员工参与定位工作程度平均评分为6.61分，其中专业课教师平均评分仅为5.36分，居于该校定位过程绩效评价各观测点中第三位，居于该校定位绩效评价各观测点中后数第四位，如图9-11所示。HK大学教职员工参与定位工作程度平均评分为

8.63 分，居于该校定位过程绩效评价各观测点中第三位，居于该校定位绩效评价各观测点中后数第八位，如图 9-12 所示。而对学校开展专门发展目标定位工作和进行专门论证评价相对较高，平均评分为 8.00 分，在高校发展目标定位绩效评价各观测点中居于第五位。表明案例高校对确立和做好学校发展目标定位是较为注重的，定位过程中主要问题在于民主参与机制缺失，突出体现在高校教师尤其专业课教师参与定位确立过程程度较低，致使案例高校发展目标定位过程绩效偏低。此外，在高校发展目标定位纳入学校章程或以学校文件形式下发方面，案例高校整体平均评分为7.95 分，在高校发展目标定位绩效评价各观测点中居于第六位。其中，HL 大学平均评分为 7.05 分，在该校发展目标定位绩效评价各观测点中居于第六位。HK 大学平均评分为 8.23 分，在该校发展目标定位绩效评价各观测点中居于第六位。同时，独立样本 T 检验结果显示，在 0.01 的显著性水平下，HK 大学不同工作人员评价存在显著性差异，该校领导干部和公共课教师评价显著高于专业课教师。HL 大学不同工作人员评价不存在显著性差异，该校领导干部和公共课教师评价高于专业课教师的程度不太显著。

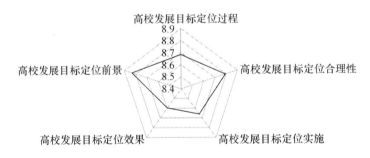

图 9-7 案例高校发展目标定位一级指标绩效评价图示

在高校发展目标定位普及方面，研究发现，高校发展目标定位普及是案例高校发展目标定位绩效评价二级指标中加权评分最低的一项。其中，教职员工对高校发展目标定位了解程度在高校发展目标定位绩效评价各观测点中平均评分次低，仅高于教职员工参与高校发展目标定位工作程度。在高校发展目标定位解释宣传工作方面，平均评分为 7.63 分，在高校发展目标定位绩效评价各观测点中处于后数第六位。

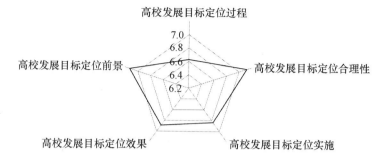

图 9 - 8　HL 大学发展目标定位一级指标绩效评价图示

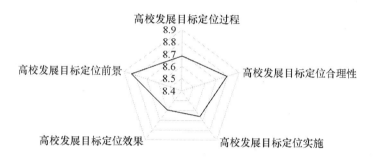

图 9 - 9　HK 大学发展目标定位一级指标绩效评价图示

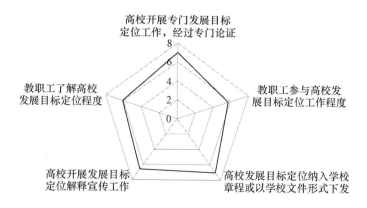

图 9 - 10　案例高校发展目标定位过程观测点绩效评价图示

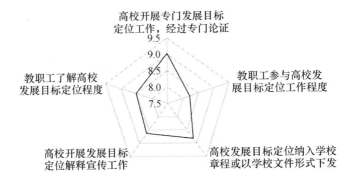

图9-11　HL大学发展目标定位过程观测点绩效评价图示

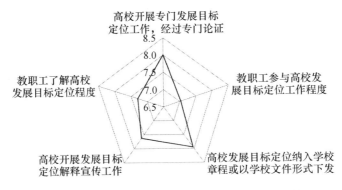

图9-12　HK大学发展目标定位过程观测点绩效评价图示

（2）高校发展目标定位合理性

在高校发展目标定位合理性方面，如图9-13所示，整体而言，绩效水平位于定位前景之后，居于第二位，处于较好水平。同时，各案例高校发展目标定位合理性在本校发展目标定位绩效评价各分项中均处于第二位，如图9-14、图9-15所示。表明案例高校发展目标定位整体较为合理，应该予以肯定。同时，要立足于高校发展目标定位稳定性与动态性的统一，在确保高校发展目标定位保持适度持续性、规范性和一致性的基础上对其予以修正完善，使其更加契合高校自身条件和所处环境，引领高校不断向前发展，达到更高的发展水平和阶段。

高校发展目标定位合理性主要体现在高校发展目标定位与经济社会发展契合程度、与高等教育发展契合程度以及高校发展目标定位特色和与高校办学传统及现实办学条件的契合程度等。

在二级指标方面，案例高校发展目标定位特色及与高校办学传统和现实办学条件契合程度加权平均分为 8.00 分，在高校发展目标定位绩效评价各二级指标中居于第二位。案例高校发展目标定位与高等教育发展契合程度加权平均分为 8.00 分，在高校发展目标定位绩效评价各二级指标中居于第三位（分数相同名次不同为保留两位小数四舍五入结果，下同）。案例高校发展目标定位与经济社会发展契合程度加权平均分为 7.81 分，在高校发展目标定位绩效评价各二级指标中居于第六位。

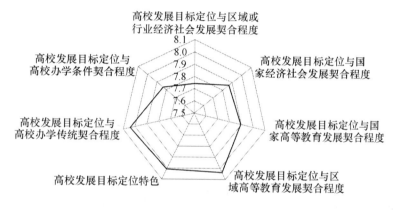

图 9 - 13 案例高校发展目标定位合理性观测点绩效评价图示

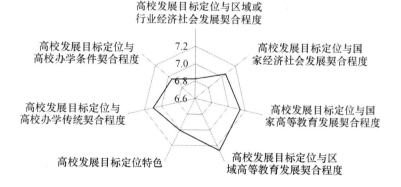

图 9 - 14 HL 大学发展目标定位合理性观测点绩效评价图示

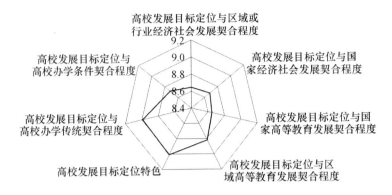

图 9 - 15　HK 大学发展目标定位合理性观测点绩效评价图示

　　在观测点方面，如图 9 - 13 所示，案例高校发展目标定位与国家经济社会发展契合程度平均评分为 7.87 分，在高校发展目标定位合理性评价各观测点中处于中等位置。案例高校发展目标定位与区域或行业经济社会发展契合程度平均评分为 7.74 分，在高校发展目标定位合理性评价各观测点中平均评分最低，在高校发展目标定位绩效评价各观测点中居于第十六位。案例高校发展目标定位与国家高等教育发展契合程度平均评分为 7.90 分，在高校发展目标定位合理性评价各观测点中居于第四位，在高校发展目标定位绩效评价各观测点中居于第八位。案例高校发展目标定位与区域高等教育发展契合程度平均评分为 8.04 分，在高校发展目标定位合理性评价各观测点中居于第二位，在高校发展目标定位绩效评价各观测点中居于第三位。案例高校发展目标定位与高校办学传统契合程度平均评分为 8.04 分，在高校发展目标定位合理性评价各观测点中平均评分最高，在高校发展目标定位绩效评价各观测点中居于第二位。案例高校发展目标定位与高校办学条件契合程度平均评分为 7.87 分，在高校发展目标定位合理性评价各观测点中平均评分次低，在高校发展目标定位绩效评价各观测点中居于第十二位。案例高校发展目标定位特色平均评分为 8.01 分，在高校发展目标定位合理性评价各观测点中居于第三位，在高校发展目标定位绩效评价各观测点中居于第四位。

　　各案例高校中，HL 大学定位合理性三项二级指标均处于较好水平。其中，高校发展目标定位与区域和国家高等教育发展契合程度最好，与区域或行业经济社会发展及高校现实办学条件契合程度最差。如表 9 - 17 所示，HL 大学发展目标定位与高等教育发展契合程度加权评分为 7.21 分，在该校发展目标定位绩效评价各二级指标中居于第二位。高校发展目标定位特色及与自身办学传统和现实办学条件契合程度加权评分为 7.06 分，在该校发展目标定位绩效评价各二级指标中居于第三位。高校发展目标定位与经济社会发展契合程度加权平均分为 6.94 分，在该校绩效评价各二级指标中居于第六位。

在各观测点中，如图 9 - 14 所示，HL 大学发展目标定位与国家经济社会发展契合程度平均评分为 7.05 分，在该校发展目标定位绩效评价各观测点中居于第五位。高校发展目标定位与区域或行业经济社会发展契合程度平均评分为 6.82 分，在该校发展目标定位合理性评价各观测点中平均评分最低。高校发展目标定位与国家高等教育发展契合程度平均评分为 7.14 分，在该校发展目标定位绩效评价各观测点中居于第三位。高校发展目标定位与区域高等教育发展契合程度平均评分为 7.26 分，在该校发展目标定位绩效评价各观测点中平均评分最高。高校发展目标定位与高校办学传统契合程度平均评分为 7.10 分，在该校发展目标定位绩效评价各观测点中居于第四位。高校发展目标定位与高校现实办学条件契合程度平均评分为 6.95 分，在该校发展目标定位合理性评价各观测点中平均评分次低。高校发展目标定位特色平均评分为 7.00 分，在该校发展目标定位合理性评价各观测点中居于后数第三位。

HK 大学三项指标均处于很好水平。其中，如表 9 - 17 所示，HK 大学发展目标定位与经济社会发展契合程度加权评分为 8.66 分，处于中等水平。定位与高等教育发展契合程度评价加权评分为 8.74 分，相对较高。高校发展目标定位特色及与高校办学传统和现实办学条件契合程度加权评分为 8.92 分，在该校发展目标定位绩效评价各二级指标中加权评分最高。

在各观测点中，如图 9 - 15 所示，HK 大学发展目标定位与国家经济社会发展契合程度平均评分为 8.68 分，在该校发展目标定位合理性绩效评价各观测点中居于后数第三位。定位与区域或行业经济社会发展契合程度平均评分为 8.65 分，在该校发展目标定位合理性评价各观测点中处于次低位置。高校发展目标定位与国家高等教育发展契合程度平均评分为 8.65 分，在该校发展目标定位合理性评价各观测点中处于最低位置。高校发展目标定位与区域高等教育发展契合程度平均评分为 8.82 分，在该校发展目标定位合理性评价各观测点中居于第三位，在该校发展目标定位绩效评价各观测点中居于第七位。高校发展目标定位与高校办学传统契合程度平均评分为 8.99 分，在该校发展目标定位合理性评价各观测点中居于次高位置，在该校发展目标定位绩效评价各观测点中居于第三位。高校发展目标定位与高校办学条件契合程度平均评分为 8.72 分，在该校发展目标定位合理性评价各观测点中居于中等位置。高校发展目标定位特色平均评分为 9.01 分，在该校发展目标定位合理性评价各观测点中评分最高，在该校发展目标定位绩效评价各观测点中居于第二位。

可见，在与经济社会和高等教育发展及高校自身条件契合方面，案例高校发展目标定位与高校自身条件契合程度普遍高于与高等教育发展的契合程度，又普遍高于与经济社会发展的契合程度。在与经济社会发展契合方面，案例高校发展目标定位与国家层面经济社会发展契合程度普遍高于与区域或行业层面经济社会发展的契合程度。在与高等教育发展契合方面，案例高校发展目标定位与区域高等教育发展契合程度普遍高于与国家高等教育发展契合程度。在与高校办学传统和现实办学条件契合方面，案例高校发展目标定位与自身办学传统契合程度普遍高于与现实办学条件契合程度。案例高校发展目标定位特色情况依学校不同而不同。

案例高校发展目标定位与高校自身条件、高等教育发展和经济社会发展具有不同契合水平的原因是多方面的。客观上可能缘于契合难易程度不同，主观上可能缘于案例高校自身重视程度不同。高校发展目标定位作为高校一项长远规划，首先应注重与自身条件的契合。同时，相对其他方面，高校对自身状况更为了解，与之契合难度相对较低，契合程度相对较高。高校作为高等教育系统有机组成部分，各个高校相互联系构成了高等教育系统，某种程度上，高等教育发展就是高等学校的发展，高等学校发展就是高等教育的发展，高等教育发展状况与高校自身发展密切相关，高校对高等教育发展状况较为了解。同时，当前我国高校制定发展目标定位时多以其他高校作为参照系，无形中就是以高等教育系统作为自身发展目标定位参照系，因而案例高校发展目标定位与高等教育发展契合程度较高。虽然当前大多数高校已摆脱象牙塔形象，从经济社会边缘开始走向经济社会中心，然而，经济社会系统终不属于教育和高等教育系统，高校发展与经济社会的契合除需高校具备宽广的视野和高度责任心与使命感之外，也需高校具备极深的洞察力和对经济社会发展形势敏锐的感知和反应能力，高校发展目标定位与之契合难度更大。同时，我国高校发展与经济社会发展不协调情形已不是一朝一夕或俯仰之间，而是由来已久、日久年深，无论研究型大学还是普通地方高校，高校发展与国家和区域经济社会发展不协调现象一直较为突出。高校培养人才难以适应和满足国家和地方经济社会发展需求，结构性失业现象愈演愈烈。导致高校发展与经济社会发展不协调的原因之一即是高校发展目标或规划忽视了经济社会发展需求，作为高校纲领性规划的发展目标定位也是如此，本研究得出的结论刚好印证了这一现象。

相对而言，案例高校发展目标定位与国家经济社会发展契合程度高于与区域或行业经济社会发展的契合程度。一方面可能因为高校发展与国家经济社会发展契合有利于高校扩充发展空间，提升社会地位、形象和影响力，使得高校确立定位时热衷于与国家需求相契合而较少考虑地方发展需求。同时由于高校培养出的人才具有流动性，高校发展目标定位与国家经济社会发展相契合有利于高校培养人才增强就业适应性和可持续发展能力。另外，高校发展目标定位与国家经济社会发展契合程度高于与区域或行业经济社会发展契合程度现象可能与我国高校定位攀高风气有关。我国高校多以国家重点高校包括研究型大学为发展目标和榜样，在制定发展目标定位时也像重点高校那样以满足国家经济社会发展需求为主要目标，相对忽视了与地方经济社会发展相契合。此外，我国高校发展多追求大而全，在学科发展上多追求建成综合性大学，高校学科门类增多，学科覆盖面扩大，服务部门和行业逐渐增多，因而导致对某一部门或行业经济社会发展契合程度降低。

案例高校发展目标定位在与经济社会发展契合方面更偏向于国家层面，在与高等教育发展契合方面更偏向于区域层面，可能因为区域高等教育系统是高校自身发展的近缘环境和直接条件，是高校制定发展目标的首要参照，因而在制定发展目标定位时注重与区域高等教育发展的契合。同时，当前高等教育资源不足已成为全球性话题，作为发展中国家，资源总是稀缺的，高等教育资源尤为如此，获取资源成为高校发展的客观条件和现实目标之一。高校尤其地方高校确立发展目标定位时多以本区域高等教育系统作为参照系，以追求地方财政支持，获取本区域高等教育发展资源。另外，我国高等学校的主体是地方高校，为建立较完善的区域高等教育系统，保持区域高等教育系统的有序性，一些地方高校在制定发展目标定位时更注重与本区域高等教育发展相契合，以实现错位竞争和发展。

案例高校发展目标定位与高校办学传统契合好于与现实办学条件契合程度，体现出在历史和现实抉择方面，案例高校更注重沿承历史而相对忽视现实条件。可能因为高校发展目标定位作为高校一项长远规划，理应具备一定稳定性和一致性，才能确保定位实施的规范性和持续性，高校发展目标定位与办学传统相契合体现了定位的一致性，同时有利于定位的落实。另外，也可能为了节省工作量或源于攀比风气，高校发展目标定位多以其他高校和历史传统为参照系，注重对传统的沿革，相对忽视对现实条件的考量，导致高校发展目标定位与办学传统契合程度高于与现实办学条件的契合程度。

整体上，案例高校领导干部和任课教师对高校发展目标定位特色评价较高，同时不同高校表现不同。如 HK 大学发展目标定位特色在该校发展目标定位绩效评价各观测点中居于次高位置，而 HL 大学相对偏低，表明不同高校其发展目标定位特色程度不同。表明办学特色定位是高校一项个性化工作，与高校类型、层次和发展水平等没有绝对联系。而且不同评价主体评价也不相同，整体而言，案例高校领导干部和公共课教师对高校发展目标定位特色评价平均评分为 8.00 分，专业课教师平均评分为 8.01分，在 0.01 的显著性水平下，不存在显著性差异。各案例高校中，HK 大学领导干部和公共课教师对本校发展目标定位特色评价平均评分为9.49 分，专业课教师平均评分为 8.82 分，在 0.01 的显著性水平下，两者之间存在显著性差异，HK 大学领导干部和公共课教师对本校发展目标定位特色的评价显著高于专业课教师。HL 大学方面，学校领导干部和公共课教师对本校发展目标定位特色评价平均评分为 7.18 分，专业课教师平均评分为 7.31 分，在 0.01 的显著性水平下，两者之间不存在显著性差异，HL 大学专业课教师对学校发展目标定位特色的评价稍高于学校领导干部和公共课教师。

（3）高校发展目标定位实施

在高校发展目标定位实施方面，如表 9 - 14 所示，绩效整体处于次好水平，在五个一级指标中居于后数第二位。在具体项目方面，如图 9 - 16所示，整体上案例高校发展目标定位实施过程落实情况最差，加权平均分为 7.70 分，在 12 个二级指标中居于次差位置。高校发展目标定位实施结果加权平均分为 7.70 分，在 12 个二级指标中居于后数第三位，而且此项是各案例高校不同评价主体间评分没有显著性差异的八个指标之一，可见被调查者对本校发展目标定位实现程度的看法基本一致。相对而言，案例高校发展目标定位显示度评价较高。案例高校发展目标定位在学校规划或年度工作计划中显示程度较好，平均评分为 7.83 分，在 12 个二级指标中居于第五位。

在各案例高校中，如图 9 - 17 所示，HL 大学发展目标定位过程即学校对发展目标定位落实情况进行监督、检查、反馈及定期总结的评价最低，平均评分为 6.71 分，在 12 个二级指标中居于后数第三位。高校发展目标定位实施结果即高校发展目标定位实现程度平均评分为 6.74 分，在 12 个二级指标中居于后数第四位。高校发展目标定位显示度即高校发展目标定位在学校规划或年度工作计划中显示程度平均评分为 6.94 分，在 12 个二级指标中平均评分居于第五位。

图 9 - 16　案例高校发展目标定位实施观测点绩效评价图示

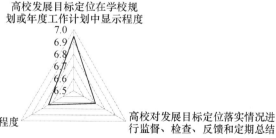

图 9 - 17　HL 大学发展目标定位实施观测点绩效评价图示

HK 大学发展目标定位实施情况在五个一级指标中加权评分居于第四位，如图 9-9 所示，相对较差。其中，如图 9-18 所示，HK 大学对发展目标定位落实情况进行监督、检查、反馈及定期总结平均评分为 8.63 分，在该校发展目标定位实施评价各观测点中平均评分最低，在 12 个二级指标中居于后数第四位。高校发展目标定位实现程度平均评分为 8.64 分，在 12 个二级指标中居于后数第五位。高校发展目标定位在学校规划或年度工作计划中显示程度平均评分为 8.70 分，在 12 个二级指标中居于第六位，处于中等水平。

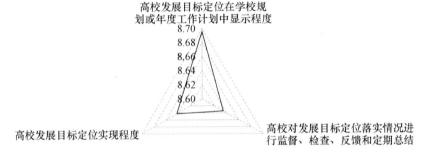

图 9-18   HK 大学发展目标定位实施观测点绩效评价图示

（4）高校发展目标定位效果

在高校发展目标定位效果方面，如图 9-7 所示，案例高校整体绩效处于中等位置，在五个一级指标中平均评分居于第三位，稍高于定位实施。同时各个高校情况不同，HL 大学发展目标定位效果加权评分居于中等位置，如图 9-8 所示；HK 大学则处于最差位置，如图 9-9 所示，反映不同高校在发展目标定位效果方面存在差异性。我们在分析不同高校发展目标定位产生不同效果的同时，更应分析不同效果的产生原因及如何使高校发展目标定位产生最佳效果和发挥最大作用。

整体而言，如图 9-19 所示，案例高校发展目标定位改善办学环境作用稍高于提升学校办学实力和社会影响力作用，且相差不大。其中，改善办学环境作用加权评分为 7.76 分，在高校发展目标定位绩效评价各二级指标中居于第七位。提升学校办学实力和社会影响力作用加权评分为 7.72 分，在高校发展目标定位绩效评价各二级指标中居于第九位。整体而言，案例高校发展目标定位提升学校社会影响力作用评价最高，平均评分为 7.85 分，在高校发展目标定位绩效评价 25 个观测点中居于第十一位。其次为加大办学经费投入作用，平均评分为 7.78 分，在高校发展目标定位绩效评价 25 个观测点中居于第十四位。再次为深化学校改革作用，平均评分为 7.77 分，在高校发展目标定位绩效评价 25 个观测点中居于第十五位。高校发展目标定位提升学校社会服务能力作用平均评分为 7.68 分，在高校发展目标定位效果评价各观测点中评价次差，在高校发展目标定位绩效评价各观测点中居于后数第七位。高校发展目标定位提升学校科研水平作用平均评分为 7.62 分，在高校发展目标定位绩效评价各观测点中居于后数第五位。高校发展目标定位提升人才培养质量作用平均评分为 7.61 分，在高校发展目标定位绩效评价各观测点中居于后数第四位。高校发展目标定位激励教职工作用平均评分为 7.51 分，在高校发展目标定位绩效评价各观测点中居于后数第三位。

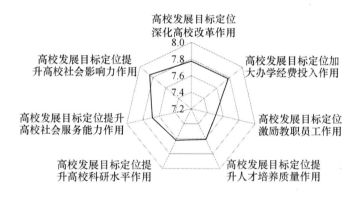

图 9 - 19　案例高校发展目标定位效果观测点绩效评价图示

同时，不同高校发展目标定位效果存在不同情况。HL 大学中，高校发展目标定位提升学校办学实力和社会影响力作用稍高于改善办学环境作用，二者分别位于该校发展目标定位绩效评价各二级指标中第七和第八的位置。进一步分析可知，如图 9 - 20 所示，HL 大学发展目标定位加大学校办学经费投入作用最大，平均评分为 7.00 分，在该校发展目标定位绩效评价各观测点中居于第九位。其次为提升学校社会影响力作用，平均评分为 7.00 分，在该校发展目标定位绩效评价各观测点中居于第十位。再次为提高学校社会服务能力作用，平均评分为 6.85 分，在该校发展目标定位绩效评价各观测点中居于第十五位。之后为深化学校改革作用，平均评分为 6.80 分，在该校发展目标定位绩效评价各观测点中居于后数第九位。再之后为提升学校科研水平作用，平均评分为 6.74 分，在该校发展目标定位绩效评价各观测点中居于后数第八位。高校发展目标定位提高人才培养质量作用平均评分为 6.62 分，在该校发展目标定位效果评价各观测点中评价次差，在该校发展目标定位绩效评价各观测点中居于后数第五位。高校发展目标定位激励教职工作用平均评分为 6.43 分，在该校发展目标定位效果评价各观测点中评分最低，在该校发展目标定位绩效评价各观测点中居于后数第三位。

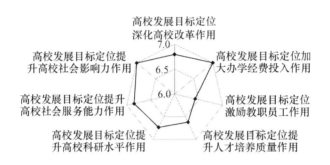

图 9 - 20　HL 大学发展目标定位效果观测点绩效评价图示

　　HK 大学方面，对高校发展目标定位效果的评价普遍较低，如图 9 - 9 所示，HK 大学发展目标定位效果在各一级指标中加权评分最低。高校发展目标定位改善学校办学环境作用稍高于提升办学实力和社会影响力作用，两者在 12 个二级指标中加权平均分分别位于后数第三和第二位。其中，如图 9 - 21 所示，高校发展目标定位深化学校改革作用评价最高，平均评分为 8.75 分，在该校发展目标定位绩效评价各观测点中居于第九位。其次为高校发展目标定位提升学校社会影响力作用，平均评分为 8.71 分，在该校发展目标定位绩效评价各观测点中居于第十一位。之后为高校发展目标定位提高人才培养质量作用，平均评分为 8.60 分，在该校发展目标定位绩效评价各观测点中居于后数第七位。之后为高校发展目标定位激励教职员工作用，平均评分为 8.57 分，在该校发展目标定位绩效评价各观测点中居于后数第六位。之后为高校发展目标定位加大办学经费投入作用，平均评分为 8.55 分，在该校发展目标定位绩效评价各观测点中居于后数第五位。

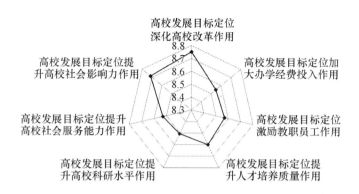

图 9 – 21　HK 大学发展目标定位效果观测点绩效评价图示

整体而言，案例高校发展目标定位提升社会影响力作用普遍高于改善办学环境和提升办学实力作用。可见，案例高校发展目标定位效果更体现在外部效应，即社会影响力提升，其次体现在高校内部治理和改革。

同时，与高校发展目标定位合理性尤其高校发展目标定位特色不同，高校发展目标定位效果实现除与高校发展目标定位本身有关，还与高校办学类型、办学层次、发展水平及主要职能等有关。HK 大学类型上属于教学型大学，层次上属一般本科院校，教学与人才培养是其主要职能，科学研究和社会服务职能的重要程度和发展水平均相对较低，因而该校发展目标定位对提升本校科研水平和社会服务能力作用最小。HL 大学类型上属于研究型大学，除教学和人才培养外，科学研究和社会服务也是其重要职能，在日常运营中地位较高，因而该校发展目标定位对提升本校科研水平和社会服务职能作用较大，甚至超过了对人才培养质量的提升作用。

同时，由统计分析结果可知，案例高校发展目标定位对教职员工的激励作用不明显，这与高校发展目标定位的制定初衷不符。高校发展目标定位作为高校一项宏观规划和长远目标，主要作用之一就是激励师生员工的工作和学习热情。高校发展目标定位的确立使高校发展方向和教职工奋斗目标更加清晰和明确，从而有利于激发教职工的工作热情和努力程度，使其为实现学校发展目标定位而努力奋斗，也只有激发出教职员工的工作热情，发挥教职员工主观能动性，才有利于高校发展目标定位的实现。可见，如何增强高校发展目标定位激励教职员工作用仍有待探讨。

案例高校发展目标定位改善办学环境尤其深化学校改革和加大办学经费投入的作用因学校不同而不同，HK 大学发展目标定位对深化学校改革作用较大，HL 大学对加大办学经费投入作用较大。

（5）高校发展目标定位前景

高校发展目标定位前景在高校发展目标定位绩效评价各分项中加权评分最高，如图 9-7 所示。其中，案例高校教职员工对今后为全面实现学校发展目标努力程度评价平均评分为 8.05 分，在高校发展目标定位绩效评价各二级指标和观测点中平均评分最高。对高校发展目标定位信任程度评价平均评分为 7.98 分，在高校发展目标定位绩效评价各二级指标中平均评分居于第四位。

进一步分析可知，如图 9-22 所示，案例高校教职员工对本校发展目标定位能够促进高校办学实力提升信度程度平均评分为 7.94 分，在高校发展目标定位前景评价各观测点中居于中等水平，在高校发展目标定位绩效评价各观测点中居于第七位。对高校发展目标定位能够实现或更好实现信任程度平均评分为 7.88 分，在高校发展目标定位前景评价各观测点中平均评分最低，在高校发展目标定位绩效评价各观测点中居于第九位。

各案例高校中，HL 大学方面，如表 9-23 所示，该校教职员工对今后为全面实现学校发展目标努力程度平均评分为 7.22 分，在该校发展目标定位绩效评价各二级指标中平均评分最高，在该校发展目标定位绩效评价各观测点中居于第二位；对学校发展目标定位信任程度评价平均评分为 7.03 分，在该校发展目标定位绩效评价各二级指标中居于第四位。其中，对学校发展目标定位能够促进本校办学实力提升信任程度平均评分为 7.04 分，在该校发展目标定位绩效评价各观测点中居于第七位。对学校发展目标定位能够实现或更好实现信任程度平均评分为 6.99 分，在该校发展目标定位绩效评价各观测点中居于第十二位，处于中等水平。

HK 大学方面，如表 9-24 所示，该校教职员工对今后为全面实现学校发展目标努力程度平均评分为 8.91 分，在该校发展目标定位绩效评价各二级指标中平均评分次高，在该校发展目标定位绩效评价各观测点中居于第四位；对学校发展目标定位信任程度加权评分为 8.80 分，在该校发展目标定位绩效评价各二级指标中居于第三位。其中，对高校发展目标定位促进高校办学实力提升作用信任程度平均评分为 8.84 分，在该校发目标定位绩效评价各观测点中居于第五位。对高校发展目标定位能够实现或更好实现信任程度平均评分为 8.76 分，在该校发展目标定位绩效评价各观测点中居于第八位。

可见，案例高校教职工对本校发展目标定位发展前景均较为看好，表明对高校发展目标定位可实现性和积极作用的信心。同时，如图 9 – 22 所示，案例高校教职工为实现学校发展目标定位的努力程度高于对高校发展目标定位能够促进学校办学实力提升和能够实现或更好实现的信度程度，表现出案例高校教职员工实现学校发展目标定位的决心，表明在落实高校发展目标定位过程中人员积极性不足问题较小。同时，案例高校教职员工对高校发展目标定位促进高校办学实力提升作用的信任程度普遍高于对定位能够实现或更好实现的信任程度，表明案例高校教职员工对学校发展目标定位积极作用较为肯定，实现定位积极性较高，如图 9 – 23、图 9 – 24 所示。

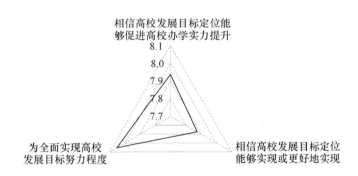

图 9 – 22　案例高校发展目标定位前景绩效评价图示

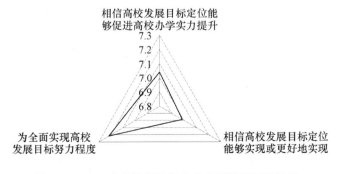

图 9 – 23　HL 大学发展目标定位前景绩效评价图示

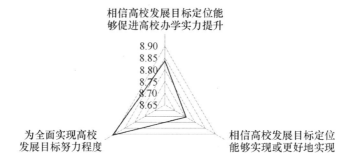

相信高校发展目标定位能
够促进高校办学实力提升

为全面实现高校
发展目标努力程度

相信高校发展目标定位
能够实现或更好地实现

图 9 - 24　HK 大学发展目标定位前景绩效评价图示

第三节　高校人才培养目标定位绩效评价

　　人才培养是高校的根本任务与核心职能，人才培养质量高低是衡量一所高校办学水平的重要标志。高校人才培养目标是高校所培养人才在规格、类型和层次等方面所要达到的标准。高校人才培养目标定位是对人才培养规格、类型、层次及所要达到的标准的总体设计和规划，它反映了一所高校的价值取向、办学理念和办学特色。[①] 本节同样以第一节内容为研究基础，是对第一节高校定位绩效评价方法的实际应用，同样以一所"985 工程"大学和一所一般地方本科高校为例，对案例高校人才培养目标定位工作进行绩效评价，以分析我国高校人才培养目标定位现实情况、存在问题、产生原因及解决对策。

一　高校人才培养目标定位绩效评价指标体系
（一）高校人才培养目标定位绩效评价指标体系构建
　　高校人才培养目标定位绩效评价指对高校制定和落实人才培养类型、规格、层次及所要达到标准总体设计和规划取得成效的测量、评判和评级的活动与过程。依据绩效评价的一般理论，本研究在第一节高校定位绩效评价一级和二级指标体系基础上，构建三级指标，即观测点，进而形成了高校人才培养目标定位绩效评价指标体系，并对案例高校人才培养目标定

---

　　① 蓝汉林：《省部共建高校人才培养的定位及其思考》，《高等农业教育》2010 年第 5 期。

位工作开展绩效评价。

高校人才培养目标定位过程（Process of positioning）指高校确立人才培养目标定位经过的程序或阶段，包括专门的定位工作和论证、教师参与人才培养目标定位工作程度、高校人才培养目标纳入学校章程或以学校文件形式下发、高校人才培养目标定位解释宣传工作及教师对学校、专业培养目标与课程教学目标了解程度等；定位合理性（Rationality of positioning）指高校人才培养目标定位符合人才培养客观规律的程度，体现在高校人才培养目标定位特色及与国家、区域、行业经济社会和高等教育发展以及本校办学传统和办学条件的契合程度等方面；定位实施（Implementation of positioning）指高校人才培养目标定位由目标到现实的过程，包括学校培养目标在学校规划或年度工作计划中、学校培养目标在专业培养目标与课程教学目标以及专业培养目标在课程教学目标中显示情况，对高校人才培养目标定位实施情况进行监督、检查、反馈和定期总结以及学校、专业培养目标和课程教学目标实现情况等；定位效果（Effect of positioning）指高校人才培养目标定位导致的结果与影响，主要体现在高校人才培养目标定位促进高校教学改革、教学经费投入、教师教学投入、学生学风改进以及提升人才培养质量和高校社会知名度作用等方面；定位前景（Prospect of positioning）指人们对高校人才培养目标定位的主观看法和预期，体现在对高校人才培养定位可实现性和功能作用的信任程度及实现定位的努力程度等。实际工作中，这些环节紧密联系、相辅相成，构成一个完整的评价系统。

（二）高校人才培养目标定位绩效评价指标权重评定

高校人才培养目标定位绩效评价指标权重评定采用了专家调查法和统计分析法。共发放问卷 130 份，收回问卷 125 份，问卷回收率为 96.2%。其中，有效问卷 121 份，问卷有效率为 96.8%。

高校人才培养目标定位绩效评价指标权重数据处理采用了统计分析法，以 SPSS 16.0 为统计分析软件，所有变量均采用李克特五级正向计分法，非常重要计 10—9 分、重要计 8—7 分、一般计 6—5 分、不太重要计 4—3 分、不重要计 2—1 分，不能确定计 0 分。最高 10 分、最低 1 分。

高校人才培养目标定位绩效评价指标权重计算参照了德尔菲法中的权重计算方法，计算结果如表 9-29 所示。

表 9 - 29　　　　　高校人才培养目标定位绩效评价指标及权重一览表

一级指标		二级指标		观测点	
项目	权重	项目	权重	项目	权重
定位过程	0.192	定位确立	0.522	定位专门工作和定位专门论证	0.352
				教师参与定位工作程度	0.332
				定位纳入学校章程或以学校文件形式下发	0.316
		定位普及	0.478	定位解释宣传工作	0.235
				教师对学校培养目标了解程度	0.245
				教师对专业培养目标了解程度	0.261
				教师对课程教学目标了解程度	0.259
定位合理性	0.217	契合经济社会发展	0.325	定位契合区域或行业经济社会发展程度	0.515
				定位契合国家经济社会发展程度	0.485
		契合高等教育发展	0.333	定位契合国家高等教育发展程度	0.497
				定位契合区域高等教育发展程度	0.503
		定位特色及契合高校办学传统和现实办学条件	0.342	高校人才培养目标定位特色	0.355
				定位契合高校办学传统程度	0.317
				定位契合高校办学条件程度	0.328
定位实施	0.210	定位显示	0.312	学校培养目标在专业培养目标中显示度	0.260
				学校培养目标在课程教学目标中显示度	0.247
				专业培养目标在课程教学目标中显示度	0.255
				定位在学校规划或年度工作计划显示度	0.238
		定位实施过程	0.352	对定位实施进行监督检查、反馈及定期总结	1.000
		定位实施结果	0.336	高校人才培养目标实现程度	0.337
				专业人才培养目标实现程度	0.340
				课程教学目标实现程度	0.323
定位效果	0.198	改善办学环境	0.483	促进高校教学改革	0.265
				促进教学经费投入	0.251
				促进教师教学投入	0.248
				促进学生学风改进	0.236
		提升办学实力和社会影响力	0.517	提高人才培养质量	0.516
				提升学校社会知名度	0.484

续表

一级指标		二级指标		观测点	
项目	权重	项目	权重	项目	权重
定位前景	0.183	信任程度	0.484	相信定位能够促进高校人才培养质量提升	0.519
				相信定位能够实现或更好地实现	0.481
		努力程度	0.516	为实现高校人才培养目标定位努力程度	1.000

（三）高校人才培养目标定位绩效评价体系评价

1. 信度检验

信度主要评价量表测量结果的一致性、稳定性和可靠性，多以内部一致性表示。本研究所用量表为李克特五级标准化测定量表，故采用同质性信度和分半信度两种方法分别对总量表和各分量表进行信度检验。其中，总量表信度检验结果如表9-30、表9-31所示。

表9-30　　**高校人才培养目标定位绩效评价指标权重量表**
同质性信度检验结果一览表

指标名称	Cronbach's Alpha	Cronbach's Alpha Based on Standardized Items	N of Items
高校人才培养目标定位绩效评价	0.952	0.952	46

表9-31　　**高校人才培养目标定位绩效评价指标权重量表**
分半信度检验结果一览表

Cronbach's Alpha	Part 1	Value	0.905
		N of Items	23[a]
	Part 2	Value	0.908
		N of Items	23[b]
	Total N of Items		46
Correlation Between Forms			0.927
Spearman-Brown Coefficient		Equal Length	0.962
		Unequal Length	0.962
Guttman Split-Half Coefficient			0.962

a. The items are：学校定位过程，学校定位实施，学校定位前景，学校定位普及，学校定位与高等教育发展契合程度，学校定位显示度，学校定位实施结果，学校定位对提升办学实力和学校社会影响力作用，为实现学校定位努力程度，专业课教师参与学校本科人才培养目标定位工作程度，学校开展本科人才培养目标定位解释宣传工作，专业课教师对所在专业本科人才培养目标了解程度，学校本科人才培养目标定位与区域或行业经济社会发展契合程度，学校本科人才培养目标定位与国家高等教育契合程度，学校本科人才培养目标定位特色，学校本科人才培养目标定位与学校现实办学条件契合程度，学校本科人才培养目标在课程教学目标中体现程度，学校本科人才培养目标在学校规划或年度工作计划中体现程度，专业课教师所在本科专业其专业人才培养目标实现程度，学校本科人才培养目标定位促进教学改革作用，学校本科人才培养目标定位促进专业课教师教学投入作用，学校本科人才培养目标定位对人才培养质量提升作用，相信学校本科人才培养目标定位能够促进学校人才培养质量提升。

b. The items are：学校定位合理性，学校定位效果，学校定位确立，学校定位与经济社会发展契合程度，学校定位特色及与自身办学传统、现实办学条件契合程度，学校定位实施过程，学校定位对改善学校办学环境作用，对学校定位信任程度，学校开展过专门人才培养目标定位工作，经过专门论证，学校本科人才培养目标纳入学校章程或以学校文件形式下发，专业课教师对学校本科人才培养目标定位了解程度，专业课教师对所承担课程教学目标了解程度，学校本科人才培养目标定位与国家经济社会发展契合程度，学校本科人才培养目标定位与区域高等教育契合程度，学校本科人才培养目标定位与学校办学传统契合程度，学校本科人才培养目标在专业人才培养目标中体现程度，专业本科人才培养目标在课程教学目标中体现程度，专业课教师所在本科专业其学校本科人才培养目标实现程度，专业课教师所承担本科课程其课程教学目标实现程度，学校本科人才培养目标定位促进教学经费投入作用，学校本科人才培养目标定位改进学生学风作用，学校本科人才培养目标定位对提升学校社会知名度作用，相信学校本科人才培养目标定位能够实现或更好地实现。

　　由于当分量表项目数小于 10 时一般不适于进行分半信度运算，因此对高校人才培养目标定位绩效评价指标权重分量表信度检验只采用了同质性信度检验方法，检验结果如表 9 - 32 所示。

表 9 - 32　　　高校人才培养目标定位绩效评价指标权重分量表
同质性信度检验结果一览表

Items ＼ Index	Cronbach's Alpha	Cronbach's Alpha Based on Standardized Items	N of Items
高校人才培养目标定位过程	0.830	0.835	7

续表

Index Items	Cronbach's Alpha	Cronbach's Alpha Based on Standardized Items	N of Items
高校人才培养目标定位合理性	0.750	0.757	7
高校人才培养目标定位实施	0.858	0.859	8
高校人才培养目标定位效果	0.878	0.878	6
高校人才培养目标定位前景	0.728	0.727	3

经过检验，高校人才培养目标定位绩效评价指标权重量表克伦巴赫 α 信度系数为 0.952（如表 9 – 30 所示），分半信度系数 0.962（如表 9 – 31 所示），各分量表克伦巴赫 α 系数如表 9 – 32 所示，高校人才培养目标定位过程分量表克伦巴赫 α 系数为 0.835，定位合理性分量表为 0.757，定位实施分量表为 0.859，定位效果分量表为 0.878，定位前景分量表为 0.727。可见，高校人才培养目标定位总量表和分量表克伦巴赫 α 系数均大于 0.7，表明高校人才培养目标定位绩效评价指标权重量表具有较高内部一致性，量表信度较高。

2. 效度检验

效度主要评价量表的准确性、有效性和正确性。其中，内容和结构效度一般被认为是检验效度的最常用和最有效方法，本研究也采用这两种方法。

内容效度方面，在指标体系设计过程中，笔者查阅了大量国内外有关高校定位的期刊文章、学位论文、报刊资料和专著等，经过向数十位专家学者请教咨询，初步形成量表指标体系。经过专家学者评议和自身多次修正完善，使指标最大限度反映高校人才培养目标定位绩效问题，经过专家学者认可，形成最终量表。因此，量表具有较高的内容效度。

结构效度方面，采用了相关分析方法，检验结果如表 9 – 33 所示。

表 9 - 33   高校人才培养目标定位绩效评价指标权重量
表结构效度检验结果一览表

项目		定位过程	定位合理性	定位实施	定位效果	定位前景	总权重	N 值
定位过程	相关系数	1.000	0.638	0.747	0.664	0.687	0.870	121
	显著性水平		* * *	* * *	* * *	* * *	* * *	
定位合理性	相关系数	0.638	1.000	0.702	0.603	0.632	0.826	121
	显著性水平	* * *		* * *	* * *	* * *	* * *	
定位实施	相关系数	0.747	0.702	1.000	0.729	0.722	0.911	121
	显著性水平	* * *	* * *		* * *	* * *	* * *	
定位效果	相关系数	0.664	0.603	0.729	1.000	0.778	0.867	121
	显著性水平	* * *	* * *	* * *		* * *	* * *	
定位前景	相关系数	0.687	0.632	0.722	0.778	1.000	0.856	121
	显著性水平	* * *	* * *	* * *	* * *		* * *	
总权重	相关系数	0.870	0.826	0.911	0.867	0.856	1.000	121
	显著性水平	* * *	* * *	* * *	* * *	* * *		

* *. Correlation is significant at the 0.01 level (2 - tailed).

注：* 代表小于 0.05；* * 代表小于 0.01；* * * 代表小于 0.001。

Pearson 相关分析结果表明，由表 9 - 33 可见，在 0.01 的显著性水平下，高校人才培养目标定位绩效评价总量表与各分量表平均值相关系数均大于 0.8，各分量表平均值相关系数均大于 0.6，$p < 0.01$，均呈显著正相关，表明量表的结构效度较高。

二　高校人才培养目标定位绩效评价指标体系应用

（一）研究评价

信度和效度是检验问卷或量表测量结果可靠性和准确性的指标，所有使用问卷或量表的调查研究在进行资料的统计分析前均应检测其信度和效度，以确保收集到的资料和其后的统计分析可靠、准确。

1. 信度评价

本研究所用量表为李克特五级标准化测定量表，故采用同质性信度和分半信度两种方法分别对总量表和各分量表进行信度检验，总量表信度检验结果如表 9 - 34、表 9 - 35 所示。

表9-34　　　高校人才培养目标定位绩效评价量表同质性信度检验结果一览表

Cronbach's Alpha	Cronbach's Alpha Based on Standardized Items	N of Items
0.983	0.983	31

表9-35　　　高校人才培养目标定位绩效评价量表分半信度检验结果一览表

Correlation Between Forms		0.985
Spearman-Brown Coefficient	Equal Length	0.993
	Unequal Length	0.993
Guttman Split-Half Coefficient		0.992

a. The items are：学校开展过专门本科人才培养目标定位工作，经过专门论证，学校本科人才培养目标定位纳入学校章程或以学校文件形式下发，专业课教师对学校本科人才培养目标定位了解程度，专业课教师对所承担课程教学目标了解程度，学校本科人才培养目标定位与国家经济社会发展契合程度，学校本科人才培养目标定位与区域高等教育契合程度，学校对本科人才培养目标定与学校办学传统契合程度，学校本科人才培养目标在专业人才培养目标中体现程度，专业本科人才培养目标在课程教学目标中体现程度，学校或学院对本科人才培养目标定位实施情况进行监督检查和反馈，定期进行总结，专业课教师所在本科专业其专业人才培养目标实现程度，学校本科人才培养目标定位促进教学改革作用，学校本科人才培养目标定位促进教师教学投入作用，学校本科人才培养目标定位对人才培养质量提升作用，相信学校本科人才培养目标定位能够促进学校人才培养质量提升，今后为实现或更好地实现学校本科人才培养目标努力程度。

b. The items are：专业课教师参与学校本科人才培养目标定位工作程度，学校开展人才培养目标定位解释宣传工作，专业课教师对所在本科专业人才培养目标了解程度，学校本科人才培养目标定位与区域或行业经济社会发展契合程度，学校本科人才培养目标定位与国家高等教育契合程度，学校本科人才培养目标定位特色，学校本科人才培养目标定位与学校现实办学条件契合程度，学校本科人才培养目标在课程教学目标中体现程度，学校本科人才培养目标在学校规划或年度工作计划中体现程度，专业课教师所在本科专业其学校本科人才培养目标实现程度，专业课教师所承担本科课程其课程教学目标实现程度，学校本科人才培养目标定位促进教学经费投入作用，学校本科人才培养目标定位改进学生学风作用，学校本科人才培养目标定位对提升学校社会知名度作用，相信学校本科人才培养目标定位能够实现或更好地实现。

　　由于当分量表项目数小于10时一般不适于进行分半信度运算，因此对高校人才培养目标定位绩效评价各分量表信度检验只采用了同质性信度检验方法，检验结果如表9-36所示。

表9-36　　　　　　　高校人才培养目标定位绩效评价分量表
克伦巴赫 α 信度检验结果一览表

Index / Items	Cronbach's Alpha	Cronbach's Alpha Based on Standardized Items	N of Items
高校人才培养目标定位过程	0.925	0.925	7
高校人才培养目标定位合理性	0.964	0.964	7
高校人才培养目标定位实施	0.960	0.961	8
高校人才培养目标定位效果	0.958	0.958	6
高校人才培养目标定位前景	0.942	0.942	3

经过检验，高校人才培养目标定位绩效评价总量表克伦巴赫 α 信度系数为0.983（如表9-34所示），分半信度系数为0.992（如表9-35所示）。各分量表信度系数如表9-36所示，高校人才培养目标定位过程分量表克伦巴赫 α 系数为0.925，定位合理性分量表克伦巴赫 α 系数为0.964，定位实施分量表克伦巴赫 α 系数为0.960，定位效果分量表克伦巴赫 α 系数为0.958，定位前景分量表克伦巴赫 α 系数为0.942，总量表和各分量表信度系数均大于0.9，表明高校人才培养目标定位绩效评价量表具有较高的内部一致性，量表信度较高。

2. 效度评价

效度主要评价量表的准确性、有效性和正确性。其中，内容和结构效度一般被认为是检验效度的最常用和最有效方法，本研究也采用这两种方法。

内容效度方面，在量表指标体系设计过程中，笔者查阅了大量国内外相关文献，经过向数十位专家学者请教咨询，初步确定了指标体系，经过专家学者评议和自身多次修正完善，使指标最大限度反映高校人才培养目标定位绩效问题，经过专家学者认可，形成最终量表。因此，量表具有较高内容效度。

结构效度采用了相关分析方法，检验结果如表9-37所示。

表9-37　　　　高校人才培养目标定位绩效评价量表结构效度检验结果一览表

项目		定位过程	定位合理性	定位实施	定位效果	定位前景	总绩效	N值
定位过程	相关系数	1.000	0.638	0.747	0.664	0.687	0.870	121
	显著性水平		* * *	* * *	* * *	* * *	* * *	
定位合理性	相关系数	0.638	1.000	0.702	0.603	0.632	0.826	121
	显著性水平	* * *		* * *	* * *	* * *	* * *	
定位实施	相关系数	0.747	0.702	1.000	0.729	0.722	0.911	121
	显著性水平	* * *	* * *		* * *	* * *	* * *	
定位效果	相关系数	0.664	0.603	0.729	1.000	0.778	0.867	121
	显著性水平	* * *	* * *	* * *		* * *	* * *	
定位前景	相关系数	0.687	0.632	0.722	0.778	1.000	0.856	121
	显著性水平	* * *	* * *	* * *	* * *		* * *	
总绩效	相关系数	0.870	0.826	0.911	0.867	0.856	1.000	121
	显著性水平	* * *	* * *	* * *	* * *	* * *		

* *. Correlation is significant at the 0.01 level (2-tailed).

注：* 代表小于0.5；* * 代表小于0.05；* * * 代表小于0.01。

Pearson 相关分析结果表明，由表9-37可见，在0.01的显著性水平下，高校人才培养目标定位绩效评价总量表与各分量表平均值相关系数均大于0.8，各分量表平均值之间相关系数均大于0.6，$p < 0.01$，均呈显著正相关，表明量表结构效度较高。

（二）数据分析

1. 案例高校人才培养目标定位整体绩效分析

案例高校人才培养目标定位绩效整体水平一定程度上反映了高校人才培养目标定位绩效水平，有利于从整体上把握和考察我国高校人才培养目标定位制定和落实情况。另外，各分项绩效作为整体绩效的组成部分，有助于具体反映案例高校人才培养目标定位各环节开展情况，同时也便于高校管理人员和任课教师具体和直观评价。对变量赋值并加权处理后，我们得到整体及各分量表绩效加权平均分，1分最低，10分最高，如表9-38所示。

表9-38   案例高校人才培养目标定位绩效单样本 T 检验结果一览表

指标名称	均值	标准差	标准误	N 值	T 值	自由度	显著性水平
整体绩效	8.049	1.406	0.084	283	30.491	282	＊＊＊
定位过程	7.851	1.771	0.105	287	22.482	286	＊＊＊
定位合理性	7.912	1.659	0.095	307	25.467	306	＊＊＊
定位实施	7.847	1.702	0.097	306	24.127	305	＊＊＊
定位效果	7.885	1.684	0.096	308	24.849	307	＊＊＊
定位前景	8.087	1.772	0.100	313	25.825	312	＊＊＊

＊ The mean difference is significant at the 0.01 level.

注：＊代表小于 0.05；＊＊代表小于 0.01；＊＊＊代表小于 0.001。

由表9-38可见，案例高校人才培养目标定位绩效整体平均分为8.05分，刚好达到很好水平。同时，各分量表绩效平均分均超过5.5分这一理论中值。单样本 T 检验结果显示，在0.01的显著性水平下，各分量表绩效平均分与理论中值之间存在显著性差异，表明各分量表绩效平均分均显著高于理论中值即一般水平，均处于较好或很好水平。其中，定位前景加权评分最高，加权平均分为8.09分，定位实施最低，加权平均分为7.85分。如果将平均分在0—2分之间定义为很差，2—4分之间定义为较差，4—6分之间定义为一般，6—8分之间定义为较好，8—10分之间定义为很好，可以看出，当前案例高校专业课教师认为本校人才培养目标定位实施情况整体上很好。同时也可看出各分量表绩效平均分均介于7.84—8.09分之间，整体绩效平均分刚好达到8.05分，绝大部分没有超过8分，即没有达到很好水平，表明案例高校人才培养目标定位绩效仍有较大提升空间。

2. 不同学校人才培养目标定位绩效比较分析

所选案例高校分别代表了于院校调整时期成立的有60年左右建校历史的教育部直属国家重点高校和1978年后新升格的地方普通本科院校，通过比较分析，以揭示不同高校人才培养目标定位方面的差异。

（1）整体绩效方面

高校专业课教师是高校人才培养目标定位的主要落实者和实施情况直接感知者，对所在高校人才培养目标定位绩效的整体评价，很大程度上反映了该校人才培养目标定位工作开展的整体水平。因此，在进行校际间比较分析时，首先应比较整体绩效，它是比较分析各分项的基点，能使我们从宏观上把握不同高校在人才培养目标定位问题上的差异。经过独立样本 T 检验分析，得出案例高校人才培养目标定位绩效各自均值及差异显著性情况，如表 9 - 39 所示。

表 9 - 39　　　　　　不同案例高校人才培养目标定位总绩效
评价独立样本 T 检验结果一览表

指标级别	指标名称	案例高校	N 值	均值	标准差	标准误	T 值	显著性水平
总指标	高校人才培养目标定位绩效	HL 大学	127	7.2247	1.35270	0.12003	- 10.201	＊＊＊
		HK 大学	156	8.7192	1.04917	0.08400		

＊ The mean difference is significant at the 0.01 level.

注：＊代表小于 0.05；＊＊代表小于 0.01；＊＊＊代表小于 0.001。

由表 9 - 39 可见，HK 大学人才培养目标定位整体绩效较高，加权平均分为 8.72 分，处于很好水平。HL 大学人才培养目标定位整体绩效较低，加权平均分为 7.22 分，处于较好水平。独立样本 T 检验结果显示，在 0.01 的显著性水平下，案例高校人才培养目标定位整体绩效存在显著性差异，HK 大学人才培养目标定位绩效显著高于 HL 大学。进一步分析发现，如表 9 - 40 至表 9 - 44 所示，除在整体上，在各一级与二级指标方面，HK 大学人才培养目标定位绩效均显著高于 HL 大学。下面具体分析一、二级指标情况。

（2）定位过程方面

高校人才培养目标定位过程是高校确立人才培养目标定位所经过的程序或阶段，包括定位的确立和普及等方面。定位本身合理程度很大程度上取决于定位过程合理程度。经过独立样本 T 检验，得出案例高校人才培养目标定位过程绩效加权平均分及显著性差异情况，如表 9 - 40 所示。

表 9 – 40　　　　　不同案例高校人才培养目标定位过程绩效评价
独立样本 T 检验结果一览表

指标级别	指标名称	案例高校	N 值	均值	标准差	标准误	T 值	显著性水平
一级指标	定位过程	HL 大学	133	6.8359	1.78389	0.15468	– 10.184	＊＊＊
		HK 大学	156	8.6998	1.22194	0.09783		
二级指标	定位确立	HL 大学	132	6.7522	2.00306	0.17434	– 9.422	＊＊＊
		HK 大学	156	8.7046	1.39875	0.11199		
	定位普及	HL 大学	144	6.8649	1.82548	0.15212	– 10.013	＊＊＊
		HK 大学	160	8.6715	1.22711	0.09701		

　　＊ The mean difference is significant at the 0.01 level.

　　注：＊代表小于 0.05；＊＊代表小于 0.01；＊＊＊代表小于 0.001。

　　由表 9 – 40 可见，HK 大学人才培养目标定位过程整体绩效较高，加权平均分为 8.70 分，处于很好水平。HL 大学人才培养目标定位过程整体绩效较低，加权平均分为 6.84 分，处于较好水平。独立样本 T 检验结果显示，在 0.01 的显著性水平下，无论一级指标还是二级指标，两校之间存在显著性差异，HK 大学人才培养目标定位过程整体绩效显著高于 HL 大学。

　　（3）定位合理性方面

　　高校人才培养目标定位合理性指高校人才培养目标定位符合人才培养客观规律的程度，主要体现在高校人才培养目标定位是否具有特色，定位与国家、区域或行业经济社会发展契合程度以及定位与国家和区域高等教育发展及学校办学传统和办学条件的契合程度等。经过独立样本 T 检验，得出案例高校人才培养目标定位合理性绩效加权平均分及显著性差异情况，如表 9 – 41 所示。

表 9 – 41　　　　　不同案例高校人才培养目标定位合理性绩效
评价独立样本 T 检验结果一览表

指标级别	指标名称	案例高校	N 值	均值	标准差	标准误	T 值	显著性水平
一级指标	定位合理性	HL 大学	151	7.0448	1.74970	0.14239	– 9.680	＊＊＊
		HK 大学	160	8.6709	1.12725	0.08912		

续表

指标级别	指标名称	案例高校	N 值	均值	标准差	标准误	T 值	显著性水平
二级指标	与经济社会发展相适应	HL 大学	153	6.9929	1.97735	0.15986	-8.935	＊＊＊
		HK 大学	160	8.6924	1.30394	0.10309		
	与高等教育系统相适应	HL 大学	153	6.9773	1.87205	0.15135	-9.415	＊＊＊
		HK 大学	160	8.6721	1.23263	0.09745		
	定位特色及与办学传统和条件适应	HL 大学	150	7.1183	1.63946	0.13386	-9.234	＊＊＊
		HK 大学	160	8.6494	1.23752	0.09783		

＊ The mean difference is significant at the 0.01 level.

注：＊代表小于 0.05；＊＊代表小于 0.01；＊＊＊代表小于 0.001。

由表 9 - 41 可见，HK 大学人才培养目标定位合理程度整体绩效较高，加权平均分为 8.67 分，处于很好水平。HL 大学人才培养目标定位合理程度整体绩效较低，加权平均分为 7.04 分，处于较好水平。独立样本 T 检验结果显示，在 0.01 的显著性水平下，无论一级指标还是二级指标，两校之间存在显著性差异，HK 大学人才培养目标定位合理程度显著高于 HL 大学。

（4）定位实施方面

高校人才培养目标定位实施指高校人才培养目标定位由目标向现实转化的过程，包括高校人才培养目标在学校规划或年度工作计划以及在专业培养目标和课程教学目标中体现情况，对高校人才培养目标定位实施进行监督、检查、反馈及定期总结情况以及学校、专业人才培养目标和课程教学目标实现情况等。经过独立样本 T 检验，得出两校人才培养目标定位实施绩效加权平均分及显著性差异情况，如表 9 - 42 所示。

表 9 - 42　　　　不同案例高校人才培养目标定位实施绩效评价

独立样本 T 检验结果一览表

指标级别	指标名称	案例高校	N 值	均值	标准差	标准误	T 值	显著性水平
一级指标	定位实施	HL 大学	151	7.004	1.7156	0.1396	-9.373	＊＊＊
		HK 大学	160	8.613	1.2623	0.0998		

续表

指标级别	指标名称	案例高校	N 值	均值	标准差	标准误	T 值	显著性水平
二级指标	定位显示度	HL 大学	150	6.9618	1.76504	0.14411	−8.710	＊＊＊
		HK 大学	160	8.5630	1.44338	0.11411		
	定位实施过程	HL 大学	152	6.8487	2.02880	0.16456	−8.402	＊＊＊
		HK 大学	160	8.5750	1.55628	0.12303		
	定位实施结果	HL 大学	153	7.2533	1.79025	0.14473	−8.370	＊＊＊
		HK 大学	160	8.6980	1.18945	0.09403		

＊ The mean difference is significant at the 0.01 level.

注：＊代表小于 0.05；＊＊代表小于 0.01；＊＊＊代表小于 0.001。

由表 9 – 42 可见，HK 大学人才培养目标定位实施整体绩效较高，加权平均分为 8.61 分，处于很好水平。HL 大学人才培养目标定位实施整体绩效较低，加权平均分为 7.00 分，处于较好水平。独立样本 T 检验结果显示，在 0.01 的显著性水平下，无论一级指标还是二级指标，两校之间存在显著性差异，HK 大学人才培养目标定位实施整体绩效显著高于 HL 大学。

（5）定位效果方面

高校人才培养目标定位效果指高校人才培养目标定位导致的结果和影响，主要体现在高校人才培养目标定位促进高校教学改革、教学经费投入、教师教学投入、学生学风改进以及提升高校人才培养质量和社会知名度作用等方面。经过独立样本 T 检验，得出案例高校人才培养目标定位效果绩效加权平均分及显著性差异情况，如表 9 – 43 所示。

表 9 – 43　　　　不同案例高校人才培养目标定位效果绩效评价
独立样本 T 检验结果一览表

指标级别	指标名称	案例高校	N 值	均值	标准差	标准误	T 值	显著性水平
一级指标	定位效果	HL 大学	154	7.1015	1.73247	0.13961	−8.903	＊＊＊
		HK 大学	159	8.6164	1.22683	0.09729		
二级指标	改善办学环境作用	HL 大学	153	7.0411	1.80270	0.14574	−8.577	＊＊＊
		HK 大学	160	8.5700	1.29839	0.10265		

续表

指标级别	指标名称	案例高校	N 值	均值	标准差	标准误	T 值	显著性水平
二级指标	提升办学实力、社会知名度作用	HL 大学	153	7.1259	1.84951	0.14952	-8.567	* * *
		HK 大学	159	8.6681	1.26382	0.10023		

* The mean difference is significant at the 0.01 level.

注：＊代表小于 0.05；＊＊代表小于 0.01；＊＊＊代表小于 0.001。

由表 9-43 可见，HK 大学人才培养目标定位效果整体绩效较高，加权平均分为 8.62 分，处于很好水平。HL 大学人才培养目标定位效果整体绩效较低，加权平均分为 7.10 分，处于较好水平。独立样本 T 检验结果显示，在 0.01 的显著性水平下，无论一级指标还是二级指标，两校之间存在显著性差异，HK 大学人才培养目标定位效果整体绩效显著高于 HL 大学。

（6）定位前景方面

高校人才培养目标定位前景是人们对高校人才培养目标定位发展趋势的主观看法和预期。主要体现在对高校人才培养目标定位可实现性和促进高校人才培养质量提升作用的信任程度以及为实现高校人才培养目标定位的努力程度等。经过独立样本 T 检验，得出案例高校人才培养目标定位前景绩效加权平均分及显著性差异情况，如表 9-44 所示。

表 9-44　　　**不同案例高校人才培养目标定位前景绩效评价**
独立样本 T 检验结果一览表

指标级别	指标名称	案例高校	N 值	均值	标准差	标准误	T 值	显著性水平
一级指标	定位前景	HL 大学	156	7.2808	1.91950	0.15368	-8.890	* * *
		HK 大学	160	8.8704	1.15610	0.09140		
二级指标	定位信任程度	HL 大学	155	7.1074	1.98132	0.15914	-9.342	* * *
		HK 大学	160	8.8456	1.21927	0.09639		
	实现定位努力程度	HL 大学	151	7.4305	2.07046	0.16849	-7.512	* * *
		HK 大学	160	8.8938	1.23674	0.09777		

* The mean difference is significant at the 0.01 level.

注：＊代表小于 0.05；＊＊代表小于 0.01；＊＊＊代表小于 0.001。

由表 9 - 44 可见，HK 大学人才培养目标定位前景整体绩效较高，加权平均分为 8.87 分，处于很好水平。HL 大学人才培养目标定位前景整体绩效较低，加权平均分为 7.28 分，处于较好水平。独立样本 T 检验结果显示，在 0.01 的显著性水平下，无论一级指标还是二级指标，两校之间存在显著性差异，HK 大学人才培养目标定位前景整体绩效显著高于 HL 大学。

由以上分析可知，案例高校人才培养目标定位整体绩效刚好达到很好水平，而不同高校和不同定位环节之间存在诸多差异。经过独立样本 T 检验结果可知，如表 9 - 40 至表 9 - 44 所示，在 0.01 的显著性水平下，HL 大学人才培养目标定位绩效无论整体还是各分项均显著低于 HK 大学，可见办学层次和发展水平较高的大学其人才培养目标定位工作水平不一定高于一般普通高校。究其原因，客观上，一方面可能因为以高层次拔尖创新人才为培养目标的重点大学尤其高水平研究型大学其人才培养目标定位本身较高，定位实现难度也较大；另一方面是以研究型大学为代表的国家重点大学其高校职能多元化特点将更加突出，除教学外，科学研究和社会服务也是高校的重要职能和任务，较之以人才培养为主要任务的教学型大学其目标、精力和资源等更加分散，教师热衷于科学研究和社会服务程度更强，导致人才培养质量相对培养目标下降，人才培养目标定位实现水平相对较低；另外，即使在教学领域，以研究型大学为代表的国家重点大学在人才培养方面，除本科教育外，研究生教育也是其重要任务，并且受经济利益驱使，目前不少国家重点大学纷纷拓宽办学渠道，除普通高等教育外，还开办成人高等教育、网络高等教育和职业高等教育等，不少国家重点大学包括研究型大学办起了独立学院，人才培养层次涵盖博士生、硕士生、本科生和专科生等，人才培养目标层次和类型变得宽泛，其实现难度固然加大。主观上，一方面，可能因为受到攀比风气影响，一些高校制定人才培养目标定位时盲目效仿其他高校，使得定位缺乏特色，同时偏离高校实际情况，导致人才培养目标定位合理程度和落实水平等较低；另一方面，可能因为对人才培养目标定位认识水平和重视程度有待提升，人才培养目标定位制定过程不民主、不规范，人才培养目标定位制定后没有予以深入普及和认真实施，教职员工定位内化程度较低，导致定位实现水平及效益发挥程度等较低。

3. 不同维度高校人才培养目标定位绩效分析

（1）高校人才培养目标定位过程

在高校人才培养目标定位绩效评价各分项中，如图9-25所示，案例高校整体加权评分最高的是定位前景，其次是定位合理性，再次是定位效果，之后是定位过程；加权评分最低的是定位实施。各案例高校中，如图9-26、图9-27所示，HL大学加权评分最低的是定位过程，其次是定位实施，再次是定位合理性，之后是定位效果，最后是定位前景。HK大学加权评分最低的是定位实施，其次是定位效果，再次是定位过程，之后是定位合理性，最后是定位前景。

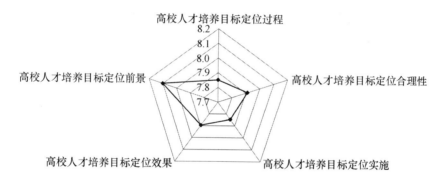

图9-25　案例高校人才培养目标定位一级指标绩效评价图示

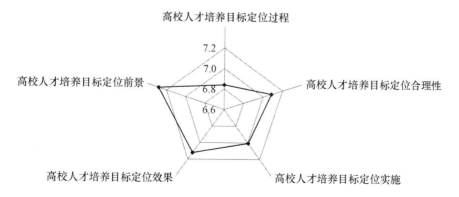

图9-26　HL大学人才培养目标定位一级指标绩效评价图示

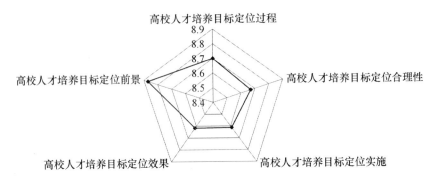

图 9 – 27　HK 大学人才培养目标定位一级指标绩效评价图示

　　整体而言，如表 9 – 39 至表 9 – 44 所示，案例高校人才培养目标定位整体和各分项绩效加权评分均大于 7 分，均处于较好或很好水平。其中，如图 9 – 25 所示，高校人才培养目标定位过程在高校人才培养目标定位各环节中加权评分次低，稍高于高校人才培养目标定位实施，加权平均分为 7. 85 分。其中，如图 9 – 28 至图 9 – 30 所示，在整体和各案例高校中，高校人才培养目标定位普及环节绩效均稍高于人才培养目标定位确立环节。案例高校人才培养目标定位确立绩效加权平均分为 7. 81 分，案例高校人才培养目标定位普及绩效加权平均分为 7. 82 分，

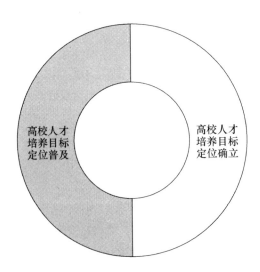

图 9 – 28　案例高校人才培养目标定位过程二级指标绩效评价图示

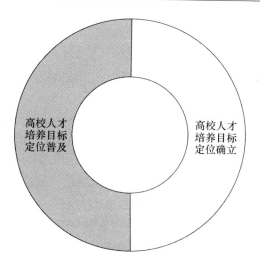

图 9 - 29　HL 大学人才培养目标定位过程二级指标绩效评价图示

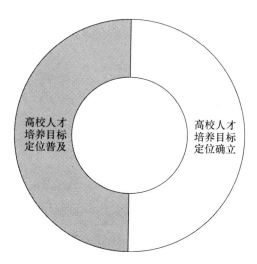

图 9 - 30　HK 大学人才培养目标定位过程二级指标绩效评价图示

　　此外，在高校人才培养目标定位确立方面，如图 9 - 31 所示，专业课教师对定位工作的参与程度整体上是案例高校人才培养目标定位过程绩效评价各观测点中平均评分最低的项目，同时是案例高校人才培养目标定位绩效评价各观测点中平均评分最低的项目，平均评分为 7.38 分。HL 大学专业课教师参与定位工作程度平均评分为 6.13 分，是该校人才培养目标定位过程绩效评价各观测点中平均评分最低的项目，同时是该校人才培养目标定位绩效评价各观测点中平均评分最低的项目，如图 9 - 32 所示。
HK 大学专业课教师参与定位工作程度平均评分为 8.47 分，居于该校人
才培养目标定位过程和人才培养目标定位绩效评价各观测点中次低位置，
如图 9 - 33 所示。而对学校开展专门人才培养目标定位工作和进行专门论
证评价相对较高，平均评分为 8.03 分，在高校人才培养目标定位绩效评
价各观测点中居于第五位。表明案例高校对确立和做好学校人才培养目标
定位是较为注重的，定位过程中主要问题在于民主参与机制缺失，突出体
现在高校专业课教师参与定位确立过程程度较低，致使案例高校人才培养
目标定位过程绩效偏低。此外，案例高校在人才培养目标定位纳入学校章
程或以学校文件形式下发方面落实程度有待加强，平均评分为 7.76 分，
在高校人才培养目标定位绩效评价各观测点中居于后数第七位，不利于定
位目标的稳定性、权威性以及定位实施的规范性。

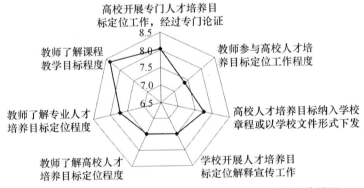

图 9 - 31　案例高校人才培养目标定位过程观测点绩效评价图示

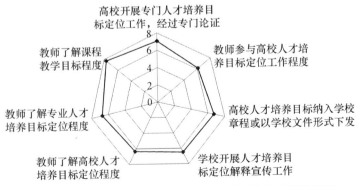

图 9 - 32　HL 大学人才培养目标定位过程观测点绩效评价图示

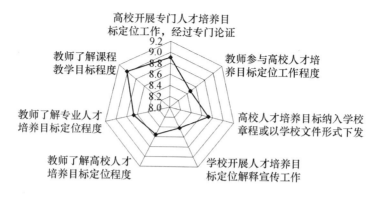

图9-33 HK大学人才培养目标定位过程观测点绩效评价图示

在高校人才培养目标定位普及方面，研究发现，无论案例高校整体还是各案例高校，如图9-31至图9-33所示，案例高校专业课教师对所承担课程教学目标了解程度较高，平均评分为8.37分，在高校人才培养目标定位绩效评价各观测点中平均评分最高；而对所在专业人才培养目标定位了解程度相对较低，平均评分为7.72分，在高校人才培养目标定位绩效评价各观测点中居于后数第五位；对高校人才培养目标定位了解程度则更低，平均评分为7.48分，在高校人才培养目标定位绩效评价各观测点中居于次差位置。案例高校专业课教师表现出与目标层次性相对应的目标了解程度差异性，目标层次越高，案例高校专业课教师了解程度越低。教学是教师的核心工作之一，了解课程教学目标是教师教学工作开展的前提，教师自然较为了解，而专业和学校人才培养目标定位不直接指导教师教学工作，因此教师了解程度依次降低。这一方面反映出案例高校专业课教师较为忽视专业和学校人才培养目标定位，同时反映出案例高校人才培养目标定位普及工作有待完善。这与另一项调查发现相关。案例高校人才培养目标定位解释宣传工作有待深入，绩效平均评分为7.49分，在高校人才培养目标定位绩效评价各观测点中居于后数第三位。其中，HL大学定位解释宣传工作绩效平均评分为6.49分，处于一般水平，在该校人才培养目标定位绩效评价各观测点中居于后数第三位。HK大学定位解释宣传工作绩效平均评分为8.42分，在该校人才培养目标定位绩效评价各观测点中平均评分最低。可见案例高校人才培养目标定位解释宣传工作存在缺陷，这是导致案例高校专业课教师对各层次教育目标了解程度存在差异性以及案例高校人才培养目标定位普及方面绩效评价较低的原因之一。

2. 高校人才培养目标定位合理性

在高校人才培养目标定位合理性方面，如图 9 - 25 所示，整体而言，绩效水平位于定位前景之后，居于第二位，处于较好水平。同时，各案例高校人才培养目标定位合理性在本校人才培养目标定位绩效评价各分项中均处于第三位，如图 9 - 26、图 9 - 27 所示。表明案例学校人才培养目标定位整体较为合理，应予以肯定。同时，要立足于高校人才培养目标定位稳定性与动态性的统一，在确保定位保持适度持续性、规范性和一致性的基础上，不断修正完善，使高校人才培养目标定位更加契合高校自身条件和环境，促进高校人才培养职能不断完善。

高校人才培养目标定位合理性主要体现在高校人才培养目标定位与经济社会发展契合程度、与高等教育发展契合程度以及与高校人才培养目标定位特色和高校办学传统及现实办学条件的契合程度等。

在二级指标方面，案例高校人才培养目标定位特色及与高校办学传统和现实办学条件契合程度加权平均分为 7.92 分，在高校人才培养目标定位合理性绩效评价各二级指标中加权评分最高，在高校人才培养目标定位绩效评价各二级指标中居于第五位，如图 9 - 34 所示。案例高校人才培养目标定位与高等教育发展契合程度加权平均分为 7.84 分，在高校人才培养目标定位合理性绩效评价各二级指标中居于中等位置，在高校人才培养目标定位绩效评价各二级指标中居于第七位。案例高校人才培养目标定位与经济社会发展契合程度加权平均分为 7.86 分，在高校人才培养目标定位合理性绩效评价各二级指标中加权评分最低，在高校人才培养目标定位绩效评价各二级指标中居于第六位，如图 9 - 35、图 3 - 36 所示。

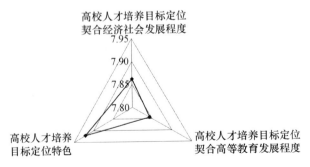

图 9 - 34   案例高校人才培养目标定位合理性二级指标绩效评价图示

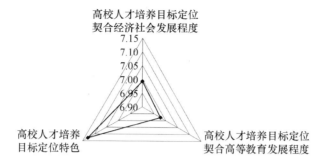

图 9 – 35 HL 大学人才培养目标定位合理性二级指标绩效评价图示

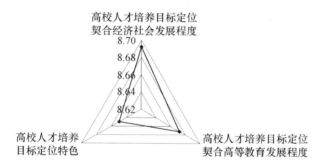

图 9 – 36 HK 大学人才培养目标定位合理性二级指标绩效评价图示

在观测点方面，如图 9 – 37 所示，案例高校人才培养目标定位与国家经济社会发展契合程度平均评分为 7.84 分，在高校人才培养目标定位合理性评价各观测点中居于后数第三位，在高校人才培养目标定位绩效评价各观测点中居于第十七位。案例高校人才培养目标定位与区域或行业经济社会发展契合程度平均评分为 7.91 分，在高校人才培养目标定位合理性评价各观测点中平均评分居于次好位置，在高校人才培养目标定位绩效评价各观测点中居于第十一位。案例高校人才培养目标定位与国家高等教育发展契合程度平均评分为 7.81 分，在高校人才培养目标定位合理性评价各观测点中平均评分最低，在高校人才培养目标定位绩效评价各观测点中居于后数第十三位。案例高校人才培养目标定位与区域高等教育发展契合程度平均评分为 7.87 分，在高校人才培养目标定位合理性评价各观测点中居于第四位，在高校人才培养目标定位绩效评价各观测点中居于第十六位。案例高校人才培养目标定位与高校办学传统契合程度平均评分为 7.88 分，在高校人才培养目标定位合理性评价各观测点中居于第三位，在高校人才培养目标定位绩效评价各观测点中居于第十五位。案例高校人才培养目标定位与高校办学条件契合程度平均评分为 7.82 分，在高校人才培养目标定位合理性评价各观测点中平均评分次低，在高校人才培养目标定位绩效评价各观测点中居于第十八位。案例高校人才培养目标定位特色平均评分为 7.95 分，在高校人才培养目标定位合理性评价各观测点中平均评分最高，在高校人才培养目标定位绩效评价各观测点中居于第九位。

　　各案例高校中，HL 大学定位合理性三项二级指标均处于较好水平。其中，高校人才培养目标定位特色及与高校办学传统和与区域或行业经济社会发展契合程度最好，与国家和区域高等教育发展契合程度最差。如图 9-35 所示，HL 大学人才培养目标定位与高等教育发展契合程度加权平均分为 6.98 分，在该校人才培养目标定位合理性绩效评价各二级指标中加权评分最低，在该校人才培养目标定位绩效评价各二级指标中居于第八位。高校人才培养目标定位特色及与自身办学传统和现实办学条件契合程度加权平均分为 7.13 分，在该校人才培养目标定位合理性绩效评价各二级指标中加权评分最高，在该校人才培养目标定位绩效评价各二级指标中居于第四位。高校人才培养目标定位与经济社会发展契合程度加权平均分为 6.99 分，在该校人才培养目标定位合理性绩效评价各二级指标中居于中等位置，在该校绩效评价各二级指标中居于第七位。

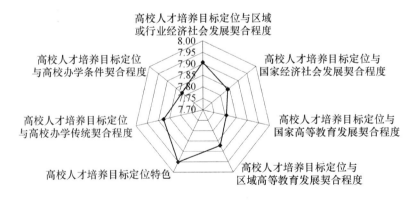

图 9-37　案例高校人才培养目标定位合理性观测点绩效评价图示

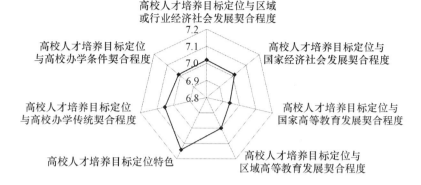

图 9 – 38 　HL 大学人才培养目标定位合理性观测点绩效评价图示

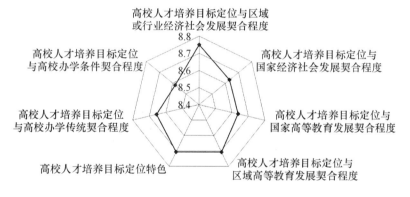

图 9 – 39 　HK 大学人才培养目标定位合理性观测点绩效评价图示

　　在各观测点中，如图 9 – 38 所示，HL 大学人才培养目标定位与国家
经济社会发展契合程度平均评分为 7.01 分，在该校人才培养目标定位合
理性绩效评价各观测点中居于后数第三位，在该校人才培养目标定位绩效
评价各观测点中居于后数第十二位。高校人才培养目标定位与区域或行业
经济社会人才培养契合程度平均评分为 7.02 分，在该校人才培养目标定
位合理性评价各观测点中居于第三位，在该校人才培养目标定位绩效评价
各观测点中居于第十八位。高校人才培养目标定位与国家高等教育发展契
合程度平均评分为 6.94 分，在该校人才培养目标定位合理性评价各观测
点中居于最差位置，在该校人才培养目标定位绩效评价各观测点中居于后
数第九位。高校人才培养目标定位与区域高等教育发展契合程度平均评分
为 7.00 分，在该校人才培养目标定位合理性绩效评价各观测点中居于次

差位置，在该校人才培养目标定位绩效评价各观测点中居于后数第十一位。高校人才培养目标定位与高校办学传统契合程度平均评分为 7.05 分，在该校人才培养目标定位合理性绩效评价各观测点中居于次好位置，在该校人才培养目标定位绩效评价各观测点中居于第十四位。高校人才培养目标定位与高校现实办学条件契合程度平均评分为 7.01 分，在该校人才培养目标定位合理性评价各观测点中居于第四位，在该校人才培养目标定位绩效评价各观测点中居于第十九位。高校人才培养目标定位特色平均评分为 7.14 分，在该校人才培养目标定位合理性评价各观测点中平均评分最高，在该校人才培养目标定位绩效评价各观测点中居于第八位。

HK 大学三项指标均处于很好水平。其中，如图 9 - 36 所示，HK 大学人才培养目标定位与经济社会发展契合程度加权平均分为 8.69 分，在该校人才培养目标定位合理性绩效评价各二级指标中加权平均分最高，在该校人才培养目标定位绩效评价各二级指标中居于第五位。高校人才培养目标定位与高等教育发展契合程度加权平均分为 8.67 分，在该校人才培养目标定位合理性绩效评价各二级指标中居于中等位置，在该校人才培养目标定位绩效评价各二级指标中居于第六位。高校人才培养目标定位特色及与高校办学传统和现实办学条件契合程度加权平均分为 8.65 分，在该校人才培养目标定位合理性绩效评价各二级指标中加权平均分最低，在该校人才培养目标定位绩效评价各二级指标中居于第九位。

在各观测点中，如图 9 - 39 所示，HK 大学人才培养目标定位与国家经济社会发展契合程度平均评分为 8.63 分，在该校人才培养目标定位合理性绩效评价各观测点中平均评分次低，在该校人才培养目标定位绩效评价各观测点中居于后数第十三位。定位与区域或行业经济社会发展契合程度平均评分为 8.75 分，在该校人才培养目标定位合理性评价各观测点中平均评分最高，在该校人才培养目标定位绩效评价各观测点中居于第六位。高校人才培养目标定位与国家高等教育发展契合程度平均评分为 8.64 分，在该校人才培养目标定位合理性评价各观测点中居于后数第三位，在该校人才培养目标定位绩效评价各观测点中居于第十八位。高校人才培养目标定位与区域高等教育发展契合程度平均评分为 8.71 分，在该校人才培养目标定位合理性评价各观测点中居于第二位，在该校人才培养目标定位绩效评价各观测点中居于第九位。高校人才培养目标定位与高校办学传统契合程度平均评分为 8.66 分，在该校人才培养目标定位合理性评价各观测点中居于第四位，在该校人才培养目标定位绩效评价各观测点中居于第十七位。高校人才培养目标定位与高校办学条件契合程度平均评分为 8.58 分，在该校人才培养目标定位合理性评价各观测点中平均评分最低，在该校人才培养目标定位绩效评价各观测点中居于后数第十位。高校人才培养目标定位特色平均评分为 8.71 分，在该校人才培养目标定位合理性评价各观测点中居于第三位，在该校人才培养目标定位绩效评价各观测点中居于第十位。

可见，如图 9 - 34 至图 9 - 36 所示，在与经济社会和高等教育发展契合方面，案例高校人才培养目标定位与经济社会发展契合程度普遍高于与高等教育发展契合程度。在与经济社会发展契合方面，案例高校人才培养目标定位与区域或行业层面经济社会发展契合程度普遍高于与国家层面经济社会发展的契合程度。在与高等教育发展契合方面，案例高校人才培养目标定位与区域高等教育发展契合程度普遍高于与国家高等教育发展契合程度。在与高校办学传统和现实办学条件契合方面，案例高校人才培养目标定位与自身办学传统契合程度普遍高于与现实办学条件契合程度。案例高校人才培养目标定位特色情况依学校不同而不同。

案例高校人才培养目标定位与高等教育发展和经济社会发展具有不同契合水平原因也是多方面的。客观上，可能因为与高校发展目标定位不同，高校培养人才是面向社会的，经济社会系统相对高等教育系统是高校确立人才培养目标的直接参照和最终依据。因此，高校人才培养目标定位更注重面向社会需求，高校人才培养目标定位与经济社会发展契合程度可能高于与高等教育发展契合程度。主观上，可能受功利主义思想等影响，我国高校确立人才培养目标定位更多受社会政治、经济、文化和科技等外部因素影响，注重外部社会要求与高校自身发展逻辑要求的协调而相对忽视高等教育发展要求与高校自身发展逻辑要求的协调，忽视了高等教育系统内部发展因素。在高校人才培养目标定位方面，表现为注重人才培养目标定位与经济社会发展相契合，相对忽视与高等教育发展相契合。

在高校人才培养目标定位与经济社会发展契合方面，调查显示无论是面向区域和行业经济社会发展的地方普通本科院校，还是面向全国甚至世界的重点大学，其人才培养目标定位都更注重与本区域和本行业经济社会发展相契合，更注重为本区域和本行业经济社会发展服务，反映出案例高校人才培养目标定位服务面向趋同问题。作为面向区域发展的地方本科院校人才培养目标定位更加注重与地方和行业经济社会发展相契合无可厚非，而作为国家重点大学人才培养目标定位同样注重与地方和行业经济社会发展相契合，可能与当前部分重点大学实施省部共建、追求地方财政支持等有关。

在与高等教育发展契合方面，案例高校人才培养目标定位与区域高等教育发展契合程度好于与国家高等教育发展契合程度。一方面可能为保持区域高等教育系统的有序性，建立完善的区域高等教育系统，因而高校制定人才培养目标定位时更注重与本区域高等教育发展相契合；另一方面可能因为相对国家高等教育发展，区域高等教育发展是高校确立人才培养目标定位的近缘环境，因而导致高校确立人才培养目标定位更注重与本区域高等教育系统相契合而相对忽视了与国家高等教育系统的契合，忽视将本校人才培养目标与整个国家高等教育系统人才培养需求和任务统一起来。

在高校人才培养目标定位与高校办学传统和现实办学条件契合方面，案例高校人才培养目标定位与高校现实办学条件契合程度较低，体现出在继承历史与适应现实方面，高校人才培养目标定位更注重沿承历史传统而相对忽视现实办学条件。可能因为高校人才培养目标定位受思维惯性和历史办学条件影响较大，因而高校确立人才培养目标定位更注重沿承传统。

在高校人才培养目标定位特色方面，整体上案例高校专业课教师对本校人才培养目标定位特色评价较高，表明案例高校人才培养目标定位较注重突出本校特色，这一点是值得肯定的。同时，一方面，"特色"并不等于合理，具有"特色"而相对忽视办学条件的定位不是真正富有特色的定位；另一方面，不同高校人才培养目标定位具有特色情况不同，HK大学人才培养目标定位特色在该校人才培养目标定位合理性绩效评价各观测点中居于第三位，HL大学则居于最高位置，可能因为定位特色是高校一项个性化工作，不同高校办学和人才培养理念、办学条件和发展水平等不同，对人才培养特色重视程度不同，因而不同高校人才培养目标定位具有特色情况不同。

3. 高校人才培养目标定位实施

在高校人才培养目标定位实施方面，如表9－38所示，案例高校人才培养目标定位实施整体绩效较低，在五个一级指标中加权评分最低。在具体项目方面，如图9－40所示，案例高校人才培养目标定位实施过程落实情况最差，加权平均分为7.73分，在12个二级指标中居于最差位置。高校人才培养目标定位实施结果相对较好，加权平均分为 8.00 分，在 12 个二级指标中居于第三位。案例高校人才培养目标定位显示度评价较高，案例高校发展目标定位在学校规划或年度工作计划中显示度较差，加权评分为 7.79 分，在 12 个二级指标中居于次差位置。

各案例高校中，如图 9 - 41 所示，HL 大学人才培养目标定位显示度加权平均分为 6.96 分，在 12 个二级指标中居于后数第四位。HL 大学人才培养目标定位过程绩效评分最低，平均评分为 6.85 分，处于一般水平，在 12 个二级指标中居于次差位置。高校人才培养目标定位实施结果加权平均分为 7.26 分，在 12 个二级指标中加权评分居于第二位。

HK 大学中，如图 9 - 42 所示，高校人才培养目标定位显示度加权平均分为 8.56 分，在 12 个二级指标中加权评分最低。高校人才培养目标定位实施过程平均评分为 8.58 分，在 12 个二级指标中居于后数第八位。高校人才培养目标定位实施结果加权平均分为 8.70 分，在 12 个二级指标中居于第四位。

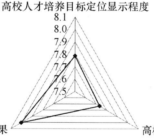

图 9 - 40　案例高校人才培养目标定位实施二级指标绩效评价图示

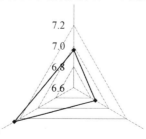

图 9 - 41　HL 大学人才培养目标定位实施二级指标绩效评价图示

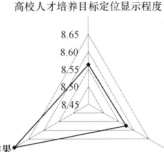

图 9 – 42　HK 大学人才培养目标定位实施二级指标绩效评价图示

在各观测点方面，高校人才培养目标定位显示度方面，案例高校人才培养目标在学校规划或年度工作计划中体现程度平均评分为 7.77 分，在高校人才培养目标定位实施绩效评价各观测点中居于后数第三位，在高校人才培养目标定位绩效评价各观测点中居于后数第九位，如图 9 – 43 所示。高校人才培养目标在专业人才培养目标中体现程度平均评分为 7.80 分，在高校人才培养目标定位实施绩效评价各观测点中居于后数第五位，在高校人才培养目标定位绩效评价各观测点中居于后数第十二位。高校专业人才培养目标在课程教学目标中体现程度平均评分为 7.78 分，在高校人才培养目标定位实施绩效评价各观测点中居于后数第四位，在高校人才培养目标定位绩效评价各观测点中居于后数第十位。高校人才培养目标在课程教学目标中体现程度平均评分为 7.77 分，在高校人才培养目标定位实施绩效评价各观测点中居于次差位置，在高校人才培养目标定位绩效评价各观测点中居于后数第八位。

各案例高校中，HL 大学人才培养目标在学校规划或年度工作计划中体现程度平均评分为 6.82 分，在该校人才培养目标定位实施绩效评价各观测点中平均评分最低，在该校人才培养目标定位绩效评价各观测点中居于后数第六位，如图 9 – 44 所示。高校人才培养目标在专业人才培养目标中体现程度平均评分为 6.96 分，在该校人才培养目标定位实施绩效评价各观测点中居于后数第三位，在该校人才培养目标定位绩效评价各观测点中居于后数第十位。高校专业人才培养目标在课程教学目标中体现程度平均评分为 7.04 分，在该校人才培养目标定位实施绩效评价各观测点中居于后数第五位，在该校人才培养目标定位绩效评价各观测点中居于第十六位。高校人才培养目标在课程教学目标中体现程度平均评分为 7.03 分，在该校人才培养目标定位实施绩效评价各观测点中居于后数第四位，在该校人才培养目标定位绩效评价各观测点中居于第十七位。

　　HK 大学人才培养目标在学校规划或年度工作计划中体现程度平均评分为 8.68 分，在该校人才培养目标定位实施绩效评价各观测点中居于第四位，在该校人才培养目标定位绩效评价各观测点中居于第十五位，如图 9 - 45 所示。高校人才培养目标在专业人才培养目标中体现程度平均评分为 8.60 分，在该校人才培养目标定位实施绩效评价各观测点中居于第五位，在该校人才培养目标定位绩效评价各观测点中居于第二十一位。高校专业人才培养目标在课程教学目标中体现程度平均评分为 8.50 分，在该校人才培养目标定位实施绩效评价各观测点中居于次差位置，在该校人才培养目标定位绩效评价各观测点中居于后数第五位。高校人才培养目标在课程教学目标中体现程度平均评分为 8.48 分，在该校人才培养目标定位实施绩效评价各观测点中平均评分最低，在该校人才培养目标定位绩效评价各观测点中居于后数第三位。

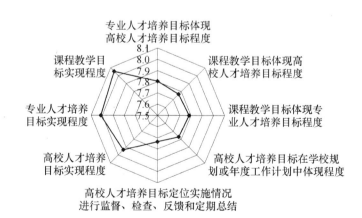

图 9 - 43　案例高校人才培养目标定位实施观测点绩效评价图示

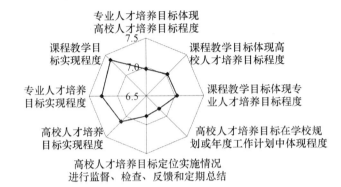

图 9-44 HL 大学人才培养目标定位实施观测点绩效评价图示

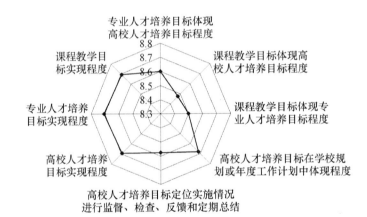

图 9-45 HK 大学人才培养目标定位实施观测点绩效评价图示

可见，案例高校人才培养目标定位显示程度较低。案例高校人才培养目标在学校规划或年度工作计划中显示程度较低，反映案例高校对人才培养目标定位的重视程度不高或表达重视方式不合理，没有将其作为学校阶段性发展重要目标加以体现和规划。高校人才培养目标在专业人才培养目标和课程教学目标中体现程度也较低，反映出案例高校人才培养目标向专业培养目标和课程教学目标转换缺失。而且高校人才培养目标定位显示程度也体现出差异性，即整体上高校人才培养目标在专业人才培养目标中体现程度好于专业人才培养目标在课程教学目标中体现程度，而专业人才培养目标在课程教学目标中体现程度又好于高校人才培养目标在课程教学目标中体现程度。高校人才培养目标主要依据各专业人才培养目标来体现和实现，因而转换水平较好。同时，专业人才培养目标依靠各课程教学目标达成来实现，转换水平较好。相对这两者，高校人才培养目标与课程教学目标之间跨度较大，因此，高校人才培养目标向课程教学目标转换程度最差。

在高校人才培养目标定位实施过程方面，如图 9 - 43 所示，案例高校对人才培养目标定位落实情况进行监督、检查、反馈及定期总结平均评分为 8.58 分，在高校人才培养目标定位实施绩效评价各观测点中居于最差位置，在高校人才培养目标定位绩效评价各观测点中居于后数第六位。其中，HL 大学对人才培养目标定位落实情况进行监督、检查、反馈及定期总结平均评分为 6.85 分，在该校人才培养目标定位实施绩效评价各观测点中居于次差位置，在该校人才培养目标定位绩效评价各观测点中居于后数第七位，如图 9 - 44 所示。HK 大学平均评分为 8.58 分，在该校人才培养目标定位实施绩效评价各观测点中居于后数第三位，在该校人才培养目标定位绩效评价各观测点中居于后数第八位，如图 9 - 45 所示。可见案例高校人才培养目标定位实施过程有待完善，学校或学院人才培养目标定位实施工作具有不彻底和不深入性，未能建立有效监督和反馈机制，保障高校人才培养目标定位确切落实。

高校人才培养目标定位实施结果方面，案例高校人才培养目标定位实现程度平均评分为 7.94 分，在高校人才培养目标定位实施绩效评价各观测点中居于第三位，在高校人才培养目标定位绩效评价各观测点中居于第八位。高校专业人才培养目标定位实现程度平均评分为 8.01 分，在高校人才培养目标定位实施绩效评价各观测点中居于第二位，在高校人才培养目标定位绩效评价各观测点中居于第五位。高校课程教学目标定位实现程度平均评分为 8.37 分，在高校人才培养目标定位实施绩效评价各观测点中平均评分最高，在高校人才培养目标定位绩效评价各观测点中平均评分同样最高。

各案例高校中，HL 大学人才培养目标定位实现程度平均评分为 7.13 分，在该校人才培养目标定位实施绩效评价各观测点中居于第三位，在该校人才培养目标定位绩效评价各观测点中居于第九位。高校专业人才培养目标定位实现程度平均评分为 7.28 分，在该校人才培养目标定位实施绩效评价各观测点中居于第二位，在该校人才培养目标定位绩效评价各观测点中居于第四位。高校课程教学目标定位实现程度平均评分为 7.38 分，在该校人才培养目标定位实施绩效评价各观测点中平均评分最高，在该校人才培养目标定位绩效评价各观测点中居于第三位。

HK 大学人才培养目标定位实现程度平均评分为 8.69 分，在该校人才培养目标定位实施绩效评价各观测点中居于次好位置，在该校人才培养目标定位绩效评价各观测点中居于第十二位。高校专业人才培养目标定位实现程度平均评分为 8.71 分，在该校人才培养目标定位实施绩效评价各观测点中平均评分最高，在该校人才培养目标定位绩效评价各观测点中居于第十一位。高校课程教学目标定位实现程度平均评分为 8.69 分，在该校人才培养目标定位实施绩效评价各观测点中居于第三位，在该校人才培养目标定位绩效评价各观测点中居于第十三位。

相对实施过程，案例高校人才培养目标定位实施结果较好，案例高校专业人才培养目标和课程教学目标实现程度均较好，应当予以肯定。同时，案例高校人才培养目标定位实施结果方面也体现出差异性，按目标层次递增实现程度依次递减，表现为高校人才培养目标实现程度低于专业人才培养目标实现程度，同时低于课程教学目标实现程度。这可能反映出目标实现过程中的一般规律，即越是具体目标越容易实现，随着目标概括性、综合性和复杂性提升，目标实现难度加大，实现程度递减。同时案例高校人才培养目标显示程度差异性可能是导致人才培养目标定位实施结果程度差异性的原因，因课程教学目标没有充分体现专业和学校人才培养目标，导致尽管课程教学目标实现较好，但专业和学校人才培养目标实现程度相对较差。

关于教育目标的层次结构，国内很多学者有所论述，如袁振国指出，教育目的是教育工作的方向，是一切教育工作的出发点和归宿。教育目的是各级各类学校必须遵循的总要求，但它不能代替各级各类学校对所培养的人才的特殊要求，各级各类学校还有各自的具体培养目标，这便决定了教育目的的层次性。培养目标是由特定的社会领域（如教育工作领域、化学工业生产领域、医疗卫生工作领域等）和特定的社会层次（如普通劳动、熟练技术工作、管理人员、高级行政人员、专家等）的需要所决定的，也因受教育对象所处的学校级别（如初等、中等、高等学校）而变化。[1] 专业人才培养目标是对本专业人才培养的质量、规格和水平等的

---

① 袁振国：《当代教育学》，教育科学出版社 2010 年版，第 49 页。

规定，通常包括培养方向、使用规格、规范与要求等三个方面的内容。教学目标是教育者在教育教学的过程中，在完成某一阶段（如一节课、一个单元或一个学期）工作时，希望受教育者达到的要求或产生的变化结果。教学目标越明确越具体，就越容易操作，越便于评估和改进。[①] 学校人才培养目标与专业人才培养目标和课程教学目标之间是普遍与特殊的关系，学校人才培养目标定位的实现有赖于各专业人才培养目标的实现，各专业人才培养目标的实现又有赖于本专业各课程教学目标的达成。同时学校人才培养目标是专业培养目标和课程教学目标的确立依据。试问如果课程教学目标没有实现，何以实现以各门课程为依托的专业培养目标？而各专业培养目标没有实现，何以实现高校人才培养目标？当前我国高校中普遍存在学校人才培养目标与专业人才培养目标和课程教学目标相互脱节的问题。导致这种状况的原因之一是没有厘清各目标间的内在关联，另一方面是没有实现高校人才培养目标定位的明确树立、深入落实和有效监督。而导致这些问题的原因之一是高校领导干部和教职员工教育理论基础较为薄弱，同时对高校人才培养目标定位确立和实施工作较为忽视与敷衍。

4. 高校人才培养目标定位效果

在高校人才培养目标定位效果方面，如图 9 - 25 所示，案例高校整体绩效处于中等位置，在五个一级指标中平均评分居于第三位。同时各个高校情况不同，HL 大学人才培养目标定位效果加权评分居于次好位置，如图 9 - 26 所示。HK 大学则处于次差位置，如图 9 - 27 所示。反映出不同高校人才培养目标定位效果具有差异性。我们在分析不同高校人才培养目标定位不同效果的同时，更应分析不同效果的产生原因及如何使高校人才培养目标定位产生最佳效果和发挥最大效用。

在二级指标方面，如图 9 - 46、图 9 - 47、图 9 - 48 所示，无论整体还是各案例高校，案例高校人才培养目标定位提升高校办学实力和社会知名度作用均大于改善办学环境作用。其中，案例高校人才培养目标定位提升高校办学实力和社会知名度作用绩效加权平均分为 7.94 分，在高校人才培养目标定位绩效评价各二级指标中居于第四位。高校人才培养目标定位改善办学环境作用绩效加权平均分为 7.84 分，在高校人才培养目标定位绩效评价各二级指标中居于第八位。各案例高校中，HL 大学人才培养

---

① 袁振国：《当代教育学》，教育科学出版社 2010 年版，第 50 页。

目标定位提升高校办学实力和社会知名度作用绩效加权平均分为 7.16 分，在该校人才培养目标定位绩效评价各二级指标中居于第三位。改善办学环境作用绩效加权平均分为 7.05 分，在该校人才培养目标定位绩效评价各二级指标中居于第六位。HK 大学人才培养目标定位提升高校办学实力和社会知名度作用绩效加权平均分为 8.67 分，在该校人才培养目标定位绩效评价各二级指标中居于第八位。改善办学环境作用绩效加权平均分为 8.57 分，在该校人才培养目标定位绩效评价各二级指标中居于次差位置。

　　在观测点方面，整体而言，如图 9 - 49 所示，案例高校人才培养目标定位提升高校社会知名度作用绩效评分最高，平均评分为 7.97 分，在高校人才培养目标定位绩效评价各观测点中居于第七位。其次为促进教学改革作用，平均评分为 7.91 分，在高校人才培养目标定位绩效评价各观测点中居于第十二位。再次为提升人才培养质量作用，平均评分为 7.89 分，在高校人才培养目标定位绩效评价各观测点中居于第十三位。之后为促进教师教学投入作用，平均评分为 7.88 分，在高校人才培养目标定位绩效评价各观测点中居于第十四位。之后为促进教学经费投入作用，平均评分为 7.80 分，在高校人才培养目标定位绩效评价各观测点中居于后数第十一位。最后为改进学生学风作用，平均评分为 7.71 分，在高校人才培养目标定位绩效评价各观测点中居于后数第四位。

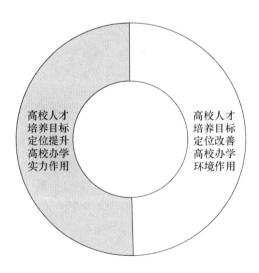

图 9 - 46　案例高校人才培养目标定位效果二级指标绩效评价图示

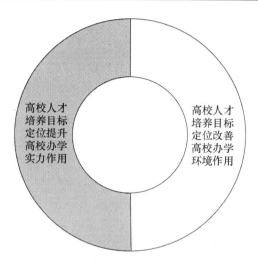

图 9 - 47　HL 大学人才培养目标定位效果二级指标绩效评价图示

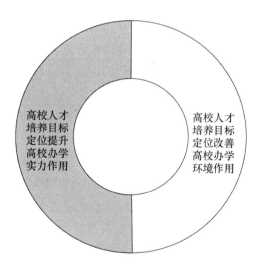

图 9 - 48　HK 大学人才培养目标定位效果二级指标绩效评价图示

　　各案例高校中，HL 大学人才培养目标定位提升学校社会知名度作用平均评分最高，如图 9 - 50 所示，平均评分为 7.17 分，在该校人才培养目标定位绩效评价各观测点中居于第六位。其次为促进教师教学投入作用，平均评分为 7.15 分，在该校人才培养目标定位绩效评价各观测点中居于第七位。再次为提升人才培养质量作用，平均评分为 7.10 分，在该校人才培养目标定位绩效评价各观测点中居于第十位。之后为促进教学改革作用，平均评分为 7.08 分，在该校人才培养目标定位绩效评价各观测点中居于第十一位。之后为促进教学经费投入作用，平均评分为 7.05 分，在该校人才培养目标定位绩效评价各观测点中居于后数第十一位。最后为改进学生学风作用，平均评分为 6.88 分，在该校人才培养目标定位绩效评价各观测点中居于后数第八位。

HK 大学中，高校人才培养目标定位效果评价普遍相对较低。其中，如图 9-51 所示，高校人才培养目标定位提升高校社会知名度作用绩效同样评分最高，平均评分为 8.72 分，在该校人才培养目标定位绩效评价各观测点中居于第七位。其次为促进教学改革作用，平均评分为 8.69 分，在该校人才培养目标定位绩效评价各观测点中居于第十四位。再次为提升人才培养质量作用，平均评分为 8.63 分，在该校人才培养目标定位绩效评价各观测点中居于第二十位。之后为促进教师教学投入作用，平均评分为 8.58 分，在该校人才培养目标定位绩效评价各观测点中居于后数第九位。之后为促进教学经费投入作用，平均评分为 8.51 分，在该校人才培养目标定位绩效评价各观测点中居于后数第六位。最后为改进学生学风作用，平均评分为 8.49 分，在该校人才培养目标定位绩效评价各观测点中居于后数第四位。

可见，在提升人才培养质量和高校社会知名度方面，案例高校人才培养目标定位提升社会知名度作用普遍较低，由此显示案例高校人才培养目标定位效果主要体现在外部效应，其次体现在高校内部改善。在改善办学环境作用方面，案例高校人才培养目标定位对促进教学改革和教师教学投入作用较为明显，对学生学风改进作用较小。通过前面分析可知高校人才培养目标定位作为高校一项宏观长远规划，具有牵一发而动全身的作用，适度的教学改革是高校人才培养目标定位落实的重要条件，理应以高校人才培养目标定位为核心深化教学改革，提升人才培养质量。高校人才培养目标定位确立有利于高校发展方向和教师工作目标更加明确，从而激发教师的工作热情和努力程度，促进教学投入。教学经费是教师教学积极性和人才培养目标达成的重要保障，充足教学经费有利于促进教师教学投入和落实人才培养目标定位。高校人才培养目标定位对学生学风改进作用乏力，一方面是因为高校人才培养目标相对于教师、同学影响以及校园环境等不是影响学生学风的直接因素，同时，由于普及的不完善导致多数学生并不了解本校和本专业培养目标定位，使高校人才培养目标定位难以发挥促进学生学习的作用，另一方面也反映出案例高校人才培养目标定位较少考虑学生需求，没有转化为学生学风改进动因和学习动力。综合这几个方面，案例高校人才培养目标定位改进学生学风作用较小是合情合理的。

　　整体而言，案例高校人才培养目标定位对高校发展具有一定作用，尤其体现在提升高校社会知名度以及对教学改革、教师教学投入和人才培养质量提升的促进方面。这也从另一方面体现出高校人才培养目标定位的重要性，告诫我们应当高度重视并积极确立和落实高校人才培养目标定位，使高校人才培养目标定位为经济社会和高校发展以及学生成才发挥更大效用。

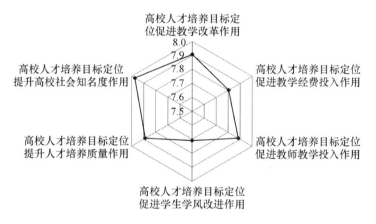

图9-49　案例高校人才培养目标定位效果观测点绩效评价图示

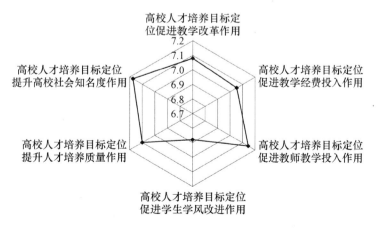

图9-50　HL大学人才培养目标定位效果观测点绩效评价图示

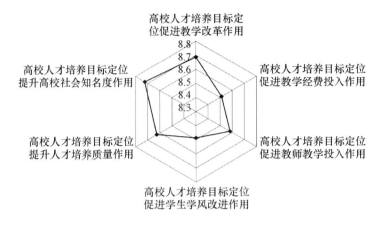

图 9 - 51　HK 大学人才培养目标定位效果观测点绩效评价图示

5. 高校人才培养目标定位前景

高校人才培养目标定位前景在高校人才培养目标定位绩效评价各分项中加权评分最高，如图 9 - 25 所示。其中，案例高校专业课教师对今后为全面实现学校人才培养目标努力程度平均评分为 8.18 分，在高校人才培养目标定位绩效评价各二级指标中平均评分最高，在高校人才培养目标定位绩效评价各观测点中平均评分次高。对高校人才培养目标定位信任程度评价稍低，如图 9 - 52 所示，加权平均分为 8.01 分，在高校人才培养目标定位绩效评价各二级指标中加权评分次高。其中，案例高校专业课教师对本校人才培养目标定位能够促进高校人才培养质量提升信任程度平均评分为 7.97 分，在高校人才培养目标定位前景评价各观测点中平均评分最低，在高校人才培养目标定位绩效评价各观测点中居于第八位。对高校人才培养目标定位能够实现或更好实现信任程度平均评分为 8.06 分，在高校人才培养目标定位前景评价各观测点中居于中等位置，在高校人才培养目标定位绩效评价各观测点中居于第三位，如图 9 - 55 所示。

各案例高校中，HL 大学专业课教师对今后为全面实现学校人才培养目标努力程度平均评分为 7.43 分，在该校人才培养目标定位绩效评价各二级指标中平均评分最高，在该校人才培养目标定位绩效评价各观测点中平均评分次高。其次为对高校人才培养目标定位信任程度的评价，如图 9 - 53 所示，加权评分为 7.13 分，在该校人才培养目标定位绩效评价各二级指标中平均评分居于第五位。其中，专业课教师对高校人才培养目标定位能够促进本校人才培养质量提升信任程度平均评分为 7.07 分，在该校人才培养目标定位前景评价各观测点中平均评分最低，在该校人才培养目标定位绩效评价各观测点中居于第十二位。对高校人才培养目标定位能够实现或更好实现信任程度平均评分为 7.19 分，在该校人才培养目标定位前景评价各观测点中居于中等位置，在高校人才培养目标定位绩效评价各观测点中居于第五位，如图 9 - 56 所示。

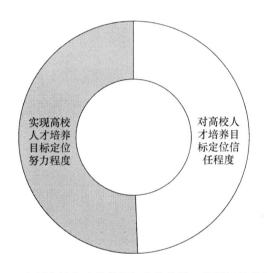

图 9 - 52　案例高校人才培养目标定位前景二级指标绩效评价图示

　　HK 大学专业课教师对今后为全面实现学校人才培养目标努力程度平均评分为 8.89 分，在该校人才培养目标定位绩效评价各二级指标中平均评分最高，在该校人才培养目标定位绩效评价各观测点中平均评分居于第三位。其次为对高校人才培养目标定位信任程度的评价，如图 9 - 54 所示，加权平均分为 8.85 分，在该校人才培养目标定位绩效评价各二级指标中平均评分次高。其中，专业课教师对高校人才培养目标定位能够促进本校人才培养质量提升信任程度平均评分为 8.81 分，在该校人才培养目标定位前景评价各观测点中平均评分最低，在该校人才培养目标定位绩效评价各观测点中居于第五位，如图 9 - 57 所示。对高校人才培养目标定位能够实现或更好实现信任程度平均评分为 8.88 分，在该校人才培养目标定位前景评价各观测点中居于中等位置，在高校人才培养目标定位绩效评价各观测点中居于第四位。

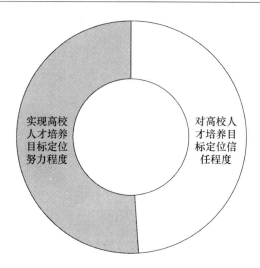

图 9 - 53　HL 大学人才培养目标定位前景二级指标绩效评价图示

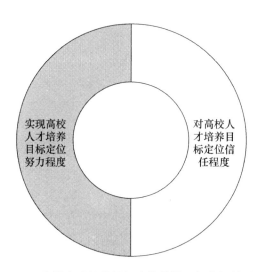

图 9 - 54　HK 大学人才培养目标定位前景二级指标绩效评价图示

可见，案例高校专业课教师对本校人才培养目标定位人才培养前景较为看好。进一步分析可知，如图 9 - 52 至图 9 - 54 所示，案例高校专业课教师为实现高校人才培养目标定位的努力程度超过了对高校人才培养目标定位能够促进高校人才培养质量提升和能够实现或更好实现的信任程度。表明案例高校专业课教师为实现学校人才培养目标定位的信心和决心，表明在落实高校人才培养目标定位过程中有关人员积极性不足问题相对较小。同时，案例高校专业课教师对高校人才培养目标定位能够实现或更好实现的信任程度普遍高于对定位能够促进高校人才培养质量提升的信任程度，如图9－55至图9－57所示。表明案例高校专业课教师对高校人才培养目标定位可实现性的信心，说明案例高校专业课教师对实现高校人才培养目标定位未来前景较为乐观。

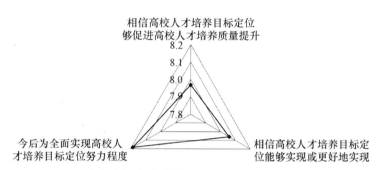

图9－55 案例高校人才培养目标定位前景观测点绩效评价图示

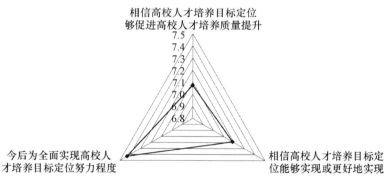

图9－56 HL大学人才培养目标定位前景观测点绩效评价图示

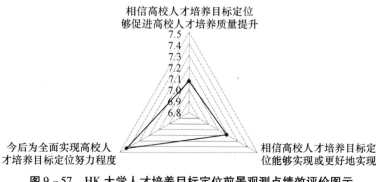

图9－57 HK大学人才培养目标定位前景观测点绩效评价图示

第四节　问题与对策

一　高校定位绩效评价所反映出的问题

高校定位绩效评价反映出的问题主要有案例高校定位整体绩效有待提升、定位过程民主参与程度较低、定位与经济社会发展及高校现实办学条件契合程度有待提升、定位实施不深入与落实水平较低、定位效果不显著以及定位前景预期过于乐观等。

（一）高校定位绩效整体有待继续提高

经过数据整理，由表 9 - 14、表 9 - 38 可知，当前案例高校发展与人才培养目标定位整体绩效处于很好水平，值得肯定。同时，仍有较大提升空间，应在此基础上继续完善。另外，不同案例高校定位开展情况不同，一些高校较好，一些高校则亟须修正，差异较为明显。表明当前我国高校定位落实情况存在良莠不一、不均衡的现象。同时，案例高校定位工作开展情况与高校办学类型、办学层次和发展水平等没有必然联系，层次和水平较高的大学，定位工作开展不一定更好，反而因为一些主客观原因导致定位绩效水平偏低。这表明任何高校对定位问题都应当重视，科学制定和切实落实定位。

此外，不同定位环节绩效不同，一些环节如定位过程、定位实施和定位效果等亟须改善。定位过程是影响定位合理程度的重要因素，高校定位本身合理程度很大程度上取决于定位过程的民主、规范程度。定位实施是高校实现定位的关键环节，定位只有切实实施才能实现预期目标，才能体现定位工作的意义与作用。定位效果体现了定位工作的实际价值与合法性地位，同时是检验高校定位合理程度的重要指标之一。这三者是高校定位的重要环节，应切实改善。

当前案例高校定位绩效评价加权平均分最高的是定位前景，但前景是人们对高校定位发展趋势的主观看法和预期，在定位绩效评价指标体系中权重值较低，虽然一定程度上体现了当前案例高校定位工作进展情况，但难以从根本上改善高校定位整体绩效水平。

此外，不同评价主体对高校发展目标定位绩效评价不同，究其原因，是不同工作人员由于工作内容、视野和价值取向等不同导致对定位感知和了解程度以及评价立场和观点不同，这也反映出案例高校发展目标定位制定与落实过程中民主参与程度较低，定位普及不完善，相关人员对定位感知和了解程度较低。

（二）高校定位过程民主参与程度较低

高校定位过程是案例高校定位工作各环节中整体落实情况最差的一环，无论定位确立还是普及都有待完善。在高校定位确立方面，案例高校教职员工对本校发展和人才培养目标定位参与程度在定位绩效评价各观测点中平均评分最低。调查显示，在案例高校教职员工参与高校定位工作方面，在案例高校教职员工参与本校发展目标定位工作方面，有 58 名高校教职员工不知道此项工作是否开展，约占被调查对象总体 12.98%（保留两位小数，以下同）。其中，案例高校领导干部和公共课教师共 29 人，约占被调查对象总体 6.49%，占该被试群体总体 21.17%。案例高校专业课教师共 29 人，约占被调查对象总体 6.49%，占该被试群体 9.35%。在各案例高校中，HL 大学没有参与或不了解该项工作的教职员工共 41 人，占该校被调查对象总体 18.14%。其中，HL 大学领导干部和公共课教师共 18 人，约占该校被调查对象总体 7.96%，占该被试群体总体 23.68%。HL 大学专业课教师共 23 人，约占该校被调查对象总体 10.18%，占该被试群体总体 15.33%。HK 大学中，没有参与或不了解该项工作教职员工共 17 人，约占该校被调查对象总体 7.69%。其中，HK 大学领导干部和公共课教师共 11 人，占该校被调查对象总体 4.98%，占该被试群体总体 18.03%。HK 大学专业课教师共 6 人，约占该校被调查对象总体 2.71%，占该被试群体总体 4%。

在案例高校专业课教师参与本校人才培养目标定位工作方面，有 19 名专业课教师不知道或没有参与该项工作，约占被调查对象总体 6.01%。其中，HL 大学共 17 人，约占被调查对象总体 5.38%，占该校被调查对象总体 10.90%，占不了解群体总体 89.47%。HK 大学共 2 人，约占被调查对象总体 0.63%，占该校被调查对象总体 1.20%，占不了解群体总体 10.53%。

在高校开展专门定位工作或进行专门论证方面，在高校发展目标定位中，案例高校中有 18 名教职员工不知道此项工作，约占被调查对象总体 3.77%。在高校人才培养目标定位工作中，有 15 名专业课教师不知道此项工作，约占被调查对象总体 4.75%。其中，HL 大学共 13 人，约占被调查对象总体 4.75%，占该校被调查对象总体 8.33%，占不了解群体总体 86.67%；HK 大学共 2 人，约占被调查对象总体 0.63%，占该校被调查对象总体 1.25%，占不了解群体总体 13.33%。

在高校定位纳入学校章程或以学校文件形式下发方面，在高校发展目标定位中，有 13 名教职员工不知道此项工作，约占被调查对象总体 2.73%。在高校人才培养目标定位中，有 11 名专业课教师不知道此项工作，约占被调查对象总体 3.48%。其中，HL 大学共 9 人，约占该校被调查对象总体 5.77%，占不了解群体总体 81.82%；HK 大学共 2 人，约占该校被调查对象总体 1.25%，占不了解群体总体 18.18%。

这三个项目是高校定位绩效评价指标体系中教职员工不了解人数最多的项目，可见高校定位确立过程中民主参加机制缺失，定位确立过程民主性和代表性不足。高校定位纳入学校章程或以学校文件形式下发方面的缺失，导致案例高校定位工作规范性和定位本身约束力不足，学校定位不体现在学校章程或正式文件中，定位在实施过程中就可能受到人为更改，执行力度也会降低。

在高校开展专门定位工作和进行专门论证方面，高校发展目标定位平均评分为 8.00 分，在高校发展目标定位绩效评价各观测点中居于第五位。其中，HK 大学此项指标在该校发展目标定位绩效评价各观测点中平均评分最高，HL 大学此项指标平均评分也相对较高，表明案例高校对确立和做好定位工作是较为注重的，定位过程中主要问题是民主参与程度不足，突出体现在教职员工尤其专业课教师参与高校定位确立工作程度较低，致使高校定位过程整体绩效水平较低。案例高校教职员工对高校定位参与和了解程度都有待提高，同时两者是密切相关的，参与才会更加了解，达到知其然和知其所以然，了解才有利于更好地参与确立工作。

在高校定位普及方面，调查发现，案例高校发展目标定位普及程度在高校发展目标定位绩效评价各二级指标中加权评分最低，案例高校人才培养目标定位普及程度在高校人才培养目标定位绩效评价各二级指标中加权评分居于后数第四位。

在观测点方面，教职员工对本校发展目标定位了解程度在高校发展目标定位绩效评价各观测点中平均评分次低，仅稍高于参与高校教职工参与本校发展和人才培养目标定位工作程度。案例高校专业课教师对本校人才培养目标定位了解程度在高校人才培养目标定位绩效评价各观测点中平均评分居于后数第二位，对本专业人才培养目标定位了解程度在人才培养目标定位绩效评价各观测点中居于后数第五位。案例高校专业课教师对所承担课程教学目标了解程度较高，但对学校和专业人才培养目标了解程度较低，若同时存在课程教学目标与学校和专业人才培养目标相互脱节问题，势必导致教师即使了解本课程教学目标，也不能促进学校和专业人才培养目标定位的实现。

这与另一项调查结果密切相关，即高校定位解释宣传工作开展不足，案例高校发展目标定位解释宣传工作绩效评价平均分在高校发展目标定位绩效评价各观测点中居于后数第八位，案例高校人才培养目标定位解释宣传工作绩效评价平均分在高校人才培养目标定位绩效评价各观测点中居于后数第三位。当前，高校定位多由学校领导层制定，普通教职员工参与程度较低，再加上定位解释宣传工作开展不足，自然导致高校教职员工对学校定位了解程度较低，这几方面集中体现了高校定位过程的不合理。

（三）高校定位与经济社会发展及高校现实办学条件契合程度有待提升

高等教育系统作为社会系统的子系统，其发展与社会经济政治文化等既相互促进又相互制约，高校力图长远发展，必须适应社会政治经济文化发展需求，以获取并利用经济社会资源和条件促进自身发展。合理的高校定位应符合并顺应高校和高等教育发展客观规律，应与社会政治经济文化等发展相契合。同时，作为高校发展的现实基础和条件，高校定位还应与高校历史办学传统、现实办学条件和高等教育系统本身等相契合，同时具有一定特色，以实现错位发展。

整体上，高校定位合理性方面主要问题之一是高校定位与经济社会发展尤其区域和行业经济社会发展契合程度较低，脱离自身发展的直接条件和近缘环境，不能适应和满足国家、区域和行业经济社会发展需求。高校作为高等教育系统组织细胞，只有与经济社会发展相契合才能充分吸收和利用经济社会条件，推动自身发展。因此，经济社会发展需求应成为高校确立定位的重要依据之一。然而当前我国高校在确立定位时多以其他高校作为参照系，换言之主要是以高等教育系统为参照系，忽视了高等教育以外的、为其提供生存和发展资源以及环境的更加重要的经济社会尤其是区域经济社会系统，导致高校限制于自身系统发展，忽视与经济社会尤其区域经济社会发展的契合与互动，不符合当前高等教育和高等学校由经济社会边缘走向经济社会中心的大趋势，不利于高校和高等教育可持续发展。

在与高等教育发展的契合上，我国高校发展目标定位更注重与本区域高教系统相契合而相对忽视了与国家高教系统契合，忽视了将本校发展目标与整个高等教育宏观领域发展目标统一起来。一所高校既是本区域高等教育系统的一部分，也是国家高等教育系统的一部分，高校制定定位时注重与区域高等教育系统相契合，而忽视与国家高等教育发展相契合，一方面会导致高校容易脱离发展的直接条件和近缘环境，另一方面也不利于构建完善的国家高等教育体系和发挥高等教育系统的整体功能。依据协同学原理，部分协同不代表整体协同，注重与区域高等教育系统相契合而忽视与国家高等教育契合不一定有利于高等教育整体协同。同时，依据系统的整体性原理，系统要素之间由于相互作用而联系起来，要想发挥高等教育系统有机整体的新功能，各组成部分间应密切配合、协调发展、相互促进，才能取得一加一大于二的效应。各行其是、各自为营，不利于高等教育系统完善和功能发挥。案例高校人才培养目标定位更为注重与国家高教系统相契合而相对忽视了与区域高教系统契合，忽视了将本校人才培养目标与区域高等教育系统人才培养目标统一起来，导致高校人才培养缺乏特色，不利于高校可持续发展。

在高校定位与高校现实条件和自身办学传统契合方面，案例高校定位忽视了与现实办学条件相契合，反映出当前我国高校确立定位时主要以高等教育系统尤其以区域高等教育系统为参照系，脱离高校现实办学条件，盲目与其他高校攀比，出现定位攀高与趋同，同时也导致定位实现水平较低。同时，这与高校定位注重契合高等教育发展而忽视经济社会发展需求密切相关，正是以高等教育系统尤其区域高等教育系统作为参照系，使高校确立的定位既不契合自身现实条件，也不能顺应和满足经济社会发展需求。

在高校定位特色方面，在高校发展目标定位特色方面，不同高校表现不同，HK 大学发展目标定位特色在该校发展目标定位绩效评价各观测点中平均评分最高，HL 大学相对偏低。可见，不同高校不仅发展目标定位特色内容不同，而且特色程度也不同。学科专业特色是学校特色的重要组成部分，这可能与两校学科背景相关，HK 大学作为黑龙江省唯一一所具有矿业特色的普通高等学校，学科专业特色明显，同时，该校以建成具有国内同类院校一流水平服务能力强、特色鲜明的新型科技大学为发展目标定位，办学特色本身就是学校的一项发展目标和方略，其特色鲜明不言而喻。HL 大学是一所以工见长、理工结合的综合性研究型大学，而理工类高校当前在我国高校系统中数量最多，比重最大。同时，该校追求管、经、文、法等多学科协调发展，学科专业特色不再突出，且以建设成为国内一流、世界知名的高水平研究型大学为发展目标定位，定位本身没有体现特色，而且与其他同层次和水平高校发展目标定位相仿，特色评价较低应是情理之中。

在高校人才培养目标定位方面，案例高校人才培养目标定位特色实现水平最高，显示我国高校在制定人才培养目标定位中较为注重突出本校特色，这是值得肯定的。但另一方面，"特色"并不等于合理，定位"特色"只是定位合理性的一个方面或一种表现。以 HL 大学为例，该校人才培养目标定位"特色"落实情况较好，但与学校现实办学条件等契合程度一般，使得该校定位合理性整体绩效较差，在五个一级指标中居于次差位置。只注重定位"特色"，而忽视学校现实办学条件，这样的定位是脱离实际的，是难以实现的，是不合理的，也很难说是有特色的。其实特色本身包含了合理的含义，且以合理性为前提。例如有学者曾指出"办学特色是指高等学校在长期办学过程中形成的适应社会、经济发展需要，符合教育发展规律，有利于自身生存和发展的独特的办学特征。"[1] 可见，特色本身包含了合理的含义，只有契合经济社会和高等教育自身发展需求与规律的定位才是有特色的定位。出现具有"特色"但不合理的原因是我们很多人将特色等同于特点、特殊或另类等，使得在突出高校人才培养目标定位特色时彰显了特色表象而背弃了特色本质内涵。

（四）高校定位实施需深入，落实水平待提升

高校定位有待切实落实，其中主要问题体现在定位实施过程。高校对定位实施情况进行监督、检查、反馈和定期总结方面落实不到位，在高校定位绩效评价 12 个二级指标中居于次差位置，反映了案例高校定位实施的不彻底和不深入性，高校未能建立有效的监督和反馈机制，确保高校定位的确切落实。访谈调查发现，案例高校定位实施不深入的原因之一是高校定位实施效果不易衡量，而难于衡量的原因之一是高校定位作为高校一项宏观规划和长远目标，短期内难见成效，因而定期开展监督、检查、反

---

① 和飞：《新建本科院校办学特色研究》，《高教探索》2003 年第 4 期。

馈及定期总结难度较高。同时高校定位作为一项宏观的定性描述，目前缺乏测量其实施情况的实用和精确工具，对其进行检查难度较大，这几方面导致高校定位实施程度较低。

此外，调查发现，有17名高校教职员工不知道或没有参与高校发展目标定位实施工作，约占被调查对象总数3.80%，在被调查对象不了解人数最多的观测点中居于第三位，表明案例高校发展目标定位实施工作群众参与程度较低，群众基础不牢，定位实施不深入。原因之一是高校定位实施作为一项长期的渐进工作，在学校日常运作中体现不明显，同时与高校定位普及和宣传程度不足有关。调查发现，案例高校领导层多认为高校教师尤其专业课教师和学生工作对象及内容较为单一，工作范围和视野较窄，对学校发展现状及未来趋势了解程度不足，高校领导干部多将制定和实施定位作为自身分内之事从而较少与教师尤其专业课教师及学生沟通，导致高校师生对本校定位了解程度偏低，进而导致定位实施过程中群众参与程度较低。然而离开教师和学生这一办学主体，高校定位实施和落实程度必然较低，其表现就是高校定位实施结果绩效较低。

在高校发展目标定位方面，高校发展目标定位实施结果即高校发展目标定位实现程度绩效评价加权平均分在高校发展目标定位绩效评价12个二级指标中居于后数第五位，稍高于发展目标定位实施过程，同时案例高校不同工作人员对本校发展目标定位落实程度看法基本一致，大家普遍认为高校发展目标定位落实水平较低。在高校人才培养目标定位方面，整体实现水平低于高校发展目标定位。同时，不同层次目标实现情况具有差异性，案例高校课程教学目标落实程度较高，专业和学校人才培养目标实现程度依次降低。导致高校定位实现程度较低问题的原因客观上可能如前所述，高校定位实施结果本身不易测量，同时在短时期内难以体现，因而评价相对较低。主观方面，一是定位确立和实施过程中群众参与程度较低，定位实施不深入，导致定位落实程度较低。同时，可能缘于校方重视程度不足，对高校定位重要作用认知程度不足，没有积极采取有效措施对定位实施情况进行监督、评价、反馈及改进，其中一个重要体现就是高校定位显示度问题。

在定位显示度方面，调查显示，案例高校发展目标在学校规划或年度工作计划中体现程度均较低，反映出案例高校对发展目标定位重视程度不足或表达重视方式不合理，没有将发展目标定位作为学校阶段性发展重要目标加以体现和规划，这不利于将总体定位目标转化为易衡量和易实现的阶段性目标，不利于对定位实施状况进行及时评价、定期总结、有效反馈和切实改进，不利于促进高校发展目标定位逐步落实。同时，也说明高校发展目标定位在高校整体规划或计划层面体现程度较差，体现了高校对发展目标定位普及宣传不足，这也是导致高校定位实施过程群众基础较差、实施程度不深入以及实施结果不显著的原因。

在高校人才培养目标定位方面，除案例高校人才培养目标在学校规划或年度工作计划中体现程度相对较差外，调查显示，不同层面目标体现程度同样具有差异性，案例高校学校人才培养目标在专业人才培养目标以及专业人才培养目标在课程教学目标中体现程度均好于学校人才培养目标在课程教学目标中体现程度，表明案例高校人才培养目标定位在高校整体规划或计划等宏观层面以及课程教学目标等微观层面体现程度均较差，体现出案例高校人才培养目标定位普及宣传及落实程度不足，尤其在课程教学目标层面上如何体现和落实高校人才培养目标定位有待完善。高校人才培养目标定位既是制定课程教学目标的依据同时也通过课程教学目标来实现，高校人才培养目标定位只有转化到各专业和课程教学目标中才能得以切实实现。

（五）高校定位效果有待增强

一项定位是否合理，既体现在定位本身，同时体现在定位发挥的实际效用上。合理的高校定位既可以使高校发展方向和目标等更加明确，从而有助于高校主动改善自身办学环境，提升办学实力。同时有利于社会各方面对高校更加了解，从而提升高校社会知名度和影响力。

整体而言，高校定位效果不乐观。在高校发展目标定位方面，案例高校发展目标定位效果整体绩效在各一级指标中居于中等位置，实现水平有待提高。各案例高校中，HL 大学发展目标定位效果实现水平居于该校发展目标定位绩效评价各一级指标的中等位置，HK 大学居于最差位置。在高校人才培养目标定位方面，如同高校发展目标定位，案例高校人才培养目标定位效果整体绩效在各一级指标中居于中等位置。其中，HL 大学整体居于次好位置，而 HK 大学整体居于次差位置。可见，案例高校定位效果整体有待提升，同时不同高校表现不同。除不同高校整体定位效果表现不均衡外，单方面效果同样表现不均衡，个别方面效果亟须增强。

高校定位效果主要体现在促进高校办学环境改善以及办学实力和社会

影响力与知名度提升方面。在高校发展和人才培养目标定位方面，案例高校发展和人才培养目标定位提升学校社会知名度和影响力作用普遍高于改善办学环境以及提升办学实力作用。高校定位作为高校一项纲领性和前瞻性规划，主要作用应体现为促进高校自身办学环境改善及办学实力提升，换言之，主要作用是促进高校自身发展，使其社会知名度与影响力伴随高校发展而不断提升。当前案例高校注重定位提升社会知名度和影响力作用可能导致高校将办学定位视为一种提高外在影响力的工具，成为一个口号，不能发挥指导学校发展的作用，也难以落实。即使通过定位提升了高校社会知名度和影响力，忽视了办学环境改善和办学实力提升，这种知名度和影响力也是暂时的。

在改善办学环境和提升办学实力方面，案例高校定位改善办学环境和提升办学实力的作用相当，实现水平均较低。案例高校定位提升办学实力作用显著高于改善办学环境作用。

具体而言，在改善办学环境方面，在高校发展目标定位方面的主要问题在于激励教职员工作用不足，整体居于各观测点中后数第三位，平均评分为 7.51 分，HL 大学平均评分仅为 6.43 分。并且在 0.01 的显著性水平下，案例高校领导干部、公共课教师和专业课教师在高校发展目标定位的激励作用方面存在显著性差异，高校发展目标定位对案例高校教职员工尤其专业课教师激励作用尤为不足。高校发展目标定位作为高校一项长远目标，重要作用之一即是激发教职员工作热情与活力，从而推动高校发展。同时高校发展目标定位的最终实现主要依托于教职员工的无私付出与辛勤劳作，高校发展目标定位只有内化为教职员工日常工作目标和动力才能更好地予以实现，对教职员工激励作用不足不利于高校定位的落实和高校发展。在高校人才培养目标定位方面的主要问题在于促进学生学风改进和教学经费投入作用不足，在高校人才培养目标定位绩效评价各观测点中分别居于后数第五位和第十一位。教学经费投入和学生学风改进是提升教学效果和实现人才培养目标的重要保障，高校人才培养目标只有内化为学生个人目标并成为日常学习动力才能更好地予以实现。

在提升办学实力方面的主要问题是提升人才培养质量作用不足。在高校发展目标定位方面，高校发展目标定位提升办学实力作用主要体现在提升人才质量、科学研究水平和社会服务能力作用，这三项在高校发展目标定位绩效评价各观测点中分别居于后数第四位、第五位和第七位，其中最低的是提升人才培养质量作用。在高校人才培养目标定位方面，案例高校定位提升人才培养质量作用绩效居于中等位置，低于促进高校教学改革和社会知名度提升作用。人才培养是高校的最基本和核心职能，人才培养质量是一所高校办学质量和水平的重要标志，是体现高校核心竞争力的重要因素，高校定位除有利于提高学校整体职能，同时应有利于提升高校的核心职能，应有利于不断提升人才培养质量进而提升高校核心竞争力。当前案例高校定位提升办学实力的作用不足，主要体现在人才培养质量提升作用不足。

（六）高校定位前景预期有待理性和客观

调查显示，案例高校教职员工对高校发展和人才培养目标定位前景普遍看好，人们较为相信高校定位能够促进学校办学实力提升，这体现了人们对学校定位作用的信心，从而有利于激发人们的工作积极性，有利于定位落实。同时，如图9－22所示，案例高校教职员工为实现学校定位的努力程度高于相信定位能够实现或更好地实现以及促进学校办学实力提升程度。这反映了案例高校教职员工对学校定位可实现性的信心和努力，表明在实施定位过程中相关人员工作积极性不高问题较小。另一方面，如表9－20所示，案例高校教职员工实现学校定位的努力程度高于定位合理水平，对高校定位能够实现或更好实现的信任程度高于定位实施中定位实施结果即定位实现程度的评价，对定位促进学校办学实力提升作用的信任程度高于对定位效果中定位提升学校办学实力的实际绩效水平，反映了案例高校教职员工对学校定位作用的盲目看好和对定位前景预期过于乐观。

只有合理的定位才是有价值的，落实才是有意义的，付出努力才是值得的。如果一项定位制定不合理，即使实现了也可能不利于高校发展，同时可能导致比没有定位更严重的后果。因为不科学的办学定位比没有办学定位危害性更大，后者充其量导致高校盲目发展，前者则导致高校错误的发展方向。尤其当前我国高校定位普遍存在忽视现实办学条件而盲目偏高的现象，这样的定位本身难以实现，即使实现了也将导致高校的趋同发展，背弃了定位工作的初衷和本质意义。如当前我国高校人才培养目标定位普遍存在重学轻术、重理论型人才培养轻应用型人才培养现象，社会紧缺的高级技术人员仍然得不到有效供应，这样的人才即使培养出来了也难有用武之地，反倒助长人才过剩现象，加重结构性失业问题。这样的人才培养目标即使实现了也没有意义，没有实现人才培养目标定位的初始意义。

另一方面，一项定位即使是合理的，只有在实施过程中和落实后才能发挥其预期功能，因此对高校定位功能的信任只有转化为落实定位的现实努力才能促进定位落实和功能发挥。定位制定后不认真贯彻落实而束之高阁，只会沦为空洞口号，不能发挥其预期作用。据此前调查可知，案例高校定位实施并不彻底，定位效果也并不显著。因此，对高校定位的可实现性抱有信心之前应切实落实高校定位，确保定位切实落实。

此外，高校定位提升学校办学实力作用的发挥与高校办学类型、办学层次和发展水平等密切相关，例如研究型大学发展目标定位对高校教学、科研和社会服务能力提升均具有促进作用，而教学型高校由于办学类型和职能所限，发展目标定位提升办学实力作用主要体现在人才培养质量提升方面。因此，高校定位发挥提升高校办学实力的作用是有条件的，这个条件就是高校定位要与高校自身条件相契合。

二　改进高校定位的对策建议

鉴于高校定位各环节相互交织、互为依托、密切关联和相互影响的特点，改进高校定位，提高定位绩效水平，需制定和实施改善高校定位工作的"一揽子方案"，全面、逐一改善定位工作各环节。发扬民主作风，加强民主建设，提升高校定位参与和普及程度。立足高校自身条件，面向经济社会需求，合理确立办学定位。建立高校定位定期评价和监督机制，研制定位实施科学评价工具，提升高校定位效用，体现高校定位价值，客观、理性看待高校定位前景，促进高校定位切实落实。

（一）发扬民主作风，确立多方参与制度，保障定位深入普及

在高校定位制定过程中，参与制定的范围越广泛，制定过程越民主，定位合理性、适用性和科学程度越高，其生命力也越强。高校师生在学校中居于主体地位，在定位制定过程中应充分发挥师生的聪明才智与主观能动性，以制定出科学合理的定位。同时，教师参与定位制定过程有利于增进对定位内容的了解，从而有利于激发教师工作积极性，主动以高校定位为日常工作指导，从而有利于高校定位的落实。

在定位普及方面，应着重面向教师群体，因为一方面当前高校定位主要由高校领导层制定，教师参与程度较低，即使在定位制定过程中有少量教师代表参与，但人数有限，普及工作不完善，导致教师对定位了解程度较低。而高校定位主要依靠高校教师的日常教学和管理工作来实现，只有

教师了解学校定位，才会以此作为日常教学和管理工作指导，在日常工作中落实。不能以教职员工工作内容、工作范围和工作视野等不同为由剥夺教职工参与高校治理和管理的权利。高校应确立和落实教授治校和民主管理制度，使教职员工真正成为学校主人，共同参与学校各项工作的决策和管理，提升学校管理效能，牢固树立"教育以育人为本，以学生为主体，办学以人才为本，以教师为主体"的理念，落实全心全意紧紧依靠广大教职员工办学的方针，尊重师生主体地位。

此外，高等教育系统作为经济社会的子系统有义务为社会发展做出贡献，高校定位应与经济社会发展相契合。在定位制定过程中除内部人员广泛参与外，还要征求社会各界的广泛参与，群策群力，将实践中发现的问题上传到定位制定的决策者群体，决策者群体应根据各方提案认真讨论、反复审查和修改，以最终形成较为科学合理的定位。

最后也不能忽视学生这一群体，当今我国高校定位较多是面向政府或社会的，而较少面向消费者需求，学生作为受教育者和高等教育服务对象，在教育活动中居于主体地位，有权对高校定位予以知会和提出意见。同时随着高校招生规模扩增和伴随生育高峰期逝去的高校生源数量下降，只有具备面向消费者需求办学定位的高校才能吸引到更多生源，才能有利于高校自身的生存和发展。同时，高校定位中如人才培养目标定位的制定对象和目标群体是学生，学生是具有主观能动性的主体，人才培养目标定位不符合学生需求，就难以调动学生学习积极性，定位也难以实现。

（二）立足自身条件，面向社会需求，合理确立高校定位

高校应综合考虑内外部因素以合理确立自身定位，内部因素方面如学校办学条件、办学水平、学科状态、师资状况、领导者水平、经费来源状况、自然地理环境、人文制度环境、办学传统以及办学特色等，外部因素如社会经济发展需求、高等教育发展背景以及科学技术发展趋势等，只有将内外部因素统筹考虑，密切结合，才能实现科学合理的定位。

校情即内部因素是高校准确定位的基石。在契合内部因素方面，调查发现，案例高校确立和发展人才目标定位时较为注重沿袭办学传统，相对忽视现实办学条件。办学传统是高校对以往办学经验的累积，相对而言，学校自身办学条件如办学资源、办学水平、办学规模、学科方向、师资状况和管理模式等是高校确立定位的现实基础和条件，只有充分契合这些条件，才能进行科学定位，不会超出高校的"最近发展区"。

同时，高校定位不仅具有传承性、稳定性、一致性和持久性等特点，同时具备历史性和发展性。任何高校定位都是历史的，随着经济社会发展需求和高校自身条件变化而变迁。我国高等教育发展相继经历了院校调整、合作合并以及大众化扩招等一系列发展阶段，尤其是在"调整、共建、合作、合并"方针和大众化扩招发展浪潮中，我国高校办学基础、办学条件和学科专业结构等相对招生规模发生了较大变化，高校定位也应随现实条件变化而变更，这样的定位才是有特色的定位，才是合理的定位，才能对高校发展起指导作用，才能得以落实。

在契合外部因素方面，调查发现，案例高校定位较为注重与高等教育发展需求契合而相对忽视与经济社会发展需求相契合。这样的定位方式实质是立足于高等教育系统，悬浮于对其他院校的简单模仿，难以发挥高等教育的经济社会效益。组织研究中的资源依附理论认为，没有组织是自给的，所有组织都在与环境进行着交换，并由此获得生存。在和环境的交换中，环境为组织提供关键的、稀缺性的、组织不可或缺的资源。这样，对资源的需求便构成了组织对外部环境的依赖，资源稀缺性和重要性决定了组织对环境的依附程度。[①] 当前高等教育已从经济社会边缘走向经济社会中心，高等教育系统已成为社会系统有机组成部分，与社会其他系统之间不断进行着物质、能量和信息交换。无论公办高校还是民办高校、营利性组织还是非营利性组织，高校生存和发展取决于经济社会发展的支撑，高校生存与发展活力取决于对经济社会发展需求的即时和不断满足。高校应密切关注国家和区域经济社会发展需求，提高自身与经济社会发展之间的关联度，为推进国家和地方经济社会发展提供强有力的人力资源和智力支持。同时，在此过程中为自身生存发展创造良好外部环境，与经济社会共同发展。

以高校人才培养目标定位为例，国际惯例将人才分为四种类型，第一类为学术型或理论型人才，主要从事探索规律、创造理论的工作，从事基础的研究活动；第二类为工程型人才，主要从事规划、设计、决策、管理及新技术的开发和利用等工作，如工业产品的开发、设计等；第三类为技术型人才，主要是指面向生产、建设、服务、管理一线的人员，主要从事

---

① 王菊：《资源依附与高校发展定位的类型选择——从社会学的角度看我国高校发展定位问题》，《清华大学教育研究》2007 年第 3 期。

技术应用和现场实施，在企业中，主要是从事生产、建造、安装设备和维修的技术人员；第四类为技能型人才，主要是在生产岗位上直接从事操作的人员，在企业中，他们是具体设备的操作人员以及流水线上的操作员。第一类可能为研究型人才，第二、第三类可能为应用型人才，第四类是技能型人才。

如前所述，案例高校人才培养目标定位特色较为突出，表明案例高校有意改善人才培养目标"同质化"问题，但相对忽视了与高校办学条件和高等教育发展需求相契合。只有立足现实办学条件的人才培养目标定位，才是真正有特色的定位。以 HL 大学为例，在科类上该校属于以工科为特色的综合性大学，在类型上属于研究型大学，学校高学历和高职称教师占比较高、教学和科研经费较为充足、教学和科研设施较为精良、教学科研水平较高、产学研合作发达、校舍面积充足以及图书量较为充裕，学校在办学层次上，应加强研究生教育，人才培养目标定位应立足于培养理论和科技创新人才，以培养工科领域从事原创性、基础性研究的理论型人才以及从事规划、设计、管理、决策和新技术开发及应用的工程型人才为主。HK 大学在科类上属于综合性大学，在类型上属于教学型大学，属于新建本科院校。在高校扩招引发的生均教学行政用房面积、生均图书册数及生均宿舍面积等办学条件均有不同程度下降的情况下，该校在制定人才培养目标定位时更应考虑现实条件，着重研究与探索解决社会现实和生产实践问题的人才培养并面向生产、建设、管理和服务一线进行专门应用人才培养。应将更多办学资源投入到本科教学中，进一步巩固本科教学工作的中心地位，在稳定全日制本科生培养规模的同时积极发展研究生教育，不断提升人才培养质量。

（三）建立高校定位定期评价与监督机制，研发科学评价工具

定位实施是确保定位落实的关键一环，高校定位只有切实落实才具有确立价值。实施前应将定位体现在学校规划或年度工作计划中，以利于教职工将学校定位内化在日常工作中，明确工作方向，确立工作目标，制定工作计划，分阶段落实。定位实施过程中应注意对实施情况的监督和反馈，以促使定位有效落实。现代控制论认为，每一系统的功能，表现为它具有把一定输入转化为一定输出的本领。为了发挥应有的功能，系统内部需要强有力的调节方法。比较而言，反馈调节是一种具有科学性的调节方

法，它的特点是不断进行，贯穿于达到目标的全过程。① 应定期对定位实施情况进行监督、检查、反馈和总结等，及时发现定位本身或实施过程中存在的问题，纠正偏差，修正不足，确保高校定位切实落实。

调查发现，一些高校定位实施存在不足的原因之一在于，高校定位一般是高校的一项长远规划，短期内落实程度不明显而难以进行评价。针对此项问题，应建立起高校定位分阶段实施和定期评价制度，将高校总体定位分解为各个子目标，并分阶段执行，在每一个阶段终结时对每一项子目标的落实情况进行检测和评价，及时反馈，总结经验，在下一个阶段完善。同时为其他目标落实提供经验，确保各个子目标的实现，以确保整体定位目标实现。

实施过程不足的另一个原因在于高校定位一般是高校的宏观目标，涉及领域较多，难以确定评价内容和标准。同时，由于一些高校定位本身不合理导致难以进行评价。如当前一些高校以其他高校为参照系确定本校发展目标定位，这样的发展目标定位难以确定评价指标和标准，一些高校以大学排名为评价指标，但当前大学排名评价体系本身存在诸多问题需要完善。同时，当前大学排名体系多采用同一标准体系评价各层各类大学，容易导致各类高校定位不明、发展趋同，可能导致高校间盲目攀比和无序竞争，对高校发展将产生不良价值导向。高校发展目标定位作一项宏观目标，包含内容众多，大学排名体系本身显然不能衡量高校发展的方方面面，不能充分体现高校社会效益和价值。因此，应制定出科学完善的定位实施检测工具，全面和准确测量高校定位实施状况。

此外，应提高定位显示程度，注重在学校规划和年度工作计划中体现高校发展目标定位。在高校人才培养目标定位方面，应注重在大和小两方面体现定位，在大的方面应注重在学校整体规划和年度工作计划中体现高校人才培养目标定位，突出学校重视程度从而引起各方重视。小的方面应注重学校人才培养目标向专业和课程教学目标的转化，以学校人才培养目标定位为专业和课程教学目标制定导向，在专业和课程教学层面上体现学校人才培养目标，以保证人才培养目标定位的实现。改善高等学校人才培养目标与专业和课程教学目标脱节状况，在日常教学中，确保课程教学目标实现的同时，更加注重专业和学校人才培养目标的实现。

---

① 张立荣：《论高校民主管理的完善途径》，《高等教育研究》1988 年第 2 期。

（四）提升高校定位效用，体现高校定位价值

高校发展目标定位是对今后一段时间高校发展走向、道路和目标等的总的规定，在学校内部纲领性规定着高校的办学规模、办学类型、办学层次、办学特色、服务面向和发展速度等，宏观影响着高校教学、科研和社会服务等的规模和标准以及各项短期目标和计划。在外部，影响着高校促进经济社会发展的内容、程度、范围和方式等。

调查发现，案例高校发展目标定位效果并不显著，在各项结构维度即二级指标绩效中处于次差位置。具体而言，案例高校发展目标定位激励师生员工作用有待加强，定位转化为教职员工自身需求程度有待提升，这与定位过程中一个问题即定位普及和宣传不完善有关，定位没有深入贯彻到教职员工心中，没有发挥发展目标定位凝聚力、向心力与原动力作用。高校应广泛深入开展发展目标定位普及和宣传工作，将学校发展目标定位内化为师生员工内在需求，激发教职员工工作积极性和主动性，形成优势互补、上下一心、各尽所能、各得其所、密切配合、团结奋进的集体，促进高校各项事业有序、高效运转，形成良好的校园氛围和文化。以高校发展目标定位为旨归整合和优化配置高校办学资源，将人才培养质量作为学校重要发展目标之一，加大教学资源投入，正确看待和处理教学与科研间的关系，提升教学重视程度，优化师资队伍规模和结构，合理确立人才培养目标；改革人才培养模式，改良教学条件，提升教学效果，提高人才培养质量。

学科专业建设水平是高校办学和发展水平的重要标志之一，也是高校发展目标定位中核心环节之一，应根据产业发展趋势，合理设置和创办相应专业与学科，为经济社会建设培养各类急需专业人才，坚持有所为有所不为原则，以教育部专业目录为依据，制定学科专业建设思路和方针，打造特色与优势学科，并以此为生长点发展边缘和交叉学科，打造优势学科群，提升学科专业建设质量和水平。

在当前高等教育评价模式下，高校科研水平极大地影响和体现了高校的办学层次、发展水平、社会地位及社会影响力和知名度，成为各高校核心发展目标之一。在此背景下，高校应整合科研资源，加强科研队伍建设，明确科研领域，处理好学校当前发展和长远发展之间的关系，恪守科研质量标准，不断提升科研能力和水平，不断促进科研成果转化、推广和应用，提升科研工作价值。

同时，高校应以实现学校发展目标定位为契机与纽带提升高校社会服务能力，合理确定社会服务领域、层次与形式等，根据经济社会发展情势，明确服务领域，引进相关产业知识和技术，依据自身办学水平和办学层次等定位社会服务层次，依据自身办学类型和发展水平等确定社会服务形式，通过深入与广泛开展社会服务以吸收和引进办学资源，提升高校办学实力和发展水平，实现发展目标定位。同时，通过发展水平提升、办学实力增强进而提升高校社会服务能力，形成良性循环和持续发展模式。

综上所述，高校应通过发展目标定位促进高校教学、科研、人才培养、学科建设和社会服务等实力和水平的提升，进而提升高校社会地位、社会知名度和影响力，发挥高校发展目标定位关键作用，体现高校发展目标定位工作价值。

高校人才培养目标定位是高校开展各项教学和管理活动的现实指针，是高校完善课程结构、改革教学模式和建立评价标准等的核心依据。要注重发挥高校人才培养目标定位改善高校办学环境积极作用，确立人才培养目标定位时注重吸收教师意见、建议，向教职员工普及宣传学校人才培养目标定位，以提升教师实现人才培养目标的积极性和能力。还要考虑学生需求以及如何将高校人才培养目标内化为学生自身学习和发展目标，转化为学生成长方向和动力，促进良好学风形成。

在制定好定位后，要积极创造实现定位的条件，高校教学改革要以高校人才培养目标定位为中心，要投入足够教学经费以提升教师教学投入，提高教学效果，促进和保障人才培养目标定位实现。在确定人才培养目标定位时，注重发挥比较优势，制定具有特色的人才培养目标定位。既通过学校人才培养目标定位提升社会知名度，同时在学校内部要以人才培养目标定位为核心，制定教学目标，改良教学环境，改革教学内容，改善教学方法，提升教学效果，从而提高人才培养质量，提升高校核心竞争力。

（五）客观、理性看待高校定位前景，促进定位落实

定位合理是定位落实和发挥预期作用的先决条件，在定位绩效评价指标体系中所占权重最大。一项定位如果不科学、不合理，这样的定位即使实现了也没有意义，甚至可能导致比没有定位更大的危害。缺失定位充其量导致高校盲目发展，错误定位则可能导致高校错误的发展方向，使高校偏离了本应发展方向，不利于高校自身生存、发展和国家及区域高等教育系统结构完善与功能发挥。

调查显示，案例高校教职工对落实高校定位积极性较高，愿意为实现定位而努力，对定位作用功能的信任程度较高，相信定位能促进高校办学实力提升。应珍视高校教职员工的信任感和工作积极性，激发和引导教职员工为实现学校定位团结一心，努力奋斗，促进学校改革，不断提升高校办学水平和质量，提升办学效益，提升高校社会知名度和影响力。

要理性预期高校定位前景，在确立、实施和评价定位效果过程中不断完善高校定位，以确保定位更加合理、适用。要在日常工作中深入地贯彻落实高校定位，使高校定位切实实现。调查显示，案例高校教职员工实现高校定位努力程度较高，但定位合理程度相对较低。定位合理是定位实施的首要要求和前提条件，不合理的定位予以实施可能导致比没有定位更大的危害。这一方面需要高校有关部门科学制定定位，对定位落实情况进行监督、检查和反馈，同时需高校教职员工理性认识和看待定位，在确保定位充分科学合理的前提下努力促使定位落实。同时，调查显示，案例高校教职工对定位功能的预期高于定位实际作用水平，表明案例高校教职员工应客观看待和评价定位作用，定位发挥积极作用一方面需要定位本身科学合理，体现对高校各方面科学发展的促进导向，另一方面也有赖于定位的切实落实，定位只有在实施过程中和实现后才能发挥预期作用。

此外，案例高校教职员工对高校定位可实现程度的预期高于定位实际落实水平，表明案例高校教职工对定位实现存在一定乐观主义倾向，乐观的心态是必要的，同时需要落实定位的切实努力。高校教职员工要积极参与学校定位确立过程，发表自身关于学校定位的意见和建议。在日常工作中主动了解和深入贯彻落实学校定位，对高校定位持有理性认识，在日常教学、科研和管理工作中自觉以高校定位为导向，在一线岗位和基层工作中认真落实高校定位，促进高校定位切实落实。

综上，应客观、全面、理性认识和预期高校定位前景，既怀有实现高校定位的坚定信念，又具备落实定位所需的素质和能力；既怀有实现高校定位的热情，又具有落实定位的实际行动；既对高校定位价值抱有充分肯定和信心，又要努力促使高校定位发挥预期作用。

参考文献

一 中文文献

（一）著作类

[1] ［美］克拉克·克尔：《高等教育不能回避历史——21 世纪的问题》，王承绪译，浙江教育出版社 2001 年版。

[2] 《美国加利福尼亚州高等教育总体规划》，王道余译，人民教育出版社 2005 年版。

[3] ［美］伯顿·克拉克：《高等教育新论——多学科的研究》，王承绪等译，浙江教育出版社 2001 年版。

[4] ［美］约翰·S. 布鲁贝克：《高等教育哲学》，王承绪等译，浙江教育出版社 2001 年版。

[5] ［美］克拉克·克尔：《大学的功用》，陈学飞等译，江西教育出版社 1993 年版。

[6] ［伊朗］S. 拉塞克，［罗马尼亚］G. 维迪努：《从现在到 2000 年教育内容发展的全球展望》，马胜利等译，教育科学出版社 1996 年版。

[7] ［日］天野郁夫：《高等教育的日本模式》，陈武元译，教育科学出版社 2006 年版。

[8] ［西班牙］奥尔特加·加塞特：《大学的使命》，徐小洲等译，浙江教育出版社 2001 年版。

[9] ［英］约翰·亨利·纽曼：《大学的理想》，徐辉等译，浙江教育出版社 2001 年版。

[10] ［美］德里克·博克：《走出象牙塔——现代大学的社会责任》，徐小州、陈军译，浙江教育出版社 2001 年版。

[11] 〔美〕弗兰克·纽曼、莱拉·科特瑞亚等：《高等教育的未来——浮言、现实与市场风险》，李沁译，北京大学出版社 2012 年版。

[12] 〔英〕阿什比：《科技发达时代的大学教育》，滕大春、滕大生译，人民教育出版社 1983 年版。

[13] 施晓光：《美国大学思想论纲》，北京师范大学出版社 2001 年版。

[14] 涂又光：《中国高等教育史论》，湖北教育出版社 1997 年版。

[15] 陈厚丰：《中国高等学校分类与定位问题研究》，湖南大学出版社 2004 年版。

[16] 肖海涛：《大学的理念》，华中科技大学出版社 2001 年版。

[17] 黄福涛、潘懋元：《外国高等教育史》，上海教育出版社 2003 年版。

[18] 贺国庆、王保星、朱文富：《外国高等教育史》，人民教育出版社 2006 年版。

[19] 郭丽君、吴庆华：《中外大学比较》，经济管理出版社 2012 年版。

[20] 邱德雄：《我国普通高校定位的理性选择》，四川出版集团 2009 年版。

[21] 陈彬：《知识经济与大学办学模式改革研究》，华中师范大学出版社 2002 年版。

[22] 潘懋元：《多学科观点的高等教育研究》，上海教育出版社 2001 年版。

[23] 李岚清：《李岚清教育访谈录》，人民教育出版社 2003 年版。

[24] 韩延明：《高等教育学新论》，山东人民出版社 2012 年版。

[25] 候光明等：《中国研究型大学理论探索与发展创新》，清华大学出版社 2005 年版。

[26] 严燕、张继龙：《高校定位研究》，江苏人民出版社 2009 年版。

[27] 浙江大学课题组：《中国高等学校的分类问题》，高等教育出版社 2009 年版。

[28] 徐辉、杨天平：《大学特色发展论》，重庆大学出版社 2011 年版。

[29] 曹旭华、孙泽生、王楠、南仲信：《地方本科高校办学定位与发展战略研究》，经济科学出版社 2010 年版。

[30] 马陆亭：《高等学校的分层与管理》，广东教育出版社 2004 年版。

[31] 刘念才、周玲：《中外大学规划：比较与借鉴》，上海交通大学出版社 2007 年版。

（二）期刊类

[1] 陈厚丰：《浅论高等学校分类与定位的若干理论问题》，《中国高教研究》2003 年第 11 期。

[2] 向兴华、赵庆年：《基于文本的高校发展目标定位研究》，《东北大学学报》（社会科学版）2014 年第 3 期。

[3] 蓝汉林：《省部共建高校人才培养的定位及其思考》，《高等农业教育》2010 年第 5 期。

[4] 刘尧：《中国高等教育评估的历史与现状述评》，《高教发展与评估》2005 年第 5 期。

[5] 姜尔林：《市场转型背景下我国高等教育扩张的社会动力研究——地位竞争的视角》，《北京大学教育评论》2013 年第 3 期。

[6] 蓝劲松：《大学办学理念：东西方文化的比较》，《清华大学学报》（哲学社会科学版）2002 年第 6 期。

[7] 潘懋元：《新时期中国高等教育的质量战略》，《中国大学教学》2004 年第 1 期。

[8] 赵婷婷，汪乐乐：《高等学校为什么要分类以及怎样分类？——加州高等教育规划分类体系与卡耐基高等教育机构分类的比较》，《北京大学教育评论》2008 年第 4 期。

[9] 罗燕：《大学排名：一种高等教育市场指引制度的构建——新制度主义社会学的分析》，《江苏高教》2006 年第 2 期。

[10] 和飞：《新建本科院校办学特色研究》，《高教探索》2003 年第 4 期。

[11] 王菊：《资源依附与高校发展定位的类型选择——从社会学的角度看我国高校发展定位问题》，《清华大学教育研究》2007 年第 3 期。

[12] 眭依凡：《大学校长的办学定位理念与治校》，《高等教育研究》2001 年第 4 期。

[13] 眭依凡：《教学评估：大学人才培养质量的保证》，《高等工程教育研究》2010 年第 3 期。

[14] 陈贵梧：《美国研究型大学的核心使命及其演变研究：基于使命陈述中关键词的词频分析》，《复旦教育论坛》2013 年第 1 期。

[15] 马陆亭：《如何实现高等教育资源的优化配置——对我国高等学校层次类别的剖析》，《高等教育研究》1997 年第 2 期。

［16］赵伟、赵永庆：《试论研究型大学与研究生教育》，《学位与研究生
　　　教育》2005 年第 4 期。

［17］付景川、姚岚：《研究型大学本科人才培养模式：问题及改进策
　　　略》，《教育研究》2010 年第 6 期。

［18］汪劲松：《研究型大学如何加强本科人才培养》，《中国高等教育》
　　　2005 年第 13 期。

［19］刘宝存：《如何创建研究型大学：牛津大学和哈佛大学的经验》，
　　　《教育发展研究》2003 年第 2 期。

［20］梁彤、李驹：《美国研究型大学及其基础研究》，《清华大学教育研
　　　究》2005 年第 2 期。

［21］刘向东、吕艳：《高等学校分类的实证研究——基于 75 所教育部直
　　　属高校和 19 所地方共建高校的分析》，《清华大学教育研究》2010 年第
　　　4 期。

［22］彭安臣：《德国与美国博士生资助制度比较》，《大学》（学术版）
　　　2010 年第 12 期。

［23］庄丽君、刘少雪：《我国研究型大学资优学生本科生学习经历的调
　　　查报告》，《清华大学教育研究》2009 年第 6 期。

［24］马陆亭：《试析我国高等教育投入制度的改革方向》，《高等教育研
　　　究》2006 年第 7 期。

［25］陈厚丰：《高校定位：自生秩序与分类引导有机结合——兼与邓耀
　　　彩博士商榷》，《高等教育研究》2006 年第 6 期。

［26］张忠华：《对高校定位研究的再思考》，《高教探索》2010 年第
　　　5 期。

［27］朱中华：《高等学校分类与定位中应处理好的几个关系》，《教育发
　　　展研究》2005 年第 23 期。

［28］李春生：《日本五年一贯制高等专科学校的地位与作用》，《世界教
　　　育信息》2003 年第 Z2 期。

［29］程士丽、黄秀英：《日本高等专科学校的发展及启示》，《职教通
　　　讯》2013 年第 6 期。

［30］李德方：《日本专修学校的发展及特色浅析》，《世界教育信息》
　　　2009 年第 12 期。

［31］闻友信：《日本丰桥技术科学大学的办学特色》，《中国高等教育》

1987 年第 4 期。

[32] 高迎爽:《从集中到卓越:法国高等教育集群组织研究》,《清华大学教育研究》2012 年第 1 期。

[33] 杨志秋、邢丽娜:《法国高等职业教育发展特点及启示》,《中国电力教育》2010 年第 21 期。

[34] 王德林:《法国大学技术学院的办学特色及启示》,《河南职业技术师范学院学报》(职业教育版) 2003 年第 6 期。

[35] 朱家德:《精英技术教育理念与法国高等教育发展》,《高等工程教育研究》2010 年第 6 期。

[36] 张建新、陈学飞:《从二元制到一元制——英国高等教育体制变迁的动因研究》,《北京大学教育评论》2005 年第 3 期。

[37] 张建新:《走向多元——英国高校分类与定位的发展历程》,《比较教育研究》2005 年第 3 期。

[38] 张建新、陈学飞:《英国高等教育改革法述评》,《清华大学教育研究》2004 年第 2 期。

[39] 陈厚丰:《英国高等教育"双重制"分层政策案例分析》,《比较教育研究》2006 年第 7 期。

[40] 别敦荣:《美国大学定位与个性化发展》,《高等教育研究》2003 年第 1 期。

[41] 刘黎、张伟:《卡内基高等学校分类法及启示》,《高等理科教育》2007 年第 6 期。

[42] 师昌绪:《是到了该重视基础研究的时候了》,《科技导报》2005 年第 8 期。

[43] 张丽:《浅析伯顿·克拉克的院校分类思想——兼论与我国高教结构模式的比较》,《比较教育研究》2004 年第 8 期。

[44] Frank H. T. Rodes:《美国大学使命变化的原因和结果》,史宗恺译,《清华大学教育研究》1993 年第 2 期。

[45] 田长霖:《知识经济、高等教育与科学技术》,《高等教育研究》2000 年第 6 期。

[46] 赵庆年:《高校类型分类标准的重构与定位》,《高等工程教育研究》2012 年第 6 期。

[47] 李海芬、唐安国:《关于高等院校办学目标定位基本问题的探讨》,

《化工高等教育》2004 年第 2 期。

[48] 眭依凡：《大学校长的办学定位理念与治校》，《高等教育研究》
2001 年第 4 期。

[49] 王广谦：《关于办学定位和办学特色的四点思考》，《中国高等教育》2009 年第 21 期。

[50] 徐萍：《高等教育多样化的发展进程与推进策略》，《江苏高教》
2009 年第 5 期。

[51] 梁虹、沙洪成：《实施终身教育培养学习型人才》，《中国成人教育》2003 年第 3 期。

[52] 张辉、焦岚、李颖：《创新型人才的剖析和塑造》，《黑龙江高教研究》2012 年第 6 期。

[53] 徐晓媛、史代敏：《拔尖创新人才培养模式的调研与思考》，《国家教育行政学院学报》2011 年第 4 期。

[54] 耿华萍：《复合型人才培养的理论依据和实践意义》，《扬州大学学报》（高教研究版）2003 年第 4 期。

[55] 陈然：《融入终身教育、学习化社会的高等教育》，《中国高教研究》2006 年第 10 期。

[56] 刘智运：《多样化：21 世纪初叶中国高等教育的基本走向》，《高等教育研究》2003 年第 2 期。

[57] 王通讯：《全面解读〈国家中长期人才发展规划纲要（2010—2020)〉》，《中国电力教育》2010 年第 20 期。

[58] 周济：《实施"质量工程"贯彻"2 号文件"全面提高高等教育质量》，《中国大学教学》2007 年第 3 期。

[59] 娄延常：《我国高等教育改革和发展的走势——学习〈国家中长期教育改革和发展规划纲要（2010—2020 年)〉的几点体会》，《武汉商业服务学院学报》2010 年第 6 期。

[60] 胡建华：《论近年来的我国高等教育转型》，《南京师大学报》（社会科学版）2008 年第 6 期。

[61] 荀渊：《近 30 年来中国大学的转型与发展困境》，《江苏高教》2011 年第 1 期。

[62] 潘仁：《从分类学的发展看科学方法的重要价值》，《哈尔滨师范大学自然科学学报》1988 年第 1 期。

［63］韩亦：《分类体系和世界体系》，《博览群书》2007 年第 8 期。

［64］刘知胜：《分类学的产生、发展及其在生物学发展中的作用》，《内蒙古大学学报》（人文社会科学版）1998 年第 1 期。

［65］陈世骧：《分类学的若干基本概念》，《昆虫学报》1961 年第 Z1 期。

［66］张钦恩：《分类学的思维科学方法论》，《中国图书馆学报》1993 年第 1 期。

［67］雷家彬：《分类学与类型学：国外高校分类研究的两种范式》，《清华大学教育研究》2011 年第 2 期。

［68］帕蒂·乔·沃森、斯蒂芬·勒布朗、查尔斯·雷德曼：《分类与类型学》，陈淳译，《南方文物》2012 年第 4 期。

［69］陆正林、顾永安：《高等教育分类的方法论思考》，《教育发展研究》2011 年第 11 期。

［70］陈厚丰：《国外高等教育分类研究述评》，《高等教育研究》2007 年第 9 期。

［71］王琪：《潘懋元教授高等教育分类思想研究》，《赣南师范学院学报》2010 年第 4 期。

［72］赵养昌：《浅谈分类学的新进展》，《昆虫知识》1979 年第 6 期。

［73］石磊：《系统分类学：一个正在衰退的领域》，《世界科学》2009 年第 8 期。

［74］余成普：《原始分类的起源和动力——重检罗德尼·尼达姆的批评》，《广西民族研究》2007 年第 2 期。

［75］潘懋元、陈厚丰：《高等教育分类的方法论问题》，《高等教育研究》2006 年第 3 期。

［76］张文华、戴崝、付晓琛、邓芳：《生物系统分类体系的建立和林奈的贡献》，《生物学通报》2008 年第 5 期。

［77］陈厚丰：《中国高等教育分类研究现状述评》，《大学教育科学》2010 年第 1 期。

［78］王允：《浅析定位理论的缘起及其贡献》，《东南传播》2008 年第 4 期。

［79］李如意：《美国二十世纪七十年代的定位理论透视》，《鄂州大学学报》2002 年第 1 期。

［80］司马方、仇向洋：《定位理论比较分析》，《现代管理科学》2004 年

第 8 期。

[81] 鲁君四、杨浙帅、王争：《国内外学术界关于定位理论研究的最新进展及其启示》，《经济与管理评论》2012 年第 2 期。

[82] 杨明刚：《定位理论的创新点及应用价值》，《常州工学院学报》2004 年第 3 期。

[83] 贾艳瑞、曾路：《定位理论研究中的几个关键问题》，《商业研究》2002 年第 2 期。

[84] 付勇：《定位的本质分析》，《商业研究》2004 年第 10 期。

[85] 刘立宾：《大学定位的理论基础及其策略分析》，《中国电力教育》2012 年第 14 期。

[86] 金琳：《定位理论国内研究综述》，《当代经济》2009 年第 1 期。

[87] 王福娟、邹宏：《解析 USP 理论》，《邢台职业技术学院学报》2007 年第 4 期。

[88] 刘一彬：《里斯与特劳特定位理论对我国高校定位的启示》，《现代大学教育》2009 年第 5 期。

[89] 高辉：《品牌形象理论和实证研究述评》，《现代管理科学》2007 年第 1 期。

[90] 项文彪：《试论定位理论指导下的大学定位》，《江西财经大学学报》2003 年第 5 期。

[91] 牛奔：《由定位理论反思我国高校办学定位的目标选择》，《当代教育论坛（综合研究）》2011 年第 3 期。

[92] 李雪欣、李海鹏：《中国品牌定位理论研究综述》，《辽宁大学学报》（哲学社会科学版）2012 年第 3 期。

[93] 孙婧毅：《柏拉图分工理论简析》，《中南大学学报》（社会科学版）2013 年第 2 期。

[94] 王建军：《分工理论的演进与新发展》，《煤炭经济研究》2005 年第 10 期。

[95] 苗长青：《分工理论综述》，《全国商情（经济理论研究）》2008 年第 1 期。

[96] 廉勇、李宝山、金永真：《分工协作理论及其发展趋势》，《青海社会科学》2006 年第 2 期。

[97] 潘刚：《国内分工理论研究的新进展与再思考》，《江西社会科学》

2008 年第 2 期。

[98] 白鹤：《论马克思分工理论及其新发展》，《现代商贸工业》2011 年第 5 期。

[99] 魏剑锋：《马克思分工协作理论视角下的产业集群竞争优势》，《中国社会科学院研究生院学报》2007 年第 5 期。

[100] 王战军：《什么是研究型大学——中国研究型大学建设基本问题研究（一）》，《学位与研究生教育》2003 年第 1 期。

[101] 林玉屏：《马克思劳动协作理论对构建和谐中小企业的启示》，《南方论刊》2012 年第 8 期。

[102] 袁建军、金太军：《政府协调企业应对突发公共事件的困境与破解——以分工协作的理论视角》，《浙江社会科学》2011 年第 7 期。

[103] 曹俊杰：《管仲与色诺芬经济思想之比较》，《淄博学院学报》（社会科学版）1999 年第 1 期。

[104] 王拓：《分工经济思想的发展——从亚当·斯密到新兴古典经济学》，《当代财经》2003 年第 11 期。

[105] 曹方：《高校办学目标定位必须考虑的几个问题》，《高教探索》1998 年第 1 期。

[106] 方友军：《一般高等院校办学目标定位思考》，《佳木斯大学社会科学学报》2005 年第 2 期。

[107] 曹方：《试论高等学校办学目标定位》，《中国高教研究》1997 年第 4 期。

[108] 董泽芳、刘桂生：《地方高校办学水平定位刍议》，《湖北教育学院学报》2005 年第 1 期。

[109] 刘保存：《大学的真谛》，《天津市教科院学报》2004 年第 5 期。

[110] 潘懋元、董立平：《关于高等学校分类、定位、特色发展的探讨》，《教育研究》2009 年第 2 期。

[111] 邓耀彩：《高校定位：自生秩序还是管制》，《高等教育研究》2006 年第 2 期。

[112] 曹赛先：《大学分类中的几对矛盾》，《中国高等教育》2004 年第 2 期。

[113] 刘小强：《美国加州 1960 年高等教育总体规划：一个成功范例》，《清华大学教育研究》·2006 年第 2 期。

[114] 宋中英、周慧:《美国卡内基高等教育机构基本分类模式的演变》,《高教发展与评估》2011 年第 5 期。

[115] 郄海霞:《美国主要研究型大学教师队伍管理的特点及启示》,《比较教育研究》2006 年第 4 期。

[116] 叶慧芳、金佩华:《对美国研究型大学本科生培养目标的探讨》,《高等农业教育》2006 年第 8 期。

[117] 吴向明:《美国大学招生录取标准评析》,《外国教育研究》2006 年第 10 期。

[118] 王国超:《美国社区学院的职业教育功能及其启示》,《职业教育研究》2007 年第 1 期。

[119] 宣葵葵:《美国社区学院师资队伍建设的特色及启示》,《现代教育科学》2008 年第 9 期。

[120] 马健生、郑一丹:《美国洛杉矶社区学院教师的任用、培训经验与启示》,《外国教育研究》2004 年第 12 期。

[121] 张晓东:《美国社区学院的办学定位及启示》,《继续教育研究》2009 年第 6 期。

[122] 陈厚丰:《英美高等教育分类政策比较——以英国高等教育"双重制"和美国加州"高等教育总体规划"为例》,《高等教育研究》2009 年第 12 期。

[123] 龙超云、曲福田:《英国大学的战略定位及其启示》,《高等教育研究》2006 年第 1 期。

[124] 刘晖:《从〈罗宾斯报告〉到〈迪尔英报告〉——英国高等教育的发展路径、战略及其启示》,《比较教育研究》2001 年第 2 期。

[125] 黄永林、谭振亚、龙超云:《英国大学办学理念、资金筹措及国际化战略的特点——中国高校领导赴英国培训团的报告》,《教育财会研究》2006 年第 4 期。

[126] 刘献君:《论高等学校定位》,《高等教育研究》2003 年第 1 期。

[127] 赵庆年:《高校定位与高等教育系统的建立》,《黑龙江高教研究》2006 年第 5 期。

[128] 杨贤金、索玉华、张金钟、李克敏、杨吉棣、李翔海、张月琪、钟英华、路福平、张进昌、周桂桐、韦福祥、卢双盈、杨明光、程幼强、史津、王繁珍、宁月茹:《英国高等教育发展史回顾、现状分析与

反思》,《天津大学学报》(社会科学版) 2006 年第 3 期。

[129] 潘懋元、吴玫:《高等学校分类与定位问题》,《复旦教育论坛》2003 年第 3 期。

[130] 卢晓中:《对高等教育分层定位问题的若干思考》,《高等教育研究》2006 年第 2 期。

[131] 徐春霞:《英国高等教育治理范式变革的诠释》,《比较教育研究》2010 年第 8 期。

[132] 江庆:《英国高等教育财政模式及其启示》,《复旦教育论坛》2004 年第 2 期。

[133] 潘黎、刘元芳、霍尔斯特·赫磊:《德国高校层次结构分析》,《高等教育研究》2008 年第 10 期。

[134] 潘懋元:《分类、定位、特点、质量——当前中国高等教育发展中的若干问题》,《福建工程学院学报》2005 年第 2 期。

[135] 王义遒:《我国高校的恰当定位为什么这么难》,《中国高教研究》2005 年第 3 期。

[136] 王作权、张仲谋:《法国大学校的办学特色及其成因探析——以巴黎理工学校为例》,《煤炭高等教育》2010 年第 1 期。

[137] 王耀中、陈厚丰:《近代以来法国高等教育分化与重组的历史考察》,《黑龙江高教研究》2006 年第 7 期。

[138] 潘金林:《高校分类:高等教育多样性发展的重要导向》,《教育发展研究》2010 年第 1 期。

[139] 张忠华:《对高校定位研究的再思考》,《高教探索》2010 年第 5 期。

[140] 程士丽、黄秀英:《日本高等专科学校的发展及启示》,《职教通讯》2013 年第 3 期。

[141] 李春生:《日本五年一贯制高等专科学校的地位与作用》,《世界教育信息》2003 年第 Z2 期。

[142] 朱文富、姚锡远:《日本专修学校制度》,《教育科学研究》1992 年第 6 期。

[143] 李德方:《日本专修学校的发展及特色浅析》,《世界教育信息》2009 年第 12 期。

[144] 刘军、黄梅:《美国高等教育募款机制对我国高等教育投入多元化

的启示》,《比较教育研究》1999 年第 4 期。

［145］余国政:《新建地方本科院校科学定位的必要性及原则探究》,《黑龙江高教研究》2006 年第 6 期。

［146］李化树、黄媛媛:《地方新建本科院校发展转型的战略选择》,《西华师范大学学报》(哲学社会科学版) 2011 年第 2 期。

［147］王文奎:《形象塑造是我国高校建设的当务之急》,《辽宁教育研究》2002 年第 7 期。

［148］朱复谦、李桂峰、吴子恺、白先放、冯健玲:《部分省市一些大学办学目标定位的分析与研究》,《广西高教研究》2000 年第 5 期。

［149］汪敏生:《地方高校教学评估的理念与方法》,《教育发展研究》2010 年第 3 期。

［150］邹红:《论省属地方高校定位的影响因素及定位策略》,《黑龙江高教研究》2007 年第 7 期。

［151］冯英、张璐杰:《近十年来我国高校基础研究经费投入状况分析》,《国家教育行政学院学报》2013 年第 1 期。

［152］刘道玉:《论一流大学的功能定位》,《高教探索》2010 年第 1 期。

［153］张立荣:《论高校民主管理的完善途径》,《高等教育研究》1988 年第 2 期。

［154］魏银霞:《从人才类型看高校培养目标的合理定位》,《教育与职业》2010 年第 6 期。

［155］夏光荣、李星毅:《教育定位理论初探》,《镇江市高等专科学校学报》1996 年第 1 期。

［156］向兴华、李国超、赵庆年:《高校人才培养目标定位绩效评价研究——以 HL 和 HK 两所大学为例》,《教育发展研究》2014 年第 13 期。

［157］宋永芳、赵庆年:《我国高校定位影响因素分析——基于文献视角》,《煤炭高等教育》2014 年第 5 期。

［158］郝蕊:《基于世界一流大学的"985 工程"大学发展定位研究》,《煤炭高等教育》2012 年第 2 期。

［159］邹晓平:《高等学校的定位问题与分类框架》,《高教探索》2004 年第 3 期。

［160］解飞厚:《高等学校定位问题辨析》,《高等教育》2005 年第 3 期。

［161］徐旭东:《高等教育大众化进程中大学定位研究》,《高教探索》

2003 年第 1 期。

[162] 赵增华：《高等教育大众化进程中不同层次高校自身定位探析》，《山西高等学校社会科学学报》2004 年第 6 期。

[163] 李继怀：《对大学排名与层次定位的几点认识》，《黑龙江高教研究》2005 年第 7 期。

[164] 吴向明：《美国大学招生录取标准评析》，《外国教育研究》2006 年第 10 期。

[165] 王炎灿、张晓阳：《中外研究型大学战略规划文本分析及其启示》，《大学：研究与评价》2009 年第 7 期。

[166] 顾承卫、杨小明、甘永涛：《关于大学定位的研究综述》，《赣南师范学院学报》2006 年第 4 期。

[167] 李枭鹰：《世界一流大学学科建设的基本理路》，《高等教育研究学报》2009 年第 6 期。

[168] 江莹：《重点学科建设：创建一流研究型大学的突破口》，《安徽大学学报》（哲学社会科学版）2002 年第 3 期。

[169] 别敦荣、张征：《教育理念与世界一流大学的形成》，《高等教育研究》2010 年第 7 期。

[170] 刘继安、储召生：《向世界一流大学学些什么》，《管理科学文摘》2002 年第 8 期。

[171] 徐同文：《美国地方高校社会服务现状及借鉴》，《石油大学学报》（社会科学版）2003 年第 5 期。

[172] 樊明成：《高职专科院校服务面向定位与评估方略》，《高教发展与评估》2008 年第 5 期。

（三）学位论文类

[1] 段静静：《战后日本高等教育结构发展对我国的启示》，扬州大学，2007 年。

[2] 刘鑫：《我国高等教育质量和评估体系研究》，郑州大学，2006 年。

[3] 张继龙：《高等教育大众化背景下的高校定位研究》，扬州大学，2006 年。

[4] 叶芃：《地方高校定位研究》，华中科技大学，2005 年。

[5] 李伟娜：《普通高等学校定位问题的探讨》，天津大学，2005 年。

［6］娄俊颖：《我国高等学校发展定位的策略研究》，东北师范大学，2006 年。

［7］高迎爽：《法国高等教育质量保障历史研究（20 世纪 80 年代至今）——基于政府层面的分析》，华东师范大学，2010 年。

［8］张琛：《法国大学校的传统与创新》，华东师范大学，2008 年。

［9］官远发：《美国大学与社区合作伙伴关系研究及启示——杨浦"三区联动"发展战略的思考》，同济大学，2007 年。

［10］周婧：《我国高校办学目标定位趋同问题研究》，中南大学，2008 年。

［11］唐昕：《我国高等学校发展定位研究》，南京农业大学，2008 年。

［12］袁怡琴：《现阶段中国民办高校的定位问题研究——以上海民办高校个案为例》，上海师范大学，2006 年。

［13］王杨红：《辽宁省原行业院校划转地方后的办学定位研究——以沈阳市 10 所划转院校为例》，沈阳师范大学，2012 年。

［14］宋亦平：《分工、协作和企业演进——一个一般理论及对知识社会企业规制的分析》，复旦大学，2003 年。

［15］朱永东：《当前我国大学定位问题研究》，中南大学，2003 年。

［16］刘一彬：《我国高等学校的定位研究》，福建师范大学，2007 年。

［17］许浚：《现阶段我国大学定位问题研究》，南京师范大学，2006 年。

［18］陈德静：《基于科技创新的高等教育改革与创新研究》，河海大学，2004 年。

［19］李燕菲：《当代文化转型期人的精神需要探析》，河北师范大学，2011 年。

［20］魏小琳：《我国高等教育多样化发展的价值和路径研究》，湖南师范大学，2008 年。

［21］陈文娇：《我国大学组织趋同现象研究——基于组织社会学的视角》，华中师范大学，2009 年。

［22］曹赛先：《高等学校分类的理论与实践》，华中科技大学，2004 年。

［23］冉旭：《从英国高等教育发展看英国教育政策的演变》，重庆师范大学，2012 年。

［24］曾海涛：《西部省部共建高校定位研究》，浙江大学，2007 年。

［25］庞青山：《大学学科结构与学科制度研究》，华东师范大学，

2004 年。

［26］林蕙青：《高等学校学科专业结构调整研究》，华东师范大学，
　　2006 年。

［27］王辉：　《我国研究型大学人才培养国际化研究》，兰州大学，
　　2010 年。

　　（四）报纸类

［1］唐景莉：《从"211 工程"到"2011 计划"》，《中国教育报》2012
　　年 10 月 26 日。

［2］蔡克勇：《创建世界一流大学需要什么样的办学理念?》，《中国教育
　　报》2004 年 1 月 2 日。

　　（五）电子文献类

［1］《国家中长期教育改革和发展规划纲要（2010—2020 年)》（http：//
　　www. moe. edu. cn/publicfiles/business/htmlfiles/moe/moe ＿ 838/201008/
　　93704. html）。

［2］《关于开展普通高等学校本科教学工作审核评估的通知》（http：//
　　dzb. hfut. edu. cn/index. php? m ＝ content&c ＝ index&a ＝ show&catid ＝
　　31&id ＝373）。

［3］杨伯伦：　《日本近代学位教育体制发展的启示》　（http：//
　　www. doc88. com/p － 01499417351. html）。

［4］文部科学省：《文部科学统计要览·文部统计要览 2007 版》　（ht-
　　tp：//www. mext. go. jp/b － menu/toukei/002/002b/19/084. xls）。

［5］柯文进：《关于大学办学定位的思考》（http：//blog. 163. com/sckd-
　　wcm1 /blog/static/ 10667237200710121 0126552/）。

［6］周济：《解放思想 开拓创新 推动高校科技创新工作蓬勃发展》（ht-
　　tp：//www. cutech. edu. cn/cn/zcfg/zyjh/webinfo/2003/01/
　　1179971248975511. htm）。

［7］　《2012 年出国留学趋势报告》　（http：//wenku. baidu. com/view/
　　bb4b38513c1ec5da50e2704d. html）。

　　（六）其他类

［1］教育部高教司高等教育评估处（内部资料）：《普通高等学校本科教
　　学工作水平评估指标体系》，2003 年普通高等学校本科教学工作水平评
　　估研讨班培训资料，2003 年。

［2］350 所普通本科高校定位资料（具体略）。

二　外文文献

［1］The Mission of MIT. , http：//web. mit. edu/facts/mission. html.

［2］P. Drucker, *Politics and Knowledge*, Chicago University Press, 1969.

［3］Karl Jaspers, *The Idea of the University*, London：Peter Owen Ltd. , 1965.

［4］Making a Difference：The Strategic Plan for Duke University, http：//stratplan. duke. edu/pdf/plan. pdf.

［5］Cornell University at its Sesquicentennial A Strategic Plan 2010 – 2015, http：//www. cornell. edu/strategicplan/docs/060410-strategic-plan-final. pdf.

［6］Carnegie Mellon 2008 Strategic Plan, http：//www. cmu. edu/ strategic-plan /2008 – strategic-plan/2008 – strategic-plan. pdf.

［7］Alexander C. McCormick and Chun-Mei Zhao, "Rethinking and Reframing the Carnegie Classification" *in Change*.

［8］Updated Carnegie Classifications™ Show Increase in For-Profits, Change in Traditional Landscape, http：// www. carnegiefoundation. org/ newsroom/ press-releases/updated-carnegie-classifications.

［9］Carnegie Classifications FAQs, http：// classifications. Carnegie foundation. org/resources/faqs. php.

［10］Nigel Ashford, "How Not to Reform British Higher Education" *Academic Questions*, Summer 1990.

［11］Tatiana Fumasoli, Jeroen Huisman, "Strategic Agency and System Diversity：Conceptualizing Institutional Positioning in Higher Education" *Minerva*, Vol. 51, 2013.

［12］James R. Lowry, B. D. Owens, "Developing a Positioning Strategyfor a University" *Services Marketing Quarterly*, Vol. 4, 2001.

［13］"Top 100 World Universities". Academic Ranking of World Universities. Archived from the original on 22 August 2008. Retrieved 28 March 2011.

［14］Institutions of Higher Education, https：//www. destatis. de/EN/Facts-

Figures/SocietyState/EducationResearchCulture/InstitutionsHigherEducation/ Tables/TotalStatesFurtherIndicatedWinterTerm. html.

[15] Total of higher education institution, https: //www. destatis. de/EN/ FactsFigures/SocietyState/EducationResearchCulture/InstitutionsHigherEdu-cation/Tables/TypeInstitution. html.

[16] Thorstein Veblen, *The Higher Learning in America*, Academic Reprints, 1954.

[17] An update on the presidential search, http: //web. mit. edu/ newsoffice/ 2012/presidential-search-update − 0508. html.

后　记

本书是国家社科基金教育学项目"我国普通高等学校定位实证研究"成果，是课题组全体成员以及参与课题研究所有人员共同智慧的结晶。在本书撰写过程中，下列同仁承担了具体工作。

第一章绪论的第一部分由杨礼嘉撰写，其他部分由赵庆年撰写；第二章第一节的第一和第二部分由朱永东撰写、第三部分由赵庆年和向兴华撰写，第二节由赵庆年和向兴华撰写，第三节和第四节由朱永东撰写；第三章第一节由李晓禅撰写，第二节由丛阳撰写，第三节由李兰平撰写，第四节由盘美秀撰写，第五节由李瑞娟撰写；第四章由郝蕊撰写；第五章由许寒梅撰写；第六章由陈然撰写；第七章由赵庆年撰写；第八章第一节的第一部分由朱永东撰写、第一节的第二部分由宋永芳撰写，第二节由赵庆年和向兴华撰写，第三节和第四节由赵庆年撰写；第九章由李国超、赵庆年、向兴华撰写。全书由赵庆年和向兴华统稿。感谢课题组成员和撰写书稿的同仁们所付出的辛勤劳动。

在课题研究过程中，我们得到了华南理工大学、黑龙江科技大学、华南农业大学、暨南大学、广西民族大学、江西师范大学、嘉应学院等高校20多位专家的大力支持，得到了湖南大学、天津大学、东南大学、南京大学、南开大学、中南大学、西北农林科技大学、西北工业大学、合肥工业大学、南京审计学院10所高校相关部门领导和人员给予的访谈支持，得到了清华大学、北京航空航天大学、中国人民大学、北京师范大学、哈尔滨工业大学、大连理工大学等30所"985工程"大学（恕不能一一列出全部学校）891名教职工以及华南理工大学和黑龙江科技大学两所高校500名教师、机关干部和学生的问卷支持，没有他们的支持就没有今天的成果，在此一并表示衷心感谢！

在课题研究和本书成稿过程中，我们部分参考和借鉴了他人的研究成果，这些成果为提高我们的研究水平奠定了重要基础。在此向所有文献的作者表述诚挚的谢意！同时，向因工作疏漏而未能对文献予以标注的作者表示歉意！

本课题是在全国教育科学规划办资助与指导下进行的。同时得到了华南理工大学社科处的大力支持，社科处全程参与了开题、中期检查、成果报告会等主要环节，还将本书纳入了华南理工大学人文社会科学文库，并获得出版资助。课题研究过程中，华南理工大学发展规划处和高等教育研究所均提供了方便条件。在本书出版过程中，我们得到了中国社会科学出版社的鼎力支持。在此向以上单位和部门的出色工作表示由衷的敬意！

受作者水平所限，书中定有缺陷或疏漏甚至是错误，敬请读者批评指正！

作者
2015 年 3 月 25 日